生态位视角下新型城镇化适宜度评价

姚 远 著

中国建筑工业出版社

图书在版编目（CIP）数据

生态位视角下新型城镇化适宜度评价/姚远著. — 北京：中国建筑工业出版社，2022.6
ISBN 978-7-112-27819-0

Ⅰ.①生… Ⅱ.①姚… Ⅲ.①城市化-研究-中国 Ⅳ.①F299.21

中国版本图书馆CIP数据核字（2022）第157387号

本书以新型城镇的生态学特征为基本理论研究对象，构建基于生态位视角的新型城镇化评价指标体系及方法；并以东北地区新型城镇化发展情况作为实证研究基础，基于近十年的大样本面板数据，分析生态位视角下东北地区新型城镇化适宜度状况，给出提升东北地区新型城镇化水平的咨政建议，也为促进全国新型城镇化健康发展提供理论和实证基础。

本书可作为相关学者从事学术研究的资料准备和重要参考。

责任编辑：封　毅
责任校对：姜小莲

生态位视角下新型城镇化
适宜度评价
姚　远　著

*

中国建筑工业出版社出版、发行（北京海淀三里河路9号）
各地新华书店、建筑书店经销
北京鸿文瀚海文化传媒有限公司制版
北京建筑工业印刷厂印刷

*

开本：787毫米×1092毫米　1/16　印张：16¼　字数：381千字
2022年9月第一版　　2022年9月第一次印刷
定价：65.00元
ISBN 978-7-112-27819-0
（39003）

版权所有　翻印必究
如有印装质量问题，可寄本社图书出版中心退换
（邮政编码100037）

前　言

新型城镇化是我国经济社会发展到一定程度后必经的历史过程。改革开放四十多年来我国经济快速增长，为城镇化转型发展奠定了良好的物质基础。党的十七大明确提出、十八大进一步强调走中国特色城镇化道路。中共中央　国务院印发《国家新型城镇化规划（2014—2020 年）》已提出包括城镇化水平、基本公共服务、基础设施和资源环境四类一级指标，以及十八个二级指标的新型城镇化评价指标体系；并强调加强城镇化统计工作，顺应城镇化发展态势，建立健全统计综合评价指标体系是城镇化实施的关键。

本书旨在提出新型城镇系统的类生态系统特征，构建基于生态位视角的新型城镇化适宜度评价指标体系及评价方法；并运用其结合聚类分析等技术方法对东北地区新型城镇化发展情况进行实证研究，给出提升东北地区新型城镇化水平的咨政建议，也为促进全国新型城镇化健康发展提供理论和实证基础。

本书以理论和实证为主线展开，主要包括以下四方面内容。

第一，新型城镇的生态学特征研究。从生态学的基本理论出发，运用类比分析、交叉移植、比较借鉴等方法研究新型城镇的生态学特征，并通过分析证明运用生态学理论与方法研究新型城镇系统的可行性。

第二，基于生态位态势理论的新型城镇化评价指标体系构建。明确了指标体系构建的价值定位和研究定位，梳理了指标体系的设计思路即从生存维、发展维和竞争维三个维度构建指标体系，确定了新型城镇化评价指标体系的设计九步；提出了指标体系构建的科学性、系统性、全面性、动态性、可比性和可操作性六个原则；建立了指标体系的概念框架，包括基础设施、人口、经济、社会发展、生态环境和公平六个生态位因子；给出了指标初选和筛选的理论方法，确定了由三个维度六个生态位因子三十六个指标构成的新型城镇化适宜度评价指标体系；并对三十六个指标的含义及计算方法进行了阐述。

第三，基于生态位适宜度理论的新型城镇化评价方法构建。根据 RF 理论、MACBETH 方法、累积前景理论、后悔理论等方法和理论，针对生态因子指标评价信息为实数、语言变量、语言值直觉模糊数、云模型、区间灰数、时间直觉模糊数等不同形式，提出了一系列相应的生态位适宜度评价方法，并通过实例验证了方法的科学有效性和可行性。

第四，生态位视角下东北地区新型城镇化适宜度评价实证研究。运用生态位视角下新型城镇化适宜度评价指标体系及基于 RF 理论的生态位适宜度评价方法对东北地区新型城镇化发展情况进行实证分析。在生态位视角下对东北地区新型城镇化适宜度进行评价研究，设计了东北地区新型城镇化适宜度评价的总体框架，基于 2018 年的数据对东北地区新型城镇化适宜度进行了静态评价，基于 2009 年至 2018 年的数据对东北地区新型城镇化适宜度进行了动态评价，给出了东北地区新型城镇化适宜度类型和影响因素；从生态位适宜度、评价维度、生态因子三个层面分析了东北地区新型城镇化适宜度存在的问题；并设计了提升东北地区新型城镇化适宜度的 8 条政策性建议。

本书的研究工作受到国家社会科学基金项目"生态位视角下新型城镇化适宜度评价指标体系构建及实证研究"（15CGL050）的资助，特此致谢！

姚远

2021 年 11 月 22 日

目 录

第1章 绪论 ··· 1

1.1 研究背景与意义 ··· 1
    1.1.1 研究背景 ··· 1
    1.1.2 研究意义 ··· 1

1.2 研究内容 ··· 2
    1.2.1 研究对象 ··· 2
    1.2.2 总体框架 ··· 2
    1.2.3 重点难点 ··· 3
    1.2.4 主要目标 ··· 3

1.3 研究思路与方法 ··· 3
    1.3.1 研究思路 ··· 3
    1.3.2 研究方法 ··· 3

1.4 研究的创新之处 ··· 4

第2章 理论基础与研究综述 ··· 6

2.1 生态位评价理论与研究综述 ··· 6
    2.1.1 生态位概述 ··· 6
    2.1.2 生态位态势评价指标体系 ··· 7
    2.1.3 生态位适宜度评价方法 ·· 8

2.2 新型城镇化评价理论与研究综述 ··· 9
    2.2.1 新型城镇化概述 ·· 9
    2.2.2 新型城镇化评价指标体系 ·· 10
    2.2.3 新型城镇化评价方法 ·· 11

2.3 本章小结 ··· 12

第3章 新型城镇的生态学特征研究 ······································· 13

3.1 生态学的基本理论 ·· 13

3.2 运用生态学研究新型城镇系统的可行性分析 ························· 14
    3.2.1 新型城镇系统的生态系统相似性 ······························· 14
    3.2.2 运用生态学研究新型城镇系统的思路 ························ 15

3.3 基于生态学的新型城镇系统 ··· 17

  3.3.1 新型城镇生态系统的内涵 ·················· 17
  3.3.2 新型城镇生态系统的特征 ·················· 19
  3.3.3 新型城镇生态系统的目标 ·················· 21
 3.4 新型城镇生态位理论 ····························· 21
  3.4.1 新型城镇生态位的定义 ···················· 21
  3.4.2 新型城镇生态位的态势 ···················· 22
  3.4.3 新型城镇生态位适宜度 ···················· 22
 3.5 基于生态学的新型城镇化主体行为分析 ················· 24
 3.6 本章小结 ·································· 25

第4章 基于生态位态势理论的新型城镇化评价指标体系构建 ········ 26
 4.1 指标体系构建的总体思路 ·························· 26
  4.1.1 指标体系的定位 ······················· 26
  4.1.2 指标体系的设计思路 ····················· 30
  4.1.3 指标体系的设计步骤 ····················· 31
 4.2 指标体系构建的基本原则 ·························· 31
  4.2.1 科学性原则 ························· 32
  4.2.2 系统性原则 ························· 32
  4.2.3 全面性原则 ························· 32
  4.2.4 动态性原则 ························· 32
  4.2.5 可比性原则 ························· 32
  4.2.6 可操作性原则 ························ 33
 4.3 指标体系构建过程 ····························· 33
  4.3.1 指标体系概念框架 ······················ 33
  4.3.2 指标初选 ·························· 34
  4.3.3 指标筛选 ·························· 35
  4.3.4 指标体系确定 ························ 36
 4.4 指标含义及计算方法 ···························· 37
  4.4.1 生存维生态位因子指标 ···················· 37
  4.4.2 发展维生态位因子指标 ···················· 40
  4.4.3 竞争维生态位因子指标 ···················· 42
 4.5 本章小结 ·································· 45

第5章 基于生态位适宜度理论的新型城镇化评价方法研究 ········· 46
 5.1 基于RF理论的生态位适宜度评价方法 ··················· 46
  5.1.1 引言 ···························· 46
  5.1.2 预备知识 ·························· 47

  5.1.3 模型构建 ·········· 47
  5.1.4 实例分析 ·········· 50
  5.1.5 结论 ·········· 51
 5.2 基于Vague集的生态位适宜度评价方法 ·········· 52
  5.2.1 引言 ·········· 52
  5.2.2 预备知识 ·········· 52
  5.2.3 模型构建 ·········· 53
  5.2.4 实例分析 ·········· 56
  5.2.5 结论 ·········· 57
 5.3 基于MACBETH方法的语言值直觉模糊生态位适宜度评价方法 ·········· 57
  5.3.1 引言 ·········· 58
  5.3.2 预备知识 ·········· 58
  5.3.3 模型构建 ·········· 58
  5.3.4 实例分析 ·········· 61
  5.3.5 结论 ·········· 63
 5.4 基于云模型和前景理论的生态位适宜度评价方法 ·········· 63
  5.4.1 引言 ·········· 64
  5.4.2 预备知识 ·········· 64
  5.4.3 模型构建 ·········· 67
  5.4.4 实例分析 ·········· 68
  5.4.5 结论 ·········· 72
 5.5 基于累积前景理论的生态位适宜度灰靶评价方法 ·········· 72
  5.5.1 引言 ·········· 72
  5.5.2 预备知识 ·········· 73
  5.5.3 模型构建 ·········· 74
  5.5.4 实例分析 ·········· 78
  5.5.5 结论 ·········· 80
 5.6 基于累积前景理论的直觉模糊生态位适宜度动态评价方法 ·········· 81
  5.6.1 引言 ·········· 81
  5.6.2 预备知识 ·········· 82
  5.6.3 模型构建 ·········· 83
  5.6.4 实例分析 ·········· 87
  5.6.5 结论 ·········· 89
 5.7 基于后悔理论及云模型的生态位适宜度群评价方法 ·········· 90
  5.7.1 引言 ·········· 90
  5.7.2 预备知识 ·········· 91
  5.7.3 模型构建 ·········· 93

  5.7.4 实例分析 ········ 97
  5.7.5 结论 ········ 102
 5.8 基于后悔理论和区间灰数的生态位适宜度评价方法 ········ 102
  5.8.1 引言 ········ 102
  5.8.2 预备知识 ········ 103
  5.8.3 模型构建 ········ 104
  5.8.4 实例分析 ········ 108
  5.8.5 结论 ········ 111
 5.9 本章小结 ········ 112

第6章 生态位视角下东北地区新型城镇化适宜度评价实证研究 ········ 113

 6.1 生态位视角下东北地区新型城镇化适宜度评价研究 ········ 113
  6.1.1 东北地区新型城镇化适宜度评价的总体框架 ········ 113
  6.1.2 东北地区新型城镇化适宜度静态评价 ········ 114
  6.1.3 东北地区新型城镇化适宜度动态评价 ········ 135
  6.1.4 东北地区新型城镇化适宜度聚类分析 ········ 152
  6.1.5 东北地区新型城镇化适宜度影响因素分析 ········ 161
 6.2 生态位视角下东北地区新型城镇化适宜度的提升策略研究 ········ 165
  6.2.1 东北地区新型城镇化适宜度存在的问题分析 ········ 165
  6.2.2 提升东北地区新型城镇化适宜度的政策性建议 ········ 170
 6.3 本章小结 ········ 172

第7章 总结与展望 ········ 174

 7.1 研究总结 ········ 174
 7.2 研究展望 ········ 175

附录 ········ 176

 附录1 东北地区新型城镇化适宜度评价结果（2009—2017年）········ 176
 附录2 东北地区新型城镇化适宜度类别划分结果（2009—2017年）········ 212
 附录3 东北地区新型城镇化适宜度影响因素（2009—2017年）········ 232

参考文献 ········ 242

第 1 章 绪论

1.1 研究背景与意义

1.1.1 研究背景

城镇化是伴随工业化发展，非农产业在城镇集聚、农村人口向城镇集中的自然历史过程，是人类社会发展的客观趋势，是国家现代化的重要标志。工业革命以来的经济社会发展史表明，一国要成功实现现代化，在工业化发展的同时，必须注重城镇化发展。城镇化作为人类文明进步的产物，既能提高生产活动效率，又能富裕农民、造福人民，全面提升生活质量。

新型城镇化是我国经济社会发展到一定程度后必经的历史过程。改革开放四十多年来我国经济快速增长，为城镇化转型发展奠定了良好物质基础。中共十七大明确提出、十八大进一步强调走中国特色城镇化道路。中共中央 国务院印发《国家新型城镇化规划（2014－2020 年）》已提出包括城镇化水平、基本公共服务、基础设施和资源环境四类一级指标，以及十八个二级指标的新型城镇化评价指标体系；并强调加强城镇化统计工作，顺应城镇化发展态势，建立健全统计综合评价指标体系是城镇化实施的关键。目前，国外学者针对城镇化评价指标体系及方法的研究成果都是基于发达国家国情构建的，适合我国国情的新型城镇化发展道路的较少。国内大部分学者把城镇化看作一个系统，以系统科学和统计学的理论与方法来构建评价指标体系及方法并评价其发展水平，研究成果颇丰。少部分学者结合城镇化系统发展过程中的生态学特征，借鉴生态位理论研究评价指标体系及方法，但研究尚处于起步阶段，成果较少，理论与方法有很多空白和不足，有进一步完善的空间。

因此，本研究提出基于生态位视角的新型城镇化评价指标体系与方法所构建的研究内容，以东北地区为例做实证研究，基于近十年的大样本面板数据，通过对东北地区新型城镇化评价指标体系与方法的构建及对其发展水平的评价、聚类、影响因素分析，丰富我国新型城镇化评价指标体系与方法研究的理论与实证基础。

1.1.2 研究意义

（1）理论意义

本研究既属于生态位理论与综合评价理论相融合的一种交叉性研究，也属于基综合评价基础理论的一种开创性探索研究。突破了传统意义上仅利用系统科学理论与方法研究具有生态学特征的新型城镇化评价指标体系与方法问题的内在局限，在理论上开创了新型城镇化评价指标体系与方法研究的新范式，为新型城镇化评价指标体系与方法研究提供理论基础，将新型城镇化评价指标体系与方法研究进一步引向深入。

（2）现实意义

本研究以东北老工业基地为基础进行实证研究，利用生态位基本理论与方法研究新型城镇化评价指标体系与方法，将从一个全新的视角揭示东北老工业基地新型城镇化发展过程的类生态系统进化规律，在东北老工业基地新型城镇化评价指标体系与方法的构建上取得突破，给出提升东北老工业基地新型城镇化发展水平的政策性建议，为政府制定相关政策提供重要参考，也为促进全国新型城镇化健康发展提供实证基础。

1.2 研究内容

1.2.1 研究对象

本研究以新型城镇的生态学特征为基本理论研究对象，在此基础上构建基于生态位态势理论的新型城镇化评价指标体系和基于生态位适宜度的新型城镇化评价方法两部分以拓展理论研究。同时，以东北地区新型城镇化发展情况作为实证研究基础，分析生态位视角下东北地区新型城镇化适宜度状况和东北地区新型城镇化适宜度的提升策略两部分内容。

1.2.2 总体框架

本研究以理论和实证为主线展开，主要包括以下四方面内容。

1）新型城镇的生态学特征研究

从生态学的基本原理和生态系统的特征出发，运用类比分析、交叉移植、比较借鉴等研究方法研究新型城镇系统的类生态系统特征和本质。重点研究生态系统的基本规律、新型城镇系统的生态系统相似性和生态学特征，建立运用生态学研究新型城镇系统的可行性分析框架。

2）基于生态位态势理论的新型城镇化评价指标体系构建

从新型城镇系统的类生态系统本质出发，提出生态位视角下新型城镇生态系统发展水平评价指标设计的思路和原则，拟以生态位态势理论视角构建新型城镇化评价指标体系。主要研究内容包括：评价指标体系的定位、构建的总体思路和基本原则；指标体系的概念框架；评价指标的选择；各指标含义和计算方法等。

3）基于生态位适宜度理论的新型城镇化评价方法构建

新型城镇系统生态位与新型城镇系统最适生态位的贴近程度反映了新型城镇系统对环境的适应性，即生态位适宜度，贴近程度越高说明适应性越强，反之越弱，本部分以此原理为基础构建新型城镇化适宜度评价方法。

4）生态位视角下东北地区新型城镇化适宜度评价实证研究

通过运用生态位视角下新型城镇化适宜度评价指标体系及方法对东北地区新型城镇化

发展情况进行实证分析。

（1）生态位视角下东北地区新型城镇化适宜度评价研究

首先，东北地区新型城镇化水平评价与分析。利用东北地区近十年的面板数据，对东北地区新型城镇化适宜度和进化动量（提升空间）进行静态（空间维度）和动态（时间维度）评价与分析。其次，东北地区各市新型城镇化适宜度聚类分析。运用聚类分析方法，以评价值为聚类标准，对东北地区各市新型城镇化发展水平进行聚类，并明确各类别的发展特征。最后，东北地区新型城镇化发展的影响因素分析。主要研究东北地区新型城镇生态系统的生态因子（评价指标）与其发展水平的关联性，以确定生态因子对新型城镇化发展的贡献程度，深层次探讨影响新型城镇化发展水平的因素。

（2）生态位视角下东北地区新型城镇化适宜度的提升策略研究

在以上理论和实证研究的基础上，本部分研究生态位视角下东北地区新型城镇化适宜度的提升策略。主要包括东北地区新型城镇化发展中存在的问题分析和提升东北地区新型城镇化适宜度的政策性建议两部分内容。

1.2.3　重点难点

本研究的重点是：生态位视角下构建新型城镇化适宜度评价指标体系及评价方法，并对东北地区的具体情况进行实证分析，给出提升东北地区新型城镇化发展水平的政策性建议，为全国新型城镇化健康发展提供实证基础。

本研究的难点是：①新型城镇的生态学特征与运用生态学基本理论研究新型城镇的可行性分析。这是本课题研究的理论依据，该问题决定研究项目的整体可行性。②生态位视角下新型城镇化适宜度评价指标体系及评价方法构建。从新型城镇系统的类生态系统本质出发，以生态位态势理论视角构建新型城镇化适宜度评价指标体系；并构建基于生态位适宜度理论的新型城镇化评价方法。

1.2.4　主要目标

本研究旨在提出新型城镇系统的类生态系统特征，构建基于生态位视角的新型城镇化适宜度评价指标体系及评价方法；并运用其结合聚类分析等技术方法对东北地区新型城镇化发展情况进行实证研究，给出提升东北地区新型城镇化水平的咨政建议，也为促进全国新型城镇化健康发展提供理论和实证基础。

1.3　研究思路与方法

1.3.1　研究思路

本研究的基本研究思路如图1-1所示。

1.3.2　研究方法

本研究涉及的主要研究方法有：

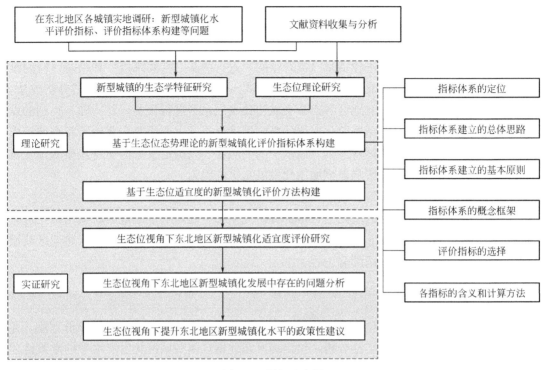

图 1-1　研究思路图

（1）规范分析与实证分析相结合

规范分析运用类比分析、交叉移植、比较借鉴等方法揭示新型城镇系统的类生态系统特征和本质，并以此为基础展开理论分析，构建新型城镇化适宜度评价体系与方法；实证分析在规范分析的基础上展开，将静态分析、动态分析、定性分析和定量分析相结合并应用于东北地区新型城镇化适宜度评价的实证研究中。

（2）静态分析与动态分析相结合

在实证研究中，针对发展水平评价和影响因素分析采用东北地区近十年的面板数据进行静态（空间维度）和动态（时间维度）的分析。

（3）定性分析与定量分析相结合

本研究先定性分析新型城镇系统的生态系统相似性和生态学特征，建立运用生态学研究新型城镇系统的可行性分析框架，再对东北地区新型城镇化适宜度评价的相关数据运用适宜度评价、聚类分析等方法进行定量研究，最后在定性分析与定量分析的基础上来探究提升东北地区新型城镇化发展水平的政策性建议。

1.4　研究的创新之处

本研究的主要观点和创新点体现在以下三方面。

第一，新型城镇是一个类生态系统，新型城镇发展过程不只是渐进的，也可以是突变、革命的，是各种要素相互选择、相互影响的复杂的动态过程，其具有生态系统演化的本质特征和规律。本研究利用生态系统理论体系剖析新型城镇发展的类生态系统规律特征，为新型城镇化评价指标体系与方法构建提供了一个全新的研究视角，同时也是一种全新研究范式的尝试和拓展。

第二，本研究试图根据相关学者的研究成果及经验，提出基于生态位态势理论的新型城镇化评价指标体系；并构建基于生态位适宜度理论的新型城镇化评价方法，为现实中的新型城镇化评价指标体系与评价方法构建问题提供一种新的模式。

第三，本研究首次以生态位视角研究东北地区的新型城镇化发展情况，通过实证分析给出东北地区新型城镇化发展过程中存在的问题及提升建议，为全国新型城镇化健康发展提供实证基础。

第 2 章 理论基础与研究综述

2.1 生态位评价理论与研究综述

2.1.1 生态位概述

生态位（Niche）是现代生态学的重要理论之一，有关生态位的定义很多，且并不一致，最具代表性的三种生态位定义是 Grinnell 的生境生态位、Elton 的功能生态位和 Hutchinson 的超体积生态位。

生态位的定义最早是由美国生态学家 J. Grinnell（1917）给出的，其在《加州鹩的生态位关系》一书中定义生态位为"恰好被一个种或一个亚种占据的最后分布单位"，即生境生态位（Habitat Niche）的概念。生境生态位的观点认为生态位是物种的最小分布单元，其中的结构和条件能够维持物种的生存。

动物生态学家 Elton（1927）在《动物生态学》一书中把生态位定义为"物种在生物群落或生态系统中的地位与功能作用"，动物的生态位为动物在生物群落中的位置，以及动物与其食物和天敌的关系，即功能生态位（Functional Niche）的概念。

Hutchinson（1957）用数学的点集语言，从空间、资源利用等多方面考虑，认为生态位是"一种生物和它的非生物与生物环境全部相互作用的总和"。他把生态位看作一个生物元生存条件的总体集合，将其拓展为既包括生物的空间位置及其在生物群落中的功能地位，又包括生物在环境空间的位置，即所谓的"n 维超体积生态位（N-dimensional Hyper Volume Niche）"，其给生态位定义为"一个生物的生态位就是一个 n 维的超体积，这个超体积所包含的是该生物生存和生殖所需的全部条件，因此，与该生物生活有关的所有变量都必须被包括在内，而且它们还必须是彼此相互独立的"。在此基础上，Hutchinson 还进一步划分了生态位的两个重要概念，即基础生态位（Fundamental Niche）和现实生态位（Realized Niche）概念。Hutchinson 从环境中多种因子对生物的作用出发来分析生态位，强调生态位呈多维超体积结构，为现代生态位理论研究奠定了基础。

生态位测度主要反映物种间生态位之间的关系，主要包括生态位宽度和生态位重叠两个指标。

（1）生态位宽度

生态位的宽度是指实际生态位超体积的限度，即一个物种所利用的各种资源和条件的总和。不同学者提出了不同的生态位宽度的计测方法。主要计测方法有：Levins（1968）指数、Shannon-Wiener（1946）指数、Smith（1982）指数和 Kreb（2000）资源利用频数。

(2) 生态位重叠度

生态位重叠度是指物种之间生态位因素相同的比例。不同学者提出了不同的生态位重叠度的计测方法。主要计测方法有：Levins（1968）重叠指数、Schoener（1974）重叠指数、Hulbert（1978）重叠指数、Petraitis（1979）重叠指数、Pianka（1973）重叠指数、Morisita（1959）重叠指数、Horn（1966）重叠指数、王氏重叠指数（王刚，1984）、生态位分离测度（余世孝和奥乐西，1993）。

2.1.2 生态位态势评价指标体系

1997年，我国学者朱春全提出了生态位态势理论[1]，以及阐明了生态位扩充假说的思想观点，他指出生态位是生物单元在特定生态系统中与环境相互作用过程中所形成的相对地位和作用，生态位概念应包括生物单元的"态"和"势"两个方面。"态"是生物单元的状态，是生物单元过去生长发育、学习以及与环境相互作用积累的结果。"势"是指生物单元对环境的现实支配力或影响力，如能量和物质变换的速率、生物增长率、占据新生境的能力。"态"和"势"的关系，可以概括为两个方面：一方面"态"是"势"的基础，没有"态"就没有"势"。另一方面，"势"并非完全被动，"势"又能促进"态"的转化，即促进生物单元从一种状态转变到另一种状态。

近年来，许多国内学者围绕生态位态势的概念构建生态位评价指标体系，万伦来（2004）将企业生态位解剖为生存力（反映企业"态"的属性）、发展力（反映企业"态"和"势"界面的属性）、竞争力（反映企业"势"的属性）等三个层面，建立了企业生态位评价指标体系[2]；纪秋颖等（2006）也从生存力、发展力、竞争力三个方面建立了高校生态位评价指标体系[3]；颜爱民（2007）从生态位的"态"和"势"两个方面设计了企业生态位的评价指标体系[4]；胡晓辉等（2012）根据生态位态势理论构建了一套含三个维度、八个模块以及二十六个指标的城市科技竞争力评价指标体系[5]；柯健等（2013）将生态位态势理论引入网络教学评价中，构建了一套分层次的网络教学机构信息生态位评价指标体系[6]；唐建荣等（2015）从资源生态位、市场生态位、制度生态位、技术生态位四个"生态势"角度构建了区域物流集群的评价指标体系[7]；马勇等（2018）根据多维超体积生态位理论和生态位态势理论构建了可以分别测算生态位"态""势"的区域旅游生态位测度指标体系[8]；石博等（2018）根据生态位态和势两方面属性的内涵，构建了绿色工艺创新生态位态势评价指标体系[9]；张一进等（2019）结合平台企业的属性特征构建生态位评价指标体系，包括"态""势"以及"态"和"势"的界面三个层面[10]。

除依据态势理论构建生态位评价指标体系外，生态位评价指标体系还有：覃荔荔等（2011）从创新资源、创新效率、创新潜力和创新活力四方面构建了区域创新系统可持续性生态位适宜度评价指标体系[11]；刘洪久等（2013）从创新群落、创新资源和创新环境三个方面构建了区域创新生态系统的评价指标体系[12]；李淑娟等（2014）建立了包括资源维、市场维、社会经济维和环境维在内四个维度的旅游生态位测度体系[13]；张贵等（2017）依据区域创新生态系统的结构性描述，构建了包含创新主体要素、创新资源要素、创新环境要素的区域创新生态系统生态位适宜度评价指标体系[14]；刘钒等（2019）基于开放性、多样性与协同性、演进性与成长型、可持续性等系统特性设计创新生态系统健康状况评价指标体系[15]；贺小荣等（2019）构建了包括旅游资源维、旅游市场维、社会经济维、生态环境维在内四个维度共计三十二个指标的城市旅游竞争力评价指标体系[16]；温科等（2020）从知识创新、技术创新、产业创新和环境创新等方面构建了京津冀区域创新生态评价体系[17]。

综上所述，基于生态位态势理论构建的生态位评价指标体系可以分为三大类：一是基于"态"和"势"两个层面构建的指标体系，如颜爱民（2007）、胡晓辉等（2012）、柯健等（2013）、马勇等（2018）、石博等（2018）提出的指标体系；二是基于"态""势"以及"态"和"势"界面三个层面构建的指标体系，"态"和"势"界面属性是指"态"和"势"属性的相互转化、相互协调能力，如万伦来（2004）、纪秋颖等（2006）、张一进等（2019）提出的指标体系；三是基于"态"或"势"一个层面构建的指标体系，如石博等（2018）提出的指标体系。此外，一些学者以系统科学的视角也构建了生态位评价指标体系，如覃荔荔等（2011）、刘洪久等（2013）、贺小荣等（2019）提出的指标体系。基于以上研究成果，以生态位态势理论视角构建的生态位指标体系在生态领域之外的企业管理、高校发展、科技创新、区域创新、旅游管理、教学管理等领域已经得到了广泛应用。

2.1.3 生态位适宜度评价方法

1993 年，我国学者李自珍等提出了生态位适宜度的概念，生态位适宜度即一个种居住地的现实生境条件与最适生境条件之间的贴近程度，它表征拥有一定资源谱系生物种对其生境条件的适宜性，即生境资源条件对种特定需求的满足程度，并给出生态位适宜度的加权平均模型、限制因子模型、希尔伯脱空间模型和灰色关联度模型[18-20]。

近年来，许多国内学者围绕生态位适宜度的概念构建生态位评价方法，使生态位适宜度评价方法在生态领域之外的区域经济、区域创新、高校发展、城市发展、物流管理等领域都得到了广泛应用。欧阳志云等（1996）根据区域发展与资源环境需求的关系，构建了生态位适宜度评价模型，并运用该模型对桃江农业发展做了实证研究[21]；纪秋颖等（2006）以高校为研究对象，构建了高校生态位适宜度评价模型，并应用该模型对于我国十六所综合性大学进行了实证分析[3]；王兴元（2006）提出了基于同类标杆案例品牌贴近度的品牌生态位适宜度评价法，并进行了实证分析[22]；丁宁等（2010）采用生态位适宜度变权方法，构建了生态位适宜度评价模型，并以京沪高铁常州段典型制梁场为例进行实证分析[23]；覃荔荔等（2011）将广义灰色关联度引入生态位理论，构建了区域创新可持续综合生态位适宜度模型[11]；刘洪久等（2013）构建了创新生态系统适宜度评估模型，并比较分析了苏州市与省内其他主要城市以及长三角发达城市的创新生态系统适宜度[12]；边伟军等（2014）根据科技创业企业种群三种不同类型生态因子的测度方法，构建了线性加权评价模型[24]；郭燕青等（2015）考虑创新生态系统所处空间（资源环境）和时间因素对其生长评价的影响，构建了创新生态系统生态位适宜度评价模型[25]；刘钒等（2019）采用主成分分析法对生态因子进行赋权，解决了评价指标共线性问题，提出改进的生态位适宜度模型,并应用于区域创新生态系统健康评价中[15];唐建荣等(2015)、张贵等(2017)、孙丽文等(2017)分别采用熵权模型确定生态因子权重构建了生态位适宜度模型,并进行了实证分析[7,14,26]。

除依据适宜度理论构建生态位评价方法外,生态位评价方法还有:万伦来(2004)建立了企业生态位的线性测度模型[2];纪秋颖(2006)建立了高校生态位线性综合评价方法[27];王兴元(2006)提出了品牌生态位状态模糊综合评价法模型和品牌生态位适合度复合系数评价法[22];颜爱民(2007)构建了基于层次分析法和突变理论的评价模型,并对中国企业生态位态势进行评价[4];陈亮等(2008)运用全排列多边形综合指数方法评价子系统的生态位和复合生态系统综合生态位[28];赵维良(2011)借鉴城市发展协调度相关研究提出了城市复合生态位协调度评价模型[29];胡晓辉等(2012)构建了城市科技竞争力生态位态势评价模型,并对浙江省城市科技竞争力生态位进行了评价[5];姚慧丽等(2015)利用突变级数法构建本科教学质量的生态位评价方法[30];魏国伟等(2018)提出生态位宽度、重叠度以及竞争优势测度方法评价新零售企业生态位[31];温科等(2020)结合生态位态势和系统协同理论构建区域创新生态发展指数对京津冀三地区域创新生态发展情况进行评价[17];罗晓梅等(2020)依据生态位态势理论构建了新兴老年科技制造业生态位评价方法[32]。

综上所述,基于生态位适宜度理论构建的生态位评价方法可以分为两大类:一是基于灰色关联度模型构建的方法,如纪秋颖等(2006)、覃荔荔等(2011)、刘洪久等(2013)、孙丽文等(2017)、刘钒等(2019)提出的方法;二是直接基于生态因子构建的方法,依据生态因子性质(正向、区间、负向)不同分别构建适宜度模型,最后综合得到生态位评价值,如欧阳志云等(1996)、丁宁等(2010)、边伟军等(2014)提出的方法。此外,一些学者基于生态位态势理论也构建了生态位评价方法,如胡晓辉等(2012)、罗晓梅等(2020)提出的方法。虽然生态位适宜度评价方法取得了可观的成果,但是仍存在一些不足,有待加强和突破。从方法构建上看,与其他理论结合解决复杂问题的方法较少,如考虑评价者心理期望的方法;从生态因子指标信息形式上看,指标的取值主要是实数形式,而对信息表达更加丰富的语言变量、语言值直觉模糊数、云模型、区间灰数、时间直觉模糊数等形式研究得很少。从研究内容上看,生态位评价方法已有研究多侧重利用静态数据进行评价研究,鲜有学者利用时序数据进行动态评价研究。

2.2 新型城镇化评价理论与研究综述

2.2.1 新型城镇化概述

新型城镇化是以人口城镇化为核心,以城市群为主体形态,以综合承载能力为支撑,以体制机制创新为保障,促进产业发展、就业转移和人口集聚相统一,走出一条以人为本、四化协调、集约高效、布局优化、生态文明、文化传承的中国特色的新型城镇化道路[1]。

新型城镇化的发展目标为：城镇化水平和质量稳步提升；城镇化格局更加优化；城市发展模式科学合理；城市生活和谐宜人；城镇化体制机制不断完善。

新型城镇化的基本原则为：以人为本，公平共享；优化布局，集约高效；生态文明，绿色低碳；文化传承，彰显特色；市场主导，政府引导；统筹规划，分类指导。

新型城镇化的主要内容为：有序推进农业转移人口市民化；优化城镇化布局和形态；提高城市可持续发展能力；推动城乡发展一体化；改革完善城镇化发展体制机制。

2.2.2 新型城镇化评价指标体系

城镇化，最早出现在西班牙城市规划设计师 A.Serda 的《城镇化基本原理》著作中。之后，国外大量学者投入到城镇化发展水平测度的研究中，主要经历了单一指标测度和指标体系测度两个阶段：①单一指标测度。国际上通用的单一指标为城镇化率，即城镇人口占总人口的比重。美国城市学家 Ray M. Northam（1975）采用该指标将城镇化进程划分为初期阶段、发展阶段和停滞阶段，且描述城镇化进程为一条被拉平的倒 s 形曲线。②指标体系测度。为了克服城镇化率单一指标的缺陷，学者们尝试采用指标体系，多维测度城镇化水平。如 J.P.Gibbs 除城镇化率指标外，还采用城镇数据、绝对城镇人口数量以及不同规模等级中的城镇人口分布三个指标测度城镇化；E.Arriga 指出，城镇化过程是一种多维现象，没有单个的度量能够有效地反映城镇化的各个方面，提出了包含程度、速度、分布、集中与分散、增长的成分五方面的指标体系；D Arcy、Rogerson、Gordon 等人对影响城镇化竞争力的因素及评价指标体系进行了研究。从国外文献的归纳中可以看出，已有的城镇化评价指标体系研究成果颇多但大多是针对发达国家构建的，适合我国国情的新型城镇化评价指标体系相对较少。

近年来，国内学者从不同侧面分析了构建新型城镇化评价体系的可能性。胡际权（2005）从经济集约化发展、社会和谐发展、政治文明发展、生态环境保护和建设四个方面设置功能性评价指标，以衡量城镇化发展的质量[34]；刘勇等（2011）从城镇化的新内涵出发构建了中原城市群城镇化水平综合测度的指标体系，包括人口、经济、土地和社会城镇化四个方面[35]；田静（2012）将新型城镇化评价指标体系分为：总体层、系统层、目标层、指标层四个等级，建立了由三个系统、八项子目标、四十五个指标构成的新型城镇化评价指标体系[36]；安晓亮等（2013）等从资源与环保、经济发展、社会发展三个层面构建了新型城镇化的指标体系[37]；牛晓春等（2013）等从新型城镇化本质内涵及其特征出发构建了人口、经济、基础设施、生活质量、生态环境和城乡统筹发展六个一级指标的评价体系[38]；张向东等（2013）引入城乡统筹指标构建六个维度的河北省新型城镇化水平测度指标体系并采用熵权法确定指标权重并进行实证分析[39]；戚晓旭等（2014）基于可持续发展思想构建了复合型新型城镇化指标体系，包括可持续发展经济、社会、资源与环境、生活质量、制度建设五个子系统[40]；张红梅等（2017）构建县域新型城镇化发展水平评价指标体系[41]；谢永琴等（2018）根据新型城镇化内涵构建中原城市群城镇化效率评价指标体系，并应用于中原城市群新型城镇化效率评价[42]。

除把城市看作一个系统，以系统科学和统计学的理论与方法来构建评价指标体系外，部分学者也借鉴生态位理论设计城镇化评价指标体系。谢坤（2010）以生态位适宜度理论构建城市生态位评价指标体系，并对江西省城市发展情况进行实证研究[43]；索贵彬（2010）给出了基于生态位态势理论的综合评价指标体系[44]；赵维良（2011）提出城市复合生态系统协调度评价模型，以生产、生活和环境三维构建指标体系[29]；郭瑞敏等（2016）给出了基于资源和经济的城市生态位指标体系[45]；毛蒋兴等（2016）给出了经济发展、社会发展、资源环境构成的指标体系，并评价环北部湾城市群城市生态位[46]；季冰（2018）结合人类福祉的理念构建城市生态位指标体系[47]。

综上所述，基于生态位理论的新型城镇化评价指标体系设计的相关研究主要有两种视角：一是以社会-经济-自然复合生态系统角度设计，其包括经济、资源、环境、社会等子系统，各子系统的运行情况和它们之间的相互作用，综合反映了城镇生态系统的运行状况，如谢坤（2010）、郭瑞敏等（2016）、毛蒋兴等（2016）、季冰（2018）设计的指标体系；二是以生态位态势理论角度设计，包括"态"和"势"两个维度，如索贵彬（2010）、赵维良（2011）设计的指标体系。鲜有以两者综合的视角构建生态位评价指标体系，因此基于生态位理论的新型城镇化评价指标体系的构建角度有进一步完善的空间。

2.2.3 新型城镇化评价方法

近年来，国内关于新型城镇化评价方法的研究，已取得了一些研究成果。李栋林等（2015）利用 DEA 方法从投入-产出视角分析财政支持新型城镇化建设的短期绩效，建立长、短期相结合的绩效评价模型[48]；周永卫等（2015）基于模糊 Borda 法建立组合评价模型，对十八个主要城市的城镇化水平进行评价[49]；牛衍亮等（2015）基于 DEA 方法的投入产出模型对河北省各县城可持续发展能力进行评价[50]；陆恒（2016）给出基于绝对灰色关联度的新型城镇化路径择优评价方法[51]；王一惠（2017）针对新型城镇化水平评价过程中存在的不确定性问题，提出了一种基于折中比值的 TOPSIS 评价方法[52]；方齐云等（2017）采用熵值法计算各指标的权重，通过加权平均的方法得出新型城镇化综合指数，用以反映我国各省的新型城镇化建设水平[53]；孟佩等（2017）运用熵值法测算2006—2014年全国新型城镇化和体育产业发展水平综合指数[54]；张爱华等（2019）基于时序立体数据采用"纵横向"拉开档次法对新型城镇化质量进行评价[55]。另外，部分学者也借鉴生态位理论构建城镇化评价方法。索贵彬（2010）采用主成分分析法进行城市评价生态位[44]；毛蒋兴等（2016）采用生态位宽度、重叠等模型评价环北部湾城市群城市生态位[46]；季冰（2018）采用生态位宽度、分异指数和重叠指数评价城市生态位[47]。

综上所述，国内大部分学者仍把城镇化看作一个系统，以系统科学和统计学的理论与方法来构建评价方法，如李栋林等（2015）、方齐云等（2017）、孟佩等（2017）、张爱华等（2019）构建的方法。部分学者结合城镇化系统发展过程中的生态学特征构建评价方法，但多采用生态位宽度指数、分异指数、重叠指数、主成分分析法等且研究成果较少，如索贵彬（2010）、毛蒋兴等（2016）、季冰（2018）构建的方法；鲜有以适宜度视角构建生态位综合评价方法。而在实际评价过程中，评价者更关注城市生态位的综合性评价；且评价者很难给出确切的评价值，通常会给出更符合人们认知的、具有不确定性的评价信息；同时，评价者对评价对象往往存在着主观上的风险偏好，这些都会直接影响最终的评价结果。因此，不同情境条件约束下新型城镇化评价方法的构建有进一步研究的空间。

2.3 本章小结

本章对生态位评价理论和新型城镇化评价理论进行了系统回顾和分析。首先，介绍了生态位理论，对生态位态势评价指标体系、生态位适宜度评价方法进行了分析和评述；然后，介绍了新型城镇化理论，对新型城镇化评价指标体系、新型城镇化评价方法进行了分析和评述。本章的理论回顾是后面研究基于生态位态势理论的新型城镇化指标体系构建和基于生态位适宜度理论的新型城镇化评价方法构建的理论基础。

第3章 新型城镇的生态学特征研究

3.1 生态学的基本理论

生态学（Ecology）一词是由希腊文 oikos 和 logos 演化而来，oikos 的意思是住所或生活所在地，logos 的意识是研究。从字面意思上来看，生态学是指对住所的研究，即研究生物与其栖息环境之间关系的学科。传统生态学被认为是生物科学的一个分支，主要研究种群、群落和生态系统的宏观生物学。现代生态学在传统生态学的基础上，扩展了研究范围，从宏观层面向微观层面发展，主要研究生物分子、组织、行为、个体、种群、群落、生态系统、景观等，但仍属于生物科学的分支。1977年，美国生态学家 Odum 在《生态学——科学和社会的桥梁》一书中，提出生态学已经开始从生物学中跃出成为一门新兴的综合学科，连接物理学和生物学过程，成为自然科学和社会科学的桥梁。至此，生态学逐渐成为与进化论、系统论相媲美的主流研究方法。生态学应用范围日益扩大，与其他学科相互渗透、相互补充、互为促进，共同形成了新的学科分支，这些分支共同形成了应用生态学的研究范畴。

依据层次理论，生态学组织层次从微观到宏观可以分为细胞、组织、器官、器官系统、个体、种群、群落、生态系统、景观、生物群区和生物圈十一个等级，每一个层次都是由更低层次的单元组合而得。个体及以下的层次内稳性好，个体以上的层次组织和功能相比较松散，需与环境共同作用达到动态平衡；生态学研究的对象是个体及以上的层次。个体是指生物个体，一般认为其是生态学的基本研究单元。种群是指某种生物个体的集合。群落是指一定环境内所有种群的集合。生态系统是指在一定环境内生物有机体与环境的集合，狭义的生态系统是指群落与环境的集合，广义的生态系统可以是各层次与环境的集合，如个体生态系统、种群生态系统、景观生态系统、区域生态系统、全球生态系统。生态学按照组织层次划分，主要有种群生态学、群落生态学和景观生态学等分支。

种群生态学是指在一定环境内，研究种群与环境相互作用关系的科学。种群具有数量、空间、遗传和系统四大特征[56]。数量特征是种群最基本的特征，其可以用统计学的方法来表示出来，如出生率、死亡率、年龄结构、性别比率、迁入率、迁出率等。空间特征是种群占据的环境特征，如聚集分布、随机分布、均匀分布、正态分布等。遗传特征是种群内在稳定的基因特征，如进化、变异等。系统特征是种群的自组织和自调节特征。与之对应，种群生态学研究的主要内容包括种群的数量变化和空间分布、种群的时空动态、种群间的作用关系以及种群的自组织和自调节机制。

群落生态学是指在一定环境内，研究群落与环境相互作用关系的科学。群落具有物种多样性、功能差异性、结构和动态四大特征[56]。物种多样性特征是群落最基本的特征，是区分不同群落的首要特征，如物种多少、种类、数量比例等。功能差异性是指群落中种群、生物个体在生态功能上的作用不同，如优势度、相对多度等。结构特征是群落中各种群和物种相互适应后的结构特征，如松散结构、生态结构、时空格局等。动态特征是指群落的构成随时间变化而变化，如季节动态、年际动态、演替、演化等。与之对应，群落生态学研究的主要内容包括群落的组成和结构、性质和功能、演替和演化、种群间关系、群落丰富度、多样性和稳定性、分类和排序等。

景观生态学是指在一定环境内，研究不同生态系统和景观单元与环境相互作用关系的科学，是生态学与实际应用相结合的综合学科，如农业景观、城市景观、工业景观等。景观生态学研究的主要内容包括景观结构、景观生态过程、景观动态、资源管理等[56]。景观结构研究景观组成单元的类型、空间关系及其形成机制；景观生态过程研究景观要素之间的相互联系与作用；景观动态研究景观随时间变化的规律和特征；资源管理研究环境内资源要素的管理。

依据系统理论与方法，将系统分析和计算模拟应用于生态学以预测系统行为和提供最佳解决方案的学科，称为系统生态学。系统生态学是指在一定环境内，研究生态系统的组成要素、结构功能、发展演替、调控机制的科学，是生态学的重要分支。系统生态学是普遍意义上的方法论，其研究对象涉及不同空间尺度和类型，大到包括所有生物及环境的全球生态系统，小到个体生态系统，乃至微观的分子生态系统。生态系统分析是基于数学模型的分析方法，包括线性和非线性模型、静态和动态模型、连续与离散模型、确定性和随机模型等。运用生态系统分析方法时，首先要确定生态系统边界，即系统与环境区分开；其次，根据生态系统目标选择适用的分析方法并定义变量；最后，通过方法分析获得生态系统的内在特征和发展规律。系统生态学常用的方法包括分室系统方法、实验组成成分法、高斯-牛顿法、梯度法、麦夸法、灵敏度分析法、非线性动力学方法、模糊法等。

3.2 运用生态学研究新型城镇系统的可行性分析

3.2.1 新型城镇系统的生态系统相似性

新型城镇系统具有与生态系统相似的特征。第一，新型城镇化发展是一个复杂的社会变迁过程，是一个以人为本包括基础设施建设、经济发展、社会发展、生态环保、社会公平的复合系统工程。第二，新型城镇化发展与其所处区域环境有着密切的关系，城镇与城镇、城镇与环境相互影响、相互制约，最终各城镇形成不同的新型城镇化发展道路。第三，借鉴文献[57]，通过表3-1进行了详细的对比分析和阐述，说明新型城镇系统与生态系统的构成要素也具有相似性。综上，新型城镇化发展必定是一种生态系统进化的过程。基于新型城镇系统与生态系统的相似性，运用生态学研究新型城镇系统是完全可行的。

新型城镇系统与生态系统的构成要素对比　　　　表 3-1

生态系统	定义	新型城镇系统	定义
个体	物种	城镇	城镇化基本单元
种群	同一物种的集合	都市区	城市与周边空间集合
群落	不同种群的集合	城市群	城市集合
中性	物种互不影响	独立	城镇互不影响
竞争	物种相互抑制	竞争	城镇相互抑制
寄生	物种1从物种2获取营养生长	依附	城镇1从城镇2获取资源要素发展
捕食	物种1以物种2为食物生长	合并	城镇1通过行政划分获取城镇2的资源要素发展
进化	物种渐进式生长	渐进式发展	城镇渐进、连续发展
突变	物种超常规生长	跨越式发展	城镇跨越、非连续发展
互利共生	物种相互依赖、相互共存、双方获利的关系	互利共生	城镇相互依赖、相互共存、双方获利的关系
协同进化	物种通过互补而共同进化	协同发展	城镇资源要素互补、共同发展
个体生态学	以物种个体为研究对象	城镇的研究	以单一城镇城镇化建设为研究对象
种群生态学	以种群为研究对象	都市区的研究	以核心城市与周边空间集合城镇化建设为研究对象
群落生态学	以群落为研究对象	城市群的研究	以城市集合城镇化建设为研究对象
生态系统	个体、种群、群落与生境相互作用的开放系统	区域城镇系统	城镇、都市区、城市群与区域环境相互作用的开放系统
能量、信息、物种	生态系统的构成要素	资源要素	城镇系统的资源要素
流动	个体、种群、群落间的要素联系	获取	城镇、都市区、城市群间的要素联系

3.2.2　运用生态学研究新型城镇系统的思路

生态学理论与方法具有应用上的广泛性，其与传统学科有着良好的交叉性。生态学理论与方法具有处理复合系统要素关系的有效性和可行性；能够研究具有层次性、开放性、整体性、动态性、多维性等特征系统的功能、结构及运动规律；生态系统的复杂性也决定了生态学理论与方法具有解决复杂问题的能力。生态学理论与方法的广泛交叉运用，使得传统学科的研究理论与方法更加完善与丰富，各学科间的交流更加紧密，孕育出了许多新的综合性学科如经济生态学、环境生态学、城市生态学、工业生态学、技术生态学、知识生态学、组织生态学等。这些新诞生的生态学交叉学科均具有"以生态系统为中心，以时空耦合为主线，以人地关系为基础，以高效和谐为方向，以持续发展为对象，以生态工程为手段，以整体调控为目标"的特征。本研究将生态学理论与新型城镇化理论相交叉，符合上述生态学交叉学科的特征，同时运用生态学方法研究新型城镇系统可以丰富中国新型城镇化建设的理论思路和实践方法。

基于生态学研究新型城镇系统的思路主要包括两个方面。一方面是生态学理论层面，从表3-1可以看出，新型城镇系统与生态系统的构成要素具有相似性。第一，生态系统的研究对象主要是个体、种群和群落，并且分别形成了个体生态学、种群生态学和群落生态学。与生态系统相似，城镇系统中城镇对其内部要素有较强的控制性，以个体生态学理论分析单一城镇的城镇化建设的规律是可行的；都市区（即核心城市与周边空间集合）与种群相似，以种群生态学理论分析都市区的结构形式、建设和发展规律是可行的；城市群（即城市集合）与群落相似，以群落生态学理论分析城市群的复杂联系、自我调节和演替规律、建设和发展的动态特征是可行的。第二，个体、种群和群落等级内会产生直接或间接的各种关系，包括中性、竞争、寄生、捕食、互利共生、协同进化等。上述关系类型又可以分为中性、正相互和负相互三大类型。与生态系统相似，城镇系统中城镇、都市区、城市群之间相互作用直接或间接地产生各种关系，包括独立、竞争、依附、合并、互利共生、协同发展等。以个体和城镇这一基本单元为例，独立与中性相似，城镇互不影响，错位发展，属于中性作用；竞争关系中，城镇相互抑制，争夺空间和资源要素，属于负相互作用；依附与寄生相似，城镇1从城镇2获取资源要素发展，属于负相互作用；合并与捕食相似，城镇1通过行政划分获取城镇2的资源要素发展，属于负相互作用；互利共生关系中，城镇间相互依赖、相互共存、双方获利的共同发展，属于正相互作用；协同发展与协同进化相似，城镇间资源要素互补、协同发展，属于正相互作用。第三，个体自身的进化和突变，进化是物种的渐进式生长，突变是物种的超常规生长。与生态系统相似，城镇系统中城镇自身也存在渐进式发展和跨越式发展。第四，生态系统是由能量、信息、物种等构成要素在个体、种群和群落中流动而联系在一起的。城镇系统与之类似，由人才、资金、科技等资源要素构成，城镇、都市区和城市群间通过获取资源要素而相互联系。

另一方面是生态学方法层面，分为定性方法和定量方法两类。简单的生态学方法是定性分析，用文字或图表进行现象描述；精确的生态学方法是定量分析，用统计学和数学方法进行分析、预测。常用的生态学方法有生命表、种群数量分析、群落数量分析、生态系统模型等。生命表是有机组织的静态描述，是反映组织各年龄段死亡特征的统计表。运用生命表可以分析城镇的生命特征，即可持续发展能力。种群数量分析方法包括种群密度估计、种群增长模型和r及K对策等，反映种群的数量动态、增长模式（J型或S型）和协同进化对策。运用种群数量分析方法可以研究都市区城市资源要素的数量动态、增长模式和协同发展对策。群落数量分析方法包括种间关联分析、排序和分类等，反映群落中物种的关联程度、物种和群落的分布结构与环境因子之间的生态联系、物种的同质情况。运用群落数量分析方法可以研究城市群内城市间的相关性和类别，以及城市与城市群之间的联系。生态系统模型从个体、种群、群落系统的基本成分、结构和行为出发描绘出生态系统最本质的特征和行为。运用生态系统模型从城镇、都市区和城市群的资源要素、产业结构和发展路径出发可以描绘出新型城镇化的本质特征和发展规律。综上，生态学方法运用于新型城镇系统，既能做理论和实证分析，又丰富了新型城镇化的研究方法。

3.3 基于生态学的新型城镇系统

3.3.1 新型城镇生态系统的内涵

基于不同的研究视角，众多国内学者对新型城镇化内涵关注的侧重点各不相同，现有研究基本上都是从两个角度阐述新型城镇化的内涵：一是新型城镇化发展具体内容的视角；二是新型城镇化与传统城镇化本质区别的视角。

内容视角下新型城镇化的内涵，厉以宁等（2014）根据中共十八大报告给出了新型城镇化的理论内涵，即"新型城镇化是以科学发展为指导，体现'四化协调''五位一体'的有中国特色的现代化城镇化道路"[33]，该概念是新型城镇化内涵的一般体现，基于此，学者们根据特定的研究视角对新型城镇化内涵做了深入阐述。张红利（2013）认为新型城镇化是人的城镇化，要求尊重市场规律，充分发挥政府的引导和调控作用，坚持可持续发展理念，不断进行制度创新[58]；单卓然等（2013）从经济、社会、体制制度和城市建设四个层面解读并指出新型城镇化的民生、可持续发展和质量三大内涵[59]；何树平等（2014）认为新型城镇化的内涵由"质量明显提高"的城镇化、"四化"同步的城镇化、"以人为核心"的城镇化、体现生态文明理念的城镇化、"以城市群作为主体形态"的城镇化、注重文化传承和历史文化保护的城镇化六方面构成[60]；魏后凯等（2014）认为新型城镇化的内涵是在科学发展观的指导下，立足中国人多地少、人均资源不足、城乡区域差异大的基本国情，坚持以人为本、集约智能、绿色低碳、城乡一体、四化同步，走多元、渐进、集约、和谐、可持续的特色新型城镇化道路，逐步形成资源节约、环境友好、经济高效、社会和谐的城镇化健康发展新格局[61]；董晓峰等（2017）认为新型城镇化是实现人的城镇化，坚持以人为本，以新型产业化为动力，以统筹兼顾为原则，全面提升城镇化质量和水平，实现城乡统筹、节约集约、生态宜居、社会和谐的发展目标[62]；陈明星等（2019）从人本主义的视角阐述新型城镇化的内涵包括人本性、协同性、包容性和可持续性四部分[63]。可以看出，学者已对新型城镇化的理论内涵有一个共性认识，并根据人本、生态、创新、区域协调发展、可持续发展等不同视角提出了不同含义[64]。

区别视角下新型城镇化的内涵，与传统城镇化相比，新型城镇化赋予"新"更多的含义。王素斋（2013）认为新型城镇化的"新"体现在发展理念的科学性、发展过程的协调性、发展方式的集约性和发展目标的人本性四方面[65]；接着王素斋（2014）又在科学发展观视域下，与传统城镇化相比，新型城镇化的"新"体现在指导思想、核心、路径、方式、目标、格局和机制上[66]；方创琳（2014）从城镇化水平、核心、驱动要素等十个方面分析了传统城镇化与新型城镇化的本质区别，其认为新型城镇化是一种高效低碳、生态环保、节约创新、智慧平安的可持续健康城市化[67]；梁振民（2014）归纳了传统城镇化与新型城镇化在发展理念、发展范式、动力机制、空间结构、发展形态、城乡关系、资源环境和区域观八方面的区别[68]；宋连胜等（2016）从生活方式、就业方式、公共服务、居住区域、社会治理和人居环境6个方面归纳了新型城镇化的"新型"之处[69]；张荣天等

（2016）认为新型城镇化是人的城镇化，并从时代背景、侧重方向、推进主体、发展模式、动力机制方面阐述了传统城镇化与新型城镇化的区别[70]。可以看出，学者已对新型城镇化与传统城镇化具有本质区别达成共识，并从不同角度展开了深入分析。

综上，本研究以生态学视角提出新型城镇系统的定义，新型城镇生态系统是指在一定区域内，由城镇与其所处环境组成的一个整体，人才、资金、科技等要素借助政策制度、市场机制和自然条件而相互联系、相互融合、相互制约，形成具有自调节功能的复合系统。其包括以下4方面的内涵。

（1）由城镇和环境组成新型城镇生态系统

借鉴生态系统生态学，新型城镇生态系统的行为主体可以分为城镇（个体）、都市区（种群）和城市群（群落）。城镇是新型城镇化建设的最基本的单元，按照行政级别可以划分为直辖市、副省级城市、地级市、县级市等。都市区是以一个具有辐射带动能力的核心城市为主，以及与其有着紧密经济社会联系的周边邻接空间组合成的区域，都市区具有同质性的特点，例如：辽宁省的沈阳都市区、大连都市区、营（口）盘（锦）都市区和鞍（山）辽（阳）都市区。城市群是不同规模、类型和性质城市的集合，其特点是：城市群统筹规划，城市间功能互补、分工协作，存在广泛而密切的经济社会联系，一体化水平较高，各城市在城市群中都拥有自己的生态位且定位稳定，例如：东北地区的哈长城市群和辽中南城市群。

新型城镇生态系统的环境指城镇内部和外部能够直接或间接影响其发展的各种因素，城镇与环境相互作用、相互制约、相互影响，是有机结合的统一整体。生态位因子定义为环境中对新型城镇生态位有影响作用的因素，一般来说生态位因子可以分为城镇内部因子和外部因子两大类。

（2）城镇各要素依托体制机制有机结合

新型城镇化的资源要素包括人才、资金、科技等，其借助城镇化体制机制进行流动、融合，有机地结合在一起。资源要素的有效流动是新型城镇化生态系统进化的必备基础，借助城镇化体制机制是剔除资源要素流动障碍的必要手段。例如：城乡土地制度改革、农村产权制度改革、城镇化投融资机制改善、城镇化工作机制完善、优化行政区划等都是新型城镇化要素有机结合的关键体制机制问题。同时，公共资源配置的政府调节机制和市场调节机制也是要素流动的有效手段。政府对公共资源配置政策决定了公共资源要素的流向，传统的城镇化公共资源要素具有乡村向城市流动、小城市向大城市流动的单向性；新型城镇化公共资源要素分配要求制定具有双向流动、融合的制度，达到城乡融合。

（3）新型城镇生态系统具有自调节功能

新型城镇化生态系统中，城镇与城镇之间存在直接或间接的相互作用，产生中性、竞争、寄生、捕食、互利共生、协同进化等多种生态关系，城镇通过自我调节以适应区域生态系统环境、促进自身新型城镇化建设。其中，中性关系指城镇与城镇之间错位发展，彼此互不影响，比较典型的是空间错位、产业错位；竞争关系指城镇与城镇间重叠发展，相互抑制；寄生关系指一个城镇（寄生物）寄生于另一个城镇（宿主），对寄生物城镇有利，对宿主城镇有害的城镇关系，比较少见；捕食关系指大城镇捕食小城镇，对大城镇有利，对小城镇有害的城镇关系,常见的捕食是侵占小城镇的资源和空间;互利共生关系指城镇与城镇错位发展、分工协作,达到双赢;协同进化关系多指城市群统筹规划,共同发展,实现多赢。城镇之间产生的生态关系还有偏害共生、偏利共生等,针对这些生态关系,城镇通过制定城市发展规划、政策引导、机制体制改革等手段调节自身以适应区域环境。

(4) 新型城镇生态系统是复合系统

新型城镇生态系统是一个社会-经济-自然的复合生态系统[71],其包括社会、经济和自然三个子系统,各子系统的运行情况和它们之间的相互作用,综合反映了城镇生态系统的运行状况。社会子系统是指城镇的基础设施、医疗、卫生、教育、社会保障等公共社会服务的提供情况,基础设施完善、医疗卫生发达、教育公平、社会保障措施到位、科技创新制度完善、人文氛围浓厚等将促进新型城镇化健康发展;经济子系统是指城镇的经济发展水平、产业结构、发展速度、财政收入、消费偏好等情况,经济总量大、结构合理、发展速度快、消费需求大等将促进新型城镇化快速发展;自然子系统是指城镇所处的自然环境情况,包括城镇的资源、气候等。城镇资源有土地资源、水资源、能源等,资源配置合理将夯实新型城镇化建设的基础;气候条件将影响新型城镇化建设的绿化、防洪排涝等方面。社会、经济和自然子系统相互联系、相互作用,社会和自然子系统是经济子系统的动力源泉,经济子系统促进社会和自然子系统发展建设,自然子系统是社会和经济子系统的基础。

3.3.2 新型城镇生态系统的特征

新型城镇生态系统既具有生态系统的一般特征又具有新型城镇化特有的发展规律,其特征包括开放性、整体性、动态性、多维性、层次性等五方面。

(1) 开放性

新型城镇生态系统是一个具有开放性的系统。开放性是新型城镇生态系统进化的前提,新型城镇生态系统区别于孤立全封闭系统的行为是:全方位地与系统外部环境进行人才、资金、科技等要素交流,从外部环境获取资源要素的同时向系统外输出新型城镇化建设成果。这种要素的输入和输出不仅是系统与外部环境的交流,也不断带动系统内部的要素交流,使其一直处于动态进化过程中。新型城镇生态系统通过与外部环境的有效交流,以调节自身发展战略、优化结构和功能,不断地提高发展质量,同时适应外部环境,与外部环境协调发展,为城镇的可持续发展提供可能。因此,研究新型城镇生态系统要把其放入所处环境中,运用开放性思维揭示其发展规律。

(2) 整体性

新型城镇生态系统是一个具有整体性的系统。整体性是指新型城镇生态系统不是资源要素的简单堆砌,而是一个有机结合的整体,其存在的方式、目标、功能等都表现出统一的整体性。具体表现在:一方面,城镇各要素之间相互作用、相互制约、相互影响,各要素借助政策制度、市场机制和自然条件融合起来,赋予了城镇新的综合性的性质、功能和发展规律,这是独立要素所没有的,可以形成整体大于部分的效果。另一方面,城镇各要素是城镇发展的基础,融合后各要素的独立性就不复存在,即使强行分解要素也不具备融合后的整体特征。同样，若城镇生态系统的关键要素缺失，城镇的特征也会随之改变，形成一个新的整体，并通过要素间的作用过程表现出新整体的特征。新型城镇生态系统的整体性越好、越紧密，就越可以作为一个新的要素融合到更大的生态系统中。

（3）动态性

新型城镇生态系统是一个具有动态性的系统。动态性是指新型城镇生态系统具有时空特征，城镇在时间和空间维度不断进化。与许多自然生态系统一样，新型城镇生态系统具有符合自身特点的整体演化规律，城镇总是处在时空变化中的某一状态，经历城镇化过程中的不同阶段。新型城镇化是目前阶段城镇化进程中的具体表现形式，但其内容也不是一成不变的，在不同的时空中新型城镇是动态变化的。城镇之间的资源要素是有差异性的、是不断调整的，不同的自然、经济和社会情况导致资源要素在城市间的流向、流速和流量各不相同，要素流动也是一个动态的过程。不同阶段影响城镇化的因素不同，城镇化政策的制订也是具有区别的，如城乡关系从二元结构到城乡统筹再到城乡融合是根据历史进程不断完善优化的。城镇的空间结构也是不断优化的，如行政区划调整、城市辐射范围扩大、都市区建设、城市群协调发展等都会使城镇在空间层面上动态变化。各城镇功能的形成是城镇要素与体制机制结合的结果，要素是流动的，体制机制是不断改革的，因此城镇的功能也是动态变化的。

（4）多维性

新型城镇生态系统是一个具有多维性的系统。多维性是指新型城镇生态系统生存于多维资源要素构成的环境空间。新型城镇生态系统的维度指城镇占有资源要素的种类，也就是影响新型城镇化进化的内外部生态位因子。一种生态位因子可以定义为一个维度，几种相近生态位因子的组合也可以定义为一个维度，例如城镇的基础设施因子、经济发展因子、社会发展因子、公共服务因子等都能作为新型城镇生态系统的一个维度，也可以由经济发展因子和社会发展因子组合构成城镇发展维度。不同维度的生态位因子代表城镇占有资源的不同种类，其具有不同的特点，发挥不同的作用。新型城镇生态系统正是由这些不同的生态位因子构成的多维复合系统，每个城镇都要占有更多的能够促进自身发展的生态位因子，城镇之间的相互联系、相互融合、相互制约也是通过获取生态位因子来完成的。

（5）层次性

新型城镇生态系统是一个具有层次性的系统。层次性是指新型城镇生态系统可以根据空间范围不同分类分析，包括城镇、都市区、城市群等。新型城镇生态系统层次性表现在：城镇生态系统是由资源要素组成的新型城镇化建设的基本单元，城镇生态系统又是都市区城镇生态系统的组成要素，而都市区城镇生态系统是更大空间范围城市群城镇生态系统的组成要素；也可以理解为城镇生态系统是城镇化建设的个体行为，都市区城镇生态系统是种群行为，城市群城镇生态系统是群落行为。不同层次的城镇生态系统具有不同的性质、功能和发展规律；新型城镇生态系统是一个空间由小到大，由简单到复杂的系统；层次内部要素之间相互作用，不同层次之间也相互影响；生态系统层次越高，系统涉及的资源要素就越多，要素相互作用越激烈，系统的性质、功能和发展规律就越复杂。

3.3.3 新型城镇生态系统的目标

新型城镇化建设是一项有规划、有目标的活动，而新型城镇生态系统也是一个具有目标的整体。新型城镇生态系统的目标是衡量新型城镇化建设方向是否正确、质量是否提升的标准，也是进行动态纠偏控制的依据。依据《国家新型城镇化规划（2014—2020年）》，新型城镇生态系统的目标包括稳步提升城镇化水平和质量、优化城镇化格局、科学合理制定城市发展模式、营造和谐宜人的城市生活和不断完善城镇化体制机制五方面。

3.4 新型城镇生态位理论

3.4.1 新型城镇生态位的定义

假设新型城镇化发展过程中资源要素具有流动性和稀缺性，不同类型的城镇对资源具有相同的依赖性。而同质的资源要素流动性强，对城镇发展的作用是相同的；异质的资源要素流动性弱，对特定城镇发展具有不可替代的作用。城镇之间的相互作用本质上是获取资源要素的竞争，城镇占有资源要素数量的多少是衡量新型城镇化发展质量高低的主要标准。

借鉴 Hutchinson "n 维超体积生态位"的理念，新型城镇生态位是指在一定区域内，城镇对资源要素的利用情况，以及其在区域内所处的位置、扮演的功能和角色[15]。新型城镇生态位是由生态因子构成的多维系统集合，生态因子的维度和结构不同表现出新型城镇生态位的不同特征。也可以说维度是城镇在区域内的特征描述，不同城镇具有不同的维度信息，新型城镇的维度包括基础设施、人口、经济、社会、生态环境、公平等生态因子。若区域内城镇间不存在竞争关系，城镇可以按需占有资源要素，这种生态位可定义为基础生态位，基础生态位的上限是区域资源要素的总量；若区域内城镇间存在竞争关系，城镇只能占有竞争后的资源要素，这种生态位可定义为现实生态位；若城镇不受区域限制，可以按照自身发展需要无限制地获取资源要素，这种生态位可定义为最适生态位，特殊情况下，当城镇受区域限制时最适生态位与基础生态位一致。

新型城镇个体依据现有生态位情况，通过竞争、寄生、捕食、互利共生、协同进化等方式扩大自己的生态位。新型城镇生态位测度主要包括生态位宽度、生态位重叠和分离等指标。新型城镇生态位宽度指城镇利用资源要素和条件的总和。如果区域内资源要素有限，那么获取同质资源能力强的城镇，将会使自己的城镇生态位变宽；反之，获取同质资源能力弱的城镇，将会使自己的城镇生态位变窄，同时谋求占有异质资源进行特色发展，如特色小镇。城镇生态位的宽窄不是新型城镇化建设成败的决定性指标，新型城镇化建设取决于利用资源要素的能力，这才是新型城镇化建设的核心竞争力。新型城镇生态位重叠指两个或两个以上城镇利用同一资源要素而相互重叠的状况。在区域资源有限的情况下，城镇生态位重叠将导致资源要素竞争；而在区域资源充足的情况下，城镇生态位重叠不会影响彼此新型城镇化建设。传统的城镇化建设过程中，各城镇复制相同的发展模式会产生千城一面、缺少特色、模仿痕迹严重等问题，加之资源要素的稀缺性，导致城镇生态位重叠现象严重，竞争激烈。这种激烈的竞争导致的结果：一是，一个城镇完全挤掉另一个城镇的发展空间，城镇会谋求变宽生态位或占有新的资源要素来创造新的发展空间。二是，城镇间竞争达到一定程度后，通过生态位分离减少城镇间的过度竞争。在特定区域，城镇间会谋求错位发展、分工协作，形成都市区、城市群等组合体，统筹规划、合理配置资源、重新定位生态位，实现城镇组合体的稳定和协同发展。

3.4.2 新型城镇生态位的态势

借鉴朱春全提出的生态位态势理论，新型城镇生态位具有"态"和"势"两方面属性。"态"属性代表城镇过去发展、成长与环境相互作用积累的结果；"势"属性代表城镇对环境的支配力、影响力、自身的进化能力。"态"属性是"势"属性的基础，没有"态"属性就没有"势"属性，"势"属性进化到一定程度就会转化为"态"属性沉淀下来，两种属性相互作用，互为因果，随着相互转化，新型城镇在环境中的生态位也随之改变。随着新型城镇不断发展，"态"属性一般呈"S"形曲线变化，"势"属性一般呈倒"U"形曲线变化。

3.4.3 新型城镇生态位适宜度

新型城镇生态位适宜度是指在一定区域内，城镇现实生态位与最适生态位之间的贴近程度，代表新型城镇对区域内资源要素条件的适宜性，即区域资源要素条件对新型城镇发展的支持程度。新型城镇生态位适宜度一般数学模型如下：

设 $X=\{x_1, x_2, \cdots\cdots, x_n\}$ 为与新型城镇生态系统有关的生态因子的量化指标，新型城镇生态系统是连续演化的动态系统，不同时刻的生态因子的量化指标构成了 n 维生态因子空间 E^n，则：

$$E^n = [X_i(t_j)]_{n \times m} = \begin{bmatrix} x_1(t_1) & x_2(t_1) & \cdots\cdots & x_n(t_1) \\ x_1(t_2) & x_2(t_2) & \cdots\cdots & x_n(t_2) \\ \cdots\cdots & \cdots\cdots & \ddots & \cdots\cdots \\ x_1(t_m) & x_2(t_m) & \cdots\cdots & x_n(t_m) \end{bmatrix}, i=1, 2, \cdots\cdots, n, j=1, 2, \cdots\cdots, m$$

式中　$E = X_t = (x_1(t_j), x_2(t_j), \cdots\cdots, x_n(t_j))$——$n$ 维生态因子空间 E^n 在 t_j 时刻的一个子集。

非负 n 元函数：

$$f(E) = f(X_t) = f(x_1(t_j), x_2(t_j), \cdots\cdots, x_n(t_j))$$

表示 t_j 时刻新型城镇生态系统的生态位。

新型城镇生态系统的生态位适宜度即为 n 维超体积生态位中生态因子实际值 X_t 与最适值 X_0 之间的贴近程度，能够较好地反映不同城镇对其区域资源要素条件的适宜程度，其数学模型为：

$$F = \Phi(X_0, X_t), \quad X_0, X_t \in E^n$$

式中 $\Phi(X_0, X_t)$——新型城镇生态系统的生态因子最适值 $X_0 = (x_1(a), x_2(a), \cdots\cdots, x_n(a))$ 与生态因子实际值 $X_t = (x_1(t_j), x_2(t_j), \cdots\cdots, x_n(t_j))$ 贴近程度的公式。$\Phi(X_0, X_t)$ 一般采用加权平均模型、希尔伯脱空间模型和灰色关联度模型。

(1) 加权平均模型

$$F(t_j) = \sum_{i=1}^{n} \omega_i \cdot \min\left\{\frac{x_i(t_j)}{x_i(a)}, 1\right\}, \quad i=1, 2, \cdots\cdots, n, \quad j=1, 2, \cdots\cdots, m$$

式中 $F(t_j)$——第 t_j 时刻新型城镇生态系统的适宜度；

ω_i——生态因子的权重系数，$\omega_i > 0$，$\sum_{i=1}^{n} \omega_i = 1$；

$x_i(t_j)$——第 t_j 时刻第 i 个生态因子取值；

$x_i(a)$——第 i 个生态因子的最适值。

(2) 希尔伯脱空间模型

$$F(t_j) = \sqrt{\frac{1}{n} \cdot \left[\left(\frac{x_1(t_j)}{x_1(a)}\right)^2 + \left(\frac{x_2(t_j)}{x_2(a)}\right)^2 + \cdots\cdots + \left(\frac{x_n(t_j)}{x_n(a)}\right)^2\right]},$$
$$i=1, 2, \cdots\cdots, n, \quad j=1, 2, \cdots\cdots, m$$

式中 $F(t_j)$——第 t_j 时刻新型城镇生态系统的适宜度；

$x_i(t_j)$——第 t_j 时刻第 i 个生态因子取值；

$x_i(a)$——第 i 个生态因子的最适值。

(3) 灰色关联度模型

$$F(t_j) = \sum_{i=1}^{n} \omega_i \frac{\delta_{\min} + \alpha \delta_{\max}}{\delta_{it} + \alpha \delta_{\max}}$$
$$= \sum_{i=1}^{n} \omega_i \frac{\min\{|x'_i(t_j) - x'_i(a)|\} + \alpha \max\{|x'_i(t_j) - x'_i(a)|\}}{|x'_i(t_j) - x'_i(a)| + \alpha \max\{|x'_i(t_j) - x'_i(a)|\}},$$
$$i=1, 2, \cdots\cdots, n, \quad j=1, 2, \cdots\cdots, m$$

式中 $F(t_j)$——第 t_j 时刻新型城镇生态系统的适宜度；

$x'_i(t_j)$ 和 $x'_i(a)$——第 t_j 时刻下第 i 个生态因子的实际值和最适值的无量纲化数值；

ω_i——生态因子的权重系数，$\omega_i > 0$，$\sum_{i=1}^{n} \omega_i = 1$；

$\alpha (0 \leqslant \alpha \leqslant 1)$——模型参数，一般取 0.5。

一般情况下，$F(t_j)$ 处于 0 与 1 之间，$F(t_j)$ 越接近 1，表明新型城镇生态因子满足需求程度越高，新型城镇生态系统更适应区域资源要素环境，具有发展优势。

限制生态因子是测度新型城镇生态位适宜度的另一指标，是指制约新型城镇生态位适宜度提升的关键因子。限制生态因子是生态位适宜度提升的短板，其主要通过与其他生态因子相互作用、相互影响而制约新型城镇生态位提升。限制生态因子一般数学模型如下：

$$F_{\min}(t_j) = \min\left\{\frac{x_1(t_j)}{x_1(a)}, \frac{x_2(t_j)}{x_2(a)}, \cdots\cdots, \frac{x_n(t_j)}{x_n(a)}\right\}, \quad i=1, 2, \cdots\cdots, n, \quad j=1, 2, \cdots\cdots, m$$

式中 $F_{\min}(t_j)$——第 t_j 时刻新型城镇生态系统的适宜度；

$x_i(t_j)$——第 t_j 时刻第 i 个生态因子取值；

$x_i(a)$——第 i 个生态因子的最适值。

限制因子模型可测度生态因子取值与最适值之间的关系。

3.5　基于生态学的新型城镇化主体行为分析

借鉴生态学理论，新型城镇化主体包括新型城镇化个体、新型城镇化种群和新型城镇化群落，即城镇、都市区和城市群。个体、种群和群落是生态组织的三个层次，群落是种群的集合，种群是个体的集合。新型城镇化行为主体之间有着紧密的关系，群落包含种群，种群包含个体；个体是种群的基础，种群是群落的基础；三者相互制约。与新型城镇化主体相对应，新型城镇化主体行为包括新型城镇化个体行为、新型城镇化种群行为和新型城镇化群落行为。新型城镇化个体行为是单一城镇的城镇化，是城镇化的基本单元，包括各级城镇。新型城镇化种群行为是核心城市及周边空间集合的城镇化，种群中具有同质性，如空间的同质性、产业的同质性、人口的同质性、文化的同质性等，是空间紧密结合的城镇化。新型城镇化群落行为是城市集合的城镇化，群落中城市空间相对集中、功能错位，通常围绕中心城市、特定资源要素或者政策环境而协同发展。

新型城镇化个体（城镇）是由各种资源要素构成的复合系统，不同种类的资源要素和结构产生不同的城镇行为。例如：阜新是能源枯竭型城市，新型城镇化的重点是进行产业接续和转型。城镇生态位是指在一定区域内，城镇与区域环境互动的结果，是城镇对资源要素的利用情况。城镇生态位是决定新型城镇化建设的重要因素，反之生态位的变化也影响着城镇行为。当生态位重叠时，城镇间就会产生竞争、捕食和寄生等相互作用；当生态位不重叠时，城镇间会产生中性作用。城镇间的竞争会导致生态位的分化，分化的结果是城镇通过自调节、改变生态位适应环境与自身进化，产生城镇间的错位发展、互利共生、协同发展的行为。城镇共生的动力源泉分内部动力和外部压力两种类型，内部动力是城镇为更好地发展而自发集合在一起形成合力，如产业链需求、市场需求。外部压力是更高级别的政府部门从优化资源配置、提高资源利用率的角度，通过行政规划进行整合共生，如都市区、城市群。无论何种方式的共生，优势互补、资源共享、实现双赢是其根本目的。新型城镇化种群（都市区）是由城市与周边空间组合的复合系统，其行为是较城镇行为复杂的高层次行为。与城镇行为一样，都市区行为也分为内部行为和外部行为，其行为包括竞争、捕食、寄生和共生等。新型城镇化群落（城市群）是由不同城市组合的复合系统，其行为是最高层次的新型城镇化行为。城镇、都市区所具有的行为城市群也具有，同时城市群中不同城市行为存在差异，具有明显的、不连续的梯度。城市群具有生态演替行为，在一定区域内，城市群随时间而变化，从一种类型转变为另一种类型。城市群的演替行为是按照一定顺序，有规律、有方向发展的，具有可预见性；城市群的演替行为是由城市群控制的，是与区域环境共同作用的结果；城市群的演替行为能够形成稳定的城市群生态系统。

3.6 本章小结

本章从生态学的基本理论出发,运用类比分析、交叉移植、比较借鉴等方法研究新型城镇的生态学特征,并通过分析证明运用生态学理论与方法研究新型城镇系统的可行性。首先,介绍了生态学的基本理论。其次,运用生态学研究新型城镇系统的可行性,分析了新型城镇系统的生态系统相似性,给出了运用生态学研究新型城镇系统的思路。再次,分析了生态学视角下新型城镇系统的内涵、特征和目标。然后,阐述了新型城镇生态位理论,包括新型城镇生态位的定义、态势和适宜度。最后,分析了生态学视角下新型城镇化主体行为,包括新型城镇化个体行为、新型城镇化种群行为和新型城镇化群落行为。

第4章　基于生态位态势理论的新型城镇化评价指标体系构建

4.1　指标体系构建的总体思路

4.1.1　指标体系的定位

1. 指标体系的价值定位

新型城镇化评价指标体系既要能体现新型城镇化的理论内涵，又能体现新型城镇化的发展状况，关键是要明确指标体系的价值取向。明确新型城镇化评价指标的价值定位是构建新型城镇化评价指标体系的前提，对深入理解和正确运用新型城镇化评价指标体系有着重要意义[33,68]。

（1）新型城镇化的城乡关系

新中国成立七十多年来，伴随着中国经济社会取得了巨大的成就，城乡关系也发生了深刻的变化。在不同的历史阶段和社会经济条件下，城镇化政策作为城乡关系的体现和推进，其模式呈现出不同的特点。中国城乡关系经历了城乡二元结构形成及固化、城乡经济社会互动、城乡统筹和城乡融合四个发展阶段[73,74]。

第一阶段（1949—1978），本阶段的特点是城乡二元结构的形成及固化，主要的城镇化政策有：恢复国民经济，重工业优先发展，吸纳农村人口参与工业项目建设，加快三线建设，适当发展沿海工业基地。上述政策的实施导致城乡差别、二元结构形成固化，城镇化发展波动、停滞。

第二阶段（1978—2002），本阶段的特点是城乡经济社会互动，主要的城镇化政策有：改革开放，以经济建设为中心，以城市为中心带动农村发展，提高农业劳动生产率，加速农村剩余劳动力向城镇转移，推动城乡要素交流，西部大开发协调区域发展。上述政策的实施导致农村资源进一步向城市转移，城乡差距进一步扩大。

第三阶段（2002—2017），本阶段的特点是城乡统筹，主要的城镇化政策有："十五"计划提出的实施城镇化战略，发挥大城市的辐射带动作用；"十一五"规划提出的走中国特色城镇化道路，形成辐射作用大的城市群；"十二五"规划提出的按照统筹规划、合理布局、完善功能、以大带小，促进大中小城市和小城镇协调发展；2012年11月，党的第十八次代表大会提出的新型城镇化；2014年3月，中共中央、国务院印发的《国家新型城镇化规划（2014—2020）》提出，走中国特色新型城镇化道路，全面提高城镇化质量。上述政策的实施促进城乡间态势良好发展，但农村仍处于被动地位。

第四阶段（2017—），本阶段的特点是城乡融合，主要的城镇化政策有："十三五"规划提出的坚持以人的城镇化为核心、以城市群为主体形态、以城市综合载能力为支撑、以体制机制创新为保障，加快新型城镇化步伐，提高社会主义新农村建设水平，努力缩小城乡发展差距，推进城乡发展一体化；中共中央、国务院发布的《关于建立健全城乡融合发展体制机制和政策体系的意见》，提出了城乡融合发展的体制机制和政治体系，加快推进农业农村现代化；国家发展改革委发布的《2020年新型城镇化建设和城乡融合发展重点任务》，提出加快推进城乡融合发展，突出以城带乡、以工促农，健全城乡融合发展体制机制，促进城乡生产要素双向自由流动和公共资源合理配置。上述政策的实施促进城乡关系进入全面融合阶段，城乡间要素流动、公共资源配置将更趋合理。

综上，城乡关系是最基本的经济社会关系，在城镇化的基础上推进城乡关系调整以达到共同发展，是国家实现现代化的普遍途径。城乡融合是城乡关系发展的必然要求，是新型城镇化的根本方向，也是衡量新型城镇化发展水平的核心指标。

(2) 新型城镇化的发展理念

以人为本是科学发展观的核心，也是新型城镇化的发展理念，新型城镇化是在科学发展观指导下的人的城镇化。传统意义上的城镇化围绕经济增长展开，以物为本，重物轻人，导致土地城镇化快于人口城镇化，城市建设贪大求快，大拆大建，高楼林立，但农业人口市民化缓慢，农民权益得不到保障，人口、经济、社会发展不协调，城乡差距进一步拉大，城镇化发展不可持续。

新型城镇化坚持以人民为中心，人的城镇化是新型城镇化的实质和本质要求[75]。新型城镇化优化就业、教育、医疗卫生、社会保障等基本公共服务供给，差别化落户政策，有序推进农业转移人口市民化，不断提高户籍人口城镇化率；向农业转移人口分享社会经济发展的成果，与城镇居民享有同等的待遇，实现其身份和权力的平等，确保其融入城镇社会；优化城镇化格局，从人的需求出发，鼓励农业转移人口就地城镇化；推进城中村、棚户区的改造，避免城市内部的二元分化；将新型城镇化与新型农村建设融合起来，实现资源要素双向流动，公共资源均衡配置，逐步完善农村教育、社会保障、医疗等公共服务，使其与城镇无缝衔接[76]。因此，人的城镇化是全面可持续发展的城镇化。

综上，以人为本是新型城镇化的发展理念。人的城镇化是注重质量内涵的城镇化，是促进人的全面发展的城镇化，是关注城乡居民共同福祉的城镇化，是中国特色新型城镇化道路的根本标准。

(3) 新型城镇化的动力源泉

一般而言，城镇化是市场经济发展的必然结果，是国家现代化进程中的必经之路。改革开放以来，以粗放型工业经济驱动的传统城镇化取得了巨大的成就。但这种以建设工业园区、经济开发区推动的城镇化也遇到了很多问题，比如城乡差别扩大、资源由农村单向流入城市、社会公共服务短缺、中等收入陷阱等。随着我国城镇化发展进入新的阶段，其动力源泉需要多元化升级，单一的粗放型工业经济已经不能满足城镇化发展的需要。

中共十八大提出新四化的中国特色道路，强调新型工业化、信息化、城镇化和农业现代化的协调同步发展。新型工业化是一种以信息化带动工业化，以工业化促进信息化，科技含量高、经济效益好、资源消耗低、环境污染少、人力资源优势得到充分发挥的工业化。新型工业化使传统产业不断升级并产生集聚效应，提供大量就业机会，吸引农村人口向城市流动。信息化是工业化发展到一定阶段的产物，也是推动新型城镇化的增速器。农业现代化是一种以农民为主体，注重农业综合生产能力，注重环境治理、生态协调，坚持机制体制改革和科技创新的农业。现代化农业使农村产生大量富余劳动力流向城市，也为新型城镇化发展提供农业物资基础。因此，现代化农业、新型工业、现代服务业三次产业共同、协调、可持续的发展能够推动新型城镇化的建设。新型城镇化是三次产业发展的平台和载体，产业的发展给予城镇发展强有力的支撑，同时新型信息化能够使其协调同步良性循环。

综上，经济发展是新型城镇化的动力源泉。三次产业的协同发展促进新型城镇化繁荣发展，任何一个产业的短板或支撑力不足都将导致新型城镇化建设的不可持续，经济发展情况是衡量新型城镇化健康度的标准。

（4）新型城镇化的空间载体

城镇建设模式对新型城镇化建设而言具有重大的现实意义，也是实现新型城镇化目标的重要途径。随着新型城镇化建设的不断深入，传统的单一、封闭、无序扩张的空间模式产生很多问题，如人的城镇化慢于土地城镇化、公共服务设施不完善、产业结构失调、城镇空间布局不合理、城镇部分功能缺失等，以上问题均阻碍了新型城镇化进程。

随着资源要素的全球化流动、中国城乡间的不断融合、各次产业结构的调整及分工的不断细化，城镇空间趋于多中心、网络化和卫星式的发展模式，城镇与周边区域相互渗透、相互包含，城镇空间结构越来越依托于区域结构的统筹规划。随着城镇辖区的规模结构和管辖范围的逐步完善，重大生产力布局的优化整合，城乡空间呈一体化协调发展趋势越发显著。城镇内部空间强调优化产业布局，强化底线约束，集约利用土地，严控"房地产化"倾向，体现比较优势，逐步整合功能空间，促进城镇工业区、商务区、文教区、生活区、行政区、交通枢纽区科学衔接与混合嵌套，实现城镇产城融合、职住平衡。同时，完善城镇路网、信息网络建设，减弱城镇各功能区的空间距离限制，培育精品特色小镇升级城镇功能，使多功能空间成为城镇发展的重要载体，形成高质量发展的重要助推力。

综上，城镇是新型城镇化的空间载体，即微观空间格局。精细化、智能化的城镇空间规划是新型城镇空间载体优化的有效手段，其在提高城镇的产业布局、功能定位、基础设施承载力、城市交通体系等起到基础性的作用。格局合理、集聚集约、功能高效、宜业宜居、绿色低碳、持续发展的新型城镇空间载体是衡量新型城镇化发展的重要指标。

（5）新型城镇化的空间格局

改革开放以来，国家先后实施了东部沿海率先发展、西部大开发、中部崛起、振兴东北、"两横三纵"、国家中心城市等战略，都有效地推动了城镇化的建设，效果显著。然而，传统的城镇区域结构仍存在很多问题：城市之间缺乏有效协调、沟通、重复建设，产业趋同，城市群规划难以落实，缺乏对区域内自然资源的有效保护，存在多头管理、政策针对性不强等问题，缺乏科学的考量标准等。

新型城镇化发展目标要求城镇化格局更加优化，基本形成以"两横三纵"为主体的城镇化战略格局，完善和落实主体功能区战略，发挥各地区比较优势，增强经济发展优势区域承载能力，构建大中小城市和小城镇协调发展的城镇化空间格局，形成高质量发展的动力系统。加快发展重点城市群建设，推动京津冀、长三角、粤港澳大湾区、成渝等城市群高质量发展，坚持以中心城市引领城市群发展，增强中心城市的辐射作用；以轨道交通为基础，缩短都市区各城市之间的时空距离，推进都市区同城化建设；提升中心城市能级和核心竞争力；规范发展特色小镇和特色小城镇。城镇根据其区位优势、产业特点、规模大小、历史传承、资源禀赋、文化特色、发展方向等因素明确自身在区域结构中的合理定位，是制定区域城镇发展规划的基本依据。

综上，区域结构是新型城镇化的宏观和中观空间格局，新型城镇化将构建以发挥区域比较优势，推动城市群和都市区健康发展，构建大中小城市和小城镇协调发展为原则的区域结构。区域内各城镇布局是否合理、定位是否明确、产业结构是否匹配、沟通是否顺畅将直接影响新型城镇化的建设。

（6）新型城镇化的可持续发展

1978—2019 年，我国城镇化率从 17.9% 提高到 60.6%，取得了瞩目的成绩。根据世界城镇化发展普遍规律，我国仍处于城镇化率 30%～70% 的快速发展区间。然而，传统的城镇化模式，以粗放型的经济发展作为城镇化的推动力，会带来产业升级缓慢、生态破坏加剧、资源环境恶化、城市贫困凸显、社会保障缺失、医疗资源不公、公共安全事件上升等诸多风险，可能落入"中等收入陷阱"，进而影响现代化进程。

新型城镇化通过提升城镇综合承载能力推进其可持续发展，着眼于增强人口经济承载和资源优化配置等核心功能，健全城镇可持续发展体制机制，提升城镇发展质量。根据城镇资源环境承载能力、要素禀赋和比较优势，推进城镇可持续发展的措施有：培育发展各具特色的城镇产业体系；补齐城镇公共卫生短板；改善城镇公用设施，健全城镇路网系统，完善市政管网和排水防涝设施；完善城镇数字化管理平台，打造新型智慧城镇；开展城镇更新改造试点，提升城镇品质和人居环境质量；推动建设用地资源向中心城市和重点城市群倾斜；推动城镇政府向服务型转变、治理方式向精细化转型、配套资源向街道社区下沉；提升国土规划水平，落实适用、经济、绿色、美观的建筑要求；减少一次能源消费，改变能源结构，逐步以可再生能源作为城镇能源消费主体，治理污染。

综上，可持续发展是新型城镇化的内在要求，其主要体现在统筹的城镇国土空间规划、合理的产业布局、厚重的人口承载能力、推动城镇高质量发展的动力等方面。

2. 指标体系的研究定位

构建新型城镇化评价指标体系主要考虑两个关键问题：一是指标体系的构建视角，二是指标体系的评价对象及目标。构建一个全面反映新型城镇化发展情况的评价指标体系是一个庞大的复杂系统工程，且实现困难、适用性较差。实际上，现有研究已经构建了大量反映我国新型城镇化发展情况的指标体系，这些指标体系从不同侧面对我国新型城镇化进行了评价，提出了可行的政策建议，推动着新型城镇化的发展。研究视角和研究对象及目标的不同导致指标体系选取具有较强的针对性和差异性，构建出的指标体系区别也很大。

新型城镇系统具有类生态学的特征与本质，与自然生态系统类似，新型城镇生态系统也存在形成、发展、兴衰、演替等发展过程，是一个具有时空概念的社会-经济-自然复合生态系统[71]。新型城镇生态系统由不同的功能空间单元共同作用形成城镇的基本社会经济自然功能，并与其所在区域环境相互协调、均衡发展；其发展过程具有明显的阶段性、自调控、动态进化的生态学特征。城镇生态位是一种基于城镇与区域环境互动的客观存在，其描述的是城镇在区域环境内相互协调，所达到的一种共存均衡的状态[72]。因此，本研究基于生态位的视角来选取指标，剖析城镇生存和发展状况，构建我国新型城镇化发展情况评价指标体系。

确定新型城镇化指标体系的评价对象及目标，先要明确指标体系评价对象的类别。一般来说，新型城镇化指标体系的评价对象根据空间范围不同可以分为：城市群的城镇化、都市区的城镇化、副省级市的城镇化、地级市的城镇化、县级市的城镇化、边境地区的城镇化等。同时要明确指标体系的用途，一般来说用途可以分为：现象描述或原因分析，理论研究或政策参考等。不同的评价对象和用途选取的指标差异很大。城市群注重健全一体化、高质量发展的工作机制和长效制度。都市区注重建立中心城市的牵头协调推进机制，完善都市区发展规划，强调健全都市区的交通基础设施。副省级城市与地级市作为中心城市和重要节点城市，注重优化生产力布局，完善市辖区规模结构和管辖范围，解决发展空间不足的问题。县级市注重城市基础服务功能的完善，推进环境卫生设施、市政公用设施、公共服务设施和产业配套设施的提质升级。边境地区的城镇化注重依托地区优势，打造特色，改善城镇基础设施和公共服务。综合新型城镇化评价指标体系研究现状，同时考虑到研究团队的现有资源，本研究指标体系的评价对象确定为副省级城市和地级市，指标体系的评价目标确定为：从副省级城市和地级市层面上构建新型城镇化评价指标体系，通过指标体系描述新型城镇化的发展现状，分析原因，在理论研究的基础上提出政策建议。确定这一目标原因有二：一是副省级城市和地级市伴随着工业化进程，已经经历过改革开放以来的快速城镇化建设，目前处于城镇化精细化发展阶段，具有良好的城市基础设施和公共服务设施；二是副省级城市和地级市数量众多，是新型城镇化建设的主体单位，是新型城镇化成功与否的关键，新型城镇化终究是由副省级城市和地级市的城镇化来实现的。

综上所述，新型城镇化评价指标体系基于生态位理论视角，从副省级城市和地级市层面上构建新型城镇化评价指标体系，以评价新型城镇化的发展水平，分析原因，提出政策性建议。

4.1.2 指标体系的设计思路

运用生态位理论视角设计新型城镇化评价指标体系，以生态位态势理论为基础，以城镇系统生态位适宜度为评价目标，来进行新型城镇化评价指标体系的架构分析。新型城镇生态位是在同一区域环境中与其他城镇竞争的结果，取决于其达到均衡状态时所占资源的大小。新型城镇生态位适宜度是指同一区域环境中城镇生态位与其最适值之间的贴近距离，能够测度其生态位的高低，进而评价新型城镇化的发展状况。

基于生态位的态势理论，新型城镇化适宜度评价指标体系可以从生存维、发展维和竞争维三个维度构建。借鉴已有的研究成果[34-47]，新型城镇生态系统的生存维描述的是"态"属性，代表城镇过去发展、成长、与环境作用积累的结果；发展维描述的是"态"与"势"的界面属性，代表城镇内部要素间的相互转化、相互协调能力；竞争维描述的是"势"属性，代表城镇对环境的支配力、影响力、自身的进化能力。生存维是竞争维的基础，没有生存维就没有竞争维，竞争维进化到一定程度就会转化为生存维沉淀下来，而发展维是生存维向竞争维进化的过渡，三个维度相互作用，互为因果，随着相互转化，新型城镇在环境中的生态位也随之改变。因此，本研究从生存维、发展维和竞争维三个维度构建指标体系。

4.1.3 指标体系的设计步骤

新型城镇化评价指标体系的设计步骤包括：准备基本理论、梳理总体思路、明确基本原则、设计概念模型、指标初选、指标筛选、确定指标体系、解释指标含义及计算方法、应用和修正指标体系共九步。

（1）准备基本理论。指标体系的设计者必须对相关的基础理论有深刻的理解，对评价对象和目标有深入的调查研究，才能设计出合理的指标体系。

（2）梳理总体思路。指标体系的价值定位、研究定位、设计思路和设计步骤清晰明确，才能构建与目标相符的指标体系。

（3）明确基本原则。基本原则是构建指标体系的依据和标准。

（4）设计概念模型。设计者可以依据步骤（1）～（3）的研究内容，采用科学的分析方法来构造指标体系的概念框架，其是一个动态的、逐步精细化的思考过程。

（5）指标初选。设计者选取能够代表评价对象、反映评价目标的指标，初选指标集尽可能全面，可选用定性或定量的方法确定。

（6）指标筛选。设计者通过对初选指标集的筛选，剔除信息冗余、重叠、关联度高的指标，得到能够反映评价对象状况的简洁适用的指标。指标筛选通常采用定性与定量相结合的方法，同时要避免信息丢失过度。

（7）指标体系确定。设计者对筛选后的指标进行分类、聚集、分层、组合。反映被评价对象某一方面特征的指标归为小类，小类根据需要再聚集归为大类，指标、小类、大类分层组合，最后构建出完整的指标体系。

（8）解释指标含义及计算方法。设计者对指标的含义、计算方法、范围区间、数据来源等进行阐述。

（9）指标体系应用及修正。设计者通过实证结果分析指标体系的合理性和可行性，并对指标体系不合理、不可行的地方加以修正。

4.2 指标体系构建的基本原则

结合新型城镇的生态学特征，并根据新型城镇化评价指标体系构建的总体思路，在指标体系的构建过程中，应遵循科学性、系统性、全面性、动态性、可比性、可操作性等原则。

4.2.1 科学性原则

新型城镇化是以科学发展观为指导的城镇化，在新型城镇化评价指标体系设计过程中显然也应体现科学性。新型城镇化评价指标体系应结合新型城镇生态系统的本质特征，是在对被评价城镇进行实地调研、深入论证分析的基础上构建的，且能够准确反映新型城镇的发展现状。具体的，指标体系的科学性主要体现在单一指标选取、指标体系框架设计和指标赋权三方面。首先，指标选取的科学性，指标的选取、命名、属性、计算和解释符合科学规律，有明确的科学含义，具有通用性和权威性的特点，能够全面反映新型城镇化适宜度的各种因素。其次，指标体系框架设计的科学性，指标体系要覆盖新型城镇化适宜度的各个方面，充分论证，客观论证，意义明确，不能受构建者的主观影响和知识局限。最后，指标赋权的科学性，赋权方法科学合理，客观选择，符合新型城镇化适宜度评价问题的指标特点。

4.2.2 系统性原则

新型城镇化适宜度是一个反映城镇生态系统与其环境资源适宜程度的综合性指标，其是包含多指标的有机体，指标之间层次分明，逻辑合理且相互作用。新型城镇具有生态学的特点，以生态系统的角度结合新型城镇的内在发展逻辑构建指标体系以测度生态位适宜度，能够真实全面地体现新型城镇的发展特征。

4.2.3 全面性原则

新型城镇化适宜度涉及城镇的生存、发展和竞争等多个评价维度，以生态系统的视角，各个维度都是新型城镇系统的一部分，不可分离，新型城镇系统作为一个整体综合反映城镇化的适宜度。新型城镇指标体系应该全面覆盖涉及评价的各个维度，全面性并不是要求指标面面俱到，而是所选指标应具有独立性、代表性和综合性，能够准确地反映城镇某一方面生态位的内涵。

4.2.4 动态性原则

新型城镇生态系统是一个不断变化的动态复杂系统，该系统与其环境有着密切的联系。选择的指标既要符合当时当地的具体情况，还要符合学者对其内涵的理解，构建的评价指标体系是新型城镇与环境之间的适宜程度的现状反映、也是趋势预测，能够为决策者科学决策提供定量的依据。随着时间的推移、空间的变化、政策的调整，评价指标体系也需要不断地改进完善，以符合评价目标，引导新型城镇可持续发展。

4.2.5 可比性原则

新型城镇化适宜度评价主要体现的就是城镇在新型城镇建设过程中的差异性。因此，其评价体系选取的指标既要与新型城镇化内涵一致，又要体现可比性。首先，指标要避免重复，重复指标不具有可比性，体现不出差异；其次，指标要相互独立，独立指标具有较强的可比性；最后，指标要具有概念明确、界定清晰、计算方法统一、具有可获取性和客观性，以便于比较。

4.2.6 可操作性原则

新型城镇化适宜度评价的可操作性主要包含两方面。一方面，指标数据的可操作性，指标数据应易于收集和整理，数据来源易于被评价对象理解和接受，尽量采用来自权威机构发布的数据，即使没有直接数据也可以通过权威数据计算获得，数据来源非权威或无数据的指标尽量避免使用。另一方面，评价方法的可操作性，评价过程尽量选取计算简单、容易理解、能够体现被评价对象差异的方法，避免由于评价方法设计问题导致的指标数据信息损失和评价结果偏差；评价过程应定量化、客观化，尽量减少主观因素对评价结果的影响，避免采用容易产生争议的定性数据和方法，而应选择客观性强的定量数据和方法。

4.3 指标体系构建过程

4.3.1 指标体系概念框架

目前，基于生态位理论的城镇化评价指标体系设计的相关研究主要有两种视角：一是以社会-经济-自然复合生态系统角度设计，其包括经济、资源、环境、社会等子系统，各子系统的运行情况和它们之间的相互作用，综合反映了城镇生态系统的运行状况；二是以生态位态势理论角度设计，包括"态"和"势"两个维度。2010年以来有关生态位理论视角下的城镇化评价指标体系统计结果，详见表4-1。

2010年以来有关生态位理论视角下的城镇化评价指标体系统计结果　　　表 4-1

评价指标	作者
经济、资源、环境、社会	季冰[47],2018
人口、经济、社会、环境、城市建设	曹玉青[77],2018
资源、环境、经济、社会	刘斌[78],2016
资源生态位、经济生态位	郭瑞敏等[45],2016
经济发展、社会发展、资源环境	毛蒋兴等[46],2016
资源维、市场维、社会经济维和环境维	李淑娟等[13],2014
社会、环境、经济	陈晴晴[79],2014
资源维、市场维、社会维、经济维和环境维	郭伟等[80],2011
生产生态位、生活生态位、环境生态位	赵维良[29],2011
生产位：经济水平、资源丰盛度、环境约束条件；生活位：社会环境、自然环境	谢坤[43],2010
态：自然资源、物资资源、科技资源；势：城市效率、城市集散能力、资源增长	赵维良[81],2010
态：自然资源、物质资源、人力资源、科技资源；势：城市效率、城市集散能力、资源增长、环境保护能力、社会进步能力	索贵彬[44],2010

在前述研究的基础上，根据评价指标体系构建的总体思路和基本原则，综合生态位态势理论和生态系统的复合性特征，从生存维（"态"属性）、发展维（"态"与"势"的界面属性）和竞争维（"势"属性）三方面构建新型城镇化适宜度评价指标体系。其中，生存维包括基础设施生态位因子和人口生态位因子；发展维包括经济发展生态位因子和社会发展生态位因子；竞争维包括生态环境生态位因子和公平生态位因子。

（1）基础设施生态位因子。基础设施因子指过去城镇化建设中积累的基础设施资源。基础设施不仅包括城镇建设的地铁、高楼、道路等硬件基础，还包括水、电、网络、燃气等基本公共服务。基础设施为新型城镇化建设提供基础和保障。

（2）人口生态位因子。人口因子指过去城镇化建设中积累的人口资源。新型城镇化是人的城镇化，人口的数量、结构、素质和密度等因素都将直接影响城镇化建设的质量。

（3）经济发展生态位因子。经济发展因子指城镇化发展的经济动力。经济发展是新型城镇化发展的动力源泉，三次产业结构、经济发展水平、经济质量指标等是衡量新型城镇经济发展情况的重要依据。

（4）社会发展生态位因子。社会发展因子指城镇化发展的社会动力。新型城镇化发展目标之一是提供高质量的基础公共服务，让城镇居民享有经济发展的福利，完善的医疗、卫生、教育、社会保障则是新型城镇化持续发展的有力支撑。

（5）生态环境生态位因子。生态环境因子指城镇化发展的生态环境竞争力。改善城镇环境，推进城镇精细化管理，能够提升新型城镇的吸引力。城镇生态环境是城镇居民生产、生活的重要基础和载体，其优劣直接影响城镇的生活质量，主要体现在城市环境治理能力。

（6）公平生态位因子。公平因子指城镇化发展的社会公平竞争力。公平是人类最基本的理念，公平是新型城镇化建设必须完成的任务。城镇化的公平主要体现在城乡融合时的公平和城镇资源配置的公平。

4.3.2 指标初选

新型城镇化评价指标体系指标选取的方法有定性和定量两种。定性方法一般基于设计者或评价者的知识、经验主观选取指标，如专家调研法、文献研究法等；而定量方法则通过设计者或评价者选取数学模型进行数据分析客观选取指标，如熵值分析法、主成分分析法、最小方差法、相关系数法等。新型城镇化适宜度评价是一个多属性综合评价问题，需从多角度出发选取能覆盖多属性、能切实反映新型城镇化适宜度某一方面本质特征的具有代表性的指标。同时，选取指标要确保指标含义明确，指标值具有易获取性、可操作性、可比性、权威性和稳定性，这样能够减少评价成本，提高评价效率。本研究采用文献研究法定性进行指标初选，在搜集、阅读、分析、提炼、整理大量相关资料的基础上，给出新型城镇化评价指标体系生态因子指标初选集，详见表4-2。

新型城镇化适宜度评价指标初选集　　　　　　　　　　表 4-2

评价维度	生态位因子	初选指标
生存维	基础设施因子	人均城市道路面积、人均公园绿地面积、建成区占市辖区面积比重、人均居住区面积、固定资产投资额、人均全社会固定资产投资、排水管道密度、人均绿地面积、城镇人均住房面积、用水普及率、互联网普及率、燃气普及率、城镇邮电局所数、城镇用电保证率、每百户拥有家用汽车数量
	人口因子	人口自然增长率、城镇人口占总人口比重、暂住人口占城镇人口比重、人口预期寿命、全市人口密度、18~59岁人口比重、户籍人口增长率、每万人在校大学生数、高中教育毛入学率、每万人在校中学生数、第一产业从业人员比重、第二产业从业人员比重、第三产业从业人员比重
发展维	经济发展因子	人均 GDP、地均 GDP、GDP 增长率、第三产业产值占 GDP 比重、城镇居民人均消费支出、人均社会消费品零售总额、实际利用外资总额、外贸进出口总额、人均工业产值、人均公共财政收入
	社会发展因子	每万人口拥有公共交通车辆、每百人公共图书馆藏书、城市社区综合服务设施覆盖率、每千人拥有床位数、每千人拥有医生数、每千人拥有教师数、基本养老保险参保率、基本医疗保险覆盖率、失业保险参保率、教育支出占公共财政支出的比重、科学技术支出占公共财政支出的比重
竞争维	生态环境因子	城市空气质量优良天数、单位 GDP 能耗、建成区绿化覆盖率、生活垃圾无害化处理率、环境保护支出占公共财政支出的比重、污水处理厂集中处理率、工业污染治理完成投资额、道路清扫面积、每万人拥有公共厕所数、工业废水达标排放率、一般工业固体废物综合利用率、单位 GDP 二氧化硫排放量
	公平因子	全市与市辖区人均 GDP 之比、全市与市辖区人均拥有床位数之比、全市与市辖区中小学师生比之比、恩格尔系数、社保和就业支出占公共财政支出的比重、城乡居民人均可支配收入之比、城镇登记失业人数、城镇登记失业率、城乡人均财政支出之比、城乡人均教育支出之比、城乡基本养老保险参保率之比、城乡基本医疗保险覆盖率之比

4.3.3 指标筛选

在指标初选集的基础上，根据指标值的数据特征采用定性与定量相结合的方法进行指标筛选，兼顾定量方法的客观性和定性方法的主观性。实际上，新型城镇化适宜度评价问题由于评价目的不同，其评价对象层级、评价范围、评价时间的选择是可变的，如评价对象可以分为地区层面的城镇化、省级层面的城镇化、副省级城市的城镇化、地级市的城镇化等，评价范围可以是全国、区域、省级等，评价时间可以是某一年的静态评价、也可以是某一区间年份的动态评价，这就要求评价指标体系针对问题特征进行动态更新。

本研究在指标筛选上分两步完成，分别采用专家调查法、熵值法和相关系数法。第一步，初步筛选。为保证指标的针对性、全面性、稳定性和适用性，组织专家论证，由专家根据其知识和经验在指标初选集中主观挑选指标确定指标体系。第二步，详细筛选。对单一指标进行熵值计算，剔除信息量低、差异性小、区分能力弱的指标。熵是热力学中的一个概念,由香农引入到信息论领域用来对信息量进行度量,也称信息熵。信息熵是系统无序状态的度量,熵值越大说明系统提供的信息量越大,系统指标的差异越大;反之,熵值越小说明系统提供的信息量越小,系统指标的差异越小。筛选完成后,对两两指标进行相关系数计算,剔除信息关联度高的指标。相关系数法是一种统计学方法,其核心是测度指标之间线性相关程度,简单相关系数是由指标的方差和协方差计算而得。相关系数越大说明指标之间的关联度越高、重叠信息量越大;相关系数越小说明指标之间的关联度越低、重叠信息量越小。采用的熵值法和相关系数法均是定量筛选指标方法,其完全依赖于指标数据,是纯粹的客观筛选法,会受到所选取样本数据的影响。

4.3.4 指标体系确定

按照上述步骤对指标进行初选、初步筛选,以中国副省级城市和地级市为研究对象,提取了与六个生态位因子相关的三十六项生态位因子指标构成基础版的新型城镇化适宜度评价指标体系,详见表4-3。本指标体系是中国城市新型城镇化适宜度评价指标体系的基础标准,设计者或评价者可以根据具体问题进行指标增减、替换等动态更新以符合问题特征,达到评价目的。

基于生态位态势理论的新型城镇化适宜度评价指标体系(基础标准) 表4-3

目标	评价维度	生态位因子	指标构成	指标代码
新型城镇化生态位适宜度	生存维	基础设施因子	人均城市道路面积(m²/人)	C_1
			人均公园绿地面积(m²/人)	C_2
			建成区占市辖区面积比重(%)	C_3
			人均居住区面积(m²/人)	C_4
			用水普及率(%)	C_5
			燃气普及率(%)	C_6
		人口因子	人口自然增长率(‰)	C_7
			全市人口密度(人/km²)	C_8
			户籍人口增长率(%)	C_9
			每万人在校大学生数(人/万人)	C_{10}
			第二产业从业人员比重(%)	C_{11}
	发展维	经济发展因子	人均GDP(元/人)	C_{12}
			地均GDP(亿元/km²)	C_{13}
			GDP增长率(%)	C_{14}
			第三产业产值占GDP比重(%)	C_{15}
			人均工业产值(万元/人)	C_{16}
			人均社会消费品零售总额(元/人)	C_{17}
			人均公共财政收入(元/人)	C_{18}

续表

目标	评价维度	生态位因子	指标构成	指标代码
新型城镇化生态位适宜度	发展维	社会发展因子	每万人拥有公共交通车辆(辆/万人)	C_{19}
			每百人公共图书馆藏书(册/百人)	C_{20}
			每千人拥有床位数(张/千人)	C_{21}
			每千人拥有医生数(名/千人)	C_{22}
			每千人拥有教师数(名/千人)	C_{23}
			教育支出占公共财政支出的比重(%)	C_{24}
			科学技术支出占公共财政支出的比重(%)	C_{25}
	竞争维	生态环境因子	建成区绿化覆盖率(%)	C_{26}
			生活垃圾无害化处理率(%)	C_{27}
			污水处理厂集中处理率(%)	C_{28}
			单位GDP二氧化硫排放量(吨/亿元)	C_{29}
			一般工业固体废物综合利用率(%)	C_{30}
			环境保护支出占公共财政支出的比重(%)	C_{31}
		公平因子	全市与市辖区人均GDP之比(%)	C_{32}
			全市与市辖区人均拥有床位数之比(%)	C_{33}
			全市与市辖区中小学师生之比(%)	C_{34}
			城乡居民人均可支配收入比(%)	C_{35}
			社保和就业支出占公共财政支出的比重(%)	C_{36}

4.4 指标含义及计算方法

新型城镇化适宜度评价指标类型一般分为：正向指标、负向指标、适中指标、区间指标。正向指标是指标值越大越好；负向指标是指标值越小越好；适中指标是指标值与适中值越接近越好；区间指标是在特定区间内指标值最好。本研究结合我国新型城镇化发展的实际情况确定评价指标类型。评价指标数据主要来源于《中国统计年鉴》《中国城市统计年鉴》、各省统计年鉴及其公报、各市统计年鉴及其公报等。

4.4.1 生存维生态位因子指标

1. 基础设施生态位因子指标

（1）人均城市道路面积（m^2/人）

人均城市道路面积指按市辖区平均人口计算的人均拥有的城市道路面积。该指标能够反映城市道路积累程度。

计算公式：人均城市道路面积 = $\dfrac{城市道路面积}{市辖区年平均人数}$；

指标类型：正向指标；

数据来源：《中国城市统计年鉴》。

(2) 人均公园绿地面积（m^2/人）

人均公园绿地面积指按市辖区平均人口计算的人均拥有的公园绿地面积，包括综合公园、社区公园、专类公园、带状公园和街旁绿地。该指标能够反映城市生态环境积累程度。

计算公式：人均公园绿地面积 $=\dfrac{公园绿地面积}{市辖区年平均人数}$；

指标类型：正向指标；

数据来源：各省统计年鉴及其公报。

(3) 建成区占市辖区面积比重（%）

建成区占市辖区面积比重指报告期末建成区面积与市辖区面积之比。该指标能够反映城市建设积累程度。

计算公式：建成区占市辖区面积比重 $=\dfrac{建成区面积}{市辖区面积}\times 100\%$；

指标类型：正向指标；

数据来源：《中国城市统计年鉴》。

(4) 人均居住区面积（m^2/人）

人均居住区面积指按市辖区平均人口计算的人均拥有的居住用地面积。该指标能够反映城市居住条件积累程度。

计算公式：人均居住用地面积 $=\dfrac{居住用地面积}{市辖区年平均人数}$；

指标类型：正向指标；

数据来源：《中国城市统计年鉴》。

(5) 用水普及率（%）

用水普及率指报告期末城区用水人口数与城市人口总数的比率。该指标能够反映城区供水基础设施情况。

计算公式：用水普及率 $=\dfrac{城区用水人数（含暂住人数）}{城区人数+城区暂住人数}\times 100\%$；

指标类型：正向指标；

数据来源：各省统计年鉴及其公报。

(6) 燃气普及率（%）

燃气普及率指报告期末城区使用燃气的城市人口数与城市人口总数的比率。该指标能够反映城区用气基础设施情况。

计算公式：燃气普及率 $=\dfrac{城区用气人数（含暂住人数）}{城区人数+城区暂住人数}\times 100\%$；

指标类型：正向指标；

数据来源：各省统计年鉴及其公报。

2. 人口生态位因子指标

（1）人口自然增长率（‰）

人口自然增长率指在一定时期内（通常为一年）人口自然增加数（出生人数减死亡人数）与该时期内平均人数（或期中人数）之比。该指标是反映地区人口自然增长的趋势和速度的指标。

计算公式：人口自然增长率 $=\dfrac{\text{本年出生人数}-\text{本年死亡人数}}{\text{年平均人数}}\times 1000‰$

$=$ 人口出生率 $-$ 人口死亡率；

指标类型：正向指标；

数据来源：《中国城市统计年鉴》。

（2）全市人口密度（人/km²）

全市人口密度指城市年平均人口数与行政区域土地面积之比。该指标能够反映城市人口分布状况。

计算公式：人口密度 $=\dfrac{\text{年平均人数}}{\text{行政区域土地面积}}$；

指标类型：正向指标；

数据来源：《中国城市统计年鉴》。

（3）户籍人口增长率（%）

户籍人口增长率指报告期城市户籍人口数与上期城市户籍人口数的比值。该指标能够反映城市户籍人口变化情况，也是反映地区人口吸引力的基本指标。

计算公式：户籍人口增长率 $=\dfrac{\text{报告期户籍人数}-\text{上期户籍人数}}{\text{上期户籍人数}}\times 100\%$；

指标类型：正向指标；

数据来源：《中国城市统计年鉴》。

（4）每万人在校大学生数（人/万人）

每万人在校大学生数指按地区平均人口数计算的每万人平均拥有的在校大学生人数。该指标能够反映地区人口素质情况。

计算公式：每万人在校大学生数 $=\dfrac{\text{城市在校大学生总数}}{\text{年平均人数}}$；

指标类型：正向指标；

数据来源：《中国城市统计年鉴》。

（5）第二产业从业人员比重（%）

第二产业从业人员比重指报告期末第二产业从业人员数与地区单位从业人员总数之比。第二产业是指采矿业，制造业，电力、热力、燃气及水生产和供应业，建筑业。该指标能够反映地区从业人员结构。

计算公式：第二产业从业人员比重 $=\dfrac{\text{第二产业从业人员数}}{\text{地区单位从业人员总数}}\times 100\%$；

指标类型：正向指标；

数据来源：《中国城市统计年鉴》。

4.4.2 发展维生态位因子指标

1. 经济发展生态位因子指标

（1）人均 GDP（元/人）

人均地区生产总值（人均 GDP）指一个地区所有常住单位在一定时期内生产活动的最终成果与地区年平均人口之比。该指标能够反映地区经济实力和经济发展水平。

计算公式：人均 GDP $= \dfrac{\text{地区 GDP}}{\text{年平均人数}}$；

指标类型：正向指标；

数据来源：《中国城市统计年鉴》。

（2）地均 GDP（万元/km²）

地均地区生产总值（地均 GDP）指一个地区所有常住单位在一定时期内生产活动的最终成果与行政区域土地面积之比。该指标能够反映地区土地使用效率、经济集中程度和发展水平。

计算公式：地均 GDP $= \dfrac{\text{地区 GDP}}{\text{行政区域土地面积}}$；

指标类型：正向指标；

数据来源：《中国城市统计年鉴》。

（3）GDP 增长率（%）

地区生产总值增长率（GDP 增长率）指报告期地区生产总值与上期地区生产总值的比值。该指标能够反映经济发展水平的变化程度，也是反映地区经济活力的基本指标。

计算公式：GDP 增长率 $= \dfrac{\text{报告期地区 GDP} - \text{上期地区 GDP}}{\text{上期地区 GDP}} \times 100\%$；

指标类型：正向指标；

数据来源：《中国城市统计年鉴》。

（4）第三产业产值占 GDP 比重（%）

第三产业产值占地区生产总值比重（第三产业产值占 GDP 比重）指第三产业产值与地区 GDP 的比率。第三产业即服务业，是指除第一产业、第二产业以外的其他行业。该指标能够反映地区经济结构。

计算公式：第三产业产值占 GDP 比重 $= \dfrac{\text{第三产业产值}}{\text{地区 GDP}} \times 100\%$；

指标类型：正向指标；

数据来源：《中国城市统计年鉴》。

（5）人均工业产值（万元/人）

人均工业产值指以货币表现的第二产业企业生产的工业产品产量与地区年平均人口数之比。该指标能够反映一定时间内工业生产的总规模和总水平。

计算公式：人均工业产值 $= \dfrac{\text{第二产业产值}}{\text{年平均人数}}$；

指标类型：正向指标；

数据来源：《中国城市统计年鉴》。

（6）人均社会消费品零售总额（元/人）

人均社会消费品零售总额指按地区平均人口计算的社会消费品零售额，社会消费品零售额包括各种经济类型的批发零售贸易业、餐饮业和其他行业对城乡居民和社会集团的消费品零售额。该指标能够反映地区的经济活跃度。

计算公式：人均社会消费品零售总额 = $\dfrac{\text{全社会消费品零售总额}}{\text{年平均人数}}$；

指标类型：正向指标；

数据来源：《中国城市统计年鉴》。

（7）人均公共财政收入（元/人）

人均公共财政收入指地区财政参与社会产品分配所取得的收入与地区年平均人口之比。该指标能够反映实现地区职能的财政保证。

计算公式：人均公共财政收入 = $\dfrac{\text{公共财政收入}}{\text{年平均人数}}$；

指标类型：正向指标；

数据来源：《中国城市统计年鉴》。

2. 社会发展生态位因子指标

（1）每万人拥有公共交通车辆（辆/万人）

每万人拥有公共交通车辆指按市辖区平均人口计算的每万人平均拥有的公共交通车辆标台数。该指标能够反映城市公共交通发展情况。

计算公式：每万人拥有公共交通车辆 = $\dfrac{\text{拥有公共交通车辆标台数}}{\text{市辖区年平均人数}}$；

指标类型：正向指标；

数据来源：《中国城市统计年鉴》。

（2）每百人公共图书馆藏书（册/百人）

每百人公共图书馆藏书指按地区平均人口计算的每百人平均拥有的公共图书馆藏书数。该指标能够反映地区文化发展情况。

计算公式：每百人公共图书馆藏书 = $\dfrac{\text{公共图书馆藏书总数}}{\text{年平均人数}}$；

指标类型：正向指标；

数据来源：《中国城市统计年鉴》。

（3）每千人拥有床位数（张/千人）

每千人拥有床位数指按地区平均人口计算的每千人平均拥有的医院、卫生院固定实有床位数。该指标能够反映地区医疗硬件发展情况。

计算公式：每千人拥有床位数 = $\dfrac{\text{地区医院、卫生院拥有固定床位总数}}{\text{年平均人数}}$；

指标类型：正向指标；

数据来源:《中国城市统计年鉴》。

(4) 每千人拥有医生数（名/千人）

每千人拥有医生数指按地区平均人口计算的每千人平均拥有的执业医师和执业助理医师总数。该指标能够反映地区医疗软件发展情况。

计算公式：每千人拥有医生数 $= \dfrac{\text{执业医师数} + \text{执业助理医师数}}{\text{年平均人数}}$；

指标类型：正向指标；

数据来源:《中国城市统计年鉴》。

(5) 每千人拥有教师数（名/千人）

每千人拥有教师数指按地区平均人口计算的每千人平均拥有的专任教师人数，专任教师包括普通高等学校教师、中等职业教育学校教师、普通中学教师和普通小学教师。该指标能够反映地区教育发展情况。

计算公式：每千人拥有教师数 $= \dfrac{\text{专任教师总数}}{\text{年平均人数}}$；

指标类型：正向指标；

数据来源:《中国城市统计年鉴》。

(6) 教育支出占公共财政支出的比重（%）

教育支出占公共财政支出的比重指政府在教育事务方面的支出与地方财政筹集起来的资金总额之比。教育是提高人口素质的主要途径，该指标能够反映政府在教育方面的财政保障。

计算公式：教育支出占公共财政支出的比重 $= \dfrac{\text{教育支出}}{\text{公共财政支出}} \times 100\%$；

指标类型：正向指标；

数据来源：各省统计年鉴及其公报。

(7) 科学技术支出占公共财政支出的比重（%）

科学技术支出占公共财政支出的比重指政府在科学技术方面的支出与地方财政筹集起来的资金总额之比。科学技术是社会发展的驱动力之一，该指标能够反映政府在科学技术方面的财政保障。

计算公式：科学技术支出占公共财政支出的比重 $= \dfrac{\text{科学技术支出}}{\text{公共财政支出}} \times 100\%$；

指标类型：正向指标；

数据来源：各省统计年鉴及其公报。

4.4.3 竞争维生态位因子指标

1. 生态环境生态位因子指标

(1) 建成区绿化覆盖率（%）

建成区绿化覆盖率指报告期末建成区绿化覆盖面积与建成区面积的比率，建成区绿化覆盖面积包括公共绿地、居住区绿地、单位附属绿地、防护绿地、风景林地六类面积。该指标能够反映建成区的环境绿化情况。

计算公式：建成区绿化覆盖率 $=\dfrac{\text{建成区绿化覆盖面积}}{\text{建成区面积}}\times 100\%$；

指标类型：正向指标；

数据来源：《中国城市统计年鉴》。

（2）生活垃圾无害化处理率（%）

生活垃圾无害化处理率指报告期生活垃圾无害化处理量与生活垃圾产生量的比率。该指标能够反映地区人居环境污染处理能力。

计算公式：生活垃圾无害化处理率 $=\dfrac{\text{生活垃圾无害化处理量}}{\text{生活垃圾产生量}}\times 100\%$；

指标类型：正向指标；

数据来源：《中国城市统计年鉴》。

（3）污水处理厂集中处理率（%）

污水处理厂集中处理率指报告期通过污水处理厂处理的污水量与污水排放总量的比率。该指标能够反映地区人居环境污染处理能力。

计算公式：污水处理厂集中处理率 $=\dfrac{\text{污水处理量}}{\text{污水排放总量}}\times 100\%$；

指标类型：正向指标；

数据来源：《中国城市统计年鉴》。

（4）单位GDP二氧化硫排放量（吨/亿元）

单位GDP二氧化硫排放量指报告期工业二氧化硫排放量与地区生产总值之比。该指标能够反映单位GDP的生态环境污染情况。

计算公式：单位GDP二氧化硫排放量 $=\dfrac{\text{工业二氧化硫排放量}}{\text{地区GDP}}$；

指标类型：负向指标；

数据来源：《中国城市统计年鉴》。

（5）一般工业固体废物综合利用率（%）

一般工业固体废物综合利用率指一般工业固体废物综合利用量占一般工业固体废物产生量的百分率。该指标能够反映地区工业环境污染处理能力。

计算公式：

一般工业固体废物综合利用率 $=\dfrac{\text{一般工业固体废物综合利用量}}{\text{一般工业固体废物产生量}}\times 100\%$；

指标类型：正向指标；

数据来源：《中国城市统计年鉴》。

（6）环境保护支出占公共财政支出的比重（%）

环境保护支出占公共财政支出的比重指政府在环境保护方面的支出与地方财政筹集起来的资金总额之比。该指标能够反映政府在环境保护方面的财政保障。

计算公式：环境保护支出占公共财政支出的比重 = $\dfrac{\text{环境保护支出}}{\text{公共财政支出}} \times 100\%$；

指标类型：正向指标；

数据来源：各省统计年鉴及其公报。

2. 公平生态位因子指标

（1）全市与市辖区人均GDP之比（％）

全市与市辖区人均地区生产总值之比（全市与市辖区人均GDP之比）指报告期全市人均GDP与市辖区人均GDP的比率。该指标能够反映城乡经济公平情况。

计算公式：全市与市辖区人均GDP之比 = $\dfrac{\text{全市人均GDP}}{\text{市辖区人均GDP}} \times 100\%$；

指标类型：适中指标；

数据来源：《中国城市统计年鉴》。

（2）全市与市辖区人均拥有床位数之比（％）

全市与市辖区人均拥有床位数之比指报告期全市人均拥有床位数与市辖区人均拥有床位数的比率，指标采用地区平均人口数。该指标能够反映城乡医疗公平情况。

计算公式：

全市与市辖区人均拥有床位数之比 = $\dfrac{\text{全市人均拥有床位数}}{\text{市辖区人均拥有床位数}} \times 100\%$；

指标类型：适中指标；

数据来源：《中国城市统计年鉴》。

（3）全市与市辖区中小学师生比之比（％）

全市与市辖区中小学师生比之比指报告期全市中小学师生比与市辖区中小学师生比的比率，指标采用普通中学和普通小学的专任教师数和学生数。该指标能够反映城乡教育公平情况。

计算公式：全市与市辖区中小学师生比之比 = $\dfrac{\text{全市中小学师生比}}{\text{市辖区中小学师生比}} \times 100\%$；

指标类型：适中指标；

数据来源：《中国城市统计年鉴》。

（4）城乡居民人均可支配收入比（％）

城乡居民人均可支配收入比指报告期城镇居民人均可支配收入与乡村居民人均可支配收入的比例，可支配收入是报告期内获得的、可用于自由支配的收入总和。该指标能够反映城乡生活水平差距。

计算公式：城乡居民人均可支配收入比 = $\dfrac{\text{城镇居民人均可支配收入}}{\text{乡村居民人均可支配收入}} \times 100\%$；

指标类型：适中指标；

数据来源：各省统计年鉴及其公报。

（5）社保和就业支出占公共财政支出的比重（％）

社保和就业支出占公共财政支出的比重指政府在社会保障与就业方面的支出与地方财

政筹集起来的资金总额之比。社会保障与就业是社会公平的主要表现,该指标能够反映政府对社保和就业方面的财政保障。

计算公式:社保和就业支出占公共财政支出的比重$=\dfrac{社保和就业支出}{公共财政支出}\times 100\%$;

指标类型:正向指标;

数据来源:各省统计年鉴及其公报。

4.5 本章小结

本章主要基于生态位态势理论构建了新型城镇化适宜度评价指标体系。首先,明确了指标体系构建的价值定位和研究定位;梳理了指标体系的设计思路即从生存维、发展维和竞争维三个维度构建指标体系;确定了新型城镇化评价指标体系的设计九步。其次,提出了指标体系构建的科学性、系统性、全面性、动态性、可比性和可操作性六个原则。然后,提出了指标体系的概念框架包括基础设施和人口、经济和社会发展,生态环境和公平六个生态位因子;给出了指标初选和筛选的理论方法,确定了由三个维度六个生态位因子三十六个指标构成的新型城镇化适宜度评价指标体系。最后,对三十六个指标的含义及计算方法进行了阐述。

第 5 章　基于生态位适宜度理论的新型城镇化评价方法研究

5.1　基于 RF 理论的生态位适宜度评价方法

针对生态位适宜度的多属性综合评价问题，提出一种基于 RF 理论的生态位适宜度评价方法。该方法借鉴 RF 理论进行指标预处理，通过评价矩阵的信息熵确定生态因子指标权重；在此基础上，给出基于灰色关联度的生态位适宜度评价模型和生态位适宜度限制指标模型；并给出了方法的基本步骤。最后，通过实例验证了方法的可行性和科学有效性。

5.1.1　引言

在现实生态位评价过程中，经常会遇到一类问题，这类问题具有两方面特征：一是需体现被评价系统的生态学特征；二是评价者能够在多个参考点同时存在的情景下，对生态因子指标价值形成机理予以解释[82]及评价。生态位适宜度理论和范围—频率（Range-Frequency，RF）理论为构建具有上述特征的生态位评价问题提供了理论依据。李自珍等[18]提出的生态位适宜度理论能够测度现实生境条件与最适生境条件之间的贴近程度，体现了被评价系统的生态学特征。随着生态位理论的发展，生态位适宜度评价问题引起了学者的关注。文献［11］基于绝对生态位适宜度和相对生态位适宜度构建了区域创新系统可持续性综合生态位适宜度模型；文献［83］采用生态位适宜度对方案进行筛选并结合主成分——TOPSIS 法进行配送中心选址；文献［26］运用生态位适宜度方法对京津冀区域创新生态系统进行评价。Parducci 的 RF 理论提出的价值函数由两部分构成，一是特定指标值相对于指标取值范围的范围价值，二是特定指标值相对于指标值取值范围上所有指标值分布的频率价值。目前，结合 RF 理论的综合评价方法较少，文献［82］基于 RF 理论解决了 MACBETH 方法在属性价值公度上的缺陷，提出了目标导向的属性价值公度方法；文献［84］结合 RF 理论，给出了能够兼顾规范性与描述性两个决策框架的规约性目标导向多参考点属性价值模型及评价方法；文献［85］结合 RF 理论，提出了包容性属性价值函数。综上所述，本节考虑被评价系统的生态学特征和生态因子指标的范围—频率价值，构建一种新的基于 RF 理论的生态位适宜度评价方法；并通过新型城镇生态位适宜度评价实例说明了该方法的有效性和可行性，以期为生态位评价问题提供理论参考。

5.1.2 预备知识

1. RF 理论

1965 年 Parducci 在考虑指标值的范围价值和频率价值的基础上提出了 RF 理论,其能够对多个参考点同时存在情景下的指标价值形成行为机理予以解释。在 Parducci 提出的描述性 RF 模型中,不失一般性,设指标值 x 为正向指标,则其价值为:

$$V(x) = h \cdot v(x) + (1-h) \cdot G(x)$$

$$v(x) = \frac{S(x) - S(x_{\min})}{S(x_{\max}) - S(x_{\min})}$$

$$G(x) = \frac{R(x) - 1}{m - 1}$$

式中 $v(x)$——指标值 x 相对于指标值范围($[x_{i\min}, x_{i\max}]$)的范围价值;

$S(x)$——指标值的偏好价值;

$G(x)$——指标值 x 相对于指标值范围上被评价系统指标值分布频率的频率价值;

$R(x)$——被评价系统指标值由小到大排序中指标值 x 的位置;

m——被评价新型城镇系统的个数;

h——协调 $v(x)$ 和 $G(x)$ 的权重系数,且 $0 \leqslant h \leqslant 1$。

2. 信息熵

熵是热力学中的一个概念,由香农引入到信息论领域用来对信息量进行度量,也称信息熵。信息熵是系统无序状态的度量,熵值越大说明系统提供的信息量越大,系统指标的差异越大;反之,熵值越小说明系统提供的信息量越小,系统指标的差异越小。设系统可能处于 n 种不同状态,每种状态出现的概率为 p_i($i=1, 2, \cdots\cdots, n$),则系统的熵为:

$$e = -k \sum_{i=1}^{n} p_i \ln(p_i)$$

式中 $k > 0$,且一般取 $\frac{1}{\ln n}$。

5.1.3 模型构建

1. 问题描述

设生态位适宜度评价问题中,生态位因子指标集为 $C = \{c_1, c_2, \cdots\cdots, c_n\}$,生态系统集为 $S = \{s_1, s_2, \cdots\cdots, s_m\}$,指标权重为 $W = (w_1, w_2, \cdots\cdots, w_n)^T$,第 i 个生态系统第 j 个生态位因子量化指标值为 a_{ij},则可得到评价矩阵为:

$$A = (a_{ij})_{m \times n} = \begin{pmatrix} a_{11} & a_{12} & \cdots\cdots & a_{1n} \\ a_{21} & a_{22} & \cdots\cdots & a_{2n} \\ \vdots & \vdots & \ddots & \vdots \\ a_{m1} & a_{m2} & \cdots\cdots & a_{mn} \end{pmatrix}, \quad i = 1, 2, \cdots\cdots, m; \quad j = 1, 2, \cdots\cdots, n$$

式中 $w_j > 0$，且 $\sum_{j=1}^{n} w_j = 1$。

非负函数：

$$f(A_i) = f(a_{i1}, a_{i2}, \cdots\cdots, a_{in})$$

表示新生态系统 s_i 的生态位。

生态系统的生态位适宜度即为 n 维超体积生态位中生态因子指标实际值 A_i 与生态位最适值 A_0 之间的贴近程度，其能够较好地反映不同生态系统对其生境条件的适宜程度，其数学模型为：

$$F = \Phi(A_0, A_i)$$

式中 $\Phi(A_0, A_i)$——生态系统的生态位最适值与生态位实际值贴近程度的公式。贴近程度越高说明生态系统对生境的适应性越强，反之越弱。

2. 指标预处理

生态因子评价指标类型一般分为：正向指标、负向指标、适中指标、区间指标。正向指标是指标值越大越好；负向指标是指标值越小越好；适中指标是指标值与适中值越接近越好；区间指标是在特定区间内指标值最好。为便于信息集结，需对评价指标类型进行预处理，将适中指标和区间指标转为负向指标。

不失一般性，设生态因子指标 c_j 的指标值为 a_{ij}，若 a_{ij} 为适中指标，a_j^* 为适中值，则 $x_{ij} = |a_{ij} - a_j^*|$，$x_{ij}$ 为指标值与适中值的距离，距离越小越好，x_{ij} 为负向指标；若 a_{ij} 为区间指标，特定区间为 $[a_j^L, a_j^H]$，则 $x_{ij} = \dfrac{|a_{ij} - a_j^L| + |a_{ij} - a_j^H|}{|a_j^H - a_j^L|}$，$x_{ij}$ 为指标值与特定区间的距离，距离越小越好，x_{ij} 为负向指标。

指标类型预处理后的决策矩阵为 $(x_{ij})_{m \times n}$，其指标类型均为正、负向指标。

为体现生态因子指标值的价值，本节采用 Parducci 提出的 RF 理论进行指标预处理。RF 理论是测度指标价值的常用方法，其特点是将指标值的分布也作为指标价值的解释变量[82,86-88]。根据 RF 理论，指标值 x_{ij} 的价值为：

$$V(x_{ij}) = h \cdot v(x_{ij}) + (1-h) \cdot G(x_{ij}) \tag{5-1}$$

式中 h——协调 $v(x_{ij})$ 和 $G(x_{ij})$ 的权重系数，且 $0 \leqslant h \leqslant 1$；

$v(x_{ij})$——指标值 x_{ij} 相对于评价者给出的指标值取值区间 $[x_j^L, x_j^H]$ 的范围价值；一般指标值 x_{ij} 在区间内服从均匀分布、正态分布[89]，则范围价值计算公式为：

（1）若指标值 x_{ij} 在区间 $[x_j^L, x_j^H]$ 服从正态分布 $N(u_j, \sigma_j^2)$，依据正态分布的 3σ 原则，x_{ij} 以 99.73% 的概率落在区间 $[u_j - 3\sigma_j, u_j + 3\sigma_j]$ 内，则以均值 $u_j = \dfrac{1}{2}(x_j^L + x_j^H)$，均方差 $\sigma_j = \dfrac{1}{6}(x_j^H - x_j^L)$[90]构建概率密度函数为 $f_j(x) = \dfrac{1}{\sqrt{2\pi}\sigma_j} \exp(-(x-u_j)^2 / 2\sigma_j^2)$，则当 c_j 为正向指标，有 $v(x_{ij}) = \int_{x_j^L}^{x_{ij}} f_j(x) \mathrm{d}x$；若 c_j 为负向指标，$v(x_{ij}) = \int_{x_{ij}}^{x_j^H} f_j(x) \mathrm{d}x$。

（2）若指标值 x_{ij} 在区间 $[x_j^L, x_j^H]$ 服从均匀分布，其概率密度函数为：

$$f_j(x) = \begin{cases} \dfrac{1}{x_j^H - x_j^L}, & x_j^L \leqslant x_{ij} \leqslant x_j^H \\ 0, & \text{其他} \end{cases}$$

则当 c_j 为正向指标，有 $v(x_{ij}) = \int_{x_j^L}^{x_{ij}} f_j(x)\mathrm{d}x$；当 c_j 为负向指标，$v(x_{ij}) = \int_{x_{ij}}^{x_j^H} f_j(x)\mathrm{d}x$。

$G(x_{ij})$ 称为指标值 x_{ij} 相对于指标值范围上被评价生态系统指标值分布频率的频率价值，其数学表达式为：

$$G(x_{ij}) = \dfrac{R(x_{ij}) - 1}{m - 1}$$

式中 m——被评价生态系统的个数。若 c_j 为正向指标，指标值越大越好，则 $R(x_{ij})$ 为被评价生态系统指标 c_j 由小到大排序中指标值 x_{ij} 的位置；若 c_j 为负向指标，指标值越小越好，则 $R(x_{ij})$ 为被评价生态系统指标 c_j 由大到小排序中指标值 x_{ij} 的位置。

预处理后的评价矩阵为 $A' = (V(x_{ij}))_{m \times n}$，简写为 $A' = (x'_{ij})_{m \times n}$。

3. 指标权重的确定

采用熵权法确定生态因子指标权重，熵权法是根据从评价矩阵中所获得信息量的大小来确定权重的一种客观赋权法，其具体步骤为：

（1）对评价矩阵 $A' = (x'_{ij})_{m \times n}$ 做归一化处理，得到标准矩阵为：

$$\overline{A} = (\overline{x}_{ij})_{m \times n}$$

式中 $\overline{x}_{ij} = \dfrac{x'_{ij}}{\sum_{k=1}^{m} x'_{kj}}$，$k = 1, 2, \cdots\cdots, m$。

（2）计算信息熵，若 $\overline{x}_{ij} > 0$，则指标 c_j 的熵 $e_j (0 \leqslant e_j \leqslant 1)$ 为：

$$e_j = -(\ln m)^{-1} \sum_{i=1}^{m} \overline{x}_{ij} \ln \overline{x}_{ij}$$

若 $\overline{x}_{ij} = 0$，则令 $\overline{x}_{ij} = \varepsilon$，$\varepsilon$ 为正无穷小，则指标 c_j 的熵 $e_j = 0$。

（3）确定指标 c_j 的权重 w_j 为：

$$w_j = \dfrac{1 - e_j}{n - \sum_{j=1}^{n} e_j} \tag{5-2}$$

4. 评价模型

（1）根据生态系统生态因子指标值确定生态位最适值 $X_0(x_{01}, x_{02}, \cdots\cdots, x_{0n})$，若 c_j 为正向指标，可取 $x_{0j} = \max\limits_{i=1}^{m}(x_{ij})$；若 c_j 为负向指标，可取 $x_{0j} = \min\limits_{i=1}^{m}(x_{ij})$。运用上节方法对 X_0 进行预处理可得 $X'_0(x'_{01}, x'_{02}, \cdots\cdots, x'_{0n})$。

（2）基于灰色关联度构建生态系统 s_i 的生态位适宜度评价模型为：

$$F(s_i) = \sum_{j=1}^{n} w_j \dfrac{\delta_{\min} + \alpha \delta_{\max}}{\delta_{ij} + \alpha \delta_{\max}} = \sum_{j=1}^{n} w_j \dfrac{\min\{|x'_{ij} - x'_{0j}|\} + \alpha \max\{|x'_{ij} - x'_{0j}|\}}{|x'_{ij} - x'_{0j}| + \alpha \max\{|x'_{ij} - x'_{0j}|\}},$$
$$i = 1, 2, \cdots\cdots, m; j = 1, 2, \cdots\cdots, n \tag{5-3}$$

式中 $F(s_i)$——生态系统 s_i 的生态位适宜度；

x'_{ij} 和 x'_{0j}——生态系统 s_i 第 j 个生态因子指标预处理后的实际值和最适值；

w_j——生态因子指标 c_j 的权重，$w_j>0$，且 $\sum_{j=1}^{n} w_j = 1$；

α（$0\leqslant\alpha\leqslant1$）——模型参数，一般取 0.5。

（3）生态系统 s_i 的进化动量模型为：

$$M(s_i)=\sqrt{\frac{\sum_{j=1}^{n}|x'_{ij}-x'_{0j}|}{n}}，i=1,2,\cdots\cdots,m，j=1,2,\cdots\cdots,n \quad (5-4)$$

式中 $M(s_i)$——生态系统 s_i 的进化动量；

x'_{ij} 和 x'_{0j}——生态系统 s_i 第 j 个生态因子指标预处理后的实际值和最适值。进化动量越大，趋适作用越强；反之进化动量越小，趋适作用越弱。

（4）生态系统 s_i 的生态位适宜度限制指标模型为：

$$F_{\min}(s_i)=\min\left\{\frac{y'_{i1}}{y'_{01}},\frac{y'_{i2}}{y'_{02}},\cdots\cdots,\frac{y'_{in}}{y'_{0n}}\right\}，i=1,2,\cdots\cdots,m，j=1,2,\cdots\cdots,n$$

(5-5)

式中 $F_{\min}(s_i)$——生态系统 s_i 的限制生态位适宜度；

y'_{ij} 和 y'_{0j}——生态系统 s_i 第 j 个生态因子指标的生态位适宜度和最适值，$y'_{ij}=\frac{\min\{|x'_{ij}-x'_{0j}|\}+\alpha\max\{|x'_{ij}-x'_{0j}|\}}{|x'_{ij}-x'_{0j}|+\alpha\max\{|x'_{ij}-x'_{0j}|\}}$，$y'_{0j}=\max_{i=1}^{m}(y'_{ij})$。该模型能够评价生态因子指标生态位适宜度与最适值之间的关系。

5. 评价步骤

针对上述问题，本节给出一种基于 RF 理论的生态位适宜度评价方法，具体步骤如下：

步骤1：生态位因子指标值预处理，采用 RF 理论，利用式（5-1）计算得到指标值价值评价矩阵 $A'=(x'_{ij})_{m\times n}$。

步骤2：确定生态位因子指标权重，采用熵权法，利用式（5-2）计算得到指标权重 w_j。

步骤3：计算生态位适宜度，采用灰色关联度，利用式（5-3）计算得到生态系统生态位适宜度 $F(s_i)$。

步骤4：利用式（5-4），计算得到生态系统的进化动量 $M(s_i)$。

步骤5：利用式（5-5），确定限制生态系统发展的生态位因子指标。

5.1.4 实例分析

现对某地区 4 个城市（系统）s_i（$i=1,2,3,4$）新型城镇化情况进行评价。专家以生态位理论视角选取了 6 个新型城镇化适宜度评价指标：人均全社会固定资产投资（万元/人）代表基础设施因子 c_1，城镇人口占总人口比重（%）代表人口因子 c_2，人均 GDP（元/人）代表经济发展因子 c_3，城市社区综合服务设施覆盖率（%）代表社会发展因子 c_4，城市空气质量优良天数（天）代表生态环境因子 c_5，城镇登记失业率（%）代表公

平因子 c_6，仅 c_6 为负向指标，其余均为正向指标，且都服从均匀分布，具体数据详见表 5-1；试给出 4 个城市的新型城镇化生态位适宜度的排序。

某地区 4 个城市新型城镇化适宜度评价原始数据 表 5-1

系统	c_1	c_2	c_3	c_4	c_5	c_6
s_1	2.22	79.85	66893	100	249	3.1
s_2	2.41	66.82	97470	100	299	2.9
s_3	0.41	14.34	22223	90	265	3.8
s_4	0.72	17.88	24285	92.54	326	2.9
取值区间	[0.3,2.5]	[10,100]	[20000,100000]	[80,120]	[220,400]	[2.5,5]

下面根据本节提出的方法对 4 个城市进行排序。

步骤 1：生态位因子指标值预处理，利用式（5-1）计算得到指标值价值评价矩阵，取 $h=0.5$，计算结果详见表 5-2。

某地区 4 个城市新型城镇化生态因子指标值价值评价矩阵 表 5-2

系统	c_1	c_2	c_3	c_4	c_5	c_6
s_1	0.7697	0.8881	0.6264	0.5833	0.0806	0.5467
s_2	0.9795	0.6490	0.9842	0.5833	0.5528	0.7533
s_3	0.0250	0.0241	0.0139	0.1250	0.2917	0.2400
s_4	0.2621	0.2104	0.1934	0.3234	0.7944	0.7533

步骤 2：确定生态位因子指标权重，利用式（5-2）计算得到指标权重为：
$$W=(0.2251, 0.2329, 0.2656, 0.0843, 0.1423, 0.0497)^T$$

步骤 3：计算生态位适宜度，依据表 5-2 可得生态位最适值为：
$$X_0^t=(0.9795, 0.8881, 0.9842, 0.5833, 0.7944, 0.7533)^T$$

利用式（5-3）计算生态系统生态位适宜度，取 $\alpha=0.5$，可得：
$$F(s_1)=0.7015, F(s_2)=0.8596, F(s_3)=0.3450, F(s_4)=0.5131$$

显然，$F(s_2)>F(s_1)>F(s_4)>F(s_3)$，新型城镇化生态位适宜度排序为 $s_2>s_1>s_4>s_3$，最适合生境的城市为 s_2。

步骤 4：利用式（5-4），计算生态系统的进化动量，可得：
$$M(s_1)=0.4980, M(s_2)=0.2831, M(s_3)=0.8429, M(s_4)=0.6384$$

显然，$M(s_3)>M(s_4)>M(s_1)>F(s_2)$，新型城镇化生态位进化动量排序为 $s_3>s_4>s_1>s_2$，城市 s_3 趋适作用最强。

步骤 5：利用式（5-5），可确定限制新型城镇生态系统发展的生态位因子指标为：城市 s_1 和 s_2 的限制生态因子指标为生态环境因子 c_5；s_3 和 s_4 的限制生态因子指标为经济发展因子 c_3。

5.1.5 结论

本节考虑被评价系统生态学特征和多参考点情景下生态因子指标价值形成机理，构建了基于 RF 理论的生态位适宜度评价方法。该方法借鉴 RF 理论考虑范围价值和频率价值两方面因素来构建生态因子指标价值函数，确定生态因子指标值价值评价矩阵；并基于价值评价矩阵通过熵权法确定生态因子指标权重；依据灰色关联度确定生态系统生态位适宜度，并以其大小进行排序；最后，通过某地区四个城市新型城镇化适宜度实例分析验证方法的合理性和科学有效性，上述方法的提出为今后生态系统评价问题提供了理论依据。

5.2　基于 Vague 集的生态位适宜度评价方法

将 Vague 集理论推广到生态系统生态位适宜度评价问题中，提出了 Vague 集超体积生态位的概念，并在此基础上构建了生态系统生态位适宜度评价模型。该模型给出了基于踌躇度有序加权适宜度（π-OWA）算子的生态因子赋权方法；构建了基于 Vague 集的生态位最适值确定方法和适宜度评价方法。最后，通过实例验证了评价模型的有效性和可行性。

5.2.1　引言

1993 年，我国学者李自珍提出了生态位适宜度理论，其是研究生态位的重要方法之一，定义了一个种居住地的现实生境条件与最适生境条件之间的贴近程度，表征拥有一定资源谱系生物种对其生境条件的适应性[18]。本节借鉴生态位适宜度理论，以生态位视角深入研究生态系统的评价模型。

生态系统内部关系的复杂性和不确定性，尤其是随着"生境"演变而不断进行自适应调节的生态位本身，往往需要基于不确定性信息来确定其与生境的适宜程度。本节引入 Vague 集理论构建生态位适宜度评价模型。1993 年，Gau 等在 Zedeh 模糊集理论的基础上提出的 Vague 集概念[91]，用一个真隶属函数 t_A 和一个假隶属函数 f_A 来描述 Vague 集，真假隶属函数形成了隶属函数 $\mu_A(u)$ 的界，即 $t_A(u) \leqslant \mu_A(u) \leqslant 1-f_A(u)$。Vague 集同时给出了支持和反对的证据，这使得 Vague 集在处理不确定信息时比传统模糊集具有更强的表达能力和柔性。

5.2.2　预备知识

定义 5-1　设 $U=\{u_1, u_2, \cdots\cdots, u_n\}$ 为一个 n 维资源空间，其中 $u_i(i=1, 2, \cdots\cdots, n)$ 为第 i 维资源轴，以生态系统可能利用 U 的所有 n 维资源点组成一个 Vague 集合 A 定义生态系统的生态位，生态系统生态位在 U 上是一个 n 维 Vague 集，即 Vague 集超体积生态位。

Vague 集 A 用一个真隶属函数 t_A 和一个假隶属函数 f_A 表示：$t_A: U \rightarrow [0, 1]$，$f_A: U \rightarrow [0, 1]$。其中 $t_A(u_i)$ 是从支持 u_i 的证据所导出的 u_i 的隶属度下界，$f_A(u_i)$ 则是从反对 u_i 的证据所导出的 u_i 的隶属度下界，且 $t_A(u_i)+f_A(u_i) \leqslant 1$。资源 u_i 在 Vague 集 A 中的隶属度 $\mu_A(u_i)$ 被区间 $[0, 1]$ 的一个子区间 $[t_A(u_i), 1-f_A(u_i)]$ 所界定，称该区间为 u_i 在 A 中的 Vague 值，记作 $v_A(u_i)$。

$\forall u_i \in U$，称 $\pi_A(u_i) = 1 - t_A(u_i) - f_A(u_i)$ 为 u_i 相对于 Vague 集 A 的 Vague 度，它刻画了 u_i 相对于 Vague 集 A 的踌躇程度，是 u_i 相对于 A 的未知信息的一种度量。$\pi_A(u_i)$ 值越大，说明 u_i 相对于 A 的未知信息越多。显然，$0 \leq \pi_A(u_i) \leq 1$。由上可知，u_i 相对于 A 的隶属情况应具三维表示 $(t_A(u_i), f_A(u_i), \pi_A(u_i))$。文献［92］提出了 Vague 值的核的概念，即 $S(v_A(u_i)) = t_A(u_i) - f_A(u_i)$，表示现有证据对资源 u_i 的支持和反对的趋势对比。

定义 5-2 设 Vague 值 $x = [t_x, 1-f_x]$，$y = [t_y, 1-f_y]$，其中 $t_x, f_x, t_y, f_y \in [0, 1]$ 且 $t_x + f_x \leq 1$，$t_y + f_y \leq 1$。定义 Vague 值得运算与关系如下：

$x \wedge y = [\min(t_x, t_y), \min(1-f_x, 1-f_y)]$；$x \vee y = [\max(t_x, t_y), \max(1-f_x, 1-f_y)]$；

$\{x\}' = [f_x, 1-t_x]$；$x \leq y \Leftrightarrow t_x \leq t_y$ 且 $f_x \geq f_y$；$x = y \Leftrightarrow t_x = t_y$ 且 $f_x = f_y$。

定义 5-3 设论域 $U = \{u_1, u_2, \cdots, u_n\}$，$A$，$B$ 为 U 上的两个 Vague 集，其中

$$A = \sum_{i=1}^{n} [t_A(u_i), 1-f_A(u_i)]/u_i, \quad B = \sum_{i=1}^{n} [t_B(u_i), 1-f_B(u_i)]/u_i。$$

定义 Vague 集的运算与关系如下：

$$A \cap B = \sum_{i=1}^{n} \{[t_A(u_i), 1-f_A(u_i)] \wedge [t_B(u_i), 1-f_B(u_i)]\}/u_i$$

$$A \cup B = \sum_{i=1}^{n} \{[t_A(u_i), 1-f_A(u_i)] \vee [t_B(u_i), 1-f_B(u_i)]\}/u_i$$

定义 5-4 假定 A 和 B 是两个 Vague 集，A 和 B 之间的距离可定义为如下形式：

$$T(A,B) = \frac{1}{n} \sum_{i=1}^{n} L(V_A(u_i), V_B(u_i))$$

$$= \frac{1}{n} \sum_{i=1}^{n} \left| \frac{|S(V_A(u_i)) - S(V_B(u_i))|}{4} + \frac{|t_A(u_i) - t_B(u_i)| + |f_A(u_i) - f_B(u_i)|}{4} \right|$$

式中 $V_A(u_i) = [t_A(u_i), 1-f_A(u_i)]$；$V_B(u_i) = [t_B(u_i), 1-f_B(u_i)]$ $(u_i \in U, 1 \leq i \leq m)$。

定义 5-5 设 A 是一个描述被评价对象满足多评价指标要求程度的 Vague 集，被评价对象对满足多评价指标的不确定性定义为：

$$U(A) = \frac{1}{m} \sum_{i=1}^{m} [(1 - t_A(u_i) - f_A(u_i))]$$

式中 $0 \leq U(A) \leq 1$，若 $U(A)$ 越大，则 Vague 集 A 越不确定。

5.2.3 模型构建

设 $A = \{A_1, A_2, \cdots, A_m\}$ 为生态系统集，$U = \{u_1, u_2, \cdots, u_n\}$ 为与生态系统有关的生态因子 Vague 值量化指标集，其中第 j 个生态系统中第 i 个生态因子的 Vague 值为 $v_A(u_{ij}) = [t_{ij}, 1-f_{ij}]$ $(i = 1, 2, \cdots, n; j = 1, 2, \cdots, m)$，被评价生态系统 $A = \{A_1, A_2, \cdots, A_m\}$ 的生态因子量化指标构成了 n 维生态因子空间 E^n，则

$$E^n = [v_A(u_{ij})]_{n \times m} = \begin{bmatrix} [t_{11}, 1-f_{11}] & [t_{12}, 1-f_{12}] & \cdots & [t_{1m}, 1-f_{1m}] \\ [t_{21}, 1-f_{21}] & [t_{22}, 1-f_{22}] & \cdots & [t_{2m}, 1-f_{2m}] \\ \cdots & \cdots & \ddots & \cdots \\ [t_{n1}, 1-f_{n1}] & [t_{n2}, 1-f_{n2}] & \cdots & [t_{nm}, 1-f_{nm}] \end{bmatrix},$$

$$i=1, 2, \cdots, n, \ j=1, 2, \cdots, m$$

式中 $E=u_j=\{[t_{1j}, 1-f_{1j}], [t_{2j}, 1-f_{2j}], \cdots, [t_{nj}, 1-f_{nj}]\}$ 为 n 维生态因子空间 E^n 的一个子集。

非负函数：

$$f(E)=f(u_j)=f([t_{1j}, 1-f_{1j}], [t_{2j}, 1-f_{2j}], \cdots, [t_{nj}, 1-f_{nj}])$$

表示生态系统 A_j 的 Vague 集生态位。

生态系统 A_j 的生态位适宜度即为 n 维 Vague 集超体积生态位中生态因子实际量化值 u_j 与最适值 u_0 之间的相似程度，u_j，$u_0 \in E^n$，即生态系统 A_j 的实际生态位与最适生态位的贴近程度，其能较好地反映系统 A_j 对其生境条件的适应程度。

1. 基于 π-OWA 算子的生态因子赋权方法

（1）生态因子赋权信息集结

生态因子信息的集结可以用 Vague 集的加运算来完成[91]，公式如下：

$$V_A(u_i') = \left[\frac{1}{m}\sum_{j=1}^{m}t_{ji}, \frac{1}{m}\sum_{j=1}^{m}(1-f_{ji})\right], \ i=1, 2, \cdots, n, \ j=1, 2, \cdots, m$$

(5-6)

式中 $V_A(u_i')$——生态因子 u_i 赋权信息集结值。

（2）基于 π-OWA 算子的权重确定方法

定义 5-6 令 $N=\{1, 2, \cdots, n\}$，称 $\langle \pi_i, V_i \rangle (i \in N)$ 为 π-OWA 对，π_i 为踌躇度诱导分量，V_i 为 Vague 值数据分量，定义踌躇度有序加权适宜度（π-OWA）算子为：

$$F(\langle \pi_1, V_1 \rangle, \cdots, \langle \pi_n, V_n \rangle) = \Phi(w_k, b_k), \ k=1, 2, \cdots, n$$

式中 Φ 为生态位适宜度函数，$W=(w_1, w_2, \cdots, w_n)^T$ 是与 F 相关联的加权向量，$w_k \in [0, 1]$，且 $\sum_{k=1}^{n}w_k=1$；b_k 是 $\pi_i(i \in N)$ 中第 k 位所对应的 π-OWA 对中的第 2 个分量，则称 F 是 n 维 π-OWA 算子。

π-OWA 算子的实质是将踌躇度诱导分量 $\pi_i(i \in N)$ 按某一规则排序后所对应的 Vague 值数据分量 $\{V_1, V_2, \cdots, V_n\}$ 进行加权集成，而 w_k 与元素 V_i 的大小和位置无关，w_k 只与踌躇度诱导分量的顺序的第 k 个位置有关。不失一般性，π_i 按由小到大排序。

$W=(w_1, w_2, \cdots, w_n)^T$ 即为生态因子的权重向量，其取值的科学性是评价结果是否合理的关键。本节给出数学规划法确定生态因子的权重向量 $W=(w_1, w_2, \cdots, w_n)^T$，其数学表达式为[93]：

$$\left.\begin{array}{l}max\left(-\sum_{k=1}^{n}w_k\ln w_k\right)\\ s.t. \quad \lambda=\sum_{k=1}^{n}\dfrac{n-k}{n-1}w_k\\ \sum_{k=1}^{n}w_k=1,\ w_k\in[0,1]\\ k=1,2,\cdots\cdots,n\end{array}\right\} \quad (5\text{-}7)$$

式中 $I=-\sum_{k=1}^{n}w_k\ln w_k$——权向量的信息熵，反映了对样本的集结过程中权重包含信息的程度；

$\lambda=\sum_{k=1}^{n}\dfrac{n-k}{n-1}w_k$——跨踏度偏好信息，其大小体现了算子集结过程中对确定性的重视程度（表 5-3），即当 λ 越接近 0 时，表明评价者越注重不确定性数据；当 λ 越接近 1 时，表明评价者越注重确定性数据；当 $\lambda=0.5$ 时，表明评价者对各数据同样重视，没有特殊偏好。

数学规划法确定权向量 $W=(w_1, w_2, \cdots\cdots, w_n)^T$ 的准则为在给定跨踏度偏好 λ 的情况下，以尽可能挖掘样本的信息和突出被评价对象在跨踏度上的整体差异为标准来寻找适合该样本集结的权重向量。

跨踏度偏好标度参考表　　表 5-3

赋值（λ）	说明
0.1	非常重视不确定性数据
0.3	比较重视不确定性数据
0.5	同样重视所有数据
0.7	比较重视确定性数据
0.9	非常重视确定性数据
0.2,0.4,0.6,0.8	对应以上两相邻判断的中间情况

2. 确定生态位最适值

生态位最适值可以用 Vague 集的交、并运算来完成。

（1）若生态因子为极大型指标时，取并集运算，即取值越大越好，则其最适值为：

$$u_0=\bigcup_{j=1}^{m}v_{ij}=[\max(t_{ij}),\ \max(1-f_{ij})],\ i=1,2,\cdots\cdots,n \quad (5\text{-}8)$$

此时，最适值的取值为生态系统集中生态因子真隶属函数的最大值，假隶属函数的最小值。

（2）若生态因子为极小型指标时，取交集运算，即取值越小越好，则其最适值为：

$$u_0=\bigcap_{j=1}^{m}v_{ij}=[\min(t_{ij}),\ \min(1-f_{ij})],\ i=1,2,\cdots\cdots,n \quad (5\text{-}9)$$

此时，最适值的取值为生态系统集中生态因子真隶属函数的最小值，假隶属函数的最大值。

3. 基于 Vague 集距离的适宜度评价方法

生态系统 $A_j(u_j)$ 与生态位最适值 $A_0(u_0)$ 的 Vague 集距离为：

$$T(A_j, A_0) = \sum_{i=1}^{n} w_i L(u_{ij}, u_0), \quad j=1, 2, \cdots\cdots, m \tag{5-10}$$

式中　　w_i——各生态因子的权重系数；

$L(u_{ij}, u_0)$——被评价生态系统和最适生态位之间的 Vague 值的距离。

当 $W = \left(\dfrac{1}{n}, \dfrac{1}{n}, \cdots\cdots, \dfrac{1}{n}\right)^T$ 时，

$$T(A_j, A_0) = \frac{1}{n}\sum_{i=1}^{n} L(A_j, A_0) = \frac{1}{n}\sum_{i=1}^{n}(|S(u_{ij}) - S(u_0)|/4 + (|t_{ij} - t_0| + |f_{ij} - f_0|)/4)$$

$$= \frac{1}{2n}\sum_{i=1}^{n}(t_0 + f_{ij} - f_0 - t_{ij})$$

显然，A_j 越贴近 A_0，$T(A_j, A_0)$ 越小，则相应的生态系统越适应生境越排在前面，也就是根据 $T(A_j, A_0)$ 的大小进行排序。

生态系统 A_j 的加权不确定性 $U(A_j)$ 为：

$$U(A_j) = \sum_{i=1}^{n} w_i[(1 - t_{ij} - f_{ij})], \quad j=1, 2, \cdots\cdots, m \tag{5-11}$$

若有多个生态系统适宜度相等时，则以加权不确定性 $U(A_j)$ 最小者为最佳系统。

5.2.4　实例分析

设有六个创新生态系统 ($A_1, A_2, A_3, A_4, A_5, A_6$)，考虑技术、效率、活力和潜力四个创新生态因子 (u_1, u_2, u_3, u_4)，不失一般性，假设技术和效率创新生态因子为极大型指标，活力和潜力创新生态因子为极小型指标，且评价者比较重视不确定性数据即踌躇度偏好即 λ 取值 0.3，各生态因子赋值为 Vague 值形式 $v_{ij} = [t_{ij}, 1 - f_{ij}]$，($i=1, 2, \cdots\cdots, 4; j=1, 2, \cdots\cdots, 6$)，具体数据详见表 5-4。

生态因子 Vague 值赋值表　　　　表 5-4

	u_1	u_2	u_3	u_4
A_1	[0.35, 0.70]	[0.40, 0.85]	[0.30, 0.90]	[0.60, 0.85]
A_2	[0.45, 0.80]	[0.50, 0.95]	[0.40, 0.50]	[0.70, 0.75]
A_3	[0.40, 0.65]	[0.55, 0.90]	[0.45, 0.55]	[0.60, 0.90]
A_4	[0.35, 0.75]	[0.35, 0.65]	[0.60, 0.80]	[0.60, 0.65]
A_5	[0.45, 0.65]	[0.45, 0.55]	[0.55, 0.75]	[0.65, 0.75]
A_6	[0.55, 0.80]	[0.40, 0.50]	[0.45, 0.85]	[0.60, 0.80]

具体创新生态系统生态位适宜度评价过程如下：

1）生态因子权重的确定

（1）利用式（5-6）计算生态因子赋权信息集结值为：

$$A' = \{V_A(u_1'), V_A(u_2'), V_A(u_3'), V_A(u_4')\}$$
$$= \{[0.43, 0.73], [0.44, 0.73], [0.46, 0.73], [0.63, 0.78]\}$$

(2) 计算生态因子 π-OWA 对的踌躇度诱导分量 π_i 得：

$\pi_1 = 0.30$；$\pi_2 = 0.29$；$\pi_3 = 0.27$；$\pi_4 = 0.16$，即 $\pi_4 < \pi_3 < \pi_2 < \pi_1$。

(3) 已知评价者踌躇度偏好为 0.3，采用式（5-7）确定生态因子权重向量为：

$$w = (0.4614, 0.2756, 0.1647, 0.0984)^T$$

2）生态位最适值的确定

(1) 技术和效率创新生态因子为极大型指标采用式（5-8）计算得：

$$v_0(u_1) = [0.55, 0.80]; \quad v_0(u_2) = [0.55, 0.95]$$

(2) 活力和潜力创新生态因子为极小型指标采用式（5-9）计算得：

$$v_0(u_3) = [0.30, 0.50]; \quad v_0(u_4) = [0.60, 0.65]$$

因此，生态位最适值为 $u_0 = \{[0.55, 0.80]; [0.55, 0.95]; [0.30, 0.50]; [0.60, 0.65]\}$。

3）采用式（5-10）和式（5-11）计算创新生态系统生态位适宜度及加权不确定性得：

$T(A_1, A_0) = 0.1464, U(A_1) = 0.4089; T(A_2, A_0) = 0.0480, U(A_2) = 0.3069;$

$T(A_3, A_0) = 0.1049, U(A_3) = 0.2578; T(A_4, A_0) = 0.1760, U(A_4) = 0.3051;$

$T(A_5, A_0) = 0.1751, U(A_5) = 0.1626; T(A_6, A_0) = 0.1312, U(A_6) = 0.1131$

显然，$T(A_2, A_0) < T(A_3, A_0) < T(A_6, A_0) < T(A_1, A_0) < T(A_5, A_0) < T(A_4, A_0)$，因 Vague 集距离越小创新生态系统越适宜生境，则创新生态系统适宜度评价排序结果为 $A_2 \succ A_3 \succ A_6 \succ A_1 \succ A_5 \succ A_4$。因此，创新生态系统 A_2 最适宜生存环境，A_4 最不适宜。

5.2.5 结论

本节针对生态系统生态位适宜度评价问题的特点，在评价者给出 Vague 值信息的情况下，构建了基于 Vague 集的生态系统生态位适宜度评价模型。该模型提出了 π-OWA 算子，可根据专家或评价者的踌躇度偏好确定生态因子权重；同时，提出基于 Vague 集的交并运算确定生态位最适值的方法，最后，构建了基于 Vague 集距离确定适宜度评价值的模型。本节提出的评价模型丰富了生态系统评价理论和方法，为处理生态因子为 Vague 值信息提供了有效和可行的评价方法。

5.3 基于 MACBETH 方法的语言值直觉模糊生态位适宜度评价方法

针对评价值为语言值直觉模糊信息的生态位评价问题，提出一种基于 MACBETH (Measuring Attractiveness by a Categorical Based Evaluation Technique) 方法的语言值直觉模糊生态位适宜度评价方法。引入语言值直觉模糊数来描述生态因子的不确定性和模糊性；借鉴 MACBETH 方法将生态因子的偏好差异语言信息转化为权重信息；结合灰色关联度理论构建了生态位适宜度评价的理想点法，并给出了方法的基本步骤。最后，通过算例验证了方法的可行性和科学有效性。

5.3.1 引言

生态位是生态学的核心概念，Hutchinson[94]提出了超体积生态位的概念为现代生态学理论研究奠定了基础。此后，越来越多的学者借鉴传统的综合评价理论与方法测度生态位的演化情况，但这些方法很少能体现生态系统的生态学特征。1993年，李自珍[18]提出适宜度的概念来测度生态位，其核心思想是计算一个种居住地的现实生境条件与最适生境条件之间的贴近程度，进而评价种对其生境条件的适宜程度。生态位适宜度评价方法体现了生态系统的空间概念、复杂动态系统、功能单元独立、发展演化等特征，是少有的基于生态学特征构建的评价方法，该方法得到了生态位分析领域学者广泛的关注。但在评价生态位适宜度过程中，由于生态系统的独有特征评价者很难给出精确的数值信息去描述生态因子的状态和权重，评价者更容易给出符合人们认识过程的语言偏好信息。MACBETH[95]是一种多属性交互式评价方法。它通过一个交互式的评价过程，引导评价者对属性重要程度进行两两对比，并给出一个定性的语言偏好信息；通过对语言偏好信息判断矩阵的一致性检验、信息集结等评价程序，得出属性权重、方案的评价值、排序等信息。同时，Bana e Costa给出了M-MACBETH软件以帮助评价者解决基于MACBETH方法的综合评价问题。因此，本节基于MACBETH方法构建语言值直觉模糊生态位适宜度评价方法，本方法意在解决在语言偏好信息下的生态因子赋值、赋权方法问题和生态位适宜度评价信息集结问题。

5.3.2 预备知识

定义 5-7[96] 设 $U=\{u_1, u_2, \cdots\cdots, u_n\}$ 为一个 n 维资源空间，其中 $u_i(i=1, 2, \cdots\cdots, n)$ 为第 i 维资源轴，生态系统可能利用 U 的所有 n 维资源点组成一个直觉模糊集合 A 定义为生态系统的生态位，即生态系统生态位在 U 上用一个 n 维直觉模糊集表示，则称为直觉模糊超体积生态位。其中，真隶属度函数 $t_A(u_i): U \rightarrow [0, 1]$ 表示 A 利用资源 u_i 的程度；假隶属度函数 $f_A(u_i): U \rightarrow [0, 1]$ 表示 A 放弃资源 u_i 的程度，且 $t_A(u_i)+f_A(u_i) \leqslant 1$；踌躇函数 $\pi_A(u_i): U \rightarrow [0, 1]$ 表示 A 利用资源 u_i 的踌躇程度，且 $\pi_A(u_i)=1-t_A(u_i)-f_A(u_i)$。

定义 5-8 设 $S=\{s_0, s_1, \cdots\cdots, s_g\}$ 是一个有限的有序集合，且 $g+1$ 为奇数，若 S 满足以下条件：

(1) 有序性，$s_i \leqslant s_j \Leftrightarrow i \leqslant j$，若 $s_i \leqslant s_j \Leftrightarrow \max(s_i, s_j)=s_j$，若 $s_i \leqslant s_j \Leftrightarrow \min(s_i, s_j)=s_i$；

(2) 负运算，$Neg(s_i)=s_j$，其中 $i+j=g$；则称 $S=\{s_0, s_1, \cdots\cdots, s_g\}$ 为语言术语集，$g+1$ 为语言术语集的粒度。

MACBETH方法采用的七级语言术语集为：

$S=\{s_0=\text{Extreme}, s_1=\text{V. Strong}, s_2=\text{Strong}, s_3=\text{Moderate}, s_4=\text{Weak}, s_5=\text{Very weak}, s_6=\text{No}\}$

5.3.3 模型构建

设 $A=\{A_1, A_2, \cdots\cdots, A_m\}$ $(j=1, 2, \cdots\cdots, m)$ 为生态系统集，$C=\{C_1, C_2, \cdots\cdots,$

$C_n\}$ ($i=1$, 2, ……, n)为生态因子集,$U=\{u_1, u_2, ……, u_n\}$为与生态系统有关的生态因子的直觉模糊值量化指标集,其中 $V_A(u_i)=[t_i, 1-f_i]$, 被评价生态系统 $A=\{A_1, A_2, ……, A_m\}$的生态因子量化指标构成了n维生态因子空间E^n,则:

$$E^n = [V_A(u_{ji})]_{m \times n} = \begin{bmatrix} [t_{11}, 1-f_{11}] & [t_{12}, 1-f_{12}] & \cdots & [t_{1n}, 1-f_{1n}] \\ [t_{21}, 1-f_{21}] & [t_{22}, 1-f_{22}] & \cdots & [t_{2n}, 1-f_{2n}] \\ \vdots & \vdots & \ddots & \vdots \\ [t_{m1}, 1-f_{m1}] & [t_{m2}, 1-f_{m2}] & \cdots & [t_{mn}, 1-f_{mn}] \end{bmatrix}$$

式中 $E=u_j=\{[t_{j1}, 1-f_{j1}], [t_{j2}, 1-f_{j2}], ……, [t_{jn}, 1-f_{jn}]\}$为$n$维生态因子空间$E^n$的一个子集。

非负函数:

$$f(E)=f(u_j)=f([t_{j1}, 1-f_{j1}], [t_{j2}, 1-f_{j2}], ……, [t_{jn}, 1-f_{jn}])$$

表示生态系统A_j的直觉模糊超体积生态位。

生态系统A_j的生态位适宜度即为n维直觉模糊超体积生态位中生态因子实际量化值u_j与最适值正理想点u_0^+之间的相对贴近程度,即生态系统A_j的实际生态位贴近最适生态位正理想点u_0^+、远离负理想点u_0^-的程度,u_j, u_0^+, $u_0^- \in E^n$,其能较好地反映A_j种群对其生境条件的适应程度。

1. 语言值直觉模糊生态因子的赋值方法

生态系统是一个复杂动态系统,随着生存环境的变化,其在不断地自我更新、发展和演化,生态因子作为生态系统的资源维也随着生境不断的演化。因此,评价者很难用精确的数值来刻画生态因子的状态,而采用更符合人们认知过程的语言偏好信息来描述生态因子更贴近实际情况。

引入 MACBETH 方法中属性值公度价值区间的概念[82,97,98],定义生态因子公度价值区间 [Good,Neutral],其 Good 值为基础生态位状态,Neutral 值为生态位缺失状态。基础生态位和生态位缺失都是理想状态,基础生态位是指环境无限提供所有生态系统所需资源的;而生态位缺失则是指环境不提供生态系统所需的任何资源。以 Good 值和 Neutral 值作为所有生态因子赋值公度价值区间的共用限值,评价者基于公度价值区间测度各生态因子的价值,给出语言偏好信息。语言偏好信息可采用语言术语集来描述,语言术语集常为奇数,为与 MACBETH 方法中的语言术语集保持一致,本节采用七级语言术语集,并可通过表 5-5 将语言偏好信息转化为直觉模糊值[99]。

七级直觉模糊语言术语标度　　　　　　　　　　　表 5-5

语言值	说明	典型直觉模糊值
Extreme	极端强(基础生态位)	[1,1]
V. Strong	非常强	[0.90,0.95]
Strong	强	[0.70,0.85]

续表

语言值	说明	典型直觉模糊值
Moderate	适中	[0.50, 0.50]
Weak	弱	[0.30, 0.45]
Very weak	非常弱	[0.10, 0.15]
No	无差异(生态位缺失)	[0, 0]

2. 基于 MACBETH 方法的生态因子赋权方法

不失一般性，设 $C=\{C_1, C_2, \cdots, C_n\}$ ($i=1, 2, \cdots, n$) 均为正向生态因子，基于 MACBETH 方法其权重 $W=\{w_1, w_2, \cdots, w_n\}$ 计算过程如下：

(1) 评价者对生态因子按重要性由大到小进行排序，得 $C_1' > C_2' > \cdots > C_n'$。

其中，C_1' 比其他生态因子都重要，评价者最偏好 C_1'；C_2' 仅次于 C_1'，评价者认为其重要性排第二位；C_n' 则最不重要。

(2) 评价者对生态因子偏好差异进行两两定性评估，给出语言值，得到生态因子偏好差异语言信息。MACBETH 方法采用七级语言术语集判断生态因子偏好差异关系，具体标度见表 5-5。

(3) 利用 M-MACBETH 软件计算生态因子权重 W。

3. 基于灰色关联度的生态位适宜度评价方法

(1) 根据文献 [96] 提供的方法确定生态位最适值的正理想点和负理想点。

$$A_0^+ = \{[t_{01}^+, 1-f_{01}^+], [t_{02}^+, 1-f_{02}^+], \cdots, [t_{0n}^+, 1-f_{0n}^+]\} \quad (5\text{-}12)$$

$$A_0^- = \{[t_{01}^-, 1-f_{01}^-], [t_{02}^-, 1-f_{02}^-], \cdots, [t_{0n}^-, 1-f_{0n}^-]\} \quad (5\text{-}13)$$

式中 $[t_{0n}^+, 1-f_{0n}^+] = [\max(t_{jn}^+), \max(1-f_{jn}^+)]$，$[t_{0n}^-, 1-f_{0n}^+] = [\min(t_{jn}^+), \min(1-f_{jn}^+)]$，$j=1, 2, \cdots, m$。

(2) 计算生态系统 A_j 与生态位最适值正负理想点的灰色关联系数。

$$F(A_{ij}^+) = \sum_{i=1}^n w_i \frac{\delta_{\min} + \rho \delta_{\max}}{\delta_{ij} + \rho \delta_{\max}} = \sum_{i=1}^n w_i \frac{\min_i \min_j d(u_{ij}, u_{i0}^+) + \rho \max_i \max_j d(u_{ij}, u_{i0}^+)}{d(u_{ij}, u_{i0}^+) + \rho \max_i \max_j d(u_{ij}, u_{i0}^+)}$$

(5-14)

$$F(A_{ij}^-) = \sum_{i=1}^n w_i \frac{\delta_{\min} + \rho \delta_{\max}}{\delta_{ij} + \rho \delta_{\max}} = \sum_{i=1}^n w_i \frac{\min_i \min_j d(u_{ij}, u_{i0}^-) + \rho \max_i \max_j d(u_{ij}, u_{i0}^-)}{d(u_{ij}, u_{i0}^+) + \rho \max_i \max_j d(u_{ij}, u_{i0}^-)}$$

(5-15)

$$d(u_{ij}, u_{i0}) = \sqrt{(t_{ij} - t_{i0})^2 + (f_{ij} - f_{i0})^2 + (\pi_{ij} - \pi_{i0})^2} \quad (5\text{-}16)$$

式中 $F(A_{ij}^+)$ 和 $F(A_{ij}^-)$ ——A_j 的正负灰色关联系数；

w_i ——生态因子权重系数，$w_i > 0$，$\sum_{i=1}^n w_i = 1$；

$\rho (0 \leqslant \rho \leqslant 1)$ ——分辨系数，一般取 0.5；

$d(u_{ij},u_{i0})$——直觉模糊数欧式距离。

（3）生态系统 A_j 生态位适宜度的确定。

生态系统 A_j 生态位适宜度即生态系统 A_j 对生态位最适值正理想点的相对贴近度 ξ_j 为：

$$\xi_j = \frac{F(A_{ij}^+)}{F(A_{ij}^+)+F(A_{ij}^-)}, \quad j=1,2,\cdots\cdots,m \qquad (5\text{-}17)$$

显然，ξ_j 越贴近生态位最适值的正理想点远离负理想点，其值越大，反之越小。

4. 算法步骤

基于 MACBETH 方法的语言值直觉模糊生态位适宜度评价方法步骤如下：

步骤 1：语言值直觉模糊生态因子的赋值，以基础生态位和生态位缺失两种情况作为生态因子公度价值区间的上限和下限，赋予生态因子语言偏好信息并利用表 5-5 得出生态因子直觉模糊值。

步骤 2：生态因子权重的确定，评价者对生态因子进行重要性排序，利用表 5-5 对生态因子偏好差异进行两两定性评估并赋予语言偏好信息，利用 M-MACBETH 软件计算生态因子权重 W。

步骤 3：生态位最适值的确定，利用式（5-12）、式（5-13）确定生态位最适值的正理想点 A_0^+ 和负理想点 A_0^-。

步骤 4：利用式（5-14）、式（5-15）计算生态系统 A_j 与生态位最适值正负理想点的灰色关联系数 $F(A_{ij}^+)$ 和 $F(A_{ij}^-)$。

步骤 5：利用式（5-17）计算生态系统 A_j 对生态位最适值正理想点的相对贴近度 ξ_j，ξ_j 越大说明生态位越接近最适生态位，越适应生境。

5.3.4 实例分析

设在某生境下有 4 个生态系统（A_1，A_2，A_3，A_4）共存，考虑与生态系统有关的 5 个生态因子（C_1，C_2，C_3，C_4，C_5），不失一般性，假设生态因子均为正向指标，下面采用本节提出的方法对生态系统进行生态位适宜度评价。

步骤 1：语言值直觉模糊生态因子的赋值，评价者对各生态系统的生态因子给出语言偏好信息，并利用七级直觉模糊语言术语标度表得出生态因子直觉模糊值，详见表 5-6 和表 5-7。

生态系统语言偏好信息赋值表　　　　表 5-6

系统	C_1	C_2	C_3	C_4	C_5
A_1	Moderate	Strong	Weak	Weak	V. Strong
A_2	Strong	V. Strong	Strong	Moderate	Weak
A_3	Weak	Very weak	Moderate	V. Strong	Moderate
A_4	V. Strong	Very weak	Strong	Weak	Strong

生态系统直觉模糊信息赋值表　　　　　　　　　　　　　　　　　　表 5-7

系统	C_1	C_2	C_3	C_4	C_5
A_1	[0.50,0.50]	[0.70,0.85]	[0.30,0.45]	[0.30,0.45]	[0.90,0.95]
A_2	[0.70,0.85]	[0.90,0.95]	[0.70,0.85]	[0.50,0.50]	[0.30,0.45]
A_3	[0.30,0.45]	[0.10,0.15]	[0.50,0.50]	[0.90,0.95]	[0.50,0.50]
A_4	[0.90,0.95]	[0.10,0.15]	[0.70,0.85]	[0.30,0.45]	[0.70,0.85]

步骤 2：生态因子权重的确定

（1）评价者对生态因子按重要性由大到小排序得：

$$C_5 > C_3 > C_1 > C_4 > C_2。$$

（2）评价者对生态因子偏好差异进行两两定性评估并赋予语言偏好信息，详见表 5-8。

生态因子偏好差异语言偏好信息赋值表　　　　　　　　　　　　　　　表 5-8

系统	C_5	C_3	C_1	C_4	C_2
C_5	No	Very weak	Weak	Moderate	Strong
C_3	—	No	Very weak	Weak	Moderate
C_1	—	—	No	Weak	Moderate
C_4	—	—	—	No	Weak
C_2	—	—	—	—	No

（3）利用 M-MACBETH 软件计算生态因子权重得：

$$W = (0.1364, 0.2273, 0.2727, 0.0455, 0.3181)$$

步骤 3：生态位最适值的确定，利用式（5-12）、式（5-13）确定生态位最适值的正理想点 A_0^+ 和负理想点 A_0^- 得：

$A_0^+ = \{[0.90, 0.95], [0.90, 0.95], [0.70, 0.85], [0.90, 0.95], [0.90, 0.95]\}$

$A_0^- = \{[0.30, 0.45], [0.10, 0.15], [0.30, 0.45], [0.30, 0.45], [0.30, 0.45]\}$

步骤 4：利用式（5-16）计算生态因子与生态位最适值正负理想点的直觉模糊距离，详见表 5-9 和表 5-10。

生态因子与生态位最适值正理想点的直觉模糊距离　　　　　　　　　表 5-9

系统	d_{10}^+	d_{20}^+	d_{30}^+	d_{40}^+	d_{50}^+
A_1	0.6042	0.2449	0.5657	0.7874	0.0000
A_2	0.2449	0.0000	0.0000	0.6042	0.7874
A_3	0.7874	1.1314	0.4301	0.0000	0.6042
A_4	0.0000	1.1314	0.0000	0.7874	0.2449

生态因子与生态位最适值负理想点的直觉模糊距离　　　　　　　　　　　表 5-10

系统	d_{10}^+	d_{20}^+	d_{30}^+	d_{40}^+	d_{50}^+
A_1	0.2550	0.9274	0.0000	0.0000	0.7874
A_2	0.5657	1.1314	0.5657	0.2550	0.0000
A_3	0.0000	0.0000	0.2550	0.7874	0.2550
A_4	0.7874	0.0000	0.5657	0.0000	0.5657

由表 5-9 和表 5-10 可得：

$$\delta_{\max}^+ = 1.1314, \delta_{\min}^+ = 0; \delta_{\max}^- = 1.1314, \delta_{\min}^- = 0$$

利用式（5-14）、式（5-15）计算生态系统与生态位最适值正负理想点的灰色关联系数，取分辨系数 $\rho = 0.5$ 得：

$$F(A^+) = (0.6981, 0.7502, 0.4870, 0.7259)$$
$$F(A^-) = (0.6313, 0.6299, 0.7900, 0.6252)$$

步骤 5：利用式（5-17）计算生态系统对生态位最适值正理想点的相对贴近度得：

$$\xi = (0.5251, 0.5426, 0.3814, 0.5372)$$

显然，$\xi_2 > \xi_4 > \xi_1 > \xi_3$，相对贴近度越大说明生态位越接近最适生态位，越适应生境。因此，生态位适宜度排序为 $A_2 > A_4 > A_1 > A_3$，生态系统 A_2 最适宜生存环境，A_3 最不适宜。

5.3.5　结论

由于生态系统是一个不断演化的复杂动态系统，导致生态位适宜度的多属性综合评价问题具有很强的不确定性和模糊性。针对上述特点，本节构建了基于 MACBETH 方法的语言值直觉模糊生态位适宜度评价方法。首先，评价者对生态因子的所处状态很难用精确的数值去描述，使用语言值直觉模糊数来表示评价者信息更能体现评价者的偏好，也更贴近人类认知过程。其次，借鉴 MACBETH 方法给出一种通过引导评价者给出生态因子两两对比的语言偏好信息进而计算权重的交互式赋权方法；并通过 M-MACBETH 软件实现计算。再次，结合灰色关联度理论给出了生态位适宜度评价的理想点法，并给出了方法的基本步骤。最后，通过算例验证了方法的可行性和科学有效性。基于 MACBETH 方法的语言值直觉模糊生态位适宜度评价方法进一步丰富了生态位适宜度评价理论，为生态位适宜度评价问题提供一种新的模式。

5.4　基于云模型和前景理论的生态位适宜度评价方法

针对评价值为不确定语言信息的生态位评价问题，考虑评价者风险态度对评价结果的影响，提出一种基于云模型和前景理论的生态位适宜度评价方法。该方法提出了一种改进的云生成方法，将不确定语言信息转化为云模型，得到云评价矩阵；在此基础上，定义正负生态位最适值，确定正负前景评价矩阵，并依据评价者判断和公平竞争原则构建指标权重模型,根据综合前景值的大小给出生态系统生态位排序;最后,通过实例说明了方法的可行性和有效性。

5.4.1 引言

在实际生态位评价过程中,评价者更关注生态位的综合性评价;且评价者很难给出确切实数的评价值,通常会给出更符合人们认知的、具有不确定性的语言信息;同时,评价者对评价对象往往存在着主观上的风险偏好,这些都会直接影响最终的评价结果。云模型和前景理论对于评价信息具有不确定性,并为评价者风险态度的评价问题提供了理论依据。李德毅提出的云模型能够同时反映评价信息的随机性和模糊性,是一种实现定性概念与定量数值之间的不确定转化的模型[100]。Kahneman等提出的前景理论[101,102],发现了理性评价研究没有意识到的行为模型,并通过概率转化为决策权重以满足评价者的风险偏好。因此,本节基于云模型理论将评价者对各生态系统的不确定语言评价值以云模型形式表示,并结合前景理论在考虑评价者风险偏好的基础上,构建一种新的基于云模型和前景理论的生态位适宜度评价方法。最后,通过城市生态位适宜度评价实例说明了该方法的有效性和可行性,以期为生态位评价问题提供理论参考。

5.4.2 预备知识

1. 云模型

(1) 云模型定义

李德毅等于1995年提出云模型的概念,云是某个定性概念与其定量表示之间的不确定性转换模型,其能够很好地反映客观事物的模糊性和随机性。

定义 5-9[100,103] 设论域U,C是与该论域相联系的定性概念,若论域U中的元素x对C所表达的定性概念的隶属度$\mu_C(x)$是一个具有稳定倾向的随机数,则元素x的隶属度$\mu_C(x)$在论域U上的分布称为隶属云,简称云,即$\mu_C(x):U \to [0,1]$,$\forall x \in U$均有$x \to U_C(x)$。

当隶属度$\mu_C(x)$在论域U上的分布具有正态分布特征时,称为正态云。正态云模型可记为$C(Ex, En, He)$,其中,期望Ex表示定性概念在对应数值论域的中心值,熵En表示定性概念模糊性的度量,超熵He表示云滴的离散程度和确定性的随机性。

(2) 改进的云模型生成方法

在综合评价过程中,评价者常用自然语言定性的刻画指标值,设评价者对各指标的语言评价标度为n(一般取3、5、7、9等奇数),专家指定的有效论域为$[X_{\min}, X_{\max}]$,在论域上生成n朵云表示语言变量。现有文献[104-107]多采用黄金分割法生成云的数字特征。考虑到被评价对象的生态学特征,本节进行了改进,给出了一种新的基于生态位优先模型[108]的黄金分割法,其原理是:将论域均匀分成两半,中间云为完整云,左边的云为半降云,右边的云为半升云;假设半降云中生成$\frac{n-1}{2}$朵云,以中间云与最后一朵半降云的期望作为线段的两个端点,以生态位优先的理念确定其余半降云的期望,即越靠近中间云的半降云，其表达的概念较好，远离中间云的半降云其表达的概念较差；最好的半降云优先占了线段的份额 k，第二好的半降云又优先占了剩余线段的份额 k，即线段的份额 $k(1-k)$，第三好的半降云又优先占了剩余线段的份额 k，即线段的份额 $k(1-k)^2$，以此类推，第 $\frac{n-5}{2}$ 好的半降云又优先占了剩余线段的份额 k，即线段的份额 $k(1-k)^{\frac{n-7}{2}}$，剩下份额 $(1-k)^{\frac{n-5}{2}}$ 被第 $\frac{n-3}{2}$ 好的半降云占用。若 n 值只考虑取 3、5、7、9 等有限奇数，则第 i 朵半降云占线段份额为 $k(1-k)^{i-1}\left(i=1,2,\cdots\cdots,\frac{n-3}{2}\right)$，$k$ 取 0.618；同理，半升云的期望可得。以黄金分割率确定相邻云的熵和超熵比例。其计算公式详见表 5-11。

云生成方法（$k=0.618$） 表 5-11

云	期望 Ex	熵 En	超熵 H_e
$C_{+\frac{n-1}{2}}\left(Ex_{+\frac{n-1}{2}}, En_{+\frac{n-1}{2}}, He_{+\frac{n-1}{2}}\right)$	$X_{\max}$	$En_{+\frac{n-3}{2}}/k$	$He_{+\frac{n-3}{2}}/k$
$C_{+\frac{n-3}{2}}\left(Ex_{+\frac{n-3}{2}}, En_{+\frac{n-3}{2}}, He_{+\frac{n-3}{2}}\right)$	$Ex_{+\frac{n-5}{2}}+\left(\frac{X_{\max}-X_{\min}}{2}\right)k(1-k)^{\frac{n-5}{2}}$	$En_{+\frac{n-5}{2}}/k$	$He_{+\frac{n-5}{2}}/k$
……	……	……	……
$C_{+2}(Ex_{+2}, En_{+2}, He_{+2})$	$Ex_{+1}+\left(\frac{X_{\max}-X_{\min}}{2}\right)k(1-k)$	En_{+1}/k	He_{+1}/k
$C_{+1}(Ex_{+1}, En_{+1}, He_{+1})$	$Ex_0+\left(\frac{X_{\max}-X_{\min}}{2}\right)k$	$\frac{X_{\max}-X_{\min}}{6}\times 0.382$	He_0/k
$C_0(Ex_0, En_0, He_0)$	$\frac{X_{\max}+X_{\min}}{2}$	kEn_1	给定 He_0
$C_{-1}(Ex_{-1}, En_{-1}, He_{-1})$	$Ex_0-\left(\frac{X_{\max}-X_{\min}}{2}\right)k$	$\frac{X_{\max}-X_{\min}}{6}(1-k)$	He_0/k
$C_{-2}(Ex_{-2}, En_{-2}, He_{-2})$	$Ex_{-1}-\left(\frac{X_{\max}-X_{\min}}{2}\right)k(1-k)$	En_{-1}/k	He_{-1}/k
……	……	……	……
$C_{-\frac{n-3}{2}}\left(Ex_{-\frac{n-3}{2}}, En_{-\frac{n-3}{2}}, He_{-\frac{n-3}{2}}\right)$	$Ex_{-\frac{n-5}{2}}-\left(\frac{X_{\max}-X_{\min}}{2}\right)k(1-k)^{\frac{n-5}{2}}$	$En_{-\frac{n-5}{2}}/k$	$He_{-\frac{n-5}{2}}/k$
$C_{-\frac{n-1}{2}}\left(Ex_{-\frac{n-1}{2}}, En_{-\frac{n-1}{2}}, He_{-\frac{n-1}{2}}\right)$	$X_{\min}$	$En_{-\frac{n-3}{2}}/k$	$He_{-\frac{n-3}{2}}/k$

显然可证，上述云生成方法的期望值各不相同，且均在有效论域中，避免了文献[104，105] 中期望值超出论域范围的情况，并具有明显的生态学特征。

（3）云模型运算法则

定义 5-10[109] 设 $C_1(Ex_1, En_1, He_1)$ 和 $C_2(Ex_2, En_2, He_2)$ 为两朵相邻的一维正态云，如果 $Ex_1 \leqslant Ex_2$，那么 C_1 和 C_2 进行软或得到新的云模型 $C(Ex, En, He)$ 为：

$$C = C_1 \bigcup C_2 \Leftrightarrow Ex = \frac{Ex_1 + Ex_2}{2} + \frac{En_2 - En_1}{4}$$

$$En = \frac{Ex_2 - Ex_1}{4} + \frac{En_1 + En_2}{2}, \quad He = \max(He_1, He_2) \tag{5-18}$$

软或可以将相邻的两个基本概念提升为能概括它们的较高层次的新的概念，是泛概念树的一种生成方法。

定义 5-11[110] 设 $C_1(Ex_1, En_1, He_1)$ 和 $C_2(Ex_2, En_2, He_2)$ 为两朵一维正态云，则 C_1 和 C_2 的 Hamming 距离为：

$$D(C_1, C_2) = \left| \left(1 - \frac{En_1^2 + He_1^2}{En_1^2 + He_1^2 + En_2^2 + He_2^2}\right) Ex_1 - \left(1 - \frac{En_2^2 + He_2^2}{En_1^2 + He_1^2 + En_2^2 + He_2^2}\right) Ex_2 \right|$$

$$\tag{5-19}$$

当 $En_1 = He_1 = En_2 = He_2 = 0$ 时，云距离运算退化为实数运算，即 $D(C_1, C_2) = |Ex_1 - Ex_2|$。

定义 5-12 设 $C_1(Ex_1, En_1, He_1)$ 和 $C_2(Ex_2, En_2, He_2)$ 为两朵一维正态云，期望云为 $C^*(Ex^*, En^*, He^*)$，若 C_1 和 C_2 满足 $P(C_1 \geqslant C_2) \geqslant 0$，则称 $C_1 \geqslant C_2$；反之 $C_1 < C_2$。其中，$P(C_1 \geqslant C_2) = D(C_1, C^*) - D(C_2, C^*)$ 为 $C_1 \geqslant C_2$ 的可能度，$D(C_1, C^*)$ 和 $D(C_2, C^*)$ 分别为 C_1、C_2 与 C^* 的 Hamming 距离。

当 C_2 和 C^* 为同一云时，$P(C_1 \geqslant C_2) = D(C_1, C_2) > 0$；当 C_1 和 C^* 为同一云时，$P(C_1 \geqslant C_2) = -D(C_1, C_2) < 0$；当 C_1 和 C_2 为同一云时，$P(C_1 \geqslant C_2) = 0$。

2. 前景理论

Kahneman 等于 1979 年提出前景理论[101，102]，前景理论考虑评价者的心理特征，即收益和损失是相对于参考点而言的；评价者面对收益时是风险规避的，面对损失时是风险偏好的；评价者对损失比收益更敏感。前景价值函数 V 是由价值函数和决策权重函数共同决定的，即：

$$V = \sum_{i=1}^{n} \pi(p_i) v(x_i) \tag{5-20}$$

$$v(x_i) = \begin{cases} (x_i - x_0)^\alpha, & x_i \geqslant x_0 \\ -\lambda (x_0 - x_i)^\beta, & x_i < x_0 \end{cases} \tag{5-21}$$

$$\pi(p) = \begin{cases} \dfrac{p^\gamma}{(p^\gamma + (1-p)^\gamma)^{1/\gamma}}, & x_i \geqslant x_0 \\ \dfrac{p^\delta}{(p^\delta + (1-p)^\delta)^{1/\delta}}, & x_i < x_0 \end{cases} \tag{5-22}$$

式中　$\pi(p)$——评价权重函数；

　　　$v(x)$——价值函数；

　　　x_0——参考点；

　　　α 和 β——收益和损失区域价值幂函数的凹凸程度，且 $\alpha,\beta<1$；

　　　λ——损失区域比收益区域更陡的特征，若 $\lambda>1$ 表示损失厌恶。借鉴文献[111]的思想，给出评价信息为云模型的前景效用价值函数定义。

定义 5-13　设 $C_1(Ex_1,En_1,He_1)$ 和 $C_2(Ex_2,En_2,He_2)$ 为两朵一维正态云，期望云为 $C^*(Ex^*,En^*,He^*)$，若以云 C_2 为参考点，则云 C_1 的前景效用价值函数为：

$$v(C_1)=\begin{cases}(D(C_1,C_2))^\alpha, & C_1\geqslant C_2\\-\lambda(D(C_1,C_2))^\beta, & C_1<C_2\end{cases} \quad (5\text{-}23)$$

式中　$D(C_1,C_2)$——定义 5-11 中的 Hamming 距离，比较大小的规则采用定义 5-12 中的方法。

5.4.3　模型构建

(1) 问题描述

设某一生态位适宜度评价问题中，有 n 个生态系统 $A=\{a_1,a_2,\cdots\cdots,a_n\}(i=1,2,\cdots\cdots,n)$，$m$ 个生态因子指标 $Z=\{z_1,z_2,\cdots\cdots,z_m\}(j=1,2,\cdots\cdots,m)$，指标权向量 $W=\{w_1,w_2,\cdots\cdots,w_m\}$，且满足 $\sum_{j=1}^{m}w_j=1$，$w_j\geqslant 0$；$x_{ij}=[x_{ij}^L,x_{ij}^U]$ 为生态系统 a_i 在指标 z_j 下的不确定语言评价值，x_{ij}^L 和 x_{ij}^U 分别为不确定语言值则的下限和上限，且 $x_{ij}^L,x_{ij}^U\in S$，$S=\{s_0,s_1,\cdots\cdots,s_{l-1}\}$ 为语言评价集，一般 l 取奇数；被评价生态系统 $A=\{a_1,a_2,\cdots\cdots,a_n\}$ 的生态因子量化指标构成了 m 维生态因子空间 X^m，则：

$$X^m=[x_{ij}]_{n\times m}=\begin{bmatrix}[x_{11}^L,x_{11}^U] & [x_{12}^L,x_{12}^U] & \cdots\cdots & [x_{1m}^L,x_{1m}^U]\\ [x_{21}^L,x_{21}^U] & [x_{22}^L,x_{22}^U] & \cdots\cdots & [x_{2m}^L,x_{2m}^U]\\ \vdots & \vdots & \ddots & \vdots\\ [x_{n1}^L,x_{n1}^U] & [x_{n2}^L,x_{n2}^U] & \cdots\cdots & [x_{nm}^L,x_{nm}^U]\end{bmatrix} \quad (5\text{-}24)$$

式中　$X_i=([x_{i1}^L,x_{i1}^U],[x_{i2}^L,x_{i2}^U],\cdots\cdots,[x_{im}^L,x_{im}^U])$ 为 m 维生态因子空间 X^m 的一个子集。

非负函数：

$$f(X_i)=f([x_{i1}^L,x_{i1}^U],[x_{i2}^L,x_{i2}^U],\cdots\cdots,[x_{im}^L,x_{im}^U])$$

表示生态系统 a_i 的不确定语言超体积生态位。

非负函数 $F=\Phi(X_0,X_i)$，$X_0,X_i\in X^m$ 表示生态系统 a_i 的 m 维超体积生态位中生态因子实际值 X_i 与最适值 X_0 之间的贴近程度，即生态系统 a_i 的生态位适宜度。根据生态位适宜度的大小确定生态系统集 A 的排序。

(2) 评价步骤

针对上述问题，本节给出一种基于云模型和前景理论的生态位适宜度评价方法，具体步骤如下：

步骤 1：将不确定语言评价值转化为云模型。根据评价者的语言评价标度，利用表 5-11 中的方法生成相应的云评价信息；并通过软或运算将云评价信息转化成为综合云 $c_{ij} = (Ex_{ij}, En_{ij}, He_{ij})$ 的形式，得到云决策矩阵 $C = (c_{ij})_{n \times m}$。

步骤 2：根据云决策矩阵确定正负生态位最适值为：

$$c_j^+ = (\max(Ex_{ij}), \min(En_{ij}), \min(He_{ij}))$$
$$c_j^- = (\min(Ex_{ij}), \max(En_{ij}), \max(He_{ij}))$$

步骤 3：确定正负前景评价矩阵，设评价者的期望云为 $c_j^* = (Ex_j^*, En_j^*, He_j^*)$，根据定义 5-13 中的式（5-23）以负生态位最适值 C^- 为参考点计算正前景评价矩阵 $V^+ = [v^+(c_{ij})]_{n \times m}$，以正生态位最适值 C^+ 为参照点计算负前景评价矩阵 $V^- = [v^-(c_{ij})]_{n \times m}$，$v^+(c_{ij})$ 和 $v^-(c_{ij})$ 分别为正负生态位前景效用价值，一般取 $\alpha = \beta = 0.88$，$\lambda = 2.25$[102]。

步骤 4：确定生态系统 a_i 的综合前景值，计算公式为：

$$V_i = \sum_{j=1}^{m} v^+(c_{ij}) \pi^+(w_j) + \sum_{j=1}^{m} v^-(c_{ij}) \pi^-(w_j) \tag{5-25}$$

式中　$\pi^+(w_j)$ 和 $\pi^-(w_j)$ 分别表示面临收益和损失的权重函数，一般取 $\gamma = 0.61$，$\delta = 0.69$[102]。

步骤 5：确定生态因子指标权重，首先考虑评价者的主观权重判断，由评价者给出部分权重信息 H；其次考虑公平竞争原则，即各生态系统均希望其综合前景值越大越好，综合上述两个目标可得优化模型：

$$\max \sum_{i=1}^{n} V_i = \sum_{i=1}^{n} \sum_{j=1}^{m} v^+(c_{ij}) \pi^+(w_j) + \sum_{i=1}^{n} \sum_{j=1}^{m} v^-(c_{ij}) \pi^-(w_j) \tag{5-26}$$
$$s.t. \quad \sum_{j=1}^{m} w_j = 1, \ w_j \geqslant 0, \ w \in H$$

利用 matlab 遗传算法工具箱编程计算可求最优权向量为 $w^* = (w_1^*, w_2^*, \cdots\cdots, w_m^*)$。

步骤 6：计算各生态系统的综合前景值：

$$V_i^* = \sum_{j=1}^{m} v^+(c_{ij}) \pi^+(w_j^*) + \sum_{j=1}^{m} v^-(c_{ij}) \pi^-(w_j^*) \tag{5-27}$$

依据各生态系统的综合前景值排序。

5.4.4　实例分析

以某地区四个副省级城市作为评价对象，专家组结合生态位态势理论，根据评价指标体系设计的基本原则，将城市生态位适宜度分成了状态适宜度（"态"属性）和发展适宜度（"势"属性）两个维度，并结合城市生态系统的复合性特征构建了城市生态位适宜度评价指标体系，具体指标构成详见表 5-12。专家组以不确定语言信息的形式给出各城市的评价值，语言评价集为 $S = \{VP, P, SP, F, SG, G, VG\} = \{very\ poor, poor, slight\ poor, fair, slihgt\ good, good, very\ good\}$，专家组给出的评价数据详见表 5-13。依据以上评价信息，试确定各城市生态位适宜度值及排序。

城市生态位适宜度评价指标体系 表 5-12

目标	评价维度	指标构成	指标代码
城市生态位适宜度	城市生态位状态适宜度评价(态)	自然资源适宜度	z_{11}
		物资资源适宜度	z_{12}
		科技资源适宜度	z_{13}
		资本资源适宜度	z_{14}
		人力资源适宜度	z_{15}
	城市生态位发展适宜度评价(势)	城市效率	z_{21}
		城市集散能力	z_{22}
		资源增长能力	z_{23}
		社会进步能力	z_{24}
		知识创新能力	z_{25}
		环境保护能力	z_{26}

各城市生态位适宜度评价指标值 表 5-13

城市	z_{11}	z_{12}	z_{13}	z_{14}	z_{15}	z_{21}
a_1	[P,SP]	[F,VG]	[F,G]	[G,VG]	[VP,SP]	[F,G]
a_2	[F,G]	[VP,P]	[G,VG]	[F,SG]	[F,VG]	[SP,F]
a_3	[SP,SG]	[F,G]	[SP,F]	[VP,P]	[VP,SP]	[P,SP]
a_4	[SG,G]	[G,VG]	[VP,SP]	[F,G]	[SG,VG]	[F,VG]

城市	z_{22}	z_{23}	z_{24}	z_{25}	z_{26}
a_1	[SG,VG]	[SP,SG]	[VP,SP]	[SP,F]	[G,VG]
a_2	[P,SP]	[G,VG]	[F,VG]	[SG,G]	[F,VG]
a_3	[SP,F]	[F,G]	[SG,F]	[F,SG]	[F,G]
a_4	[SP,SG]	[SG,VG]	[G,VG]	[P,SP]	[SG,G]

下面利用本节提出的方法对四个城市生态位适宜度进行排序。

(1) 给定论域 $[-10,10]$，$He_0=0.05$，将专家组的语言评价值转化为论域上的七朵云模型，即 $\{C_{+3},C_{+2},C_{+1},C_0,C_{-1},C_{-2},C_{-3}\}$，七朵云模型分别对应 $S=\{VG, G, SG, F, SP, P, VP\}$，其数字特征详见表 5-14。

七朵云模型的数字特征 表 5-14

云	期望 Ex	熵 En	超熵 He
$C_{+3}(Ex_{+3},En_{+3},He_{+3})$	10	3.333	0.212
$C_{+2}(Ex_{+2},En_{+2},He_{+2})$	8.541	2.06	0.131
$C_{+1}(Ex_{+1},En_{+1},He_{+1})$	6.18	1.273	0.081

续表

云	期望 Ex	熵 En	超熵 He
$C_0(Ex_0, En_0, He_0)$	0	0.787	0.05
$C_{-1}(Ex_{-1}, En_{-1}, He_{-1})$	−6.18	1.273	0.081
$C_{-2}(Ex_{-2}, En_{-2}, He_{-2})$	−8.541	2.06	0.131
$C_{-3}(Ex_{-3}, En_{-3}, He_{-3})$	−10	3.333	0.212

（2）利用软或运算将云评价信息转化为综合云，得到云评价矩阵，详见表5-15。

城市生态位适宜度云评价表　　　　　　　　　表5-15

城市	z_{11}	z_{12}	z_{13}	z_{14}
a_1	$C(-7.557, 2.257, 0.131)$	$C(5.637, 4.56, 0.212)$	$C(4.589, 3.559, 0.131)$	$C(9.589, 3.061, 0.212)$
a_2	$C(4.589, 3.559, 0.131)$	$C(-9.589, 3.061, 0.212)$	$C(9.589, 3.061, 0.212)$	$C(3.212, 2.575, 0.081)$
a_3	$C(0, 4.363, 0.081)$	$C(4.589, 3.599, 0.131)$	$C(-3.212, 2.575, 0.081)$	$C(-9.589, 3.061, 0.212)$
a_4	$C(7.557, 2.257, 0.131)$	$C(9.589, 3.061, 0.212)$	$C(-8.605, 3.258, 0.212)$	$C(4.589, 3.559, 0.131)$

城市	z_{15}	z_{21}	z_{22}	z_{23}
a_1	$C(-8.605, 3.258, 0.212)$	$C(4.589, 3.559, 0.131)$	$C(8.605, 3.258, 0.212)$	$C(0, 4.363, 0.081)$
a_2	$C(5.637, 4.56, 0.212)$	$C(-3.212, 2.575, 0.081)$	$C(-7.557, 2.257, 0.131)$	$C(9.589, 3.061, 0.212)$
a_3	$C(-8.605, 3.258, 0.212)$	$C(-7.557, 2.257, 0.131)$	$C(-3.212, 2.575, 0.081)$	$C(4.589, 3.559, 0.131)$
a_4	$C(8.605, 3.258, 0.212)$	$C(5.637, 4.56, 0.212)$	$C(0, 4.363, 0.081)$	$C(8.605, 3.258, 0.212)$

城市	z_{24}	z_{25}	z_{26}	
a_1	$C(-8.605, 3.258, 0.212)$	$C(-3.212, 2.575, 0.081)$	$C(9.589, 3.061, 0.212)$	
a_2	$C(5.637, 4.56, 0.212)$	$C(7.557, 2.257, 0.131)$	$C(5.637, 4.56, 0.212)$	
a_3	$C(7.557, 2.257, 0.131)$	$C(3.212, 2.575, 0.081)$	$C(4.589, 3.559, 0.131)$	
a_4	$C(9.589, 3.061, 0.212)$	$C(-7.557, 2.257, 0.131)$	$C(7.557, 2.257, 0.131)$	

（3）根据云评价矩阵确定正负生态位最适值，详见表5-16。

城市正负生态位最适值表　　　　　　　　　表5-16

	z_{11}	z_{12}	z_{13}	z_{14}
C^+	$C(7.557, 2.257, 0.081)$	$C(9.589, 3.061, 0.131)$	$C(9.589, 2.575, 0.081)$	$C(9.589, 2.575, 0.081)$
C^-	$C(-7.557, 4.363, 0.131)$	$C(-9.589, 4.56, 0.212)$	$C(-8.605, 3.559, 0.212)$	$C(-9.589, 3.559, 0.212)$

	z_{15}	z_{21}	z_{22}	z_{23}
C^+	$C(8.605, 3.258, 0.212)$	$C(5.637, 2.257, 0.081)$	$C(8.605, 2.257, 0.081)$	$C(9.589, 3.061, 0.081)$
C^-	$C(-8.605, 4.56, 0.212)$	$C(-7.557, 4.56, 0.212)$	$C(-7.557, 4.363, 0.081)$	$C(0, 4.363, 0.212)$

	z_{24}	z_{25}	z_{26}	
C^+	$C(9.589, 2.257, 0.131)$	$C(7.557, 2.257, 0.081)$	$C(9.589, 2.257, 0.131)$	
C^-	$C(-8.605, 4.56, 0.212)$	$C(-7.557, 2.575, 0.131)$	$C(4.589, 4.56, 0.212)$	

(4) 专家组的城市生态位适宜度期望值详见表 5-17。

城市生态位适宜度期望值表　　　　　　　　　　　　　　　　　表 5-17

	z_{11}	z_{12}	z_{13}	z_{14}
语言值	[F,G]	[F,SG]	[G,VG]	[SG,G]
云值	$C(-4.589,3.559,0.131)$	$C(3.212,2.575,0.081)$	$C(9.589,3.061,0.212)$	$C(7.557,2.257,0.131)$
	z_{15}	z_{21}	z_{22}	z_{23}
语言值	[F,VG]	[SG,G]	[F,G]	[SG,VG]
云值	$C(5.637,4.56,0.212)$	$C(7.557,2.257,0.131)$	$C(4.589,3.559,0.131)$	$C(8.605,3.258,0.212)$
	z_{24}	z_{25}	z_{26}	
语言值	[G,VG]	[F,SG]	[SG,G]	
云值	$C(9.589,3.061,0.212)$	$C(3.212,2.575,0.081)$	$C(7.557,2.257,0.131)$	

(5) 依据式 (5-23) 计算正负前景评价矩阵，详见表 5-18、表 5-19。

城市生态位适宜度的正前景评价矩阵　　　　　　　　　　　　　表 5-18

城市	z_{11}	z_{12}	z_{13}	z_{14}	z_{15}	z_{21}
a_1	3.654	-13.426	-11.832	-16.449	2.460	-10.427
a_2	-10.528	3.102	-15.815	-9.923	-12.659	-1.457
a_3	-7.247	-11.652	-1.935	1.368	2.460	3.816
a_4	-13.340	-16.449	-1.757	-12.605	-14.954	-11.836
城市	z_{22}	z_{23}	z_{24}	z_{25}	z_{26}	
a_1	6.390	0	-5.534	0.99	-9.561	
a_2	-8.228	-11.557	-12.659	-4.446	-1.274	
a_3	-1.076	-5.492	-13.660	-13.34	-2.479	
a_4	-7.242	-10.119	-15.986	-9.896	-9.544	

城市生态位适宜度的负前景评价矩阵　　　　　　　　　　　　　表 5-19

城市	z_{11}	z_{12}	z_{13}	z_{14}	z_{15}	z_{21}
a_1	5.929	-9.045	3.917	1.562	6.646	2.4
a_2	-7.745	7.311	-3.514	2.774	-7.26	3.818
a_3	-10.826	-6.874	5.122	7.311	6.646	5.26
a_4	-0.032	-0.053	7.057	3.917	0	2.951
城市	z_{22}	z_{23}	z_{24}	z_{25}	z_{26}	
a_1	-5.979	5.139	7.096	4.604	2.508	
a_2	6.289	-0.071	5.256	-0.032	5.256	
a_3	-11.305	3.058	-2.281	-5.705	4.495	
a_4	-12.136	-2.395	-5.642	5.929	-2.281	

(6) 不失一般性,设评价者未作出主观权重判断,约束条件仅为 $\sum_{j=1}^{m} w_j = 1$,$w_j \geqslant 0$,利用 matlab 遗传算法工具箱编程计算式(5-26)确定生态因子指标权重,则最优权重为 $w^* = $(0.0107,0.0101,0.0099,0.0878,0.2301,0.116,0.1087,0.1146,0.0635,0.116,0.1324)。

(7) 利用式(5-27)计算综合前景值,即城市生态位适宜度,得:
$$V_1^* = -3.8632, V_2^* = -20.5642, V_3^* = -9.9484, V_4^* = -39.996$$

显然,四座城市生态位适宜度均未达到专家的期望,城市 a_1 生态位适宜度最佳,城市 a_3 次之,城市 a_4 生态位适宜度最差,排序为 $a_1 > a_3 > a_2 > a_4$。

5.4.5 结论

本节考虑到评价者的不确定性和风险偏好,构建了基于云模型和前景理论的生态位适宜度评价方法。该方法首先根据评价者的语言评价标度,利用改进的云模型生成方法确定云决策矩阵;并依据评价者判断和公平竞争原则构建指标权重模型;然后基于评价者期望、云决策矩阵和最优权向量计算综合前景值;给出了该方法的评价步骤;最后通过城市生态位适宜度评价实例说明该评价方法具有较好的可行性和有效性。上述方法的提出丰富和发展了生态位评价理论与方法,为今后解决该类问题提供了理论依据。

5.5 基于累积前景理论的生态位适宜度灰靶评价方法

针对评价值是区间灰数的生态位评价问题,考虑到评价者的认知局限性和风险心理特征,提出了一种新的基于累积前景理论的生态位适宜度灰靶评价方法。该方法以评价者期望靶心为参考点确定益损评价矩阵,定义正负生态位最适值,确定正负前景评价矩阵,并以评价者期望和公平竞争原则构建生态因子指标权重模型,根据综合前景值确定生态系统排序。最后,通过实例说明了方法的合理性和有效性。

5.5.1 引言

从生态系统评价方法设计来看,已有文献多采用层次分析法、熵权法、模糊综合评价法、DEA 方法等,鲜有评价方法考虑到评价者期望、对待风险的态度和认识能力局限等因素对评价结果的影响,而这些因素往往对评价结果起到了决定性的作用。灰靶理论和累积前景理论为我们设计具有上述影响因素的生态系统评价方法提供了理论依据。灰靶理论是由邓聚龙提出的,是一种针对灰数的多属性综合评价方法[112],而灰数可有效地反映评价者的认知情况,其是一种只知道取值范围而不知其确切值的信息表示[113]。累积前景理论[101,102]是由 Kahneman 和 Tversky 提出的,其能更合理地解释因评价者相对于参考点而言面对收益时厌恶风险、面对损失时偏好风险,且对损失更加敏感的风险偏好特征,从而导致评价结果不同的问题[111]。目前,结合累积前景理论的灰靶评价方法有:文献[111]构建了基于前景理论的改进灰靶风险决策模型,并运用到智能输电系统风险决策案例中验证了方法的合理性和有效性；文献［114］提出一种基于前景理论的区间数多目标灰靶方法，并表明了该模型的有效性和可行性；文献［115］考虑决策者关于指标满意域和风险态度对群体决策的影响，提出基于前景理论的三参数区间灰数型群体灰靶方法；文献［116］考虑决策者关于各指标均有期望灰靶对群体决策的影响，建立了群体灰靶方法；文献［117］在信息值为区间灰数，指标权重未知的情况下，提出一种基于累积前景理论的灰靶方法。现有研究存在如下不足：①结合前景理论的灰靶评价问题研究较少；②评价值均为以确切实数给出的区间灰数信息，未考虑更符合人类认知习惯的语言偏好信息；③尚没有基于评价值期望的权重求解方法。

综上所述，本节考虑语言偏好信息、评价者期望，构建一种新的基于累积前景理论的生态位适宜度灰靶评价方法，意在解决生态学视角下评价者具有认识局限性和主观风险偏好的生态系统评价问题。最后，通过实例说明了该方法的合理性和有效性。

5.5.2 预备知识

1. 区间灰数

由于评价者认知能力的局限性，评价者只能刻画出取值范围而不知其确切值，将此类数称之为灰数。灰数实际上指在某一个区间或某个一般的数集内取值的不确定数，通常用符号$\otimes$表示。

定义 5-14[118] 设区间灰数$\otimes \in [a, b](a < b)$产生的背景或论域为$\Omega$，$\mu(\otimes)$为区间灰数$\otimes$取数域的测度，则定义$\hat{\otimes} = E(\otimes)$为区间灰数$\otimes$的核，$g^0(\otimes) = \mu(\otimes)/\mu(\Omega)$为区间灰数$\otimes$的灰度，区间灰数$\otimes$简记为$\hat{\otimes}_{(g^0)}$。

区间灰数$\hat{\otimes}_{(g^0)}$具有如下运算规则：

$$\hat{\otimes}_{1(g_1^0)} + \hat{\otimes}_{2(g_2^0)} = (\hat{\otimes}_1 + \hat{\otimes}_2)_{(g_1^0 \vee g_2^0)}$$

$$\hat{\otimes}_{1(g_1^0)} - \hat{\otimes}_{2(g_2^0)} = (\hat{\otimes}_1 - \hat{\otimes}_2)_{(g_1^0 \vee g_2^0)}$$

$$\hat{\otimes}_{1(g_1^0)} \times \hat{\otimes}_{2(g_2^0)} = (\hat{\otimes}_1 \times \hat{\otimes}_2)_{(g_1^0 \vee g_2^0)}$$

$$\hat{\otimes}_{1(g_1^0)} / \hat{\otimes}_{2(g_2^0)} = (\hat{\otimes}_1 / \hat{\otimes}_2)_{(g_1^0 \vee g_2^0)}$$

$$k \cdot \hat{\otimes}_{(g^0)} = (k \cdot \hat{\otimes})_{(g^0)}, \quad k \in R$$

$$(\hat{\otimes}_{(g^0)})^k = (\hat{\otimes})^k_{(g^0)}, \quad k \in R$$

定义 5-15[119] 设$\widetilde{\dot{A}} = (\widetilde{A}, \dot{A})$是一个灰色模糊数，若它的模部$\widetilde{A}$是一语言变量$s_\alpha$，$s_\alpha \in S$，$S = (s_0, s_1, \cdots, s_{l-1})$为语言评价集，$l$一般取3、5、7、9等奇数，它的灰部$\dot{A}$为闭区间$[g_A^L, g_A^U]$，则称$\widetilde{\dot{A}}$为区间灰色语言变量。

设$\widetilde{\dot{A}} = (s_\alpha, [g_A^L, g_A^U])$和$\widetilde{\dot{B}} = (s_\beta, [g_B^L, g_B^U])$为区间灰色语言变量，则其具有如下运算规则：

$$\widetilde{\dot{A}} + \widetilde{\dot{B}} = (s_{\alpha+\beta}, [\max(g_A^L, g_B^L), \max(g_A^U, g_B^U)])$$

$$\widetilde{\dot{A}} - \widetilde{\dot{B}} = (s_{\alpha-\beta}, [\max(g_A^L, g_B^L), \max(g_A^U, g_B^U)])$$

$$\widetilde{\dot{A}} \times \widetilde{\dot{B}} = (s_{\alpha \times \beta}, [\max(g_A^L, g_B^L), \max(g_A^U, g_B^U)])$$

$$\widetilde{A} \div \widetilde{B} = (s_{\alpha \div \beta}, \ [\max(g_A^L, \ g_B^L), \ \max(g_A^U, \ g_B^U)])$$

$$k\widetilde{A} = (s_{k \times \alpha}, \ [g_A^L, \ g_A^U])$$

$$(\widetilde{A})^k = (s_{\alpha^k}, \ [g_A^L, \ g_A^U])$$

2. 累积前景理论

Kahneman 和 Tversky 在考虑评价者风险心理因素的基础上提出了累积前景理论[101,102],累积前景价值函数 V 是由价值函数和评价权重函数共同决定的,即:

$$V = \sum_{i=1}^{n} \pi(p_i) v(x_i)$$

式中 $\pi(p_i)$——评价权重函数;

$v(x_i)$——价值函数,价值函数是由评价者主观感受形成的,具有三个重要特征:①收益和损失是相对于参照点而言的;②评价者面对收益时是风险规避的,面对损失时是风险偏好的;③评价者对损失比收益更敏感。

5.5.3 模型构建

1. 问题描述

在生态位适宜度评价问题中,设有 n 个生态系统构成系统集 $A = \{A_1, A_2, \cdots, A_n\}$ ($i = 1, 2, \cdots, n$),m 个生态因子指标构成指标集 $C = \{C_1, C_2, \cdots, C_m\}$ ($j = 1, 2, \cdots, m$),$U = \{u_1, u_2, \cdots, u_m\}$ 为与生态系统有关的生态因子指标的区间灰数量化指标集,其中 $u_{ij} \in [x_{ij}^L, x_{ij}^U]$ ($x_{ij}^L < x_{ij}^U$),x_{ij}^L 为区间灰数 u_{ij} 的下界,x_{ij}^U 为区间灰数 u_{ij} 的下界,被评价生态系统 $A = \{A_1, A_2, \cdots, A_n\}$ 的生态因子量化指标构成了 m 维生态因子空间 E^m,则:

$$E^m = [u_{ij}]_{n \times m} = \begin{bmatrix} [x_{11}^L, x_{11}^U] & [x_{12}^L, x_{12}^U] & \cdots & [x_{1m}^L, x_{1m}^U] \\ [x_{21}^L, x_{21}^U] & [x_{22}^L, x_{22}^U] & \cdots & [x_{2m}^L, x_{2m}^U] \\ \vdots & \vdots & \ddots & \vdots \\ [x_{n1}^L, x_{n1}^U] & [x_{n2}^L, x_{n2}^U] & \cdots & [x_{nm}^L, x_{nm}^U] \end{bmatrix}$$

式中 $E_i = u_i = ([x_{i1}^L, x_{i1}^U], [x_{i2}^L, x_{i2}^U], \cdots, [x_{im}^L, x_{im}^U])$——$m$ 维生态因子空间 E^m 的一个子集。

非负函数:

$$f(E_i) = f(u_i) = f([x_{i1}^L, x_{i1}^U], [x_{i2}^L, x_{i2}^U], \cdots, [x_{im}^L, x_{im}^U])$$

表示生态系统 A_i 的区间灰数超体积生态位。

非负函数:

$$F = \Phi(u_0, u_i) u_0, u_i \in E^m$$

表示生态系统 A_i 的 m 维超体积生态位中生态因子实际值 u_i 与最适值 u_0 之间的贴近程度,即生态系统 A_i 的生态位适宜度。本节借鉴累积前景理论和灰靶理论构建生态位适宜度评价方法 $\Phi(u_0, u_i)$。

2. 基于期望靶心的益损评价矩阵

依据评价者对各生态因子指标期望靶心的判断，在文献 [120] 的基础上给出确定益损评价矩阵的方法。以评价者的生态位期望灰靶 E_p 作为参考点，$E_P = u_p = \{u_{p1}, u_{p2}, \cdots\cdots, u_{pm}\}$，生态因子指标值为区间灰色实数和语言信息两种形式表示，不失一般性，设 $C^N = \{C_1, C_2, \cdots\cdots, C_h\}$ 和 $C^L = \{C_{h+1}, C_{h+2}, \cdots\cdots, C_n\}$，$C = C^N + C^L$ 分别表示区间灰色实数和语言信息生态因子指标子集合。下面确定生态因子指标 a_{ij} 的益损值 b_{ij}。

1) 区间灰色实数变量

当生态位因子指标为区间灰色实数型数值时，设生态系统 A_i 在生态位指标 C_j 下的取值为 $a_{ij} = [x_{ij}^L, x_{ij}^U]$，期望灰靶 $e_{pj} = [x_{pj}^L, x_{pj}^U]$，生态位期望靶心为 $E_p^N = u_p^N = ([x_{p1}^L, x_{p1}^U], [x_{p2}^L, x_{p2}^U], \cdots\cdots, [x_{ph}^L, x_{ph}^U])$，对效益型指标和成本型指标进行规范化处理，期望靶心规范化为 $K_p = ([k_{p1}^L, k_{p1}^U], [k_{p2}^L, k_{p2}^U], \cdots\cdots, [k_{ph}^L, k_{ph}^U])$，生态位指标规范化为 $A_i = ([a_{i1}^L, a_{i1}^U], [a_{i2}^L, a_{i2}^U], \cdots\cdots, [a_{ih}^L, a_{ih}^U])$，本节采用奖优罚劣思想的 [-1, 1] 线性变换算子进行指标规范化处理[114]。

首先，对生态位指标值和期望靶心值进行无量纲化处理，即：

(1) 若生态位因子为效益型指标，则有：

$$[y_{pj}^L, y_{pj}^U] = \left[\frac{x_{pj}^L - g_j}{|g_j|}, \frac{x_{pj}^U - g_j}{|g_j|}\right] \tag{5-28}$$

$$[z_{ij}^L, z_{ij}^U] = \left[\frac{x_{ij}^L - g_j}{|g_j|}, \frac{x_{ij}^U - g_j}{|g_j|}\right] \tag{5-29}$$

式中 $g_j = \frac{1}{2(n+1)}\left[\sum_{i=1}^{n}(x_{ij}^L + x_{ij}^U) + (x_{pj}^L + x_{pj}^U)\right]$，$i = 1, 2, \cdots\cdots, n$，$j = 1, 2, \cdots\cdots, h$。

(2) 若生态位因子为成本型指标，则有：

$$[y_{pj}^L, y_{pj}^U] = \left[\frac{g_j - x_{pj}^L}{|g_j|}, \frac{g_j - x_{pj}^U}{|g_j|}\right] \tag{5-30}$$

$$[z_{ij}^L, z_{ij}^U] = \left[\frac{g_j - x_{ij}^L}{|g_j|}, \frac{g_j - x_{ij}^U}{|g_j|}\right] \tag{5-31}$$

式中 $g_j = \frac{1}{2(n+1)}\left[\sum_{i=1}^{n}(x_{ij}^L + x_{ij}^U) + (x_{pj}^L + x_{pj}^U)\right]$，$i = 1, 2, \cdots\cdots, n$，$j = 1, 2, \cdots, h$。

然后，对无行规范化处理，即：

$$[k_{pj}^L, k_{pj}^U] = \left[\frac{y_{pj}^L}{q_j}, \frac{y_{pj}^U}{q_j}\right]$$

$$[a_{ij}^L, a_{ij}^U] = \left[\frac{z_{ij}^L}{q_j}, \frac{z_{ij}^U}{q_j}\right]$$

式中 $q_j = \max_{1 \leqslant i \leqslant n, p}(|z_{ij}^L|, |z_{ij}^U|, |y_{pj}^L|, |y_{pj}^U|)$，$j = 1, 2, \cdots\cdots, h$。

定义 5-16[117] 设 $\hat{a}_{ij} = \frac{1}{2}(a_{ij}^L + a_{ij}^U)$ 为区间灰色实数变量 a_{ij} 的核，$\hat{k}_{pj} = \frac{1}{2}(k_{pj}^L + k_{pj}^U)$ 为 k_{pj} 的核，则

$$d_{ij}(a_{ij}, k_{pj}) = |\hat{a}_{ij} - \hat{k}_{pj}| + \frac{1}{2}|l(a_{ij}) - l(k_{pj})| \quad (5\text{-}32)$$

式中 $d_{ij}(a_{ij}, k_{pj})$——a_{ij} 与 k_{pj} 之间的距离；

$l(a_{ij})$、$l(k_{pj})$——区间灰数 a_{ij}、k_{pj} 的区间长度。

则益损值 b_{ij} 的取值为：①若 $\hat{a}_{ij} \geqslant \hat{k}_{pj}$，有 $b_{ij} = d_{ij}$；②若 $\hat{a}_{ij} < \hat{k}_{pj}$，有 $b_{ij} = -d_{ij}$。

2) 区间灰色语言变量

当生态位因子指标为区间灰色语言信息时，本节借鉴文献[119，121]确定生态因子指标的益损值，设生态系统 A_i 在生态位指标 C_j 下的取值为 $a_{ij} = (s_\gamma, [x_{ij}^L, x_{ij}^U])$，期望靶心为 $e_{pj} = (s_\varphi, [x_{pj}^L, x_{pj}^U])$。生态位期望靶心为 $E_P^L = u_p^L = ((s_{p(h+1)}, [x_{p(h+1)}^L, x_{p(h+1)}^U])(s_{p(h+2)}, [x_{p(h+2)}^L, x_{p(h+2)}^U]), \cdots\cdots, (s_{pm}, [x_{pm}^L, x_{pm}^U]))$，其中，$(s, [x_{ij}^L, x_{ij}^U])$ 为区间灰色语言变量，s 为语言变量是 $(s, [x_{ij}^L, x_{ij}^U])$ 的模部 $s \in S$，$S = \{s_0, s_1, \cdots\cdots, s_{l-1}\}$ 为语言评价集，一般 l 取 3、5、7、9 等奇数，本节取 $l=7$，即 $S = \{s_0, s_1, s_2, s_3, s_4, s_5, s_6\} = \{$非常差，差，较差，中，较好，好，非常好$\}$；$[x_{ij}^L, x_{ij}^U]$ $(0 \leqslant x_{ij}^L \leqslant x_{ij}^U \leqslant 1)$ 为区间灰数变量是 $(s, [x_{ij}^L, x_{ij}^U])$ 的灰部，其灰度越大所获信息利用价值越低，反之越大。

定义 5-17 设 $\hat{a}_{ij} = \frac{1}{2}(x_{ij}^L + x_{ij}^U)$ 为区间灰色语言变量 a_{ij} 的核，$\hat{e}_{pj} = \frac{1}{2}(x_{pj}^L + x_{pj}^U)$ 为 e_{pj} 的核，则：

$$d_{ij}(a_{ij}, e_{pj}) = \frac{1}{l-1}\left(|\gamma\hat{a}_{ij} - \varphi\hat{e}_{pj}| + \frac{1}{2}|\gamma l(a_{ij}) - \varphi l(e_{pj})|\right) \quad (5\text{-}33)$$

称 $d_{ij}(a_{ij}, e_{pj})$ 为 a_{ij} 与 e_{pj} 之间的距离，γ、φ 为模部语言变量的下标值，$l(a_{ij})$、$l(k_{pj})$ 为 a_{ij}、e_{pj} 的灰部区间长度。

显然可证 $d_{ij}(a_{ij}, e_{pj})$ 满足以下性质：

(1) $d_{ij}(a_{ij}, e_{pj}) \geqslant 0$；$d_{ij}(a_{ij}, e_{pj}) = 0 \Leftrightarrow \gamma\hat{a}_{ij} = \varphi\hat{e}_{pj}$，$\gamma l(a_{ij}) = \varphi l(e_{pj})$；

(2) $d_{ij}(a_{ij}, e_{pj}) = d_{ij}(e_{pj}, a_{pj})$；

(3) $d_{ij}(a_{ij}, e_{pj}) \leqslant d_{ij}(a_{ij}, f) + d_{ij}(e_{pj}, f)$，$f$ 为任意区间灰色语言变量。

则益损值 b_{ij} 的取值为①若 $\gamma\hat{a}_{ij} \geqslant \hat{\varphi}e_{pj}$，有 $b_{ij} = d_{ij}$；②若 $\gamma\hat{a}_{ij} < \hat{\varphi}e_{pj}$，有 $b_{ij} = -d_{ij}$。

综上，由益损值 b_{ij} 构成的矩阵 $B = [b_{ij}]_{n \times m}$ 即为基于期望灰靶 E_p 的益损评价矩阵。

3. 生态位最适值的确定

根据益损评价矩阵 B 确定正负生态位最适值。

(1) 设正生态位最适值向量为 b^+，则正生态位最适值取益损矩阵最大值，即 $b^+ = (b_1^+, b_2^+, \cdots\cdots, b_m^+)$，其中，$b_j^+ = \max\{b_{ij} | 1 \leqslant i \leqslant n\}$，$1 \leqslant j \leqslant m$。

(2) 设负生态位最适值向量为 b^-，则负生态位最适值取益损矩阵最小值，即 $b^- = (b_1^-, b_2^-, \cdots\cdots, b_m^-)$，其中，$b_j^- = \min\{b_{ij} | 1 \leqslant i \leqslant n\}$，$1 \leqslant j \leqslant m$。

4. 基于累积前景理论的前景评价矩阵

借鉴前景效用价值函数[101,102]将生态系统 A_i 的生态位益损值转化为生态位前景效用价值，即：

$$v(b_{ij}) = \begin{cases} |b_{ij} - b_j^-|^{\alpha}, & b_{ij} \geqslant b_j^- \\ -\theta |b_j^+ - b_{ij}|^{\beta}, & b_{ij} < b_j^+ \end{cases} \quad (5\text{-}34)$$

式中　b_{ij} ——益损值，收益为正，损失为负；

α 和 β ——收益和损失区域价值幂函数的凹凸程度，且 $\alpha, \beta < 1$；

θ ——损失区域比收益区域更陡的特征，若 $\theta > 1$ 表示损失厌恶，一般取 $\alpha = \beta = 0.88$，$\theta = 2.25$[102]。

(1) 若以负生态位最适值 b^- 为参照点，生态系统生态位优于参照点，评价者是风险规避的，则正前景值为 $v^+(b_{ij}) = |b_{ij} - b_j^-|^{\alpha}$，构成正前景评价矩阵 $V^+ = [v^+(b_{ij})]_{n \times m}$。

(2) 若以正生态位最适值 b^+ 为参照点，生态系统生态位劣于参照点，评价者是风险偏好的，则负前景值为 $v^-(b_{ij}) = -\theta |b_j^+ - b_{ij}|^{\beta}$ 构成负前景评价矩阵 $V^- = [v^-(b_{ij})]_{n \times m}$。

5. 综合前景值的确定

生态系统 A_i 的综合前景值为正前景值和负前景值之和，即：

$$V_i = \sum_{j=1}^{m} v^+(b_{ij})\pi^+(w_j) + \sum_{j=1}^{m} v^-(b_{ij})\pi^-(w_j) \quad (5\text{-}35)$$

$$\pi^+(w_j) = \frac{(w_j)^{\gamma}}{[(w_j)^{\gamma} + (1-w_j)^{\gamma}]^{\frac{1}{\gamma}}} \quad (5\text{-}36)$$

$$\pi^-(w_j) = \frac{(w_j)^{\delta}}{[(w_j)^{\delta} + (1-w_j)^{\delta}]^{\frac{1}{\delta}}} \quad (5\text{-}37)$$

式中　$\pi^+(w_j)$ 和 $\pi^-(w_j)$ ——面临收益和损失的权重函数，一般取 $\gamma = 0.61$，$\delta = 0.69$[102]。

6. 生态位权重的确定

本节考虑评价者期望和各生态系统公平竞争两方面因素给出了一种新的权重计算方法，设各生态位因子的权重向量为 $w = (w_1, w_2, \cdots\cdots, w_m)$。首先，考虑评价者的期望，各生态系统生态位与期望靶心距离越小越好，可得目标优化模型：

$$\min \sum_{i=1}^{n} H_i = \sum_{i=1}^{n} \sum_{j=1}^{m} w_j d_{ij} \quad (5\text{-}38)$$

$$s.t. \quad \sum_{j=1}^{m} w_j = 1, \ w_j \geqslant 0$$

其次，考虑各生态系统之间的公平竞争，其综合前景值越大越好，可得目标优化模型：

$$\max \sum_{i=1}^{n} V_i = \sum_{i=1}^{n} \sum_{j=1}^{m} v^+(b_{ij})\pi^+(w_j) + \sum_{i=1}^{n} \sum_{j=1}^{m} v^-(b_{ij})\pi^-(w_j) \quad (5\text{-}39)$$

$$s.t. \quad \sum_{j=1}^{m} w_j = 1, \ w_j \geqslant 0。$$

综合上述两方面目标，可以得到等价目标优化模型：

$$\min \ \mu \sum_{i=1}^{n} \sum_{j=1}^{m} w_j d_{ij} - (1-u) \left[\sum_{i=1}^{n} \sum_{j=1}^{m} v^+(b_{ij})\pi^+(w_j) + \sum_{i=1}^{n} \sum_{j=1}^{m} v^-(b_{ij})\pi^-(w_j) \right]$$

$$(5\text{-}40)$$

$$s.t. \quad \sum_{j=1}^{m} w_j = 1, \ w_j \geqslant 0$$

其中，μ 为评价者对两个因素的偏好系数。

7. 评价步骤

基于累积前景理论的生态位适宜度灰靶评价方法步骤如下：

步骤 1：由评价者给出各生态位因子的期望靶心，并依据式（5-28）～式（5-33）计算益损评价矩阵 B；

步骤 2：根据益损评价矩阵确定正负生态位最适值 b^+ 和 b^-；

步骤 3：确定正负前景评价矩阵，根据式（5-34）以负生态位最适值 b^- 为参照点确定正前景评价矩阵，以正生态位最适值 b^+ 为参照点确定负前景评价矩阵；

步骤 4：确定生态位权重，利用 matlab 遗传算法工具箱编程计算式（5-40）求最优权向量 $w^* = (w_1^*, w_2^*, \cdots\cdots, w_m^*)$；

步骤 5：将最优生态位权重带入式（5-35）计算各生态系统的综合前景值并对各生态系统排序。

5.5.4 实例分析

以某地区三个省级行政区作为评价对象，专家组根据生态位因子指标属性特征和评价指标体系设计的基本原则[2]，构建由生存能力、发展能力和竞争能力三个维度组成的评价指标体系。借鉴已有的研究成果[122-124]，生存能力评价维度由生态位因子创新基础和创新意识构成；发展能力评价维度由管理与制度创新能力和资源整合能力构成；竞争能力评价维度由技术创新能力和知识创新能力构成，具体指标构成详见表 5-20。并给出各区域区间灰数估计值和各生态位因子指标的期望靶心（表 5-21），其中指标 C_{21}、C_{23}、C_{24}、C_{25}、C_{33} 为区间灰色语言变量，其余指标均为区间灰色实数变量且为效益型。试确定区域创新生态位适宜度值及排序。

区域创新生态位适宜度评价指标体系 表 5-20

目标	评价维度	生态位因子	指标构成	指标代码
区域创新生态位适宜度	生存能力	创新基础	人均 GDP(万元)	C_{11}
			知识类机构数(千个)	C_{12}
			R&D 人员全时当量(人年)	C_{13}
			政府财政科技拨款(亿元)	C_{14}
		创新意识	有 R&D 活动的企业所占比重(%)	C_{15}
			万名就业人员专利申请数(件/万人)	C_{16}
	发展能力	管理与制度创新能力	政府对高层次人才引进的扶持力度	C_{21}
			高层次管理人员数(人/万人)	C_{22}
			社会福利状况	C_{23}
		资源整合能力	知识类机构间的协作力度	C_{24}
			产业结构的合理程度	C_{25}

续表

目标	评价维度	生态位因子	指标构成	指标代码
区域创新生态位适宜度	竞争能力	技术创新能力	重大科学技术成果数(件)	C_{31}
			科技成果转化率(%)	C_{32}
		知识创新能力	产、学、研一体化程度	C_{33}
			高新技术产业产值增长率(%)	C_{34}

区域创新生态位适宜度生态位因子指标值及期望靶心 表5-21

区域	C_{11}	C_{12}	C_{13}	C_{14}	C_{15}	C_{16}	C_{21}	C_{22}
A_1	[6.1,10.4]	[2.5,3.6]	[231,305]	[25.3,34.6]	[12.6,24.8]	[31,45]	(s5,[0.2,0.3])	[204,371]
A_2	[7.5,11]	[2.7,5.6]	[167,243]	[14.2,26]	[22.5,31.1]	[20,33]	(s4,[0.4,0.4])	[195,206]
A_3	[6.6,9.2]	[3.4,6.4]	[253,296]	[22.5,30.3]	[17,21.2]	[17,34]	(s3,[0.3,0.5])	[223,341]
E_p	[7,10.5]	[4,5.5]	[260,300]	[27,30.5]	[20,30]	[35,40]	(s4,[0.2,0.3])	[245,330]

区域	C_{23}	C_{24}	C_{25}	C_{31}	C_{32}	C_{33}	C_{34}
A_1	(s4,[0.4,0.5])	(s3,[0.2,0.3])	(s5,[0.5,0.6])	[12,20]	[25,29]	(s6,[0.4,0.5])	[10.6,23.7]
A_2	(s2,[0.1,0.2])	(s3,[0.3,0.4])	(s3,[0.1,0.2])	[33,39]	[18,27]	(s3,[0.2,0.3])	[23,30.4]
A_3	(s4,[0.2,0.3])	(s1,[0.1,0.3])	(s3,[0.2,0.3])	[24,28]	[22,25]	(s4,[0.2,0.3])	[34,45.3]
E_p	(s5,[0.4,0.5])	(s4,[0.3,0.4])	(s6,[0.5,0.6])	[25,30]	[25,26]	(s5,[0.2,0.4])	[15,25]

下面简要说明计算过程。

(1) 计算生态位因子指标益损值确定益损评价矩阵,详见表5-22。

区域创新生态位适宜度益损评价矩阵 表5-22

区域	C_{11}	C_{12}	C_{13}	C_{14}	C_{15}	C_{16}	C_{21}	C_{22}
A_1	-0.3655	-0.8736	-0.3227	-0.3388	-0.7551	0.3361	0.0500	0.3845
A_2	0.2030	-0.5977	-1.0348	-1.0579	0.2551	-1.0084	0.1333	-1.1630
A_3	-0.5279	0.4138	-0.0779	-0.3719	-0.8980	-1.2101	0.0500	-0.2063

区域	C_{23}	C_{24}	C_{25}	C_{31}	C_{32}	C_{33}	C_{34}
A_1	0.0000	-0.0050	-0.1000	-0.9043	0.4528	0.0133	-0.2265
A_2	-0.0067	0.0067	-0.4333	0.6261	-1.0566	-0.0217	0.4118
A_3	-0.0033	-0.0067	-0.3000	-0.1391	-0.4528	-0.0167	1.0450

(2) 依据益损评价矩阵确定正负生态位最适值,详见表5-23。

区域创新生态位适宜度正负生态位最适值 表5-23

	C_{11}	C_{12}	C_{13}	C_{14}	C_{15}	C_{16}	C_{21}	C_{22}
b^+	0.2030	0.4138	-0.0779	-0.3388	0.2551	0.3361	0.1333	0.3845
b^-	-0.5279	-0.8736	-1.0348	-1.0579	-0.8980	-1.2101	0.0500	-1.1630

	C_{23}	C_{24}	C_{25}	C_{31}	C_{32}	C_{33}	C_{34}
b^+	0	0.0067	-0.1000	0.6261	0.4528	0.0133	1.0450
b^-	-0.0067	-0.0067	-0.4333	-0.9043	-1.0566	-0.0217	-0.2265

（3）利用式（5-34）确定正负前景评价矩阵，见表 5-24、表 5-25。

区域创新生态位适宜度正前景评价矩阵　　　　　　　　　　　　　　　表 5-24

区域	C_{11}	C_{12}	C_{13}	C_{14}	C_{15}	C_{16}	C_{21}	C_{22}
A_1	0.2020	0	0.7417	0.7481	0.1805	1.4674	0	1.4685
A_2	0.7589	0.3220	0	0	1.1336	0.2444	0.1122	0
A_3	0	1.2490	0.9620	0.7177	0	0	0	0.9618
区域	C_{23}	C_{24}	C_{25}	C_{31}	C_{32}	C_{33}	C_{34}	
A_1	0.0122	0.0037	0.3803	0	1.4366	0.0523	0	
A_2	0	0.0225	0	1.4542	0	0	0.6736	
A_3	0.0067	0	0.1698	0.7902	0.6415	0.0094	1.2354	

区域创新生态位适宜度负前景评价矩阵　　　　　　　　　　　　　　　表 5-25

区域	C_{11}	C_{12}	C_{13}	C_{14}	C_{15}	C_{16}	C_{21}	C_{22}
A_1	−1.3688	−2.8102	−0.6521	0	−2.2702	0	−0.2526	0
A_2	0	−2.2728	−2.1644	−1.6833	0	−2.9196	0	−3.3041
A_3	−1.7076	0	0	−0.1121	−2.5505	−3.3017	−0.2526	−1.4160
区域	C_{23}	C_{24}	C_{25}	C_{31}	C_{32}	C_{33}	C_{34}	
A_1	0	−0.0449	0	−3.2720	0	0	−2.7796	
A_2	−0.0275	0	−0.8556	0	−3.2324	−0.1178	−1.5050	
A_3	−0.0147	−0.0506	−0.5459	−1.7779	−2.0620	−0.1028	0	

（4）利用 matlab 遗传算法工具箱编程计算式（5-40）确定生态位权重，取 $\mu=0.5$，则权重为：

$w^* = (0.0609, 0.0827, 0.0659, 0.0289, 0.0662, 0.0735, 0.0530, 0.0829, 0.0672,$
$0.0672, 0.0673, 0.0827, 0.0664, 0.0671, 0.0692)$

（5）将最优生态位权重带入式（5-35）～式（5-37）计算综合前景值，即区域创新生态位适宜度，得：

$$V_1 = -0.9928, V_2 = -2.0310, V_3 = -0.9515$$

依据综合前景值的大小，可得区域创新生态位适宜度的排序为 $A_3 > A_1 > A_2$。

将本节方法与已有的基于累积前景理论的评价方法［111，114-117］进行对比。本节提出方法的不同之处如下：①已有方法评价者偏好信息是以区间灰数或三参数区间灰数形式给出的，而本节考虑了更加符合人类习惯的区间灰色语言偏好信息作为评价值；②已有方法中多采用各方案公平竞争、群体一致性、极大熵等客观原则求解指标权重，而本节基于公平竞争和评价者期望原则构建了主客观相结合的赋权模型，更能体现评价者主观期望对指标权重的影响。

5.5.5　结论

本节考虑评价者的认知局限性和风险心理特征，构建了基于累积前景理论的生态位适宜度灰靶评价方法。该方法以评价者给出的期望靶心为参考点确定益损评价矩阵，并在此基础上确定正负生态位最适值；依据前景效用价值函数求得被评价系统的正负前景评价矩阵；根据评价者期望和公平竞争原则建立规划模型求得生态位因子指标权重；并以生态系统的综合前景值大小进行排序。最后，通过实例分析验证方法的合理性和科学有效性，上述方法的提出为今后生态系统评价问题提供了理论依据。

5.6 基于累积前景理论的直觉模糊生态位适宜度动态评价方法

针对评价值为时间直觉模糊数的生态位动态评价问题，提出一种基于累积前景理论的直觉模糊生态位适宜度动态评价方法。该方法综合考虑评价者期望和评价信息熵两方面因素给出了时间权重的确定方法，以评价者期望和正负理想点作为参考生态系统确定前景矩阵，并以公平竞争原则确定最优生态因子指标权重，进而通过降维获得生态系统的综合前景值，根据综合前景值确定系统的排序。最后，通过实例说明了方法的可行性和科学有效性。

5.6.1 引言

综合评价过程往往具有模糊性和不确定性，为更好地刻画客观事物的模糊本质，Atanassov[125]提出了直觉模糊集，其能够更好地体现评价者的认知行为。Kahneman 和 Tversky[101,102]提出了前景理论，其考虑评价者的不完全理性行为特征，即面对被评价系统时存在主观上的风险偏好，从而导致评价结果不同。随着行为决策理论的发展，基于直觉模糊集和前景理论的综合评价问题引起了学者的关注。例如，文献[126]将属性值为精确数、区间数和语言变量转化为直觉模糊数后，提出基于前景理论和证据推理的直觉模糊评价方法。文献[127]针对属性值为直觉模糊数的评价问题，提出一种基于前景理论的随机评价方法。文献[128]提出了基于前景理论的区间直觉模糊多准则评价方法。文献[129]提出了基于累积前景理论和Choquet积分的直觉梯形模糊多属性评价方法。文献[130]提出了基于证据理论和前景理论的犹豫-直觉模糊语言多准则评价方法。文献[131]针对准则值为区间灰数直觉模糊数提出了一种结合前景理论和改进TOPSIS的评价方法。现有评价方法中其指标的取值主要采用直觉模糊数及其拓展形式，如区间直觉模糊数、直觉语言模糊数、直觉梯形模糊数、区间灰数直觉模糊数和犹豫-直觉模糊数等；其主要是为解决某一时刻的静态综合评价问题而构建的方法，鲜有为解决多时刻动态综合评价问题的方法。

综上，本节拟采用时间直觉模糊数作为生态因子指标值，将该类方法拓展到动态直觉模糊生态位适宜度动态评价问题上。时间直觉模糊集作为直觉模糊集的一个重要拓展形式，由于其具有隶属度、非隶属度、犹豫度和时间等丰富的信息，对处理动态模糊性评价问题有更好的灵活性和适用性。在动态直觉模糊生态位适宜度动态评价问题中，由指标维、时间维和系统维三维构成评价信息，时间权重的确定是该类问题的难点，时间权重刻画了系统在不同时刻的重要性，是时间维信息集结的依据。本节在已有研究的基础上，提出了一种新的基于累积前景理论的直觉模糊生态位适宜度动态评价方法，意在解决时间直觉模糊信息下的时间权重赋权方法和动态三维信息集结等问题。

5.6.2 预备知识

(1) 时间直觉模糊集

定义 5-18[132,133] 设 X 是一个给定论域，则 X 上的一个时间直觉模糊集为：

$$A = \{\langle x_i, \mu_A^{(t_k)}(x_i), \nu_A^{(t_k)}(x_i) \rangle | x_i \in X\}$$

式中 $\mu_A^{(t_k)}(x_i): X \to [0,1]$，$\nu_A^{(t_k)}(x_i): X \to [0,1]$ 且满足 $0 \leqslant \mu_A^{(t_k)}(x_i) + \nu_A^{(t_k)}(x_i) \leqslant 1$，$\forall x \in X$；

$\pi_A^{(t_k)}(x_i) = 1 - \mu_A^{(t_k)}(x_i) - \nu_A^{(t_k)}(x_i)$，$\pi_A^{(t_k)}(x_i): X \to [0,1]$；

$\mu_A^{(t_k)}(x_i)$、$\nu_A^{(t_k)}(x_i)$ 和 $\pi_A^{(t_k)}(x_i)$——t_k 时刻 A 的隶属度、非隶属度和犹豫度函数。

若 X 中只有一个元素，则称 A 为时间直觉模糊数，记为 $A = (\mu_A^{(t_k)}, \nu_A^{(t_k)})$。

定义 5-19[125,134,135] 设 $A = \{\langle x_i, \mu_A^{(t_k)}(x_i), \nu_A^{(t_k)}(x_i) \rangle | x_i \in X\}$ 和 $B = \{\langle x_i, \mu_A^{(t_k)}(x_i), \nu_A^{(t_k)}(x_i) \rangle | x_i \in X\}$ 为两个时间直觉模糊集，则运算法则如下：

(1) $A \subseteq B$，当且仅当 $\mu_A^{(t_k)}(x_i) \leqslant \mu_B^{(t_k)}(x_i)$，$\nu_A^{(t_k)}(x_i) \leqslant \nu_B^{(t_k)}(x_i)$，$\forall x_i \in X$；

(2) $A = B$，当且仅当 $A \subseteq B$ 和 $B \subseteq A$；

(3) A 的补集 $A^C = \{\langle x_i, \nu_A^{(t_k)}(x_i), \mu_A^{(t_k)}(x_i) \rangle | x_i \in X\}$；

(4) $A^n = \{\langle x_i, [\nu_A^{(t_k)}(x_i)]^n, [\mu_A^{(t_k)}(x_i)]^n \rangle | x_i \in X\}$；

(5) $A \leqslant B$，当且仅当对于 $\forall x_i \in X$，

当 $\mu_A^{(t_k)}(x_i) \leqslant \nu_B^{(t_k)}(x_i)$ 时，有 $\mu_A^{(t_k)}(x_i) \leqslant \mu_B^{(t_k)}(x_i)$，$\nu_A^{(t_k)}(x_i) \geqslant \nu_B^{(t_k)}(x_i)$；

当 $\mu_A^{(t_k)}(x_i) \geqslant \nu_B^{(t_k)}(x_i)$ 时，有 $\mu_A^{(t_k)}(x_i) \geqslant \mu_B^{(t_k)}(x_i)$，$\nu_A^{(t_k)}(x_i) \leqslant \nu_B^{(t_k)}(x_i)$。

定义 5-20[136] 称映射 $E: IFS(X) \to [0,1]$ 为直觉模糊熵，若其满足如下条件：

① $E(A) = 0$ 当且仅当 A 为经典集；

② $E(A) = 1$ 当且仅当 $\mu_A(x_i) = \nu_A(x_i)$，$\forall x_i \in X$；

③ $E(A) = E(A^C)$；

④ 若 $A \leqslant B$，则有 $E(A) \leqslant E(B)$。

(2) 累积前景理论

在综合评价问题中，Kahneman 和 Tversky 在考虑评价者风险心理因素的基础上提出了累积前景理论[101,102]，累积前景价值函数 V 是由价值函数和评价权重函数共同决定的，即：

$$V = \sum_{i=1}^{n} \pi(p_i) v(x_i)$$

式中 $\pi(p_i)$——评价权重函数；

$v(x_i)$——价值函数，价值函数是由评价者主观感受形成的，具有 3 个重要特征：①收益和损失是相对于参照点而言的；②评价者面对收益时是风险规避的，面对损失时是风险偏好的；③评价者对损失比收益更敏感。

5.6.3　模型构建

1. 问题描述

设生态位适宜度动态评价问题，生态系统集为 $S=\{s_1, s_2, \cdots, s_n\}$，时间集为 $T=\{t_1, t_2, \cdots, t_p\}$，生态因子指标集为 $C=\{c_1, c_2, \cdots, c_m\}$，时间权向量为 $W=(w_{(t_1)}, w_{(t_2)}, \cdots, w_{(t_p)})^T$，指标权向量为 $H=(h_1, h_2, \cdots, h_m)^T$；在 t_k 时刻，系统 S_i 在指标 c_j 下是一个时间直觉模糊数为 $a_{ij}^{(t_k)}=(\mu_{ij}^{(t_k)}, \nu_{ij}^{(t_k)})$，又 $\pi_{ij}^{(t_k)}=1-\mu_{ij}^{(t_k)}-\nu_{ij}^{(t_k)}$，这里 $\mu_{ij}^{(t_k)}$、$\nu_{ij}^{(t_k)}$ 和 $\pi_{ij}^{(t_k)}$ 分别表示在 t_k 时刻系统 S_i 关于指标 c_j 的隶属度、非隶属度和犹豫度；则可得到 t_k 时刻的直觉模糊评价矩阵为：

$$A^{(t_k)}=(a_{ij}^{(t_k)})_{n\times m}=\begin{pmatrix} a_{11}^{(t_k)} & a_{12}^{(t_k)} & \cdots & a_{1m}^{(t_k)} \\ a_{21}^{(t_k)} & a_{22}^{(t_k)} & \cdots & a_{2m}^{(t_k)} \\ \vdots & \vdots & \ddots & \vdots \\ a_{n1}^{(t_k)} & a_{n2}^{(t_k)} & \cdots & a_{nm}^{(t_k)} \end{pmatrix},$$

$k=1, 2, \cdots, p$，$i=1, 2, \cdots, n$，$j=1, 2, \cdots, m$

2. 时间权重的确定

时间权重是生态系统在不同时刻重要性的刻画，是生态位适宜度动态评价问题的难点。本节考虑评价者期望和评价问题本身提供信息量的大小两方面因素给出了一种新的时间权重的确定方法。首先，考虑评价者的期望，与评价者期望相一致的时间权重更容易被接受，某时刻被评价系统与评价者期望系统指标值差异越小，说明该时刻符合评价者的期望，赋予该时刻较大的权重，反之赋予较小的权重。设 t_k 时刻生态系统 $S_i=(a_{i1}^{(t_k)}, a_{i2}^{(t_k)}, \cdots, a_{im}^{(t_k)})$，评价者期望生态系统 $S_o=(a_{o1}^{(t_k)}, a_{o2}^{(t_k)}, \cdots, a_{om}^{(t_k)})$，则优化模型为：

$$\min \sum_{i=1}^{n} D(S_i, S_o) \tag{5-41}$$

$$s.t. \quad \sum_{k=1}^{p} w_{(t_k)}=1, \quad w_{(t_k)} \geqslant 0$$

式中 $D(S_i, S_o)=\sqrt{\dfrac{1}{2m}\sum_{j=1}^{m}[(\overline{\mu}_{ij}-\mu_{oj})^2+(\overline{\nu}_{ij}-\nu_{oj})^2+(\overline{\pi}_{ij}-\pi_{oj})^2]}$——$t_k$ 时刻各系统 S_i 与评价者期望系统 S_o 的标准化欧氏距离，$\overline{\mu}_{ij}=\dfrac{1}{p}\sum_{k=1}^{p}w_{(t_k)}\mu_{ij}^{(t_k)}$；

$\overline{\nu}_{ij}=\dfrac{1}{p}\sum_{k=1}^{p}w_{(t_k)}\nu_{ij}^{(t_k)}$ 和 $\overline{\pi}_{ij}=\dfrac{1}{p}\sum_{k=1}^{p}w_{(t_k)}\pi_{ij}^{(t_k)}$——各方案 S_i 引入时间权重后的综合隶属度、综合非隶属度和综合犹豫度。

其次，考虑评价问题本身提供信息量的大小，采用直觉模糊信息熵最大化的原则构建优化模型。本节在文献 [134] 的基础上构造一类新的时间直觉模糊熵，其既考虑了隶属度和非隶属度的偏差,又考虑了犹豫度的信息,全面体现了时间直觉模糊集的不确定性和未知程度。

定义 5-21 若 t_k 时刻,生态系统 s_i 在指标 c_j 下的时间直觉模糊数为 $a_{ij}^{(t_k)} = (\mu_{ij}^{(t_k)}, \nu_{ij}^{(t_k)})$,$\pi_{ij}^{(t_k)} = 1 - \mu_{ij}^{(t_k)} - \nu_{ij}^{(t_k)}$,则时间直觉模糊熵为:

$$E(a_{ij}^{(t_k)}) = \frac{1}{n \times m} \sum_{i=1}^{n} \sum_{j=1}^{m} \cos\left(\frac{(\mu_{ij}^{(t_k)} - \nu_{ij}^{(t_k)})(1 - \pi_{ij}^{(t_k)})}{2}\pi\right) \tag{5-42}$$

显然可证,由式(5-42)定义的测度 $E(a_{ij}^{(t_k)})$ 满足定义 5-20 中的四个条件,其是一个直觉模糊熵[134]。

从式(5-42)可以看出 t_k 时刻指标信息的不确定性和未知程度越大,其熵值越大,对系统评价的有用信息越少;反之,其熵值越小,对系统评价的有用信息越多。则基于上述时间直觉模糊熵的优化模型为:

$$\min \sum_{k=1}^{p} w_{(t_k)} E(a_{ij}^{(t_k)}) \tag{5-43}$$

$$s.t. \sum_{k=1}^{p} w_{(t_k)} = 1, \ w_{(t_k)} \geqslant 0$$

综合上述两方面因素,可以建立等价优化模型求解最优时间权向量:

$$\min \ \eta \sum_{i=1}^{n} D(S_i, S_o) + (1-\eta) \sum_{k=1}^{p} w_{(t_k)} E(a_{ij}^{(t_k)}) \tag{5-44}$$

$$s.t. \sum_{k=1}^{p} w_{(t_k)} = 1, \ w_{(t_k)} \geqslant 0$$

式中 $0 \leqslant \eta \leqslant 1$ 为评价者对两个因素的偏好系数。

3. 参考生态系统的选取

参考系统的选取是累积前景理论的核心,评价者将根据参考系统来衡量各系统的收益和损失。综合考虑评价者的主观意愿和评价信息的客观特征,本节设置三参考点,即选取评价者期望系统 S_o 作为主观参考系统,选取正负理想系统作为客观参考系统。

定义 5-22[137-139] 若 t_k 时刻,生态系统 s_i 在指标 c_j 下的时间直觉模糊数为 $a_{ij}^{(t_k)} = (\mu_{ij}^{(t_k)}, \nu_{ij}^{(t_k)})$,$\pi_{ij}^{(t_k)} = 1 - \mu_{ij}^{(t_k)} - \nu_{ij}^{(t_k)}$,则得分函数为:

$$G(a_{ij}^{(t_k)}) = \mu_{ij}^{(t_k)} + \frac{\mu_{ij}^{(t_k)}}{\mu_{ij}^{(t_k)} + \nu_{ij}^{(t_k)}} \pi_{ij}^{(t_k)} - \nu_{ij}^{(t_k)} \tag{5-45}$$

精确函数为:

$$O(a_{ij}^{(t_k)}) = \mu_{ij}^{(t_k)} + \nu_{ij}^{(t_k)} \tag{5-46}$$

$$k = 1, 2, \cdots\cdots, p, \ i = 1, 2, \cdots\cdots, n, \ j = 1, 2, \cdots\cdots, m$$

定义 5-22 构造的得分函数充分考虑了犹豫信息,提高了得分函数的准确性。当得分值 $G(a_{ij}^{(t_k)})$ 越大时,直觉模糊数越优;反之,直觉模糊数越劣。当得分值相等时,再看精确函数 $O(a_{ij}^{(t_k)})$,精确函数越大,直觉模糊数越优;反之,直觉模糊数越劣。

根据得分函数、精确函数确定生态位适宜度动态评价问题的正负理想生态系统。不失一般性，设生态因子指标均为效益型指标，则理想生态系统为：

（1）选取所有系统、所有时刻指标值中直觉模糊数得分值最大的为正理想参考系统 S_0^+，则有：

$$S_0^+ = (a_{01}^+, a_{02}^+, \cdots\cdots, a_{0n}^+)$$
$$a_{0j}^+ = \max_{i=1}^n \max_{k=1}^p G(a_{ij}^{(t_k)}) \tag{5-47}$$

若得分函数相等，则选择精确函数大的为正理想参考系统。

（2）选取所有系统、所有时刻指标值中直觉模糊数得分值最小的为负理想参考系统 S_0^-，则有：

$$S_0^- = (a_{01}^-, a_{02}^-, \cdots\cdots, a_{0n}^-)$$
$$a_{0j}^- = \min_{i=1}^n \min_{k=1}^p G(a_{ij}^{(t_k)}) \tag{5-48}$$

若得分函数相等，则选择精确函数小的为负理想参考系统。

4. 前景矩阵的确定

借鉴文献［101，102］的思想，给出时间直觉模糊数的前景效用价值函数定义。

定义 5-23 设 $E=(\mu_E, \nu_E)$，$F=(\mu_F, \nu_F)$ 为时间直觉模糊数，$F=(\mu_F, \nu_F)$ 为参考点，则时间直觉模糊数 $E=(\mu_E, \nu_E)$ 的前景效用价值函数为：

$$z(E) = \begin{cases} D(E, F)^\alpha & G(E) \geqslant G(F) \\ -\theta D(E, F)^\beta & G(E) < G(F) \end{cases} \tag{5-49}$$

式中 $D(E, F) = \sqrt{\dfrac{1}{2}((\mu_E-\mu_F)^2 + (v_E-v_F)^2 + (\pi_E-\pi_F)^2)}$ ——欧式距离；

$z(E)$ ——前景效用价值；

$G(E)$ 和 $G(F)$ ——得分函数；

α 和 β ——收益和损失区域价值幂函数的凹凸程度，且 $\alpha, \beta < 1$；

θ ——损失区域比收益区域更陡的特征，若 $\theta > 1$ 表示损失厌恶，一般取 $\alpha = \beta = 0.88$，$\theta = 2.25$ [102]。

分别以正理想系统 S_0^+、负理想系统 S_0^- 和期望系统 S_0 为参考点，依定义 5-23 可得到负前景矩阵 $Z_0^- = [z_0^-(a_{ij}^{(t_k)})]_{n\times m}$、正前景矩阵 $Z_0^+ = [z_0^+(a_{ij}^{(t_k)})]_{n\times m}$ 和期望前景矩阵 $Z_0 = [z_0(a_{ij}^{(t_k)})]_{n\times m}$。

5. 综合前景值的确定

生态位适宜度动态评价问题是由指标维、系统维和时间维构成，其信息集结的关键是降维，本节分两阶段进行信息集结确定综合前景值。

（1）第一阶段集结指标维信息，突出各系统指标在不同时刻的作用，得到不同时刻各系统的综合前景值。t_k 时刻，系统 S_i 的综合前景值为正前景值、负前景值和期望前景值之和，即：

$$V_i^{(t_k)} = \lambda \left(\sum_{j=1}^m I^+(h_j) z_0^+(a_{ij}^{(t_k)}) + \sum_{j=1}^m I^-(h_j) z_0^-(a_{ij}^{(t_k)}) \right) + (1-\lambda) \sum_{j=1}^m h_j z_0(a_{ij}^{(t_k)})$$
$$\tag{5-50}$$

$$I^+(h_j) = \frac{(h_j)^\gamma}{((h_j)^\gamma + (1-h_j)^\gamma)^{\frac{1}{\gamma}}}$$

$$I^-(h_j) = \frac{(h_j)^\delta}{((h_j)^\delta + (1-h_j)^\delta)^{\frac{1}{\delta}}}$$

式中　　　h_j——指标 c_j 的权重；

$I^+(h_j)$ 和 $I^-(h_j)$——面临收益和损失的权重函数，一般取 $\gamma = 0.61$，$\delta = 0.69$ [102]；

　　　　　λ 主客观偏好系数，$0 \leqslant \lambda \leqslant 1$。

（2）第二阶段集结时间维信息，在第一阶段的基础上突出时间的作用，得到方案的最优综合前景值。系统 S_i 的最优综合前景值为：

$$V_i = \sum_{k=1}^{p} w_{(t_k)} V_i^{(t_k)} \tag{5-51}$$

式中　$w_{(t_k)}$——t_k 时刻的时间权重。

对系统而言，其综合前景值越大越好，考虑各系统之间的公平竞争原则，指标权重 h_j 可由下面优化模型求出：

$$\max \quad \lambda \left(\sum_{i=1}^{n} \sum_{j=1}^{m} \sum_{k=1}^{p} I^+(h_j) w_{(t_k)} z_0^+ (a_{ij}^{(t_k)}) + \sum_{i=1}^{n} \sum_{j=1}^{m} \sum_{k=1}^{p} I^-(h_j) w_{(t_k)} z_0^- (a_{ij}^{(t_k)}) \right) +$$
$$(1-\lambda) \sum_{i=1}^{n} \sum_{j=1}^{m} \sum_{k=1}^{p} h_j w_{(t_k)} z_0 (a_{ij}^{(t_k)}) \tag{5-52}$$
$$s.t. \quad \sum_{j=1}^{m} h_j = 1, \ h_j \geqslant 0$$

求解上述模型，可得最优解 $H^* = (h_1^*, h_2^*, \cdots\cdots, h_m^*)^T$，代入式（5-51）可得生态系统 S_i 的最优综合前景值。

6. 评价步骤

综上所述，基于累积前景理论的直觉模糊生态位适宜度动态评价方法步骤如下：

步骤1：确定时间权重，由评价者给出期望系统指标值，利用直觉模糊距离和时间直觉模糊熵测度方法，利用 matlab 遗传算法工具箱计算式（5-44）求得最优时间权重向量 $W^* = (w_{(t_1)}^*, w_{(t_2)}^*, \cdots\cdots, w_{(t_p)}^*)^T$。

步骤2：选取参考系统，以评价者给出的期望系统 s_0 作为主观参照点，利用时间直觉模糊数的得分函数和精确函数，通过式（5-45）～式（5-48）确定正理想参考系统 S_0^+ 和负理想参考系统 S_0^- 作为客观参照点。

步骤3：确定前景矩阵，依据式（5-49）分别计算可得负前景矩阵 Z_0^-、正前景矩阵 Z_0^+ 和期望前景矩阵 Z_0。

步骤4：确定指标权重，利用 matlab 遗传算法工具箱计算式（5-52）求得最优指标权重向量 $H^* = (h_1^*, h_2^*, \cdots\cdots, h_m^*)^T$。

步骤5：集结指标维信息，利用式（5-50）计算不同时刻各系统的综合前景值。

步骤6：集结时间维信息，利用式（5-51）计算各系统的最优综合前景值 V_i，并依据前景值的大小排序。

5.6.4 实例分析

现有四个备选城市（系统）$s_i(i=1,2,3,4)$；以生态位理论视角对城市的新型城镇化适宜度进行评价，新型城镇化生态位适宜度的评价指标为基础设施因子c_1，经济与发展因子c_2，生态环境因子c_3，公平因子c_4，且均为效益型指标；综合考虑城市近四年的发展情况$t_k(k=1,2,3,4)$；评价信息已由专家以时间直觉模糊数形式给出，详见表5-26~表5-29，试给出4个城市的新型城镇化生态位适宜度的排序。

第1年的各城市新型城镇化生态位适宜度评价指标值　　表5-26

系统	c_1	c_2	c_3	c_4
s_1	(0.85,0.05)	(0.75,0.15)	(0.50,0.41)	(0.65,0.25)
s_2	(0.75,0.15)	(0.75,0.16)	(0.45,0.25)	(0.75,0.15)
s_3	(0.85,0.10)	(0.70,0.27)	(0.69,0.16)	(0.55,0.16)
s_4	(0.75,0.15)	(0.65,0.25)	(0.75,0.15)	(0.65,0.25)

第2年的各城市新型城镇化生态位适宜度评价指标值　　表5-27

系统	c_1	c_2	c_3	c_4
s_1	(0.50,0.40)	(0.65,0.25)	(0.85,0.10)	(0.85,0.12)
s_2	(0.65,0.26)	(0.73,0.16)	(0.45,0.10)	(0.75,0.15)
s_3	(0.75,0.19)	(0.75,0.15)	(0.65,0.05)	(0.65,0.25)
s_4	(0.65,0.25)	(0.65,0.24)	(0.50,0.40)	(0.75,0.15)

第3年的各城市新型城镇化生态位适宜度评价指标值　　表5-28

系统	c_1	c_2	c_3	c_4
s_1	(0.65,0.15)	(0.75,0.15)	(0.80,0.10)	(0.57,0.46)
s_2	(0.75,0.20)	(0.65,0.28)	(0.75,0.15)	(0.54,0.42)
s_3	(0.55,0.20)	(0.75,0.15)	(0.85,0.10)	(0.75,0.16)
s_4	(0.57,0.40)	(0.65,0.25)	(0.50,0.43)	(0.70,0.15)

第4年的各城市新型城镇化生态位适宜度评价指标值　　表5-29

系统	c_1	c_2	c_3	c_4
s_1	(0.85,0.10)	(0.75,0.15)	(0.85,0.13)	(0.65,0.25)
s_2	(0.45,0.25)	(0.85,0.10)	(0.74,0.14)	(0.80,0.10)
s_3	(0.50,0.46)	(0.75,0.15)	(0.75,0.16)	(0.85,0.10)
s_4	(0.50,0.40)	(0.55,0.10)	(0.45,0.25)	(0.75,0.15)

下面利用本节提出的方法对四个城市进行排序。

（1）利用 matlab 遗传算法工具箱计算式（5-44）确定时间权重，设专家的期望系统为 $S_o=\{(0.50, 0.15), (0.30, 0.55), (0.5, 0.5), (0.85, 0.10)\}$，取 $\eta=0.5$，则最优时间权重为 $W^*=(0.318, 0.051, 0.124, 0.507)^T$。

（2）利用式（5-45）～式（5-48）选取正负参考系统为：

$$S_0^+=\{(0.85, 0.15), (0.85, 0.10), (0.65, 0.05), (0.85, 0.10)\}$$

$$S_0^-=\{(0.50, 0.46), (0.65, 0.28), (0.50, 0.43), (0.54, 0.42)\}$$

（3）利用式（5-49）确定前景矩阵，详见表 5-30～表 5-32。

基于评价者期望系统的前景矩阵　　　　　　　　　　　　　　　　表 5-30

系统	第1年				第2年			
	c_1	c_2	c_3	c_4	c_1	c_2	c_3	c_4
s_1	0.3591	0.3748	0.4075	−0.4982	−0.6643	0.4731	0.4243	−0.0720
s_2	0.2952	0.4589	0.3591	−0.1612	−0.6080	0.4692	0.4731	−0.2613
s_3	0.3748	0.4798	0.4243	−0.4724	−0.7160	0.4025	0.4434	−0.4982
s_4	0.2952	0.3795	0.0963	−0.2613	−0.5887	0.3748	0.1318	−0.2613
系统	第3年				第4年			
	c_1	c_2	c_3	c_4	c_1	c_2	c_3	c_4
s_1	−0.4238	0.4731	0.1202	−0.7711	0.3748	0.4731	0.4074	−0.4982
s_2	−0.7303	0.3645	0.3246	−0.8144	−0.2613	0.5505	0.3644	−0.2613
s_3	−0.2613	0.4731	0.3417	−0.2629	−0.8028	0.4731	0.3518	−0.5849
s_4	−0.7602	0.3748	0.3591	−0.3794	−0.6643	0.4372	0.3246	−0.4982

基于正理想系统的负前景矩阵　　　　　　　　　　　　　　　　　表 5-31

系统	第1年				第2年			
	c_1	c_2	c_3	c_4	c_1	c_2	c_3	c_4
s_1	0	−0.4982	−0.4982	−0.4982	−0.8932	−0.2613	−0.6153	−0.0720
s_2	−0.2966	−0.2940	−0.4810	−0.1612	−0.5583	−0.2629	−0.4982	−0.2613
s_3	−0.1612	−0.2446	−0.6153	−0.4724	−0.3607	−0.4509	0	−0.4982
s_4	−0.2966	−0.4883	−0.8516	−0.2613	−0.5459	−0.4982	−0.7894	−0.2613
系统	第3年				第4年			
	c_1	c_2	c_3	c_4	c_1	c_2	c_3	c_4
s_1	−0.4810	−0.2613	−0.8101	−0.7711	−0.1612	−0.2613	−0.6638	−0.4982
s_2	−0.3794	−0.5237	−0.5459	−0.8144	−0.8852	0	−0.4384	−0.2613
s_3	−0.6872	−0.2613	−0.3851	−0.2629	−0.9681	−0.2613	−0.5022	−0.5849
s_4	−0.8273	−0.4982	−0.4810	−0.3794	−0.8932	−0.7799	−0.5459	−0.4982

基于负理想系统的正前景矩阵 表 5-32

系统	第 1 年				第 2 年			
	c_1	c_2	c_3	c_4	c_1	c_2	c_3	c_4
s_1	0.4303	0.0457	0.3629	0.1876	0.0841	0.1524	0.3874	0.3518
s_2	0.3311	0.1352	0.3121	0.3412	0.2214	0.1449	0.4046	0.2906
s_3	0.4021	0.1541	0.3874	0.4082	0.3062	0.0663	0.3785	0.1876
s_4	0.3311	0.0528	0	0.2906	0.2291	0.0457	0.0457	0.2906
系统	第 3 年				第 4 年			
	c_1	c_2	c_3	c_4	c_1	c_2	c_3	c_4
s_1	0.3144	0.1524	0.0320	0.0409	0.4021	0.1524	0.3748	0.1876
s_2	0.3006	0	0.2527	0	0.2837	0.2327	0.3144	0.2906
s_3	0.2837	0.1524	0.2850	0.2837	0	0.1524	0.3062	0.2256
s_4	0.0909	0.0457	0.3121	0.2798	0.0841	0.2908	0.2527	0.1876

（4）利用 matlab 遗传算法工具箱计算式（5-52）确定指标权重，取 $\lambda=0.5$，则最优属性权重为 $H^*=(0.303,0.100,0.011,0.586)^T$。

（5）利用式（5-50）确定第 1 年到第 4 年各年的综合前景值，计算结果详见表 5-33。

各年城市新型城镇化生态位适宜度综合前景值 表 5-33

系统	第 1 年	第 2 年	第 3 年	第 4 年
s_1	−0.1229	−0.1755	−0.5057	−0.1197
s_2	0.0515	−0.2055	−0.5996	−0.1643
s_3	−0.0508	−0.3465	−0.1676	−0.5329
s_4	−0.0616	−0.2518	−0.3979	−0.4832

（6）利用式（5-51）计算各城市新型城镇化生态位适宜度最优的综合前景值为：

$V_1=-0.1714$，$V_2=-0.1517$，$V_3=-0.3248$，$V_4=-0.3267$

显然，$V_2>V_1>V_3>V_4$，各城市新型城镇化生态位适宜度的排序为 $S_2>S_1>S_3>S_4$，城市 S_2 新型城镇化发展与生境最适宜。

5.6.5 结论

本节针对直觉模糊生态位动态评价问题的特点，考虑到评价者的认知行为和风险心理特征，给出了一种基于累积前景理论的直觉模糊生态位适宜度动态评价方法。该方法生态因子指标取值为时间直觉模糊数，并给出了时间直觉模糊熵的概念，在考虑评价者期望和指标时间直觉模糊熵的情况下，构建了时间权重的优化模型。基于累积前景理论，设置三参照系统将评价者对各指标的期望作为主观参照系统，以各指标的正负理想点作为客观参照系统。定义基于时间直觉模糊数欧式距离的前景效用价值函数，并依据三参照系确定期望前景矩阵、正前景矩阵和负前景矩阵。在此基础上，依照公平原则构建综合前景值最大化的优化模型来确定最优指标权重。最后，基于降维思想分两阶段集结评价信息计算最优的综合前景值，并根据最优综合前景值排序。该方法概念清晰，易于理解，具有较强的可行性和有效性，且考虑了评价者的决策行为特征和决策问题的时间特征，是对直觉模糊生态位综合评价理论与方法的丰富与发展。

5.7 基于后悔理论及云模型的生态位适宜度群评价方法

针对评价值为不确定语言信息的生态位群评价问题，考虑评价者后悔规避的心理行为特征，提出了一种基于后悔理论及云模型的生态位适宜度群评价方法。首先，将不确定语言值转化为云模型；其次，给出一种新的考虑评价者期望的方法求解其权重；然后，通过给出的云模型效用函数构建效用值矩阵，进而通过后悔-欣喜函数构建感知效用矩阵确定方案的综合感知效用，并根据其排序；最后，通过实例说明了方法的可行性和科学有效性。

5.7.1 引言

在实际评价过程中，尤其是评价者为多人的情况下，由于人类认知的局限性、主观性和事物本身的模糊性、随机性，评价者很难精确地给出指标的数值刻画，常常采用语言变量表示评价信息；同时由于评价者的"有限理性"特征，其心理行为偏好也将直接影响评价结果。近年来，这类多属性综合评价问题引起了国内外学者的广泛关注。李德毅提出的云模型是用语言值描述的某个定性概念与其数值表示之间的不确定性转化模型，能够很好地反映评价信息的随机性和模糊性[100,104]。考虑评价者的认知局限性和主观心理偏好等因素，以期望理论为基础的理性评价往往无法较好地解释实际评价行为[140]。而基于评价者有限理性假设的行为评价方法为处理此类问题提供了新的思路，如 Kahneman 和 Tversky[101,102] 提出的考虑评价者损失规避心理行为的前景理论，Bell[141]、Loomes 和 Sugden 等[142] 提出的考虑后悔规避心理行为的后悔理论。目前，已有一些文献将云模型和有限理性方法引入到多属性综合评价问题进行研究。文献［143］考虑投资者情绪对决策的影响，提出了前景云模型用于国际股指投资群评价；文献［144］考虑指标期望，提出了基于云模型相似度的前景理论评价方法；文献［106，131］针对准则权系数部分已知的风险型多准则评价问题，分别提出了基于前景理论的云评价方法；文献［103］提出了基于云理论和前景理论的变压器状态维修策略综合评价模型。已有研究对基于前景理论的云评价方法有了一定的成果，但是考虑评价者后悔规避心理的评价方法研究较少。

本节在上述文献研究的基础上，针对指标值为不确定语言信息的生态位群评价问题，考虑评价者后悔规避心理行为特征，给出一种基于后悔理论及云模型的生态位适宜度群评价方法。该方法根据云模型生成定义，将不确定语言值转化为正态云模型；并构建一种新的基于评价者期望的方法求解评价者权重；通过给出的云模型效用函数、后悔-欣喜函数，得到感知效用矩阵，进而确定各方案的综合感知效用；最后与基于前景理论的评价方法进行对比分析，以说明该方法的可行性和科学有效性。

5.7.2 预备知识

1. 不确定语言值

定义 5-24[145] 设语言标度为 $S=\{s_i|i=0,1,\cdots\cdots,l-1\}$，其中：$s_i$ 为语言变量，l 为奇数，在实用中 l 一般取 3、5、7、9 等。对于任意两个语言值 s_a 和 s_b，满足如下条件：

(1) 若 $a>b$，则 $s_a>s_b$；
(2) 存在负算子 $neg(s_a)=s_b$，使得 $b=l-1-a$；
(3) 若 $s_a \geqslant s_b$，$\max(s_a, s_b)=s_a$；
(4) 若 $s_a \leqslant s_b$，$\min(s_a, s_b)=s_a$。

定义 5-25[146] 设 $\tilde{s}=[s_a, s_b]$，$s_a, s_b \in S$ 且 $s_a \leqslant s_b$，s_a 和 s_b 分别是 $\tilde{s}$ 的下限和上限，则称 $\tilde{s}$ 为不确定语言值。对于任意两个不确定语言值 $\tilde{s}_1=[s_{a1}, s_{b1}]$ 和 $\tilde{s}_2=[s_{a2}, s_{b2}]$，有如下运算法则：

(1) $\tilde{s}_1 \oplus \tilde{s}_2 = [s_{a1}, s_{b1}] \oplus [s_{a2}, s_{b2}] = [s_{a1+a2}, s_{b1+b2}]$；
(2) $\tilde{s}_1 \otimes \tilde{s}_2 = [s_{a1}, s_{b1}] \otimes [s_{a2}, s_{b2}] = [s_{a1 \times a2}, s_{b1 \times b2}]$；
(3) 若 $a2 \neq 0$，$b2 \neq 0$，则 $\tilde{s}_1/\tilde{s}_2 = [s_{a1}, s_{b1}]/[s_{a2}, s_{b2}] = [s_{a1/a2}, s_{b1/b2}]$；
(4) 若 $\lambda \geqslant 0$，则 $\lambda \tilde{s}_1 = \lambda[s_{a1}, s_{b1}] = [s_{\lambda \times a1}, s_{\lambda \times b1}]$。

2. 云模型

1) 云模型定义及运算法则

定义 5-26[100,103] 设论域 U，C 是与该论域相联系的定性概念，若论域 U 中的元素 x 对 C 所表达的定性概念的隶属度 $\mu_C(x)$ 是一个具有稳定倾向的随机数，则元素 x 的隶属度 $\mu_C(x)$ 在论域 U 上的分布称为隶属云，简称云，即 $\mu_C(x):U \to [0,1]$，$\forall x \in U$ 均有 $x \to U_C(x)$。

当隶属度 $\mu_C(x)$ 在论域 U 上的分布具有正态分布特征时，称为正态云。正态云模型可记为 $C(Ex, En, He)$，其中，期望 Ex 表示定性概念在对应数值论域的中心值，熵 En 表示定性概念模糊性的度量，超熵 He 表示云滴的离散程度和确定性的随机性。

定义 5-27[110] 设 $C_1(Ex_1, En_1, He_1)$ 和 $C_2(Ex_2, En_2, He_2)$ 为两朵相邻的一维正态云，且 $Ex_1 \leqslant Ex_2$，则综合云 $C(Ex, En, He)$ 的数字特征计算如下：

(1) 若 $|Ex_2-Ex_1| \geqslant 3|En_2-En_1|$，有
$Ex=[(Ex_1+3En_1)+(Ex_2-3En_2)]/2$，$En=\max\{(Ex-Ex_1)/3, (Ex_2-Ex)/3\}$，$He=\sqrt{He_1^2+He_2^2}$；

(2) 若 $|Ex_2-Ex_1| < 3|En_2-En_1|$，有
$Ex=(Ex_1En_2+Ex_2En_1)/(En_1+En_2)$，$En=\max\{En_1+(Ex-Ex_1)/3, En_2+(Ex_2-Ex)/3\}$，$He=\sqrt{He_1^2+He_2^2}$。

定义 5-28[147] 设论域 U 中存在 n 朵一维正态云 $C_1(Ex_1, En_1, He_1)$，$C_2(Ex_2, En_2, He_2)$，……，$C_n(Ex_n, En_n, He_n)$，$W=(w_1, w_2, ……, w_n)^T$ 为各正态云的权重向量，且满足 $\sum_{i=1}^{n} w_i = 1$，$w_i \geq 0$，$i=1, 2, ……, n$，则可生成加权综合云 $C(Ex, En, He)$ 的数字特征计算如下：

$$Ex = \sum_{i=1}^{n} w_i En_i, \quad En = \sqrt{\sum_{i=1}^{n} (w_i En_i)^2}; \quad He = \sqrt{\sum_{i=1}^{n} (w_i He_i)^2}。$$

定义 5-29[110] 设 $C_1(Ex_1, En_1, He_1)$ 和 $C_2(Ex_2, En_2, He_2)$ 为两朵一维正态云，则 C_1 和 C_2 的 Hamming 距离为

$$D(C_1, C_2) = \left| \left(1 - \frac{En_1^2 + He_1^2}{En_1^2 + He_1^2 + En_2^2 + He_2^2}\right) Ex_1 - \left(1 - \frac{En_2^2 + He_2^2}{En_1^2 + He_1^2 + En_2^2 + He_2^2}\right) Ex_2 \right|。$$

2）云模型生成方法

在群评价过程中，评价者常用自然语言定性的刻画指标值，设评价者的语言评价标度为 l，一般取 3、5、7、9 等，评价者指定的有效论域为 $[X_{\min}, X_{\max}]$，采用文献[107]中改进的黄金分割法在有效论域上生成 l 朵正态云表示语言值。具体计算公式如表 5-34 所示。

云生成方法（$k=0.618$）　　　　表 5-34

云	期望 Ex	熵 En	超熵 He
$C_{+\frac{l-1}{2}}(Ex_{+\frac{l-1}{2}}, En_{+\frac{l-1}{2}}, He_{+\frac{l-1}{2}})$	$X_{\max}$	$En_{+\frac{l-3}{2}}/k$	$He_{+\frac{l-3}{2}}/k$
$C_{+\frac{l-3}{2}}(Ex_{+\frac{l-3}{2}}, En_{+\frac{l-3}{2}}, He_{+\frac{l-3}{2}})$	$Ex_{+\frac{l-5}{2}} + (X_{\max} - Ex_{+\frac{l-5}{2}})(1-k)$	$En_{+\frac{l-5}{2}}/k$	$He_{+\frac{l-5}{2}}/k$
……	……	……	……
$C_{+2}(Ex_{+2}, En_{+2}, He_{+2})$	$Ex_{+1} + (X_{\max} - Ex_{+1})(1-k)$	En_{+1}/k	He_{+1}/k
$C_{+1}(Ex_{+1}, En_{+1}, He_{+1})$	$Ex_0 + (X_{\max} - Ex_0)(1-k)$	$\frac{X_{\max} - X_{\min}}{6}(1-k)$	He_0/k
$C_0(Ex_0, En_0, He_0)$	$\frac{X_{\max} + X_{\min}}{2}$	kEn_1	给定 He_0
$C_{-1}(Ex_{-1}, En_{-1}, He_{-1})$	$Ex_0 - (Ex_0 - X_{\min})(1-k)$	$\frac{X_{\max} - X_{\min}}{6}(1-k)$	He_0/k
$C_{-2}(Ex_{-2}, En_{-2}, He_{-2})$	$Ex_{-1} - (Ex_{-1} - X_{\min})(1-k)$	En_{-1}/k	He_{-1}/k
……	……	……	……
$C_{-\frac{l-3}{2}}(Ex_{-\frac{l-3}{2}}, En_{-\frac{l-3}{2}}, He_{-\frac{l-3}{2}})$	$Ex_{-\frac{l-5}{2}} - (Ex_{-\frac{l-5}{2}} - X_{\min})(1-k)$	$En_{-\frac{l-5}{2}}/k$	$He_{-\frac{l-5}{2}}/k$
$C_{-\frac{l-1}{2}}(Ex_{-\frac{l-1}{2}}, En_{-\frac{l-1}{2}}, He_{-\frac{l-1}{2}})$	$X_{\min}$	$En_{-\frac{l-3}{2}}/k$	$He_{-\frac{l-3}{2}}/k$

3. 后悔理论

1982 年 Bell[141]、Loomes 和 Sugden 等[142] 在考虑后悔规避心理行为基础上分别提出了后悔理论，其认为评价者的评价受两方面因素影响：①对评价产生的后悔或者欣喜的预期；②试图规避会产生后悔的方案[148]。评价者对结果的感知效用函数 V 是由当前结果的效用函数 U 和"后悔-欣喜"函数 R 共同决定，即：

$$V_{ab} = U_a + R(U_a - U_b)$$

式中　U_a，U_b——评价者从方案 A，B 中获得的效用；

$R(U_a - U_b)$ ——评价者选择方案 A 放弃方案 B 所带来的后悔-欣喜值，且 R 是单调、递增的凹函数。

5.7.3 模型构建

1. 问题描述

考虑某一生态位适宜度群评价问题，假设 $A = \{A_1, A_2, \cdots, A_m\}$ 为生态系统集，其中 A_i 表示第 $i(i=1, 2, \cdots, m)$ 个备选生态系统，$Z = \{z_1, z_2, \cdots, z_n\}$ 为生态因子指标集，各生态因子指标相互独立，$W = (w_1, w_2, \cdots, w_n)^T$ 为生态因子指标权重向量，其中 w_j 为生态因子指标 z_j 的权重，且满足 $\sum_{j=1}^{n} w_j = 1$，$w_j \geqslant 0$，$j = 1, 2, \cdots, n$；$D = \{D^1, D^2, \cdots, D^h\}$ 为评价者集，其中 D^p 表示第 $p(p=1, 2, \cdots, h)$ 个评价者，$Q = (q_1, q_2, \cdots, q_h)^T$ 为评价者权重向量，$\sum_{p=1}^{h} q_p = 1$，$q_p \geqslant 0$，评价矩阵集 $X = \{X^1, X^2, \cdots, X^h\}$，其中 $X^p = (x_{ij}^p)_{m \times n}$ 表示第 p 个评价者的评价矩阵，则：

$$X^p = (x_{ij}^p)_{m \times n} = \begin{bmatrix} [x_{11}^{pL}, x_{11}^{pU}] & [x_{12}^{pL}, x_{12}^{pU}] & \cdots & [x_{1n}^{pL}, x_{1n}^{pU}] \\ [x_{21}^{pL}, x_{21}^{pU}] & [x_{22}^{pL}, x_{22}^{pU}] & \cdots & [x_{2n}^{pL}, x_{2n}^{pU}] \\ \vdots & \vdots & \ddots & \vdots \\ [x_{m1}^{pL}, x_{m1}^{pU}] & [x_{m2}^{pL}, x_{m2}^{pU}] & \cdots & [x_{mn}^{pL}, x_{mn}^{pU}] \end{bmatrix}$$

式中　$x_{ij}^p = [x_{ij}^{pL}, x_{ij}^{pU}]$ ——评价者 D^p 对生态系统 A_i 在指标 z_j 下的不确定语言评价值，简记为 $[s_\alpha, s_\beta]$；

s_α ——不确定语言值的下限；

s_β ——不确定语言值的上限，且 $s_\alpha, s_\beta \in S$，$S = \{s_0, s_1, \cdots, s_{l-1}\}$ 为一个离散语言短语集。

现欲在考虑评价者后悔规避心理行为的情境下，提出有效的评价方法并对备选生态系统进行排序。

2. 评价矩阵的云转化

（1）规范化评价矩阵

在生态位适宜度群评价问题中，生态因子指标可分为效益型和成本型，为统一指标的类型，需将评价矩阵 $X = (x_{ij}^p)_{m \times n \times h}$ 进行规范化处理，得到规范化的评价矩阵 $\overline{X} =$

$(\overline{X}_{ij}^p)_{m \times n \times h}$，设评价者 D^p 对生态系统 A_i 在指标 z_j 下的不确定语言评价值 $[x_{ij}^{pL}, x_{ij}^{pU}]$，简记为 $[s_\alpha, s_\beta]$，$0 \leqslant \alpha \leqslant \beta \leqslant l-1$，通过负算子 $neg(g)$ 计算可得规范化后的评价值为 $[s_{\alpha^*}, s_{\beta^*}]$，则有：

$$s_{\alpha^*} = neg(s_\beta) = s_{l-1-\beta}, \quad s_{\beta^*} = neg(s_\alpha) = s_{l-1-\alpha} \tag{5-53}$$

（2）语言信息转化为云模型

通过表 5-34 可将评价者 D^p 的不确定语言评价值的下限 x_{ij}^{pL} 和上限 x_{ij}^{pU} 转化为正态云模型 $c_{ij}^{pL}(Ex_{ij}^{pL}, En_{ij}^{pL}, He_{ij}^{pL})$ 和 $c_{ij}^{pU}(Ex_{ij}^{pU}, En_{ij}^{pU}, He_{ij}^{pU})$，并根据定义 5-27 将上限和下限的云评价信息集结为综合云 $c_{ij}^p(Ex_{ij}^p, En_{ij}^p, He_{ij}^p)$，可得生态位适宜度群评价问题评价者的综合云模型偏好信息，如表 5-35 所示。

群体评价者的综合云模型偏好信息表　　　表 5-35

方案	D^1	D^2	……	D^h
	$z_1 z_2 \cdots z_n$	$z_1 z_2 \cdots z_n$	……	$z_1 z_2 \cdots z_n$
A_1	$c_{11}^1 c_{12}^1 \cdots c_{1n}^1$	$c_{11}^2 c_{12}^2 \cdots c_{1n}^2$	……	$c_{11}^h c_{12}^h \cdots c_{1n}^h$
A_2	$c_{21}^1 c_{22}^1 \cdots c_{2n}^1$	$c_{21}^2 c_{22}^2 \cdots c_{2n}^2$	……	$c_{21}^h c_{22}^h \cdots c_{2n}^h$
⋮	⋮	⋮	⋱	⋮
A_m	$C_{m1}^1 C_{m2}^1 \cdots c_{mn}^1$	$c_{m1}^2 c_{m2}^2 \cdots c_{mn}^2$	……	$c_{m1}^h c_{m2}^h \cdots c_{mn}^h$

3. 评价者权重的确定

生态位适宜度群评价问题的难点是评价者权重的刻画，本节在考虑评价者期望的基础上给出一种新的评价者权重的确定方法。设评价者 D^p 对指标 z_j 的期望值为不确定语言信息 $x_j^p = [x_j^{pL}, x_j^{pU}]$，指标期望权重为 k_j，且满足 $\sum_{j=1}^n k_j = 1$，$k_j \geqslant 0$，$j=1,2,\cdots,n$；利用式（5-53）和表 5-34 可将群评价者的不确定语言信息转化为正态云模型，可得评价者期望云模型偏好信息为：

$$C = (c_{pj})_{h \times n} = \begin{pmatrix} c_{11} & c_{12} & \cdots & c_{1n} \\ c_{21} & c_{22} & \cdots & c_{2n} \\ \vdots & \vdots & \ddots & \vdots \\ c_{h1} & c_{h2} & \cdots & c_{hn} \end{pmatrix}$$

式中　评价者 D^p 对指标 z_j 的期望值为正态云模型 $c_{pj}(Ex_{pj}, En_{pj}, He_{pj})$。

首先，利用正态云模型中模糊性信息和随机性信息确定生态因子指标的期望权重。评价者对某一指标所给出信息的模糊性越小，表明该指标不确定性越小，精确度越高，应给予较高的权重；同样，评价者对某一指标所给出信息的随机性越小，表明该指标不确定性越小，精确度越高，应给予较高的权重。已知正态云模型模糊性由熵值 En 表示，随机性由超熵 He 表示，则指标 z_j 的期望权重 k_j 可表示为：

$$k_j = k_j^* \Big/ \sum_{j=1}^n k_j^* \tag{5-54}$$

$$k_j^* = \eta \frac{1/\sum_{p=1}^{h} En_{jp}}{1/\sum_{j=1}^{n}\sum_{p=1}^{h} En_{jp}} + (1-\eta) \frac{1/\sum_{p=1}^{h} He_{jp}}{1/\sum_{j=1}^{n}\sum_{p=1}^{h} He_{jp}} \tag{5-55}$$

式中 η——模糊性偏好系数；

$(1-\eta)$——随机性偏好系数。

其次，根据评价者期望云模型偏好信息确定正负理想期望点为：

$$C^+ = (c_1^+, c_2^+, \cdots\cdots, c_n^+), \quad C^- = (c_1^-, c_2^-, \cdots\cdots, c_n^-)$$

$$c_j^+ = (\max(Ex_{jp}), \min(En_{jp}), \min(He_{jp}))$$

$$c_j^- = (\min(Ex_{jp}), \max(En_{jp}), \max(He_{jp}))$$

再次，由定义 5-28 可得评价者 D^p 和正负理想期望点的加权期望综合云为：

$$C^p(Ex^p, En^p, He^p) = C^p\left(\sum_{j=1}^{n} k_j Ex_{jp}, \sqrt{\sum_{j=1}^{n}(k_j En_{jp})^2}, \sqrt{\sum_{j=1}^{n}(k_j He_{jp})^2}\right)$$

$$C^+(Ex^+, En^+, He^+) = C^+\left(\sum_{j=1}^{n} k_j Ex_j^+, \sqrt{\sum_{j=1}^{n}(k_j En_j^+)^2}, \sqrt{\sum_{j=1}^{n}(k_j He_j^+)^2}\right)$$

$$C^-(Ex^-, En^-, He^-) = C^-\left(\sum_{j=1}^{n} k_j Ex_j^-, \sqrt{\sum_{j=1}^{n}(k_j En_j^-)^2}, \sqrt{\sum_{j=1}^{n}(k_j He_j^-)^2}\right)$$

显然，评价者的加权期望综合云越接近正理想期望云，远离负理想期望云，评价者的权重越大，则评价者 D^p 的权重为：

$$q_p = \frac{D(C^p, C^+)/(D(C^p, C^-) + D(C^p, C^+))}{\sum_{p=1}^{h}(D(C^p, C^+)/(D(C^p, C^-) + D(C^p, C^+)))} \tag{5-56}$$

$$\text{s.t.} \quad \sum_{p=1}^{h} q_p = 1, \quad q_p \geqslant 0, \quad p = 1, 2, \cdots\cdots, h$$

4. 基于后悔理论的评价方法

（1）效用值矩阵的确定

已知指标值 $C(Ex, En, He)$ 为正态云模型，有效论域为 $[X_{\min}, X_{\max}]$，设 (x, y) 为云滴，其期望曲线 $y = e^{-\frac{(x-Ex)^2}{2En^2}}$ 是反映正态云真实形态的曲线，也用来研究数据集在空间随机分布的统计规律性，所有的云滴围绕期望曲线做随机波动，波动的程度由 He 来控制[103]。依据正态分布的 3σ 原则，云滴以 99.73% 的概率落在曲线 $y_1 = e^{-\frac{(x-Ex)^2}{2(En+3He)^2}}$ 和 $y_2 = e^{-\frac{(x-Ex)^2}{2(En-3He)^2}}$ 所围的区域内[149]。本节采用幂函数 $u(x) = x^\alpha (0 < \alpha < 1)$ 作为指标值的效用函数[102]，其中 α 为评价者的风险规避系数，α 越小，评价者的风险规避程度越大，反之亦然。

综上，本节给出一种新的评价值为正态云模型 $C(Ex, En, He)$ 的效用值计算方法：

$$U = \int_a^b u(x) |f_1(x) - f_2(x)| dx \tag{5-57}$$

$$f_1(x)=\frac{1}{\sqrt{2\pi}(En+3He)}e^{-\frac{(x-Ex)^2}{2(En+3He)^2}} \tag{5-58}$$

$$f_2(x)=\frac{1}{\sqrt{2\pi}(En-3He)}e^{-\frac{(x-Ex)^2}{2(En-3He)^2}} \tag{5-59}$$

式中 $f_1(x)$ 和 $f_2(x)$——概率密度函数，a，b 的取值为：

① 若 $X_{\min} \leqslant a \leqslant b \leqslant X_{\max}$，有 $a=Ex-3En$，$b=Ex+3En$；

② 若 $a < X_{\min} < b < X_{\max}$，有 $a=X_{\min}$，$b=Ex+3En$；

③ 若 $X_{\min} < a < X_{\max} < b$，有 $a=Ex-3En$，$b=X_{\max}$；

④ 若 $a < X_{\min} < X_{\max} < b$，有 $a=X_{\min}$，$b=X_{\max}$。

综上，可构建生态位适宜度群评价问题的效用值矩阵 $U=(u_{ij}^p)_{m\times n\times h}$。

（2）感知效用矩阵的确定

依据文献 [141，142，150，151]，本节选择 $r(\Delta u)=1-e^{-\delta\Delta u}$ 作为后悔-欣喜函数，有 $r'(\Delta u)>0$，$r''(\Delta u)<0$，且 $r(0)=0$，变量 Δu 为备选生态系统与期望生态系统的效用值之差，δ 为评价者的后悔规避系数，$\delta>0$，且 δ 越大，评价者的后悔规避程度越高，反之，δ 越小，后悔规避程度越低。设评价者 D^p 对方案 A_i 在指标 z_j 下的感知效用为 v_{ij}^p，v_{ij}^p 可表示为：

$$v_{ij}^p = u_{ij}^p + r_{ij}^p \tag{5-60}$$

$$r_{ij}^p = 1-e^{-\delta(u_{ij}^p - u_j^*)} \tag{5-61}$$

式中 u_{ij}^p——效用值；

r_{ij}^p——后悔-欣喜值；

u_j^*——指标 z_j 的期望效用值。

显然，可得基于评价者期望值的感知效用矩阵 $V=(v_{ij}^p)_{m\times n\times h}$，如表 5-36 所示。

基于评价者期望值的感知效用矩阵　　　　　表 5-36

方案	D^1	D^2	……	D^h
	$z_1 z_2 \cdots z_n$	$z_1 z_2 \cdots z_n$	……	$z_1 z_2 \cdots z_n$
A_1	$v_{11}^1 v_{12}^1 \cdots v_{1n}^1$	$v_{11}^2 v_{12}^2 \cdots v_{1n}^2$	……	$v_{11}^h v_{12}^h \cdots v_{1n}^h$
A_2	$v_{21}^1 v_{22}^1 \cdots v_{2n}^1$	$v_{21}^2 v_{22}^2 \cdots v_{2n}^2$	……	$v_{21}^h v_{22}^h \cdots v_{2n}^h$
⋮	⋮	⋮	⋱	⋮
A_m	$v_{m1}^1 v_{m2}^1 \cdots v_{mn}^1$	$v_{m1}^2 v_{m2}^2 \cdots v_{mn}^2$	……	$v_{m1}^h v_{m2}^h \cdots v_{mn}^h$

（3）综合感知效用的确定

本节采用线性加权算子集结综合感知效用，则生态系统 A_i 的综合感知效用 V_i 计算公式为：

$$V_i = \sum_{p=1}^h \sum_{j=1}^n q_p w_j v_{ij}^p \tag{5-62}$$

式中 q_p——评价者 D^p 的权重;

w_j——指标 z_j 的权重;

v_{ij}^p——生态系统 A_i 在指标 z_j 下评价者 D^p 的感知效用。

显然,综合感知效用 V_i 越大,生态系统 A_i 越好;反之,综合感知效用 V_i 越小,生态系统 A_i 越差。

5. 评价步骤

综上所述,基于后悔理论及云模型的生态位适宜度群评价方法步骤如下:

Step 1:规范化评价信息。利用式(5-53)将不确定语言信息统一类型,得到规范化的评价矩阵 $\overline{X}$。

Step2:将不确定语言信息转化为正态云模型。利用本节表 5-34 中给出的方法将语言信息转化为正态云模型,并利用定义 5-27 将指标的上限云和下限云综合,得到综合云模型偏好信息。

Step3:确定评价者权重。构建评价者期望矩阵,利用式(5-54)和式(5-55)计算各指标的期望权重 K,再利用式(5-56)计算评价者权重 Q。

Step4:确定效用值矩阵。利用式(5-57)~式(5-59)计算可得效用值矩阵 U。

Step5:确定感知效用矩阵。依据后悔-欣喜函数确定生态系统的后悔-欣喜值,利用式(5-60)和式(5-61)计算基于评价者期望值的感知效用,并构建矩阵 V。

Step6:确定生态系统排序。利用式(5-62)计算各生态系统的综合感知效用 V_i,并依据综合感知效用的大小排序。

5.7.4 实例分析

某企业拟进入某区域投资的评价问题,初步讨论给出四个备选城市 A_1,A_2,A_3,A_4,该企业邀请四名专家 $D^p(p=1,2,3,4)$ 以生态学理论视角对城市的基础设施情况 z_1、经济与发展情况 z_2、营商环境情况 z_3、社会公平情况 z_4 四方面指标进行考核,其中 z_1 和 z_2 为效益型指标,z_3 和 z_4 为成本型指标;由于评价过程的不确定性,专家组仅给出各指标的不确定语言信息和期望信息,语言短语集为 $S=\{VP, P, SP, F, SG, G, VG\}=\{\text{very poor, poor, slight poor, fair, slihgt good, good, very good}\}$,试确定最佳的投资城市,具体数据详见表 5-37。

专家组的评价矩阵　　　　表 5-37

系统	D^1				D^2			
	z_1	z_2	z_3	z_4	z_1	z_2	z_3	z_4
A_1	[G,VG]	[F,VG]	[F,G]	[G,VG]	[SP,SG]	[F,G]	[F,G]	[G,VG]
A_2	[VP,P]	[F,G]	[G,VG]	[SG,G]	[F,VG]	[VP,P]	[SP,F]	[VP,SP]
A_3	[SP,SG]	[F,G]	[SP,F]	[F,G]	[G,VG]	[F,G]	[VP,SP]	[VP,P]
A_4	[SG,G]	[F,VG]	[VP,SP]	[F,G]	[VP,P]	[G,VG]	[G,VG]	[SP,F]
期望	[G,VG]	[G,VG]	[VP,P]	[P,SP]	[SG,VG]	[SG,G]	[VP,SP]	[P,SP]

续表

系统	D^3				D^4			
	z_1	z_2	z_3	z_4	z_1	z_2	z_3	z_4
A_1	[G,VG]	[F,VG]	[G,VG]	[G,VG]	[SP,F]	[VP,SP]	[SP,F]	[G,VG]
A_2	[F,SG]	[VP,P]	[VP,P]	[G,VG]	[VP,SP]	[F,VG]	[SG,G]	[F,VG]
A_3	[G,VG]	[VP,SP]	[F,VG]	[VP,P]	[F,G]	[SG,G]	[F,SG]	[F,G]
A_4	[SP,SG]	[F,G]	[VP,P]	[F,G]	[SG,VG]	[G,VG]	[P,SP]	[SG,G]
期望	[SG,G]	[SG,VG]	[VP,P]	[VP,SP]	[F,VG]	[F,VG]	[VP,SP]	[VP,SP]

（1）评价步骤

下面根据本节提出的方法对四个城市进行排序。

Step1：由于生态因子指标类型不一致，规范化评价矩阵，利用式（5-53）将成本型指标 z_3 和 z_4 转化为效益型，可得规范化后的评价矩阵，详见表5-38。

专家组规范化后的评价矩阵 表5-38

系统	D^1				D^2			
	z_1	z_2	z_3	z_4	z_1	z_2	z_3	z_4
A_1	[G,VG]	[F,VG]	[P,F]	[VP,P]	[SP,SG]	[F,G]	[P,F]	[VP,P]
A_2	[VP,P]	[F,G]	[VP,P]	[P,SP]	[F,VG]	[VP,P]	[F,SG]	[SG,VG]
A_3	[SP,SG]	[F,G]	[F,SG]	[P,F]	[G,VG]	[F,G]	[SG,VG]	[G,VG]
A_4	[SG,G]	[F,VG]	[SG,VG]	[P,F]	[VP,P]	[G,VG]	[VP,P]	[F,SG]

系统	D^3				D^4			
	z_1	z_2	z_3	z_4	z_1	z_2	z_3	z_4
A_1	[G,VG]	[F,VG]	[VP,P]	[VP,P]	[SP,F]	[VP,SP]	[F,SG]	[VP,P]
A_2	[F,SG]	[VP,P]	[G,VG]	[VP,P]	[VP,SP]	[F,VG]	[P,SP]	[VP,F]
A_3	[G,VG]	[VP,SP]	[VP,F]	[G,VG]	[F,G]	[SG,G]	[SP,F]	[P,F]
A_4	[SP,SG]	[F,G]	[G,VG]	[P,F]	[SG,VG]	[G,VG]	[SG,G]	[P,SP]

Step2：给定论域 [0，100]，$He_0=0.1$，利用表5-34将语言评价值转化为论域上的七朵正态云，其数字特征详见表5-39。

七朵云模型的数字特征 表5-39

语言短语 S	云	期望 Ex	熵 En	超熵 He
VG	$C_{+3}(Ex_{+3},En_{+3},He_{+3})$	100	16.7	0.424
G	$C_{+2}(Ex_{+2},En_{+2},He_{+2})$	80.9	10.31	0.262
SG	$C_{+1}(Ex_{+1},En_{+1},He_{+1})$	69.1	6.37	0.162
F	$C_0(Ex_0,En_0,He_0)$	50	3.93	0.1
SP	$C_{-1}(Ex_{-1},En_{-1},He_{-1})$	30.9	6.37	0.162

续表

语言短语 S	云	期望 Ex	熵 En	超熵 He
P	$C_{-2}(Ex_{-2}, En_{-2}, He_{-2})$	19.1	10.31	0.262
VP	$C_{-3}(Ex_{-3}, En_{-3}, He_{-3})$	0	16.7	0.424

依据定义 5-27 将规范化后的不确定语言评价信息转化为综合云模型偏好信息,详见表 5-40。

专家组的综合云模型偏好信息表　　表 5-40

系统	D^1			
	z_1	z_2	z_3	z_4
A_1	$C(92.709, 19.13, 0.498)$	$C(55.845, 14.718, 0.436)$	$C(44.12, 8.34, 0.28)$	$C(7.291, 19.13, 0.498)$
A_2	$C(7.291, 19.13, 0.498)$	$C(55.88, 8.34, 0.28)$	$C(7.291, 19.13, 0.498)$	$C(23.606, 11.812, 0.308)$
A_3	$C(50, 6.367, 0.229)$	$C(55.88, 8.34, 0.28)$	$C(55.89, 4.403, 0.19)$	$C(44.12, 8.34, 0.28)$
A_4	$C(76.394, 11.812, 0.309)$	$C(55.845, 14.718, 0.436)$	$C(91.468, 19.544, 0.454)$	$C(44.12, 8.34, 0.28)$

系统	D^2			
	z_1	z_2	z_3	z_4
A_1	$C(50, 6.367, 0.229)$	$C(55.88, 8.34, 0.28)$	$C(44.12, 8.34, 0.28)$	$C(7.291, 19.13, 0.498)$
A_2	$C(55.845, 14.718, 0.436)$	$C(7.291, 19.13, 0.498)$	$C(55.89, 4.403, 0.19)$	$C(91.468, 19.544, 0.454)$
A_3	$C(92.709, 19.13, 0.498)$	$C(55.88, 8.34, 0.28)$	$C(91.468, 19.544, 0.454)$	$C(92.709, 19.13, 0.498)$
A_4	$C(7.291, 19.13, 0.498)$	$C(92.709, 19.13, 0.498)$	$C(7.291, 19.13, 0.498)$	$C(55.89, 4.403, 0.19)$

系统	D^3			
	z_1	z_2	z_3	z_4
A_1	$C(92.709, 19.13, 0.498)$	$C(55.845, 14.718, 0.436)$	$C(7.291, 19.13, 0.498)$	$C(7.291, 19.13, 0.498)$
A_2	$C(55.890, 4.403, 0.190)$	$C(7.291, 19.13, 0.498)$	$C(92.709, 19.13, 0.498)$	$C(7.291, 19.13, 0.498)$
A_3	$C(92.709, 19.13, 0.498)$	$C(8.532, 19.544, 0.454)$	$C(44.155, 14.718, 0.436)$	$C(92.709, 19.13, 0.498)$
A_4	$C(50, 6.367, 0.229)$	$C(55.880, 8.340, 0.280)$	$C(92.709, 19.13, 0.498)$	$C(44.12, 8.34, 0.28)$

系统	D^4			
	z_1	z_2	z_3	z_4
A_1	$C(44.11, 4.403, 0.19)$	$C(8.532, 19.544, 0.454)$	$C(55.89, 4.403, 0.19)$	$C(7.291, 19.13, 0.498)$
A_2	$C(8.532, 19.544, 0.454)$	$C(55.845, 14.718, 0.436)$	$C(23.606, 11.812, 0.308)$	$C(44.155, 14.718, 0.436)$
A_3	$C(55.88, 8.34, 0.28)$	$C(76.394, 11.812, 0.309)$	$C(44.11, 4.403, 0.19)$	$C(44.12, 8.34, 0.28)$
A_4	$C(91.468, 19.544, 0.454)$	$C(92.709, 19.13, 0.498)$	$C(76.394, 11.812, 0.309)$	$C(23.606, 11.812, 0.308)$

Step3:专家组的不确定语言期望经规范化和云转化后可得到专家组的期望云模型偏好信息,见表 5-41。

专家组的期望云模型偏好信息表 表 5-41

专家	z_1	z_2	z_3	z_4
D^1	$C(92.709,19.13,0.498)$	$C(92.709,19.13,0.498)$	$C(92.709,19.13,0.498)$	$C(76.394,11.812,0.309)$
D^2	$C(91.468,19.544,0.454)$	$C(76.394,11.812,0.309)$	$C(91.468,19.544,0.454)$	$C(76.394,11.812,0.309)$
D^3	$C(76.394,11.812,0.309)$	$C(91.468,19.544,0.454)$	$C(92.709,19.13,0.498)$	$C(91.468,19.544,0.454)$
D^4	$C(55.845,14.718,0.436)$	$C(55.845,14.718,0.436)$	$C(91.468,19.544,0.454)$	$C(91.468,19.544,0.454)$

取模糊性偏好系数 $\eta=0.5$，利用式（5-54）和式（5-55）计算指标的期望权重为：

$$K=(0.254,0.254,0.220,0.273)^T$$

利用式（5-56）计算专家权重为：

$$Q=(0.238,0.185,0.263,0.313)^T$$

Step4：利用式（5-57）～式（5-59）计算可得专家组的效用值矩阵，取风险规避系数 $\alpha=0.88^{[102]}$，详见表 5-42。

专家组的效用值矩阵 表 5-42

系统	D^1				D^2			
	z_1	z_2	z_3	z_4	z_1	z_2	z_3	z_4
A_1	4.3705	5.7157	5.2842	1.4470	8.2608	6.5153	5.2842	1.4470
A_2	1.4470	6.5153	1.4470	2.5247	5.7157	1.4470	8.3840	3.9628
A_3	8.2608	6.5153	8.3840	5.2842	4.3705	6.5153	3.9628	4.3705
A_4	5.8041	5.7157	3.9628	5.2842	1.4470	4.3705	1.4470	8.3840
系统	D^3				D^4			
	z_1	z_2	z_3	z_4	z_1	z_2	z_3	z_4
A_1	4.3705	5.7157	1.4470	1.4470	6.8048	1.3766	8.3840	1.4470
A_2	8.3840	1.4470	4.3705	1.4470	1.3766	5.7157	2.5247	4.6224
A_3	4.3705	1.3766	4.6224	4.3705	6.5153	5.8041	6.8048	5.2842
A_4	8.2608	6.5153	4.3705	5.2842	3.9628	4.3705	5.8041	2.5247

同理，可得专家组的期望效用值矩阵，详见表 5-43。

专家组的期望效用值矩阵 表 5-43

专家	z_1	z_2	z_3	z_4
D^1	4.3705	4.3705	4.3705	5.8041
D^2	3.9628	5.8041	3.9628	5.8041
D^3	5.8041	3.9628	4.3705	3.9628
D^4	5.7157	5.7157	3.9628	3.9628

Step5：利用式（5-60）和式（5-61）计算感知效用，取后悔规避系数 $\delta=0.5$，构建感知效用矩阵，详见表 5-44。

基于专家组期望值的感知效用矩阵　　　　　　　　　　　　　　　　表 5-44

系统	D^1				D^2			
	z_1	z_2	z_3	z_4	z_1	z_2	z_3	z_4
A_1	4.371	6.205	5.651	−6.386	9.144	6.815	5.768	−6.386
A_2	−1.867	7.173	−1.867	−1.629	6.299	−6.386	9.274	2.452
A_3	9.118	7.173	9.250	4.987	4.555	6.815	3.963	3.323
A_4	6.316	6.205	3.737	4.987	−1.071	3.323	−1.071	9.109

系统	D^3				D^4			
	z_1	z_2	z_3	z_4	z_1	z_2	z_3	z_4
A_1	3.323	6.299	−1.867	−1.071	7.225	−6.378	9.274	−1.071
A_2	9.109	−1.071	4.371	−1.071	−6.378	5.716	1.472	4.903
A_3	3.323	−1.267	4.741	4.555	6.845	5.847	7.563	5.768
A_4	8.968	7.236	4.371	5.768	2.560	3.411	6.406	1.472

Step6：利用式（5-62）计算各方案的综合感知效用为：

$$V_1=2.2547，V_2=1.7951，V_3=5.4179，V_4=4.5900$$

显然，$V_3>V_4>V_1>V_2$，城市投资环境排序为 $A_3>A_4>A_1>A_2$，最佳投资城市为 A_3。

（2）方法比较

将本节方法与文献［106］中提出的基于前景理论及云模型的评价方法进行对比，以说明本方法的合理性和有效性。为统一排序标准，采用本节的云转化和赋权方法。应用文献［106］方法求解得到云模型前景评价矩阵，详见表 5-45，其中以专家期望作为参照点，参数取值为 $\alpha=\beta=0.88，\lambda=2.25$[102]。

基于前景理论的前景评价矩阵　　　　　　　　　　　　　　　　表 5-45

系统	D^1				D^2			
	z_1	z_2	z_3	z_4	z_1	z_2	z_3	z_4
A_1	0	−11.0024	−12.4239	−14.5065	−11.7385	4.8879	−12.4239	−14.5065
A_2	−15.9244	4.8879	−15.9244	−12.8854	−11.0024	−15.9244	5.2958	3.9885
A_3	−11.7385	4.8879	5.2958	4.6121	0	4.8879	−2.4742	3.8934
A_4	3.8934	−11.0024	−2.4742	4.6121	−15.9244	0	−15.9244	−8.8066

系统	D^3				D^4			
	z_1	z_2	z_3	z_4	z_1	z_2	z_3	z_4
A_1	0	−11.0024	−15.9244	−14.5065	−12.4251	−15.8222	5.2958	−14.5065
A_2	5.2958	−15.9244	0	−14.5065	−15.8222	−11.0024	−14.5065	4.6099
A_3	0	−15.8222	−12.4200	3.8934	−10.9978	−8.7602	−12.4251	4.6121
A_4	−11.7385	4.8879	0	4.6121	−2.4742	0	3.8934	−12.8854

计算各系统的综合前景值为 $V_1=-9.6369$，$V_2=-7.6757$，$V_3=-3.0399$，$V_4=-3.2570$，排序结果为 $A_3>A_4>A_2>A_1$。

显然，本节方法得到的系统排序结果与文献［106］方法不同。对比分析可以发现：①本节方法侧重于考虑评价者后悔规避心理特征，而文献［106］方法侧重于考虑评价者损失规避心理特征，从表 5-38 可知，城市 A_1 相比 A_2 面临更多的损失，故城市 A_2 的综合前景值大于 A_2；②两种方法均能反映评价者心理特征，在实际应用中基于后悔理论的评价方法具有不需要给出参照点，涉及参数较少，计算简单的优点。

5.7.5 结论

本节针对生态因子指标值为不确定语言信息的生态位群评价问题，考虑评价者后悔规避的心理行为特征，提出了一种基于后悔理论及云模型的生态位适宜度群评价方法。该方法的特点是考虑了评价者的后悔规避心理对评价结果的影响，同时抓住云模型的语言信息特征，将云模型与后悔理论融入生态位适宜度群评价过程中。该方法给出一种新的考虑评价者期望的方法以求解评价者权重，通过给出的云模型效用函数构建效用值矩阵，进而通过后悔-欣喜函数构建感知效用矩阵确定生态系统的综合感知效用，并根据其排序。本节给出的方法具有较强的可行性和有效性，且考虑了评价者心理行为特征，是对不确定语言生态位群评价理论与方法的丰富与发展。

5.8 基于后悔理论和区间灰数的生态位适宜度评价方法

针对评价值为区间灰数的生态位评价问题，考虑评价者的后悔规避心理，提出一种基于后悔理论和区间灰数的生态位适宜度评价方法。首先，提出改进的线性变换算子规范化评价矩阵，利用幂函数计算效用值，与评价者给出的生态位最适值比较得到"后悔-欣喜"值，进而构建感知效用矩阵；其次，基于区间灰熵给出生态因子指标权重的确定方法，根据综合感知效用值的大小给出各系统生态位适宜度排序；最后，通过实例说明了方法的可行性和有效性。

5.8.1 引言

在实际综合评价过程中，越来越多地被评价系统体现出自我调节能力、发展演化能力、复杂性、动态相关性等生态学特征，以生态学视角研究综合评价问题逐渐成为热点，尤其是生态位评价领域。自文献［18］提出生态位适宜度概念以来，以生态位适宜度作为生态系统的评价标准被广泛应用于经济、教育、创新、城镇化等领域[11,15,26,152-154]。生态位适宜度是通过被评价系统的现实生态位与最适生态位之间的贴近程度来测度生态系统的优劣。文献［15］采用主成分分析方法进行生态因子赋权，在此基础上建立适宜度评价方法；文献［11］提出了基于绝对生态位适宜度和相对生态位适宜度改进的生态位适宜度模型；文献［155］考虑生态因子的不确定性和模糊性，结合灰色关联度构建了生态位适宜度评价的理想点法；文献［156］基于突变级数法构建创新生态位适宜性评价方法，并对中国沿海省份创新生态位适宜性进行评价；文献［21］提出了基于发展要求和现状条件匹配关系的生态位适宜度模型。现有生态位适宜度评价问题研究中大多数仍采用文献［18，21］提出的传统生态位适宜度评价方法，该方法基于期望效用理论，虽能体现现实生态位与最适生态位的贴近程度，但无法体现评价者心理因素对评价结果的影响。同时，由于生态系统的特性和评价者认知能力的局限性，评价者很难准确地刻画出各生态因子的数值信息。

基于此，本节针对具有少数据、贫信息、不确定性的生态位评价问题，考虑评价者后悔心理行为特征，提出一种基于后悔理论和区间灰数的生态位适宜度评价方法。该方法基于区间灰熵，以评价者提供信息量的大小作为衡量目标，求得生态因子指标权重；根据灰数区间分布信息的三种不同情况分别给出生态因子指标效用值的计算方法，与评价者给出的生态位最适值比较得到"后悔-欣喜"值，进而得到各生态系统的综合感知效用值，并确定各生态系统生态位适宜度的排序；最后，通过实例分别与基于期望效用理论、前景理论的评价方法对比分析，以此说明本节提出方法的可行性和科学有效性。

5.8.2 预备知识

(1) 区间灰数

由于评价者认知能力的局限性，评价者只能刻画出取值范围而不知其确切值，将此类数称之为灰数。灰数实际上指在某一个区间或某个一般的数集内取值的不确定数，通常用符号 $\otimes$ 表示。

定义 5-30[118] 设区间灰数 $\otimes \in [a, b] (a<b)$ 产生的背景或论域为 Ω，$\mu(\otimes)$ 为区间灰数 $\otimes$ 取数域的测度，则定义 $\hat{\otimes}=E(\otimes)$ 为区间灰数 $\otimes$ 的核，$g^0(\otimes)=\mu(\otimes)/\mu(\Omega)$ 为区间灰数 $\otimes$ 的灰度，区间灰数 $\otimes$ 简记为 $\hat{\otimes}_{(g^0)}$。

区间灰数 $\hat{\otimes}_{(g^0)}$ 具有如下运算规则：

$$\hat{\otimes}_{1(g_1^0)} + \hat{\otimes}_{2(g_2^0)} = (\hat{\otimes}_1 + \hat{\otimes}_2)_{(g_1^0 \vee g_2^0)}$$

$$\hat{\otimes}_{1(g_1^0)} - \hat{\otimes}_{2(g_2^0)} = (\hat{\otimes}_1 - \hat{\otimes}_2)_{(g_1^0 \vee g_2^0)}$$

$$\hat{\otimes}_{1(g_1^0)} \times \hat{\otimes}_{2(g_2^0)} = (\hat{\otimes}_1 \times \hat{\otimes}_2)_{(g_1^0 \vee g_2^0)}$$

$$\hat{\otimes}_{1(g_1^0)} / \hat{\otimes}_{2(g_2^0)} = (\hat{\otimes}_1 / \hat{\otimes}_2)_{(g_1^0 \vee g_2^0)}$$

$$k \cdot \hat{\otimes}_{(g^0)} = (k \cdot \hat{\otimes})_{(g^0)}, \ k \in R$$

$$(\hat{\otimes}_{(g^0)})^k = (\hat{\otimes})^k_{(g^0)}, \ k \in R$$

(2) 后悔理论

Bell[141]、Loomes 和 Sugden 等[142] 在考虑后悔规避心理行为基础上于 1982 年分别提出了后悔理论，决策者对结果的感知效用函数 V 是由当前结果的效用函数和"后悔-欣喜"函数共同决定的，即：

$$V_{ab} = U_a + R(U_a - U_b)$$

式中 U_a, U_b——决策者从方案 A, B 中获得的效用；

$R(U_a - U_b)$——决策者选择方案 A 放弃方案 B 所带来的后悔-欣喜值，$R(\cdot)$ 为"后悔-欣喜"函数，其是单调、递增的凹函数。基于后悔理论的决策受两方面因素影响：①对决策产生的后悔或者欣喜的预期；②试图规避会产生后悔的方案[148]。

5.8.3 模型构建

1. 问题描述

设生态位适宜度评价问题中，生态系统集 $A=\{a_1, a_2, \cdots\cdots, a_n\}(i=1, 2, \cdots\cdots, n)$，生态因子指标集 $C=\{c_1, c_2, \cdots\cdots, c_m\}(j=1, 2, \cdots\cdots, m)$，各指标相互独立，指标权向量 $W=\{w_1, w_2, \cdots\cdots, w_m\}$，且满足 $\sum_{j=1}^{m} w_j = 1$，$w_j \geq 0$，自然状态集 $S=\{s_1, s_2, \cdots\cdots, s_p\}(k=1, 2, \cdots\cdots, p)$，其中 s_k 表示第 k 种状态发生的概率，且满足 $\sum_{k=1}^{p} s_k = 1$，$s_k \geq 0$。在自然状态 s_k 下生态系统 a_i 的生态因子指标 c_j 的取值为区间灰数 $x_{ij}^{(k)}(\otimes) \in [\underline{x}_{ij}^{(k)}, \overline{x}_{ij}^{(k)}]$，则在 s_k 状态下所有生态因子指标值构成评价矩阵 $X^{(s_k)}$，即：

$$X^{(s_k)} = [x_{ij}^{(s_k)}(\otimes)]_{n \times m} = \begin{bmatrix} [\underline{x}_{11}^{(s_k)}, \overline{x}_{11}^{(s_k)}] & [\underline{x}_{12}^{(s_k)}, \overline{x}_{12}^{(s_k)}] & \cdots\cdots & [\underline{x}_{1m}^{(s_k)}, \overline{x}_{1m}^{(s_k)}] \\ [\underline{x}_{21}^{(s_k)}, \overline{x}_{21}^{(s_k)}] & [\underline{x}_{22}^{(s_k)}, \overline{x}_{22}^{(s_k)}] & \cdots\cdots & [\underline{x}_{2m}^{(s_k)}, \overline{x}_{2m}^{(s_k)}] \\ \vdots & \vdots & \ddots & \vdots \\ [\underline{x}_{n1}^{(s_k)}, \overline{x}_{n1}^{(s_k)}] & [\underline{x}_{n2}^{(s_k)}, \overline{x}_{n2}^{(s_k)}] & \cdots\cdots & [\underline{x}_{nm}^{(s_k)}, \overline{x}_{nm}^{(s_k)}] \end{bmatrix}$$

非负函数 $f(X^{(s_k)}) = f([\underline{x}_{i1}^{(s_k)}, \overline{x}_{i1}^{(s_k)}], [\underline{x}_{i2}^{(s_k)}, \overline{x}_{i2}^{(s_k)}], \cdots\cdots, [\underline{x}_{im}^{(s_k)}, \overline{x}_{im}^{(s_k)}])$ 表示在 s_k 状态下生态系统 a_i 的区间灰数超体积生态位[157]。非负函数 $F = \Phi(X_0^{(s_k)}, X_i^{(s_k)})$ 表示在 s_k 状态下生态系统 a_i 的生态位适宜度，其中 $X_i^{(s_k)}$ 为生态位实际值，$X_0^{(s_k)}$ 为生态位最适值。

本节在考虑评价者后悔规避心理行为的情境下，欲构建生态位适宜度评价方法 $\Phi(\cdot)$ 确定最佳生态系统。

2. 规范化评价矩阵

本节借鉴文献 [114] 提出 $[0, 1]$ 线性变换算子将评价矩阵 $X^{(s_k)}$ 规范化为 $Y^{(s_k)}$，设生态因子指标值为 $x_{ij}^{(s_k)}(\otimes) \in [\underline{x}_{ij}^{(s_k)}, \overline{x}_{ij}^{(s_k)}]$。首先，对生态因子指标进行无量纲化和指标一致性处理，得到转化指标 $z_{ij}^{(s_k)}(\otimes) \in [\underline{z}_{ij}^{(s_k)}, \overline{z}_{ij}^{(s_k)}]$。若生态因子为效益型指标，其计算公式为 $[\underline{z}_{ij}^{(s_k)}, \overline{z}_{ij}^{(s_k)}] = \left[\dfrac{\underline{x}_{ij}^{(s_k)} - \overline{g}_j}{|g_j|}, \dfrac{\overline{x}_{ij}^{(s_k)} - \overline{g}_j}{|g_j|}\right]$；若生态因子为成本型指标，其计算公式为 $[\underline{z}_{ij}^{(s_k)}, \overline{z}_{ij}^{(s_k)}] = \left[\dfrac{\overline{g}_j - \overline{x}_{ij}^{(s_k)}}{|g_j|}, \dfrac{\overline{g}_j - \underline{x}_{ij}^{(s_k)}}{|g_j|}\right]$，其中 $\overline{g}_j^{(s_k)} = \max(\overline{x}_{ij}^{(s_k)})$，$\underline{g}_j^{(s_k)} = \min(\underline{x}_{ij}^{(s_k)})$，$g_j = \dfrac{1}{2n}\sum_{i=1}^{n}(\underline{x}_{ij}^{(s_k)} + \overline{x}_{ij}^{(s_k)})$，$i=1, 2, \cdots\cdots, n$。然后，对转化指标 $z_{ij}^{(s_k)}(\otimes)$

进行 $[0, 1]$ 线性变换，得到规范化后的评价指标 $y_{ij}^{(s_k)}(\otimes) \in [\underline{y}_{ij}^{(s_k)}, \overline{y}_{ij}^{(s_k)}]$，其计算公式为 $[\underline{y}_{ij}^{(s_k)}, \overline{y}_{ij}^{(s_k)}] = [\frac{\underline{z}_{ij}^{(s_k)}}{q_j}, \frac{\overline{z}_{ij}^{(s_k)}}{q_j}]$，其中，$q_j = \max_i(\underline{z}_{ij}^{(s_k)}, \overline{z}_{ij}^{(s_k)})$，$i = 1, 2, \cdots, n$。显然，可由 $y_{ij}^{(s_k)}(\otimes)$ 构成规范化评价矩阵 $Y^{(s_k)}$。

3. 效用值的计算

已有文献分别给出了指标值是实数[158]、区间数[90]、模糊数[159]、直觉语言数[160]、区间灰数[161,162] 等情形的效用函数。本节在此基础上，给出一种新的区间灰数效用函数。考虑评价者的后悔规避心理，采用幂函数 $u(y) = y^\alpha$ 作为指标值的效用函数[102]，其中 α 为决策者的风险规避系数，且满足 $u'(x) > 0$，$u''(x) < 0$，$0 < \alpha < 1$，α 越小，表示决策者的风险规避程度越大。

已知指标值 $y_{ij}^{(s_k)}(\otimes)$ 为区间灰数(简记为 $\otimes$)，其实际取值为区间 $[\underline{y}_{ij}^{(s_k)}, \overline{y}_{ij}^{(s_k)}]$ 中的某一变量 $y_{ij}^{(s_k)}$。$y_{ij}^{(s_k)}$ 为区间灰数的基本值，可以替代区间灰数进行评价分析[113]。

当 $y_{ij}^{(s_k)}$ 在区间 $[\underline{y}_{ij}^{(s_k)}, \overline{y}_{ij}^{(s_k)}]$ 的分布信息未知时，采用公式 $y_{ij}^{(s_k)} = \beta \underline{y}_{ij}^{(s_k)} + (1-\beta) \overline{y}_{ij}^{(s_k)}$ 进行白化，其实际指标值的效用值为 $u(y_{ij}^{(s_k)})$，$\beta(0 \leqslant \beta \leqslant 1)$ 为区间灰数的定位系数，一般 β 取 0.5 进行均值白化得到灰数的核作为区间灰数 $\otimes$ 的基本值。

当 $y_{ij}^{(s_k)}$ 在区间 $[\underline{y}_{ij}^{(s_k)}, \overline{y}_{ij}^{(s_k)}]$ 的分布信息部分已知时，采用灰度作为区间灰数 $\otimes$ 的基本值，其计算过公式为 $y = g^\circ(\otimes) = l(\otimes)/l(\Omega)$，其中 $g^\circ(\otimes)$ 为区间灰数的灰度，$l(g)$ 为灰区间长度，Ω 为论域，且 $\Omega \in [\min(\underline{y}_{ij}^{(s_k)}), \max(\overline{y}_{ij}^{(s_k)})]$，则其实际指标值的效用值为 $u(y_{ij}^{(s_k)})$。

当 $y_{ij}^{(s_k)}$ 在区间 $[\underline{y}_{ij}^{(s_k)}, \overline{y}_{ij}^{(s_k)}]$ 的分布信息已知时，类似区间数，实际指标值在区间内一般服从均匀分布、正态分布和对数正态分布[89,163]，则其效用值为 $u(y_{ij}^{(s_k)}) = \int_{\underline{y}_{ij}^{(s_k)}}^{\overline{y}_{ij}^{(s_k)}} u(y) f_{ij}^{(s_k)}(y) \mathrm{d}y$，$i = 1, 2, \cdots, n$，$j = 1, 2, \cdots, m$，$k = 1, 2, \cdots, p$，$f_{ij}^{(s_k)}(y)$ 为不同分布情形下的概率密度函数，其计算方法如下。

(1) 若实际指标值 $y_{ij}^{(s_k)}$ 在区间 $[\underline{y}_{ij}^{(s_k)}, \overline{y}_{ij}^{(s_k)}]$ 服从正态分布 $N(u_{ij}^{(s_k)}, (\sigma_{ij}^{(s_k)})^2)$，依据正态分布的 3σ 原则，$y_{ij}^{(s_k)}$ 以 99.73% 的概率落在区间 $[u_{ij}^{(s_k)} - 3\sigma_{ij}^{(s_k)}, u_{ij}^{(s_k)} + 3\sigma_{ij}^{(s_k)}]$ 内，则以均值 $u_{ij}^{(s_k)} = \frac{1}{2}(\underline{y}_{ij}^{(s_k)} + \overline{y}_{ij}^{(s_k)})$，均方差 $\sigma_{ij}^{(s_k)} = \frac{1}{6}(\overline{y}_{ij}^{(s_k)} - \underline{y}_{ij}^{(s_k)})$[90] 构建概率密度函数为：

$$f_{ij}^{(s_k)}(y) = \frac{1}{\sqrt{2\pi}\sigma_{ij}^{(s_k)}} \exp\left(-(y - u_{ij}^{(s_k)})^2 \Big/ 2(\sigma_{ij}^{(s_k)})^2\right)$$

(2) 若实际指标值 $y_{ij}^{(s_k)}$ 在区间 $[\underline{y}_{ij}^{(s_k)}, \overline{y}_{ij}^{(s_k)}]$ 服从均匀分布，其概率密度函数为：

$$f_{ij}^{(s_k)}(y) = \begin{cases} \dfrac{1}{\overline{y}_{ij}^{(s_k)} - \underline{y}_{ij}^{(s_k)}}, & \underline{y}_{ij}^{(s_k)} \leqslant y_{ij}^{(s_k)} \leqslant \overline{y}_{ij}^{(s_k)} \\ 0, & \text{其他} \end{cases}$$

(3) 若实际指标值 $y_{ij}^{(s_k)}$ 在区间 $[\underline{y}_{ij}^{(s_k)}, \overline{y}_{ij}^{(s_k)}]$ 服从对数正态分布，依据正态分布的 3σ 原

则，$y_{ij}^{(s_k)}$ 以 99.73% 的概率落在区间 $[\underline{u}_{ij}^{(s_k)}/(3\sigma_{ij}^{(s_k)})^3, \overline{u}_{ij}^{(s_k)}(3\sigma_{ij}^{(s_k)})^3]$ 内，则以均值 $u_{ij}^{(s_k)} = \sqrt{\underline{y}_{ij}^{(s_k)} \cdot \overline{y}_{ij}^{(s_k)}}$，均方差 $\sigma_{ij}^{(s_k)} = \sqrt[6]{\overline{y}_{ij}^{(s_k)}/\underline{y}_{ij}^{(s_k)}}$ [160]构建概率密度函数为：

$$f_{ij}^{(s_k)}(y) = \begin{cases} \dfrac{1}{y\sigma_{ij}^{(s_k)}\sqrt{2\pi}} \exp(-(\ln y - u_{ij}^{(s_k)})^2/2(\sigma_{ij}^{(s_k)})^2), & y_{ij}^{(s_k)} > 0 \\ 0, & y_{ij}^{(s_k)} \leqslant 0 \end{cases}$$

综上，可构建在 s_k 状态下所有生态因子指标值的效用值矩阵 $U^{(s_k)}$。

4. "后悔-欣喜"值的计算

后悔-欣喜值是由各生态系统与最适生态系统比较得到的，最适生态系统由生态因子最适值构成。设评价者以区间灰数的形式给出在自然状态 s_k 下生态因子指标 c_j 的最适值为 $[\underline{\widetilde{x}}_j^{(s_k)}, \overline{\widetilde{x}}_j^{(s_k)}]$ ($\underline{g}_j^{(s_k)} \leqslant \underline{\widetilde{x}}_j^{(s_k)} \leqslant \overline{\widetilde{x}}_j^{(s_k)} \leqslant \overline{g}_j^{(s_k)}$)，则其实际指标值的效用值为 $u(y_j^{(s_k)})$，$y_j^{(s_k)}$ 为规范化后的最适值。根据文献[141，142，150，151]，本节采用后悔-欣喜函数 $r(\Delta u) = 1 - \exp(-\delta\Delta u)$ 计算后悔-欣喜值。由于评价者对于后悔和欣喜都是风险规避的，所以有 $r'(\Delta u) > 0$，$r''(\Delta u) < 0$，且 $r(0) = 0$。$\delta(\delta > 0)$ 被称为评价者的后悔规避系数，δ 越大，后悔规避程度越高；Δu 为备选生态系统与最适生态系统的效用值之差，例如指标 $y_{ij}^{(s_k)}(\otimes)$ 的 $\Delta u_{ij}^{(s_k)} = u(y_{ij}^{(s_k)}) - u(y_j^{(s_k)})$。

5. 感知效用矩阵的确定

感知效用是由当前生态系统的效用值和"后悔-欣喜"值两部分组成。设评价者在自然状态 s_k 下生态系统 a_i 第 j 个生态因子指标 c_j 的感知效用为 $v_{ij}^{(s_k)}$，则 $v_{ij}^{(s_k)}$ 可表示为 $v_{ij}^{(s_k)} = u_{ij}^{(s_k)} + r_{ij}^{(s_k)}$，$r_{ij}^{(s_k)} = 1 - \exp(-\delta\Delta u_{ij}^{(s_k)})$，其中 $u_{ij}^{(s_k)}$ 为效用值，$r_{ij}^{(s_k)}$ 为后悔-欣喜值。显然，可得基于生态位最适值的感知效用矩阵 $V^{(s_k)}$，如表 5-46 所示。

基于生态位最适值的感知效用矩阵　　　　表 5-46

生态系统	s_1 $c_1\ c_2\ \cdots\cdots\ c_m$	s_2 $c_1\ c_2\ \cdots\cdots\ c_m$	……	s_p $c_1\ c_2\ \cdots\cdots\ c_m$
a_1	$v_{11}^{(s_1)}\ v_{12}^{(s_1)}\cdots\cdots v_{1m}^{(s_1)}$	$v_{11}^{(s_2)}\ v_{12}^{(s_2)}\cdots\cdots v_{1m}^{(s_2)}$	……	$v_{11}^{(s_3)}\ v_{12}^{(s_3)}\cdots\cdots v_{1m}^{(s_3)}$
a_2	$v_{21}^{(s_1)}\ v_{22}^{(s_1)}\cdots\cdots v_{2m}^{(s_1)}$	$v_{21}^{(s_2)}\ v_{22}^{(s_2)}\cdots\cdots v_{2m}^{(s_2)}$	……	$v_{21}^{(s_3)}\ v_{22}^{(s_3)}\cdots\cdots v_{2m}^{(s_3)}$
⋮	⋮	⋮	⋱	⋮
a_n	$v_{n1}^{(s_1)}\ v_{n2}^{(s_1)}\cdots\cdots v_{nm}^{(s_1)}$	$v_{n1}^{(s_2)}\ v_{n2}^{(s_2)}\cdots\cdots v_{nm}^{(s_2)}$	……	$v_{n1}^{(s_3)}\ v_{n2}^{(s_3)}\cdots\cdots v_{nm}^{(s_3)}$

6. 生态因子指标权重的确定

生态因子指标权重是生态系统对不同生态因子指标重要程度的刻画，其直接影响生态系统生态位适宜度最终的排序结果，是生态位适宜度评价问题的关键。本节考虑评价者提供信息量的大小，给出一种基于区间灰熵的生态因子信息量计算方法[164]。设在自然状态 S_k 下第 j 个生态因子指标 c_j 的区间灰数为 $x_{ij}^{(s_k)}(\otimes)(i=1,2,\cdots\cdots,n)$，将 $x_{ij}^{(s_k)}(\otimes)$ 标准化[165]为 $t_{ij}^{(s_k)} = \underline{x}_{ij}^{(s_k)} + (\overline{x}_{ij}^{(s_k)} - \underline{x}_{ij}^{(s_k)})\gamma_{ij}^{(s_k)}$，$\gamma_{ij}^{(s_k)}(0 \leqslant \gamma_{ij}^{(s_k)} \leqslant 1)$ 为单位灰数。归一化 $t_{ij}^{(s_k)}$ 可得 $\tilde{t}_{ij}^{(s_k)} = \dfrac{x_{ij}^{(s_k)} + (\overline{x}_{ij}^{(s_k)} - \underline{x}_{ij}^{(s_k)})\gamma_{ij}^{(s_k)}}{\sum_{i=1}^{n}(\underline{x}_{ij}^{(s_k)} + (\overline{x}_{ij}^{(s_k)} - \underline{x}_{ij}^{(s_k)})\gamma_{ij}^{(s_k)})}$，$0 \leqslant \tilde{t}_{ij}^{(s_k)} \leqslant 1$。则有第 j 个生态因子指标的灰熵为 $E_j^{(s_k)} = -\dfrac{1}{\ln n}\sum_{i=1}^{n}\tilde{t}_{ij}^{(s_k)}\ln\tilde{t}_{ij}^{(s_k)}$，通过 matlab 遗传算法工具箱计算可得 $E_j^{(s_k)}$ 的最大值为 $\overline{E}_j^{(s_k)}$，最小值为 $\underline{E}_j^{(s_k)}$，即区间灰熵为 $[\underline{E}_j^{(s_k)}, \overline{E}_j^{(s_k)}]$。根据区间灰熵可确定生态因子指标权重的区间范围 $[\underline{w}_j, \overline{w}_j]$，其中 $\underline{w}_j = \dfrac{1 - \sum_{k=1}^{p}s_k\overline{E}_j^{(s_k)}}{m - \sum_{j=1}^{m}\sum_{k=1}^{p}s_k\overline{E}_j^{(s_k)}}$，$\overline{w}_j = \dfrac{1 - \sum_{k=1}^{p}s_k\underline{E}_j^{(s_k)}}{m - \sum_{j=1}^{m}\sum_{k=1}^{p}s_k\underline{E}_j^{(s_k)}}$，$j = 1, 2, \cdots\cdots, m$。在此基础上，以区间灰数的核 $\hat{w}_j = \dfrac{1}{2}(\underline{w}_j + \overline{w}_j)$ 作为其实数运算的基本值，可得 $w_j = \dfrac{\hat{w}_j}{\sum_{j=1}^{m}\hat{w}_j}$ 为第 j 个生态因子指标的权重。

7. 综合感知效用的确定

根据感知效用矩阵 $V^{(s_k)}$，采用简单线性加权方法计算生态系统的综合感知效用，则方案 a_i 的综合感知效用 V_i 计算公式为：

$$V_i = \sum_{k=1}^{p}\sum_{j=1}^{m}s_k w_j v_{ij}^{(s_k)} \tag{5-63}$$

式中　s_k——第 k 种状态发生的概率；

　　　w_j——生态因子指标 c_j 的权重；

　　　$v_{ij}^{(s_k)}$——在状态 s_k 下生态系统 a_i 的第 j 个指标的感知效用。

显然，综合感知效用 V_i 越大，生态系统 a_i 的生态位适宜度越高；反之，综合感知效用 V_i 越小，生态系统 a_i 的生态位适宜度越低。

8. 评价步骤

综上所述，基于后悔理论的区间灰数生态位适宜度评价方法步骤如下：

Step1：规范化评价矩阵，利用 [0，1] 线性变换算子将评价矩阵 $X^{(s_k)}$ 规范化为 $Y^{(s_k)}$；

Step2：计算生态因子指标效用值，利用幂函数针对区间分布已知、部分已知和未知三种情况计算效用值，得到效用值矩阵 $U^{(s_k)}$；

Step3：计算"后悔-欣喜"值，考虑评价者给出的各自然状态下生态系统的生态位最适值，利用函数 $r(\Delta u) = 1 - \exp(-\delta\Delta u)$ 计算"后悔-欣喜"值；

Step4：确定感知效用矩阵，利用函数 $v_{ij}^{(s_k)} = u_{ij}^{(s_k)} + r_{ij}^{(s_k)}$ 计算可得基于生态位最适值的感知效用矩阵 $V^{(s_k)}$；

Step5：确定生态因子指标权重，利用区间灰熵计算生态因子指标权重向量 $W = (w_1, w_2, \cdots\cdots, w_m)^T$；

Step6：确定生态系统排序，利用式（5-63）计算各系统的综合感知效用 V_i，并依据各生态系统综合感知效用值的大小对其生态位适宜度进行排序。

5.8.4 实例分析

现有专家以生态位理论视角对某地区四座主要城市（a_1、a_2、a_3、a_4）的新型城镇化适宜度进行评价。考虑管理与制度创新因子c_1、资源整合因子c_2、技术创新因子c_3和知识创新因子c_4作为新型城镇化生态位适宜度评价指标，其中c_1和c_2为效益型指标，c_3和c_4为成本型指标，评价信息以区间灰数形式给出，且c_1区间内分布信息未知，c_2分布信息部分已知，c_3服从正态分布，c_4服从均匀分布，具体数据详见表5-47；同时，综合以往经验，城市发展过程中可能存在3种生态环境：好s_1、中s_2、差s_3，其发生的概率分别为$s_1=30\%$，$s_2=50\%$，$s_3=20\%$。试确定各城市新型城镇化生态位适宜度的排序。

四座城市新型城镇化生态位适宜度评价矩阵　　　　　　　　　　表5-47

s_1	c_1	c_2	c_3	c_4
a_1	[5.5,10.8]	[2.6,7]	[235,345]	[15.5,30.6]
a_2	[8.1,11]	[4.7,5.2]	[160,249]	[24.1,36]
a_3	[7.3,9.6]	[3.9,7.4]	[250,299]	[21.5,36.5]
a_4	[7.4,10.1]	[4.1,5.4]	[180,300]	[17,20.5]
s_2	c_1	c_2	c_3	c_4
a_1	[6.7,11.4]	[2.8,4.6]	[211,308]	[20,35.5]
a_2	[7.3,10]	[3.7,5.1]	[267,343]	[34.2,39]
a_3	[5.6,6.2]	[3.5,6.6]	[155,290]	[17.5,28.3]
a_4	[8,9.5]	[4.9,7.5]	[265,310]	[27,35.5]
s_3	c_1	c_2	c_3	c_4
a_1	[6.9,9.4]	[3.5,5.6]	[151,325]	[18.5,35.5]
a_2	[5.5,10.1]	[3.7,7.6]	[217,263]	[14.7,25]
a_3	[6,9.2]	[4.4,6.1]	[183,286]	[20.5,30.7]
a_4	[7,11.5]	[5,5.9]	[160,280]	[16,33.8]

(1) 评价步骤

下面利用本节提出的方法对四座城市进行排序。

Step1：规范化评价矩阵，将效益型指标（c_1、c_2）和成本型指标（c_3、c_4）进行$[0,1]$线性变换得到规范化评价矩阵$Y^{(s_k)}$，详见表5-48。

规范化后的评价矩阵　　　　　　　　　　表5-48

s_1	c_1	c_2	c_3	c_4
a_1	[0,0.96]	[0,0.92]	[0,0.59]	[0.28,1]
a_2	[0.47,1]	[0.44,0.54]	[0.52,1]	[0.02,0.59]
a_3	[0.33,0.75]	[0.27,1]	[0.25,0.51]	[0,0.71]
a_4	[0.35,0.84]	[0.31,0.58]	[0.24,0.89]	[0.76,0.93]

续表

s_2	c_1	c_2	c_3	c_4
a_1	[0.19,1]	[0,0.38]	[0.19,0.7]	[0.16,0.88]
a_2	[0.29,0.76]	[0.19,0.49]	[0,0.4]	[0,0.22]
a_3	[0,−0.1]	[0.15,0.81]	[0.28,1]	[0.5,1]
a_4	[0.41,0.67]	[0.45,1]	[0.18,0.41]	[0.16,0.56]
s_3	c_1	c_2	c_3	c_4
a_1	[0.23,0.65]	[0,0.51]	[0,1]	[0,0.82]
a_2	[0,0.77]	[0.05,1]	[0.36,0.62]	[0.5,1]
a_3	[0.08,0.62]	[0.22,0.63]	[0.22,0.82]	[0.23,0.72]
a_4	[0.25,1]	[0.37,0.59]	[0.26,0.95]	[0.08,0.94]

Step2：利用效用函数 $u(y)=y^{\alpha}$ 针对三种区间信息分布情况计算可得生态因子指标效用值矩阵，取 $\alpha=0.88$[102]，详见表5-49。

四座城市新型城镇化生态位适宜度评价指标效用值矩阵　　　　表5-49

生态系统	s_1				s_2				s_3			
	c_1	c_2	c_3	c_4	c_1	c_2	c_3	c_4	c_1	c_2	c_3	c_4
a_1	0.53	0.93	0.34	0.67	0.63	0.43	0.48	0.56	0.49	0.56	0.54	0.45
a_2	0.76	0.14	0.78	0.35	0.57	0.34	0.24	0.14	0.43	0.96	0.53	0.78
a_3	0.58	0.76	0.43	0.40	0.07	0.69	0.67	0.77	0.40	0.46	0.56	0.52
a_4	0.63	0.32	0.61	0.86	0.58	0.59	0.35	0.41	0.66	0.26	0.64	0.54

Step3：已知评价者给出三种生态环境下的生态位最适值，详见表5-50。

四座城市新型城镇化生态位最适值矩阵　　　　表5-50

生态环境	c_1	c_2	c_3	c_4
s_1	[8,11]	[5,7]	[180,250]	[16,20]
s_2	[7,10]	[4,6]	[200,300]	[18,25]
s_3	[6,8]	[3.8,5]	[220,320]	[20,30]

利用函数 $r(\Delta u)=1-\exp(-\delta\Delta u)$ 计算可得"后悔-欣喜"值矩阵，取 $\delta=0.5$，详见表5-51。

四座城市新型城镇化生态位适宜度"后悔-欣喜"值矩阵　　　　表5-51

生态系统	s_1				s_2				s_3			
	c_1	c_2	c_3	c_4	c_1	c_2	c_3	c_4	c_1	c_2	c_3	c_4
a_1	−0.12	0.21	−0.21	−0.12	0.04	−0.02	−0.03	−0.15	0.09	0.10	0.08	−0.05
a_2	0.00	−0.18	0.03	−0.31	0.01	−0.07	−0.16	−0.41	0.07	0.27	0.08	0.11
a_3	−0.09	0.14	−0.16	−0.28	−0.27	0.10	0.07	−0.03	0.05	0.06	0.09	−0.01
a_4	−0.06	−0.07	−0.06	−0.02	0.02	0.06	−0.09	−0.24	0.17	−0.04	0.13	0.00

Step4：利用函数 $v_{ij}^{(s_k)} = u_{ij}^{(s_k)} + r_{ij}^{(s_k)}$ 计算可得感知效用矩阵，详见表 5-52。

四座城市新型城镇化生态位适宜度评价指标感知效用矩阵　　　　表 5-52

生态系统	s_1				s_2				s_3			
	c_1	c_2	c_3	c_4	c_1	c_2	c_3	c_4	c_1	c_2	c_3	c_4
a_1	0.41	1.14	0.13	0.55	0.67	0.41	0.45	0.41	0.58	0.66	0.62	0.40
a_2	0.76	−0.04	0.81	0.04	0.58	0.27	0.08	−0.27	0.50	1.23	0.61	0.89
a_3	0.49	0.90	0.27	0.12	−0.20	0.79	0.74	0.74	0.45	0.52	0.65	0.51
a_4	0.57	0.25	0.55	0.84	0.60	0.65	0.26	0.17	0.83	0.22	0.77	0.54

Step5：利用 matlab 遗传算法工具箱计算生态因子指标的区间灰熵，结果详见表 5-53。

四座城市生态因子指标的区间灰熵　　　　表 5-53

生态环境	E_1	E_2	E_3	E_4
s_1	[0.9751,1]	[0.9754,0.9971]	[0.9634,1]	[0.9461,0.9988]
s_2	[0.9754,0.9971]	[0.9426,0.9998]	[0.9674,1]	[0.9588,0.9984]
s_3	[0.9663,1]	[0.9696,1]	[0.9716,1]	[0.9490,1]

依据上表可得生态因子指标的取值范围为 $w_1 \in [0, 0.56]$，$w_2 \in [0, 0.9]$，$w_3 \in [0, 0.7]$，$w_4 \in [0, 1]$。最后，计算指标权重的核并归一化处理可得生态因子指标权重为 $W = (0.18, 0.28, 0.22, 0.32)^T$。

Step6：利用式（5-63）计算各生态系统的综合感知效用值 V_i，得：

$$V_1 = 0.52, V_2 = 0.32, V_3 = 0.53, V_4 = 0.48$$

显然，$V_3 > V_1 > V_4 > V_2$，各城市新型城镇化生态位适宜度排序为 $a_3 \succ a_1 \succ a_4 \succ a_2$，$a_3$ 新型城镇生态位适宜度最高，a_2 最低。

（2）对比分析

为方便说明本节提出方法的合理性和有效性，分别采用另外两种方法计算本节案例。一种是不考虑评价者心理行为特征的基于期望效用理论的评价方法。依据文献［166］中提出的综合关联度方法求解本节案例，首先对评价矩阵进行 [0，1] 规范，并以各自然状态发生概率为权重集结规范化后的评价矩阵，进而确定理想最优系统为 $X_j^+ = \{[0.36, 0.92], [0.39, 0.83], [0.26, 0.82], [0.33, 0.91]\}$，临界最优系统为 $X_j^- = \{[0.11, 0.4], [0, 0.57], [0.09, 0.63], [0.11, 0.49]\}$，生态因子指标赋权方法与本节方法一致，可得各生态系统的灰色关联度为 $R_1 = 0.48$，$R_2 = 0.38$，$R_3 = 0.69$，$R_4 = 0.56$，排序为 $a_3 \succ a_4 \succ a_1 \succ a_2$。

另一种是考虑评价者损失规避心理行为特征的基于前景理论的评价方法。现有研究针对单一参考点的区间灰数评价方法较少，本节依据文献［117］中提出的思路求解本节案例，为了使不同评价方法之间具有可比性，规范化方法、生态因子指标赋权方法与本节方法一致，以本节案例中评价者给出的生态位最适值作为单一参考点，选取参数 $\alpha = \beta =$

0.88，$\lambda=2.25^{[102]}$，其前景评价矩阵详见表 5-54，可得各生态系统的综合前景值为 $V_1=-0.46$；$V_2=-0.39$；$V_3=-0.33$；$V_4=-0.2$，排序为 $a_4 \succ a_3 \succ a_2 \succ a_1$。三种评价方法得到的排序结果详见表 5-55。

基于前景理论的前景评价矩阵 表 5-54

生态系统	s_1				s_2				s_3			
	c_1	c_2	c_3	c_4	c_1	c_2	c_3	c_4	c_1	c_2	c_3	c_4
a_1	−0.61	−0.69	−0.83	−0.93	−0.01	−0.52	−0.10	−0.80	0.16	0	0.07	−0.34
a_2	0.02	−0.18	0.01	−1.32	0.04	−0.21	−0.50	−1.27	0.04	0.13	0.23	0.20
a_3	−0.28	−0.38	−0.57	−1.29	−0.74	−0.13	0.07	−0.34	0.06	0.17	0.16	−0.08
a_4	−0.23	−0.42	−0.46	−0.06	0.13	0.17	−0.26	−0.91	0.21	0.26	0.20	−0.21

三种评价方法的生态位适宜度排序结果 表 5-55

生态系统	本节方法		基于期望效用理论的方法		基于前景理论的方法	
	综合感知效用值	排序	灰色关联度	排序	综合前景值	排序
a_1	0.52	2	0.48	3	−0.46	4
a_2	0.32	4	0.38	4	−0.39	3
a_3	0.53	1	0.69	1	−0.33	2
a_4	0.48	3	0.56	2	−0.20	1

从表 5-55 可以看出，三种评价方法的生态位适宜度排序结果并不相同。本节方法与基于期望效用理论的方法最优和最劣系统一致，系统 a_1 和 a_4 的排序不同，对比分析发现：①本节方法考虑了评价者的后悔规避心理行为，从表 5-47 和表 5-50 可以看出，系统 a_4 比 a_1 面临更多的后悔；②本节方法的"后悔-欣喜"值是各生态系统与评价者主观给出的最适值进行比较而得，而文献 [166] 方法的理想最优系统和临界最优系统是根据评价矩阵求极值得到。本节方法与基于前景理论的方法排序结果不同，对比分析发现：①两种方法分别考虑了评价者的后悔规避心理和损失规避心理，从表 5-52 和表 5-54 可以看出，评价者面临后悔和损失时心理行为区别很大；②与基于前景理论的评价方法相比基于后悔理论的评价方法具有参数少、计算简单的优点。

5.8.5 结论

本节针对评价值为区间灰数的生态位评价问题，考虑了评价者的后悔规避心理，提出一种基于后悔理论和区间灰数的生态位适宜度评价方法。该方法在具有少数据、贫信息、不确定性情况下，能够有效地将后悔理论和区间灰数融入生态位适宜度评价过程中。该方法给出一种基于区间灰熵的生态因子指标权重求解方法，计算不同灰数区间分布情况下的指标效用值，与最适生态系统比较得到"后悔-欣喜"值，进而构建感知效用矩阵确定系统的综合感知效用值并排序。本节给出的方法思路清晰，具有较强的可行性和有效性，为解决实际评价过程中考虑评价者后悔规避心理行为的生态位评价问题提供了新的思路和视角,是对生态位适宜度评价方法的丰富与发展。

5.9 本章小结

本章主要研究了生态位适宜度综合评价方法。本章根据 RF 理论、MACBETH 方法、累积前景理论、后悔理论等方法和理论,针对生态因子指标评价信息为实数、语言变量、语言值直觉模糊数、云模型、区间灰数、时间直觉模糊数等不同形式,提出了一系列相应的生态位适宜度评价方法,并通过实例验证了方法的有效性和可行性,为新型城镇化生态位适宜度评价提供了方法和理论基础。

第6章 生态位视角下东北地区新型城镇化适宜度评价实证研究

6.1 生态位视角下东北地区新型城镇化适宜度评价研究

6.1.1 东北地区新型城镇化适宜度评价的总体框架

（1）评价对象

传统的东北地区作为老工业基地包括辽宁省、吉林省和黑龙江省，即东北三省；随着东北地区振兴政策的提出，将蒙东五盟市（赤峰市、通辽市、兴安盟、呼伦贝尔市和锡林郭勒盟）划分进东北地区。由于蒙东五盟市与东北三省的城市在自然、经济、社会和历史方面差异较大，本研究不将蒙东五盟市列为研究对象。东北三省包括4个副省级城市、30个地级市、1个地区（大兴安岭地区）和1个民族自治州（延边朝鲜族自治州），地区和自治州与副省级城市和地级市之间的统计数据存在较大的统计口径差异，且数据获取困难，故本研究也不将大兴安岭地区和延边朝鲜族自治州列为研究对象。综上，本研究以东北地区34个城市为研究对象，对其新型城镇化适宜度进行综合评价，具体评价对象名单详见表6-1。

东北地区新型城镇化适宜度评价对象　　　　　表6-1

省份	副省级城市	地级市
辽宁省	沈阳市、大连市	鞍山市、抚顺市、本溪市、丹东市、锦州市、营口市、阜新市、辽阳市、盘锦市、铁岭市、朝阳市、葫芦岛市
吉林省	长春市	吉林市、四平市、辽源市、通化市、白山市、松原市、白城市
黑龙江省	哈尔滨市	齐齐哈尔市、鸡西市、鹤岗市、双鸭山市、大庆市、伊春市、佳木斯市、七台河市、牡丹江市、黑河市、绥化市

（2）评价指标与数据来源

本研究采用第4章构建的基于生态位态势理论的新型城镇化适宜度评价指标体系，其是由三个评价维度、六个生态位因子共三十六项生态位因子指标构成的基础标准版评价指标体系，详见表4-3。根据东北地区城镇化发展的实际情况，指标体系中全市与市辖区人均GDP之比（%）、全市与市辖区人均拥有床位数之比（%）、全市与市辖区中小学师生比之比（%）和城乡居民人均可支配收入比（%）为适中指标，基于城乡融合的价值定位适中值均取100；单位GDP二氧化硫排放量（吨/亿元）为负向指标，其余均为正向指标。

在该指标体系的基础上，评价者可以根据具体问题特征进行指标增减、替换等动态更新以达到评价目的。

评价指标数据主要来源于 2010 年到 2019 年的《中国统计年鉴》《中国城市统计年鉴》，辽宁、吉林和黑龙江三省统计年鉴及其国民经济和社会发展统计公报，三省 34 市统计年鉴及其国民经济和社会发展统计公报等。指标缺失数据采用基于时间序列数据的线性内插法或线性外推法进行插补；部分统计口径偏差较大的数据予以修正或删除。

(3) 评价方法

本研究采用 §5.1 提出的基于 RF 理论的生态位适宜度评价方法进行实证研究。首先，采用 RF 理论进行生态位因子指标值预处理；其次，采用熵权法确定生态位因子指标权重；再次，采用灰色关联度计算生态位适宜度得到各城市新型城镇化适宜度评价值，并排序；然后，计算各城市新型城镇化的进化动量；最后，确定限制生态系统发展的生态位因子指标。

6.1.2 东北地区新型城镇化适宜度静态评价

1. 评价步骤

本节采用 2018 年的指标数据对东北地区 34 城新型城镇化适宜度进行静态评价研究。基于 RF 理论的生态位适宜度评价步骤如下。

步骤 1：采用 RF 理论进行生态位因子指标值预处理。首先，进行指标类型预处理，确定指标值的取值区间 $[x_j^L, x_j^H]$，$x_j^L = \min\{x_{ij}\}$，$x_j^H = \max\{x_{ij}\}$，计算结果见表 6-2。

东北地区新型城镇化生态因子指标取值范围（2018 年）　　表 6-2

指标	取值区间	指标	取值区间	指标	取值区间
C_1	[6.87, 25.79]	C_{13}	[72.84, 5790.16]	C_{25}	[0.07, 3.56]
C_2	[5.46, 24.12]	C_{14}	[0.30, 7.20]	C_{26}	[15.32, 49.76]
C_3	[0.14, 21.97]	C_{15}	[37.44, 64.85]	C_{27}	[64.16, 100]
C_4	[0.14, 0.90]	C_{16}	[0.50, 5.54]	C_{28}	[50, 100]
C_5	[86.88, 100]	C_{17}	[8667.81, 65210.99]	C_{29}	[1.94, 44.26]
C_6	[32.96, 100]	C_{18}	[1172.76, 11831.69]	C_{30}	[14.28, 100]
C_7	[-13.22, 3.56]	C_{19}	[4.77, 14.49]	C_{31}	[0.74, 4.48]
C_8	[22.93, 576.21]	C_{20}	[21.25, 423.87]	C_{32}	[1.34, 50.35]
C_9	[-1.72, 1.22]	C_{21}	[3.30, 8.75]	C_{33}	[4.86, 88.05]
C_{10}	[10.20, 692.83]	C_{22}	[1.42, 4.07]	C_{34}	[0.13, 41.99]
C_{11}	[8.41, 49.68]	C_{23}	[6.12, 11.94]	C_{35}	[30.84, 166.51]
C_{12}	[23517, 109550]	C_{24}	[4.64, 15.29]	C_{36}	[13.74, 41.99]

其次，确定指标值的频率价值 $G(x_{ij})$。限于篇幅，选取正向指标人均 GDP（元/人），负向指标单位 GDP 二氧化硫排放量（吨/亿元），适中指标城乡居民人均可支配收入比（%）的计算结果进行展示，详见表 6-3～表 6-5。

正向指标人均 GDP 的频率价值（2018 年） 表 6-3

城市	指标值	排序	频率价值	城市	指标值	排序	频率价值
沈阳	75766	30	0.8788	辽源	52861	25	0.7273
大连	109550	34	1.0000	通化	38297	16	0.4545
鞍山	48810	21	0.6061	白山	56031	28	0.8182
抚顺	50951	24	0.6970	松原	49912	23	0.6667
本溪	48920	22	0.6364	白城	31849	11	0.3030
丹东	34193	14	0.3939	哈尔滨	66094	29	0.8485
锦州	39211	17	0.4848	齐齐哈尔	26271	5	0.1212
营口	55295	27	0.7879	鸡西	30784	9	0.2424
阜新	25340	3	0.0606	鹤岗	28891	7	0.1818
辽阳	47422	19	0.5455	双鸭山	35527	15	0.4242
盘锦	84602	31	0.9091	大庆	102639	33	0.9697
铁岭	23517	1	0.0000	伊春	23837	2	0.0303
朝阳	28266	6	0.1515	佳木斯	39344	18	0.5152
葫芦岛	32012	12	0.3333	七台河	32028	13	0.3636
长春	95663	32	0.9394	牡丹江	48201	20	0.5758
吉林	53452	26	0.7576	黑河	31592	10	0.2727
四平	29556	8	0.2121	绥化	25841	4	0.0909

负向指标单位 GDP 二氧化硫排放量的频率价值（2018 年） 表 6-4

城市	指标值	排序	频率价值	城市	指标值	排序	频率价值
沈阳	2.96*	30	0.8788	辽源	7.31	20	0.5758
大连	1.94*	34	1.0000	通化	11.84	12	0.3333
鞍山	12.64	8	0.2121	白山	4.49	28	0.8182
抚顺	6.55	21	0.6061	松原	1.95	33	0.9697
本溪	20.08	5	0.1212	白城	5.64	23	0.6667
丹东	8.14	19	0.5455	哈尔滨	2.18*	31	0.9091
锦州	8.25	18	0.5152	齐齐哈尔	11.96*	11	0.3030
营口	24.50	4	0.0909	鸡西	9.21*	16	0.4545
阜新	44.26	1	0.0000	鹤岗	17.08*	6	0.1515
辽阳	9.95	15	0.4242	双鸭山	17.03	7	0.1818
盘锦	4.63	27	0.7879	大庆	4.74	26	0.7576
铁岭	12.15	10	0.2727	伊春	33.67*	2	0.0303
朝阳	12.42	9	0.2424	佳木斯	3.48	29	0.8485
葫芦岛	8.59	17	0.4848	七台河	28.27	3	0.0606
长春	2.12	32	0.9394	牡丹江	5.12	24	0.6970
吉林	10.50	14	0.3939	黑河	4.92*	25	0.7273
四平	10.61	13	0.3636	绥化*	5.86	22	0.6364

注：带 * 号的数据为缺失数据，采用线性外推法计算而得。

适中指标城乡居民人均可支配收入比的频率价值（2018 年）　　　表 6-5

城市	指标值	排序	频率价值	城市	指标值	排序	频率价值
沈阳	266.51	1	0.0000	辽源	197.27	21	0.6061
大连	240.56	3	0.0606	通化	216.30	14	0.3939
鞍山	220.72	11	0.3030	白山	212.31	16	0.4545
抚顺	227.88	8	0.2121	松原	228.66	6	0.1515
本溪	213.11	15	0.4242	白城	237.58	5	0.1212
丹东	193.49	23	0.6667	哈尔滨	223.38	9	0.2424
锦州	211.19	17	0.4848	齐齐哈尔	183.54	25	0.7273
营口	221.13	10	0.2727	鸡西	130.84	34	1.0000
阜新	205.37	19	0.5455	鹤岗	149.59	33	0.9697
辽阳	216.65	13	0.3636	双鸭山	167.34	32	0.9394
盘锦	228.24	7	0.1818	大庆	257.17	2	0.0303
铁岭	175.91	29	0.8485	伊春	167.75	31	0.9091
朝阳	200.78	20	0.5758	佳木斯	172.49	30	0.8788
葫芦岛	239.36	4	0.0909	七台河	188.58	24	0.6970
长春	218.89	12	0.3333	牡丹江	176.10	28	0.8182
吉林	205.38	18	0.5152	黑河	183.11	26	0.7576
四平	194.30	22	0.6364	绥化	178.71	27	0.7879

最后，均衡考虑范围价值和频率价值，取 $h=0.5$，且指标值均服从均匀分布，利用式（5-1）计算得到指标值价值评价矩阵，计算结果详见表 6-6～表 6-8。

东北地区新型城镇化生存维生态因子指标价值评价矩阵（2018 年）　　　表 6-6

指标	C1	C2	C3	C4	C5	C6	C7	C8	C9	C10	C11
沈阳	0.57	0.47	0.70	0.26	0.80	0.74	0.63	1.00	1.00	1.00	0.68
大连	0.60	0.32	0.49	0.21	0.94	0.82	0.74	0.87	0.69	0.94	0.71
鞍山	0.88	0.28	1.00	0.50	0.64	0.79	0.42	0.77	0.42	0.40	0.90
抚顺	0.29	0.38	0.66	0.12	0.88	0.65	0.53	0.47	0.27	0.55	0.94
本溪	0.46	0.49	0.46	0.23	0.83	0.80	0.39	0.41	0.09	0.32	1.00
丹东	0.54	0.55	0.57	0.45	0.71	0.92	0.44	0.36	0.52	0.38	0.55
锦州	0.33	0.53	0.59	0.59	0.58	0.75	0.69	0.64	0.57	0.71	0.41
营口	0.77	0.46	0.95	0.52	0.67	0.83	0.77	0.84	0.51	0.29	0.52
阜新	0.37	0.34	0.83	0.15	0.43	0.49	0.46	0.44	0.44	0.53	0.39
辽阳	0.74	0.40	0.61	0.57	0.92	0.68	0.58	0.75	0.21	0.30	0.95
盘锦	0.85	0.76	0.39	0.42	0.95	0.98	1.00	0.67	0.69	0.18	0.66
铁岭	0.48	0.21	0.64	0.67	0.46	0.59	0.00	0.53	0.39	0.22	0.61
朝阳	0.21	0.42	0.40	0.19	0.54	0.45	0.97	0.39	0.69	0.07	0.31
葫芦岛	0.02	0.26	0.27	0.61	0.40	0.51	0.86	0.60	0.55	0.25	0.69
长春	0.68	0.63	0.51	0.37	0.36	0.85	0.93	0.73	0.82	0.90	0.82

续表

指标	C1	C2	C3	C4	C5	C6	C7	C8	C9	C10	C11
吉林	0.44	0.44	0.36	0.32	0.77	0.93	0.88	0.34	0.63	0.60	0.75
四平	0.34	0.15	0.25	0.30	0.56	0.70	0.84	0.51	0.60	0.41	0.20
辽源	0.08	0.18	0.68	0.78	0.38	0.72	0.69	0.55	0.32	0.15	0.64
通化	0.12	0.66	0.52	0.54	0.32	0.95	0.82	0.30	0.49	0.20	0.50
白山	0.17	0.00	0.11	0.48	0.11	0.63	0.65	0.10	0.02	0.00	0.37
松原	0.52	0.81	0.29	0.17	0.47	0.77	0.95	0.28	0.69	0.03	0.73
白城	0.50	0.08	0.10	0.08	0.73	0.67	0.79	0.15	0.46	0.36	0.16
哈尔滨	0.63	0.24	0.31	0.10	0.95	0.98	0.75	0.43	0.59	0.83	0.46
齐齐哈尔	0.25	0.20	0.19	0.33	0.95	0.87	0.67	0.23	0.36	0.34	0.28
鸡西	0.19	0.30	0.23	0.74	0.51	0.00	0.50	0.17	0.19	0.17	0.44
鹤岗	0.11	0.71	0.05	0.25	0.75	0.22	0.46	0.12	0.25	0.10	0.58
双鸭山	0.23	0.62	0.21	0.36	0.70	0.34	0.11	0.07	0.77	0.02	0.18
大庆	1.00	0.59	0.34	0.72	0.89	0.97	0.19	0.26	0.69	0.49	0.97
伊春	0.41	1.00	0.03	1.00	0.00	0.42	0.32	0.03	0.11	0.11	0.05
佳木斯	0.27	0.68	0.37	0.46	0.85	0.89	0.62	0.13	0.30	0.43	0.12
七台河	0.31	0.51	0.13	0.92	0.79	0.37	0.58	0.24	0.12	0.08	0.88
牡丹江	0.65	0.36	0.17	0.40	0.95	0.90	0.57	0.08	0.17	0.51	0.09
黑河	0.39	0.57	0.00	0.28	0.62	0.61	0.55	0.00	0.14	0.24	0.00
绥化	0.00	0.11	0.08	0.00	0.49	0.56	0.07	0.33	0.35	0.11	0.21

东北地区新型城镇化发展维生态因子指标价值评价矩阵（2018 年） 表 6-7

指标	C12	C13	C14	C15	C16	C17	C18	C19	C20	C21	C22	C23	C24	C25
沈阳	0.74	0.91	0.67	0.83	0.71	0.89	0.87	0.66	0.70	1.00	1.00	0.88	0.57	0.74
大连	1.00	1.00	0.90	0.64	0.98	1.00	1.00	1.00	1.00	0.85	0.91	0.83	0.50	1.00
鞍山	0.45	0.58	0.62	0.73	0.49	0.55	0.55	0.78	0.58	0.41	0.16	0.33	0.81	0.34
抚顺	0.51	0.39	0.51	0.09	0.65	0.58	0.51	0.38	0.36	0.47	0.50	0.31	0.27	0.18
本溪	0.47	0.41	0.10	0.49	0.58	0.45	0.52	0.35	0.54	0.81	0.52	0.93	0.45	0.14
丹东	0.26	0.28	0.03	0.69	0.25	0.48	0.39	0.47	0.38	0.25	0.40	0.39	0.74	0.42
锦州	0.33	0.45	0.83	0.53	0.33	0.37	0.42	0.28	0.30	0.36	0.23	0.44	0.59	0.49
营口	0.58	0.65	0.74	0.47	0.62	0.46	0.65	0.63	0.42	0.59	0.63	0.27	0.54	0.17
阜新	0.04	0.23	0.87	0.60	0.06	0.20	0.26	0.90	0.05	0.44	0.35	0.47	0.91	0.07
辽阳	0.41	0.56	0.78	0.16	0.55	0.24	0.59	0.40	0.40	0.73	0.61	0.24	0.47	0.36
盘锦	0.81	0.71	0.74	0.21	0.89	0.62	0.92	0.19	0.35	0.75	0.69	0.70	0.31	0.32
铁岭	0.00	0.25	0.12	0.32	0.08	0.17	0.13	0.42	0.14	0.00	0.11	0.29	0.70	0.38
朝阳	0.10	0.21	0.40	0.55	0.11	0.13	0.21	0.03	0.07	0.21	0.31	0.54	0.97	0.09
葫芦岛	0.22	0.35	0.95	0.24	0.29	0.30	0.37	0.70	0.16	0.15	0.12	0.36	0.69	0.47
长春	0.89	0.77	1.00	0.38	0.87	0.72	0.70	0.75	0.44	0.63	0.80	1.00	0.87	0.64

续表

指标	C12	C13	C14	C15	C16	C17	C18	C19	C20	C21	C22	C23	C24	C25
吉林	0.55	0.37	0.24	0.87	0.45	0.64	0.31	0.49	0.47	0.61	0.78	0.59	1.00	0.45
四平	0.14	0.32	0.53	0.57	0.17	0.28	0.02	0.08	0.00	0.28	0.33	0.62	0.72	0.15
辽源	0.53	0.48	0.00	0.34	0.60	0.35	0.06	0.57	0.20	0.19	0.45	0.57	0.85	0.27
通化	0.31	0.27	0.33	0.67	0.37	0.33	0.34	0.31	0.24	0.31	0.58	0.49	0.61	0.69
白山	0.60	0.16	0.40	0.40	0.56	0.43	0.17	0.44	0.49	0.70	0.73	0.67	0.40	0.26
松原	0.49	0.31	0.44	0.86	0.35	0.50	0.10	0.23	0.12	0.00	0.37	0.52	0.78	0.00
白城	0.20	0.07	0.21	0.43	0.24	0.26	0.23	0.10	0.09	0.03	0.48	0.73	0.43	0.44
哈尔滨	0.67	0.46	0.61	1.00	0.43	0.76	0.48	0.87	0.56	0.89	0.59	0.85	0.63	0.61
齐齐哈尔	0.08	0.13	0.85	0.61	0.05	0.19	0.04	0.21	0.27	0.32	0.14	0.00	0.76	0.24
鸡西	0.16	0.09	0.58	0.15	0.15	0.22	0.19	0.50	0.02	0.66	0.54	0.10	0.34	0.29
鹤岗	0.12	0.04	0.55	0.00	0.21	0.14	0.32	0.26	0.31	0.96	0.71	0.04	0.67	0.31
双鸭山	0.28	0.06	0.64	0.19	0.13	0.04	0.15	0.53	0.19	0.57	0.00	0.02	0.36	0.12
大庆	0.94	0.50	0.36	0.06	1.00	0.80	0.63	0.97	0.33	0.53	0.89	0.74	0.95	0.21
伊春	0.02	0.02	0.79	0.13	0.02	0.06	0.02	0.06	0.51	0.46	0.29	0.13	0.00	0.05
佳木斯	0.35	0.11	0.47	0.30	0.19	0.41	0.12	0.33	0.17	0.68	0.47	0.22	0.30	0.02
七台河	0.23	0.20	0.70	0.45	0.30	0.11	0.44	0.55	0.22	0.38	0.26	0.15	0.24	0.10
牡丹江	0.43	0.14	0.12	0.71	0.41	0.53	0.28	0.60	0.26	0.56	0.75	0.42	0.38	0.40
黑河	0.18	0.00	0.97	0.11	0.00	0.05	0.00	0.24	0.02	0.14	0.42	0.07	0.20	0.22
绥化	0.06	0.18	0.79	0.04	0.09	0.08	0.00	0.00	0.10	0.05	0.20	0.17	0.89	0.03

东北地区新型城镇化竞争维生态因子指标价值评价矩阵（2018年） 表 6-8

指标	C26	C27	C28	C29	C30	C31	C32	C33	C34	C35	C36
沈阳	0.65	0.76	0.71	0.93	0.98	0.83	0.87	0.90	0.72	0.00	0.50
大连	0.94	0.76	0.55	1.00	0.85	0.67	0.80	0.79	0.81	0.13	0.24
鞍山	0.67	0.74	0.63	0.48	0.47	0.05	0.27	0.46	0.79	0.32	0.76
抚顺	0.39	0.76	0.95	0.75	0.00	0.36	0.54	0.76	0.68	0.25	1.00
本溪	1.00	0.76	0.80	0.35	0.31	0.03	0.84	0.69	0.93	0.41	0.82
丹东	0.43	0.76	0.16	0.70	0.89	0.38	0.73	0.31	0.34	0.60	0.74
锦州	0.61	0.57	0.83	0.68	0.80	0.22	0.14	0.26	0.70	0.45	0.60
营口	0.55	0.00	0.18	0.28	0.92	0.19	0.36	0.41	0.41	0.30	0.63
阜新	0.72	0.76	0.92	0.00	0.16	0.32	1.00	0.43	0.43	0.50	0.68
辽阳	0.81	0.76	0.94	0.62	0.12	0.17	0.41	0.54	0.64	0.37	0.80
盘锦	0.83	0.76	0.90	0.86	0.71	0.42	0.89	0.87	0.21	0.23	0.22
铁岭	0.32	0.76	0.95	0.52	0.45	0.10	0.46	0.03	0.74	0.76	0.57
朝阳	0.18	0.76	0.72	0.50	0.29	0.44	0.66	0.08	0.50	0.53	0.38
葫芦岛	0.45	0.63	0.88	0.66	0.73	0.02	0.34	0.35	0.96	0.15	0.54

续表

指标	C26	C27	C28	C29	C30	C31	C32	C33	C34	C35	C36
长春	0.76	0.65	0.61	0.97	0.78	0.53	0.37	0.65	0.98	0.34	0.00
吉林	0.63	0.42	0.85	0.60	0.20	0.50	0.32	0.48	0.59	0.48	0.46
四平	0.49	0.41	0.47	0.58	0.23	1.00	0.77	0.15	1.00	0.58	0.30
辽源	0.53	0.76	0.49	0.72	0.96	0.87	0.48	0.38	0.06	0.56	0.48
通化	0.49	0.50	0.74	0.55	0.61	0.34	0.82	0.11	0.23	0.38	0.37
白山	0.14	0.33	0.44	0.88	0.42	0.89	0.94	0.50	0.00	0.43	0.52
松原	0.47	0.76	0.82	0.98	0.67	0.58	0.67	0.13	0.28	0.22	0.05
白城	0.37	0.76	0.68	0.79	0.69	0.72	0.91	0.20	0.48	0.17	0.10
哈尔滨	0.41	0.39	0.78	0.95	0.94	0.61	0.50	0.62	0.85	0.28	0.34
齐齐哈尔	0.58	0.59	0.95	0.53	0.98	0.24	0.05	0.18	0.62	0.67	0.42
鸡西	0.59	0.35	0.00	0.64	0.09	0.30	0.00	1.00	0.88	1.00	0.70
鹤岗	0.74	0.26	0.38	0.40	0.40	0.00	0.61	0.67	0.83	0.92	0.26
双鸭山	0.85	0.76	0.95	0.41	0.03	0.48	0.22	0.29	0.36	0.84	0.40
大庆	0.87	0.69	0.76	0.22	0.85	0.49	0.12	0.11	0.56	0.07	0.22
伊春	0.30	0.08	0.59	0.14	0.53	0.28	0.97	0.73	0.46	0.82	0.56
佳木斯	0.78	0.56	0.51	0.91	0.39	0.27	0.43	0.28	0.91	0.79	0.12
七台河	0.89	0.76	0.67	0.22	0.75	0.08	0.56	0.71	0.77	0.64	0.32
牡丹江	0.22	0.67	0.22	0.81	0.50	0.15	0.29	0.33	0.75	0.74	0.45
黑河	0.70	0.76	0.64	0.83	0.53	0.68	0.75	0.00	0.58	0.69	0.06
绥化	0.00	0.76	0.29	0.77	0.64	0.56	0.63	0.05	0.53	0.72	0.16

步骤2：采用熵权法确定生态位因子指标权重，利用式（5-2）计算得到指标权重 w_j，详见表6-9。

东北地区新型城镇化适宜度指标权重（2018年） 表6-9

目标	评价维度	生态位因子	指标构成	权重
新型城镇化生态位适宜度	生存维 0.2880	基础设施因子 0.1384	人均城市道路面积(m²/人)	0.0294
			人均公园绿地面积(m²/人)	0.0227
			建成区占市辖区面积比重(%)	0.0347
			人均居住区面积(m²/人)	0.0269
			用水普及率(%)	0.0136
			燃气普及率(%)	0.0111
		人口因子 0.1496	人口自然增长率(‰)	0.0175
			全市人口密度(人/km²)	0.0344
			户籍人口增长率(%)	0.0263
			每万人在校大学生数(人/万人)	0.0441
			第二产业从业人员比重(%)	0.0272

续表

目标	评价维度	生态位因子	指标构成	权重
新型城镇化生态位适宜度	发展维 0.4646	经济发展因子 0.2535	人均GDP(元/人)	0.0400
			地均GDP(亿元/km²)	0.0412
			GDP增长率(%)	0.0249
			第三产业产值占GDP比重(%)	0.0322
			人均工业产值(万元/人)	0.0417
			人均社会消费品零售总额(元/人)	0.0335
			人均公共财政收入(元/人)	0.0401
		社会发展因子 0.2111	每万人口拥有公共交通车辆(辆/万人)	0.0313
			每百人公共图书馆藏书(册/百人)	0.0379
			每千人拥有床位数(张/千人)	0.0280
			每千人拥有医生数(名/千人)	0.0232
			每千人拥有教师数(名/千人)	0.0344
			教育支出占公共财政支出的比重(%)	0.0161
			科学技术支出占公共财政支出的比重(%)	0.0401
	竞争维 0.2474	生态环境因子 0.1224	建成区绿化覆盖率(%)	0.0161
			生活垃圾无害化处理率(%)	0.0121
			污水处理厂集中处理率(%)	0.0150
			单位GDP二氧化硫排放量(吨/亿元)	0.0144
			一般工业固体废物综合利用率(%)	0.0258
			环境保护支出占公共财政支出的比重(%)	0.0389
		公平因子 0.1250	全市与市辖区人均GDP之比(%)	0.0231
			全市与市辖区人均拥有床位数之比(%)	0.0325
			全市与市辖区中小学师生比之比(%)	0.0176
			城乡居民人均可支配收入比(%)	0.0245
			社保和就业支出占公共财政支出的比重(%)	0.0274

步骤3：采用灰色关联度法计算生态位适宜度，利用式（5-3）分别计算得到三个维度和城市总体生态位适宜度的评价结果，详见表6-10～表6-13。

东北地区新型城镇化生存维生态位适宜度评价结果（2018年） 表6-10

城市	基础设施因子		人口因子		生存维	
	适宜度	排序	适宜度	排序	适宜度	排序
沈阳	0.0772	8	0.1315	1	0.2087	1
大连	0.0750	11	0.1114	3	0.1864	3
鞍山	0.0972	1	0.0866	7	0.1838	4
抚顺	0.0709	20	0.0837	11	0.1546	12
本溪	0.0716	19	0.0789	14	0.1505	13

续表

城市	基础设施因子 适宜度	排序	人口因子 适宜度	排序	生存维 适宜度	排序
丹东	0.0774	7	0.0707	21	0.1482	15
锦州	0.0732	15	0.0855	9	0.1587	10
营口	0.0933	3	0.0832	12	0.1766	7
阜新	0.0705	22	0.0723	18	0.1428	19
辽阳	0.0832	6	0.0860	8	0.1693	8
盘锦	0.0906	4	0.0875	5	0.1781	6
铁岭	0.0723	17	0.0680	23	0.1403	21
朝阳	0.0606	30	0.0750	17	0.1356	26
葫芦岛	0.0601	32	0.0812	13	0.1413	20
长春	0.0752	10	0.1139	2	0.1891	2
吉林	0.0709	21	0.0868	6	0.1576	11
四平	0.0606	29	0.0762	16	0.1368	25
辽源	0.0723	16	0.0721	19	0.1445	17
通化	0.0723	18	0.0710	20	0.1433	18
白山	0.0558	33	0.0582	32	0.1140	33
松原	0.0705	23	0.0788	15	0.1493	14
白城	0.0606	31	0.0673	24	0.1279	28
哈尔滨	0.0747	13	0.0885	4	0.1632	9
齐齐哈尔	0.0679	24	0.0659	25	0.1337	27
鸡西	0.0628	26	0.0612	30	0.1240	30
鹤岗	0.0616	28	0.0618	28	0.1234	31
双鸭山	0.0633	25	0.0616	29	0.1249	29
大庆	0.0968	2	0.0844	10	0.1813	5
伊春	0.0847	5	0.0524	34	0.1371	24
佳木斯	0.0745	14	0.0641	26	0.1386	23
七台河	0.0748	12	0.0702	22	0.1450	16
牡丹江	0.0756	9	0.0633	27	0.1389	22
黑河	0.0623	27	0.0569	33	0.1192	32
绥化	0.0520	34	0.0587	31	0.1107	34

东北地区新型城镇化发展维生态位适宜度评价结果（2018年） 表6-11

城市	经济发展因子 适宜度	排序	社会发展因子 适宜度	排序	发展维 适宜度	排序
沈阳	0.1859	2	0.1568	2	0.3427	2
大连	0.2342	1	0.1842	1	0.4184	1

续表

城市	经济发展因子		社会发展因子		发展维	
	适宜度	排序	适宜度	排序	适宜度	排序
鞍山	0.1358	8	0.1073	10	0.2432	8
抚顺	0.1256	11	0.0921	23	0.2177	16
本溪	0.1222	14	0.1177	7	0.2398	10
丹东	0.1126	20	0.0986	18	0.2111	20
锦州	0.1232	12	0.0950	20	0.2182	15
营口	0.1411	7	0.1014	16	0.2426	9
阜新	0.1112	21	0.1070	11	0.2182	14
辽阳	0.1268	10	0.1019	15	0.2286	11
盘锦	0.1715	4	0.1068	12	0.2783	6
铁岭	0.0943	34	0.0889	27	0.1833	32
朝阳	0.1014	27	0.0919	24	0.1934	27
葫芦岛	0.1177	15	0.0972	19	0.2149	18
长春	0.1795	3	0.1421	3	0.3217	3
吉林	0.1310	9	0.1199	6	0.2509	7
四平	0.1053	24	0.0897	25	0.1950	24
辽源	0.1146	18	0.1002	17	0.2148	19
通化	0.1136	19	0.1034	14	0.2170	17
白山	0.1165	16	0.1103	8	0.2268	12
松原	0.1229	13	0.0878	28	0.2107	21
白城	0.1002	28	0.0942	21	0.1944	25
哈尔滨	0.1519	6	0.1389	4	0.2907	5
齐齐哈尔	0.1073	23	0.0864	31	0.1937	26
鸡西	0.0988	30	0.0931	22	0.1920	29
鹤岗	0.0979	32	0.1074	9	0.2053	22
双鸭山	0.0991	29	0.0867	30	0.1858	30
大庆	0.1672	5	0.1317	5	0.2989	4
伊春	0.0965	33	0.0848	32	0.1813	33
佳木斯	0.1034	26	0.0896	26	0.1930	28
七台河	0.1109	22	0.0868	29	0.1976	23
牡丹江	0.1161	17	0.1043	13	0.2204	13
黑河	0.1050	25	0.0808	34	0.1858	31
绥化	0.0980	31	0.0824	33	0.1805	34

东北地区新型城镇化竞争维生态位适宜度评价结果（2018年）　　　表 6-12

城市	生态环境因子		公平因子		竞争维	
	适宜度	排序	适宜度	排序	适宜度	排序
沈阳	0.0990	1	0.0784	5	0.1774	1
大连	0.0928	3	0.0718	8	0.1646	2
鞍山	0.0635	29	0.0663	15	0.1298	28
抚顺	0.0697	20	0.0818	4	0.1515	5
本溪	0.0699	19	0.0844	2	0.1543	4
丹东	0.0732	14	0.0678	14	0.1409	14
锦州	0.0719	15	0.0593	28	0.1312	27
营口	0.0618	30	0.0590	29	0.1208	34
阜新	0.0675	24	0.0752	7	0.1428	11
辽阳	0.0704	18	0.0682	12	0.1386	18
盘锦	0.0835	4	0.0718	9	0.1553	3
铁岭	0.0676	23	0.0649	19	0.1325	22
朝阳	0.0645	28	0.0589	30	0.1234	32
葫芦岛	0.0684	22	0.0638	21	0.1322	24
长春	0.0809	8	0.0659	17	0.1469	10
吉林	0.0655	26	0.0606	23	0.1260	30
四平	0.0786	11	0.0700	11	0.1487	9
辽源	0.0929	2	0.0584	32	0.1513	6
通化	0.0646	27	0.0587	31	0.1233	33
白山	0.0745	12	0.0679	13	0.1423	12
松原	0.0825	6	0.0519	34	0.1344	21
白城	0.0799	9	0.0598	26	0.1397	15
哈尔滨	0.0835	5	0.0654	18	0.1489	8
齐齐哈尔	0.0810	7	0.0577	33	0.1387	17
鸡西	0.0536	34	0.0960	1	0.1496	7
鹤岗	0.0540	33	0.0777	6	0.1317	26
双鸭山	0.0741	13	0.0611	22	0.1352	20
大庆	0.0715	16	0.0605	24	0.1319	25
伊春	0.0542	32	0.0838	3	0.1380	19
佳木斯	0.0664	25	0.0659	16	0.1324	23
七台河	0.0714	17	0.0704	10	0.1419	13
牡丹江	0.0599	31	0.0644	20	0.1243	31
黑河	0.0792	10	0.0602	25	0.1394	16
绥化	0.0696	21	0.0593	27	0.1289	29

东北地区新型城镇化生态位适宜度评价结果（2018年） 表6-13

城市	适宜度	排序	城市	适宜度	排序	城市	适宜度	排序
沈阳	0.7288	2	朝阳	0.4523	31	鸡西	0.4655	25
大连	0.7695	1	葫芦岛	0.4883	18	鹤岗	0.4604	28
鞍山	0.5568	7	长春	0.6576	3	双鸭山	0.4458	32
抚顺	0.5238	12	吉林	0.5346	11	大庆	0.6121	4
本溪	0.5446	8	四平	0.4805	23	伊春	0.4564	29
丹东	0.5002	16	辽源	0.5106	13	佳木斯	0.4640	26
锦州	0.5081	14	通化	0.4835	21	七台河	0.4846	19
营口	0.5399	9	白山	0.4831	22	牡丹江	0.4837	20
阜新	0.5038	15	松原	0.4945	17	黑河	0.4444	33
辽阳	0.5365	10	白城	0.4620	27	绥化	0.4201	34
盘锦	0.6116	5	哈尔滨	0.6029	6			
铁岭	0.4561	30	齐齐哈尔	0.4661	24			

步骤4：利用式（5-4）计算得到新型城镇化生态位的进化动量结果，详见表6-14。

东北地区新型城镇化生态位进化动量结果（2018年） 表6-14

城市	进化动量	排序	城市	进化动量	排序	城市	进化动量	排序
沈阳	0.4929	33	朝阳	0.7819	6	鸡西	0.7929	5
大连	0.4763	34	葫芦岛	0.7369	16	鹤岗	0.7807	8
鞍山	0.6586	28	长春	0.5507	32	双鸭山	0.8019	3
抚顺	0.7024	22	吉林	0.6630	27	大庆	0.6236	29
本溪	0.6765	25	四平	0.7563	12	伊春	0.8209	2
丹东	0.7108	21	辽源	0.7210	20	佳木斯	0.7538	13
锦州	0.6958	23	通化	0.7304	19	七台河	0.7456	14
营口	0.6849	24	白山	0.7653	11	牡丹江	0.7389	15
阜新	0.7338	17	松原	0.7311	18	黑河	0.8017	4
辽阳	0.6716	26	白城	0.7774	9	绥化	0.8421	1
盘锦	0.6003	31	哈尔滨	0.6068	30			
铁岭	0.7812	7	齐齐哈尔	0.7678	10			

2. 结果分析

（1）生存维结果分析

从表6-9的指标权重可以看出，生存维占适宜度的权重比例为28.80%，介于发展维46.46%与竞争维24.74%之间，其中基础设施生态因子权重为0.1384、人口生态因子权重为0.1496。

在基础设施因子中，指标平均权重为0.0231，燃气普及率的权重为0.0111，是所有指标权重的最小值，说明该指标在东北地区城市间的差异最小，指标包含的信息量最少；

用水普及率的权重为 0.0136，是所有指标权重的第三小值；建成区占市辖区面积比重的权重为 0.0347，是基础设施因子中权重最大的，说明该指标在东北地区城市间的差异大，能够较好地反映出基础设施间的差异。

燃气普及率和用水普及率用来衡量一座城市城镇化建设的基础，东北地区城市的燃气普及率和用水普及率均值是 91.61% 和 97.31%，均处于较高水平，其中辽宁省的均值是 94.73% 和 98.04%，吉林省的均值是 97.47% 和 95.56%，黑龙江省的均值是 84.06% 和 97.63%。

随着城市对人口数量指标的需求，许多城市范围不断扩张，扩区或撤县（市）设区吸收农业人口，导致建成区占市辖区面积比重越来越低，城镇化建设浮于人口层面，城市基础设施建设落后，而建成区占市辖区面积比重可用来衡量城镇化发展的深度。东北地区建成区占市辖区面积比重均值为 6.54%，最大值大连市为 21.97%，最小值黑河市仅为 0.14%，相差 157 倍；辽宁省城镇化发展深度最好，均值是 10.47%，吉林省次之 5.34%，黑龙江省最差仅为 2.74%，辽宁省是黑龙江省的 3.8 倍，吉林省的近 2 倍。

在人口因子中，指标平均权重为 0.0299，人口自然增长率的权重为 0.0175，是人口因子指标权重中的最小值，说明该指标在东北地区城市间的差异小；每万人在校大学生数的权重为 0.0441，是所有指标权重的最大值，说明该指标在东北地区城市间的差异最大，指标包含的信息量最多。

人口自然增长率用来衡量城市人口发展的速度和趋势，东北地区城市人口自然增长率均值为 −1.42‰，其中仅吉林省均值为 +1.21‰，辽宁省的均值为 −1.16‰，黑龙江省为 −3.49‰，均远远低于全国人口自然增长率 3.81‰，说明东北地区城市间人口自然增长率虽差距不大，但均处于较低水平，是其城镇化发展的瓶颈。

每万人在校大学生数用来衡量城市人口的素质、科教文化水平和高级劳动力储备情况，东北地区高等教育集中度高、差异大，主要集中在沈阳市（692.83 人/万人）、大连市（626.41 人/万人）、长春市（595.18 人/万人）、哈尔滨市（529.06 人/万人）四个副省级城市，地级市中最好的锦州市每万人在校大学生 382.57 人，最差的白山市每万人仅 10.20 人，沈阳市是白山市的近 68 倍，34 座城市中有 19 座每万人在校大学生数未过 100 人，占比 55.88%。辽宁省均值最高 200.42 人，吉林省 150.70 人，黑龙江省最低 112.57 人，辽宁省是黑龙江省的 1.78 倍，省间差距也大。

从表 6-10 的评价结果可以看出，基础设施因子适宜度排名前十的城市分布在辽宁省 60%、黑龙江省 30% 以及长春市，鞍山市（0.0972）、大庆市（0.0968）和营口市（0.0933）位列前三，沈阳市（0.0772）和长春市（0.0752）仅列第八和第十位。排名后十的城市分布在黑龙江省 50%、吉林省 30% 和辽宁省 20%，绥化市（0.0520）、白山市（0.0558）和葫芦岛市（0.0601）位列后三。基础设施因子适宜度的均值为 0.0724，其中辽宁省表现最好均值为 0.0767 高于均值，黑龙江省次之 0.0709，吉林省最后 0.0673。排名首位的鞍山市基础设施因子适宜度（0.0972）是末位绥化市（0.0520）的 1.87 倍，差距不大，城市间表现均衡。

人口因子适宜度排名前十的城市分布在辽宁省 60%、吉林省和黑龙江省各 20%，沈阳市（0.1315）、长春市（0.1139）、大连市（0.1114）和哈尔滨市（0.0885）四个副省级城市位列前四，第四位的哈尔滨市与前三位差距较大，中心城市和经济发展良好的城市人口因子表现突出。排名后十的城市集中在黑龙江省90%及吉林省的白山市，黑龙江省城市缺乏人口吸引力，整体表现较差，伊春市（0.0524）、黑河市（0.0569）和白山市（0.0582）位列后三。人口因子适宜度的均值是0.0769，其中辽宁省的均值为0.0858，吉林省的均值为0.0780，黑龙江省的均值为0.0658，黑龙江省除哈尔滨市和大庆市（0.0844）均低于均值。排名首位的沈阳市人口因子适宜度（0.1315）是末位伊春市（0.0524）的2.50倍，差距较大。

综合基础设施因子和人口因子，生存维适宜度排名前十的城市主要集中在辽宁省70%，以及长春市、哈尔滨市两个副省级城市和大庆市。排名后十的城市主要分布在黑龙江省60%、吉林省30%以及朝阳市。生存维适宜度均值为0.1493，其中辽宁省表现最好均值为0.1625高于东北地区均值，吉林省次之0.1453，黑龙江省0.1367整体水平偏低。排名首位的沈阳市生存维适宜度（0.2087）是末位绥化市（0.1107）的1.88倍，差距不大，城市间表现均衡。评价结果详见图6-1。

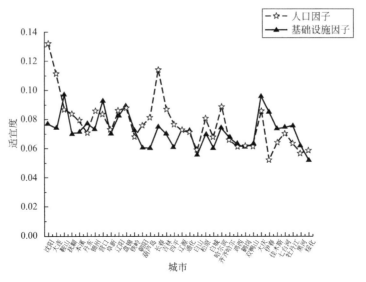

图6-1 东北地区新型城镇化生存维生态位适宜度评价结果图（2018年）

（2）发展维结果分析

从表6-9的指标权重可以看出，发展维占适宜度的权重比例为46.46%，是三个评价维度中权重最大的，其中经济发展生态因子权重为0.2535、社会发展生态因子权重为0.2111，排在六大生态位因子的前两位，说明东北地区城市城镇化发展不均衡，经济和社会差异大。

在经济发展因子中，指标平均权重为0.0362，人均工业产值的权重为0.0417，是经济发展中权重最大值，在所有指标中排名第二，说明该指标在东北地区城市间的差异大，能够较好地反映出经济发展的差异；GDP增长率的权重为0.0249，是经济发展中权重最小值，说明该指标在东北地区城市间的差异小；地均 GDP、人均 GDP 和人均公共财政收入的权重分别为 0.0412、0.0400 和 0.0401，分别排在所有指标的第三、四、六位，均表明城市间差异较大。

人均工业产值能够反映城市实体经济发展的健康状况，东北地区是全国的装备制造业基地，工业基础雄厚，但发展不均衡。东北地区人均工业产值均值为每人 1.88 万元，其中辽宁省的均值是每人 2.26 万元，吉林省的均值是 2.06 万元，黑龙江省的均值是 1.33 万元，黑龙江省仅占辽宁省的 58.85%，省域之间差异较大；辽宁省最高的大连市人均工业产值 5.45 万是最低的阜新市 0.66 万的 8.26 倍，吉林省的长春市 4.67 万是四平市 0.82 万的 5.70 倍，黑龙江省的大庆市 5.54 万是黑河市 0.50 万的 11.08 倍，可见各省内的差距也很大。该指标表现较好的是工业城市和资源型城市，如大庆市、大连市、盘锦市、长春市和沈阳市；表现较差的是非工业城市和资源枯竭型城市，如黑河市、伊春市、齐齐哈尔市、阜新市和铁岭市。

GDP 增长率用来衡量城市经济发展的速度，能够最直接地反映经济发展状况。东北地区城市的 GDP 增长率均值是 4.52%，低于全国的 6.6%，其中辽宁省城市的均值是 4.70%，吉林省的均值是 3.51%，黑龙江省的均值是 5%。34 座城市中仅有长春市（7.2%）、黑河市（7%）和葫芦岛市（6.9%）增速超过了全国水平，其余 31 市均低于全国水平，增长率排名后五位的城市是辽源市（0.3%）、丹东市（0.44%）、本溪市（1.2%）、牡丹江市（1.3%）和铁岭市（1.3%）均未超过 2%。人均 GDP 和地均 GDP 用来衡量城市经济发展中 GDP 与人口数量和土地面积的均衡程度，能够反映城市经济发展的质量。东北地区城市间人均 GDP 和地均 GDP 均值为每人 47133.09 元和每平方公里 1135.24 万元，其中辽宁省的均值是每人 50275.36 元和每平方公里 1826.96 万元，吉林省的均值是每人 50952.63 元和每平方公里 992.99 万元，黑龙江省的均值是每人 40920.75 元和每平方公里 423.08 万元。辽宁省与吉林省的人均 GDP 相近，黑龙江省略小，人均 GDP 排名前五的城市是大连市（109550 元）、大庆市（102639 元）、长春市（95663 元）、盘锦市（84602 元）和沈阳市（75766 元），大连、长春和沈阳是副省级城市，传统的经济中心城市，大庆和盘锦是资源型城市；排名后五位的是铁岭市（23517 元）、伊春市（23827 元）、阜新市（25340 元）、绥化市（25841 元）和齐齐哈尔市（26271 元），前五位城市的均值是后五位的 3.75 倍，差异明显。地均 GDP 黑龙江省仅为辽宁省的 23.16%，排在第一位的大连市（5790.16 万元）是最后一位黑河市（72.84 万元）的 79.49 倍，黑龙江省地均 GDP 最高的大庆市（1320.12 万元）也仅占大连市的 22.80%，表明地均 GDP 省间、市间差距明显，黑龙江省地广人稀、劣势较大、评价值相对落后。

在社会发展因子中，指标平均权重为 0.0302，科学技术支出占公共财政支出比重的权重为 0.0401，是社会发展中权重最大值，在所有指标中排名第四，说明该指标在东北地区城市间的差异较大，能够较好地反映出社会发展的差异；教育支出占公共财政支出比重的权重为 0.0161，是社会发展中权重最小值，说明该指标在东北地区城市间的差异较小；每百人公共图书馆藏书、每千人拥有教师数和每万人拥有公共交通车辆的权重分别为 0.0379、0.0344 和 0.0313，权重均超过 0.0302，说明城市间差异较大。

科学技术支出占公共财政支出的比重用来衡量城市科学技术支出的比例和趋势，能够反映城市社会发展的科技驱动力。东北地区城市科学技术支出占公共财政支出比重均值为0.52%，其中辽宁省均值为0.65%，吉林省均值为0.59%，黑龙江省均值为0.30%，黑龙江省与辽宁和吉林两省的差距明显，仅占其一半左右。该指标排名第一位的大连市（3.56%）是排名第二位的沈阳市（1.88%）的1.89倍，优势明显，东北地区还有通辽市（1.63%）、长春市（1.36%）和哈尔滨市（1.24%）三市该指标超过1%，排名第六位的锦州市（0.53）仅占排名第五位的哈尔滨市的42.74%，差距明显。排名前五位的城市有四座副省级城市，表明副省级城市更加注重科技积累，尤其是大连市。排名最后一位的松原市仅占公共财政支出的0.07%，是大连市的1.97%，若按实际支出金额计算差距更大。

教育支出占公共财政支出的比重用来衡量城市教育支出的比例和趋势，能够反映城市社会发展的教育驱动力。东北地区城市教育支出占公共财政支出比重均值为11.78%，其中辽宁省均值为12.05%，吉林省均值为12.80%，黑龙江省均值为10.46%，辽宁和吉林两省略高于均值，黑龙江省略低于，省间相对均衡。该指标排名前五位的城市分别是吉林市（15.29%）、朝阳市（14.98%）、大庆市（14.80%）、阜新市（14.41%）和绥化市（14.28%），排名后五位的城市分别是伊春市（4.64%）、黑河市（8.50%）、七台河市（9.08%）、抚顺市（9.52%）和佳木斯市（9.63%），除伊春市偏少外，前五名的均值（14.75%）是后五名（8.27%）的1.78倍。

从表6-11的评价结果可以看出，经济发展因子适宜度排名前十的城市分布在辽宁省60%、吉林省20%以及黑龙江省20%，大连市（0.2342）位于首位是第二位沈阳市（0.1859）的1.30倍优势较大、第三位是长春市（0.1795），哈尔滨市（0.1519）仅列第六位，副省级城市经济发展优势明显。排名后十的城市分布在黑龙江省70%、辽宁省20%以及吉林省的白城市，铁岭市（0.0943）、伊春市（0.0965）和鹤岗市（0.0979）位列后三。经济发展因子适宜度的均值为0.1247，其中辽宁省表现最好均值为0.1360高于东北地区均值，吉林省次之0.1230，黑龙江省最后0.1127仅为辽宁省的82.87%，省间差距明显。排名首位的大连市经济发展因子适宜度是末位铁岭市的2.48倍，差距较大，城市间表现不均衡。

社会发展因子适宜度排名前十的城市分布均匀辽宁省占40%、吉林省和黑龙江省各占30%，大连市（0.1842）、沈阳市（0.1568）、长春市（0.1421）、和哈尔滨市（0.1389）四个副省级城市位列前四，大连市表现突出是第四位哈尔滨市的1.33倍。排名后十的城市集中在黑龙江省70%、吉林省20%及辽宁省铁岭市，黑龙江省城市社会发展整体表现较差，黑河市（0.0808）、绥化市（0.0824）和伊春市（0.0848）位列后三。社会发展因子适宜度的均值是0.1049，其中辽宁省的均值为0.1105，吉林省的均值为0.1059，黑龙江省的均值为0.0977低于东北地区均值，是辽宁省的88.50%。排名首位的大连市社会发展因子适宜度是末位黑河市的2.28倍，副省级城市的均值（0.1555）是地级市（0.0982）的1.58倍，城市间差距较大。

综合经济发展因子和社会发展因子，发展维适宜度排名前十的城市主要集中在辽宁省60%，以及吉林省的长春市和吉林市，黑龙江省的哈尔滨市和大庆市。排名后十的城市主要分布在黑龙江省70%、辽宁省的铁岭市和朝阳市以及吉林省的白城市。发展维适宜度均值为0.2296，其中辽宁省表现最好均值为0.2464高于东北地区均值，吉林省次之0.2289，黑龙江省0.2104整体水平偏低。大连市发展维适宜度（0.4184）表现突出，是排名第二位的沈阳市（0.3427）的1.22倍，是末位绥化市（0.1805）的2.32倍，城市间表现不均衡。评价结果详见图6-2。

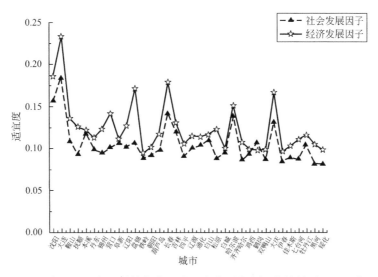

图6-2 东北地区新型城镇化发展维生态位适宜度评价结果图（2018年）

（3）竞争维结果分析

从表6-9的指标权重可以看出，竞争维占适宜度的权重比例为24.74%，是三个评价维度中权重最小的，其中生态环境生态因子权重为0.1224、公平生态因子权重为0.1250，排在六大生态位因子的后两位，说明东北地区城市竞争维度均衡，生态环境和社会公平差异小。

在生态环境因子中，指标平均权重为0.0204，环境保护支出占公共财政支出比重的权重为0.0389，是生态环境中权重最大值，说明该指标在东北地区城市间的差异大，能够较好地反映出生态环境的差异；生活垃圾无害化处理率的权重为0.0121，是生态环境中权重最小值，在所有指标中排名倒数第二，说明该指标在东北地区城市间的差异小；建成区绿化覆盖率、污水处理厂集中处理率和单位GDP二氧化硫排放量的权重分别为0.0161、0.0150和0.0144，均低于0.0204，在所有指标中排名靠后，表明城市间差异较小。

环境保护支出占公共财政支出的比重用来衡量城市环保支出的比例和趋势，能够反映城市发展的环保竞争力。东北地区城市环保支出占公共财政支出比重的均值为1.82%，其中辽宁省均值为1.5%，吉林省均值为2.83%，黑龙江省均值为1.53%，辽宁和黑龙江两省指标值相近，均低于东北地区平均值，吉林省分别为辽宁省和黑龙江省的1.89倍和1.85倍，优势明显。该指标排名前五位的城市分别是四平市（4.48%）、白山市（3.77%）、辽源市（3.75%）、沈阳市（3.56%）和白城市（2.80%），除沈阳市外均为吉林省地级市；排名后五位的城市分别是鹤岗市（0.74%）、葫芦岛市（0.75%）、本溪市（0.75%）、鞍山市（0.79%）和七台河市（0.87%），前五名的均值（3.67%）是后五名

(0.78%)的4.71倍，城市间差距较大。

生活垃圾无害化处理率用来衡量城市环境友好的重要指标。东北地区城市生活垃圾无害化处理率均值为94.28%，其中辽宁省均值为96.76%，吉林省均值为93.31%，黑龙江省均值为92.03%，均超过90%，说明东北地区生活垃圾无害化处理率高，省间均衡。东北地区有24座城市该指标超过90%，占比高达70.59%，说明城市间差异不大，均处于较高水平。

在公平因子中，指标平均权重为0.0250，全市与市辖区人均拥有床位数之比的权重为0.0325，是公平因子中权重最大值，说明该指标在东北地区城市间的差异大，能够较好地反映出社会公平的差异；全市与市辖区中小学师生比之比的权重为0.0176，是公平因子中权重最小值，说明该指标在东北地区城市间的差异小；社保和就业支出占公共财政支出比重的权重为0.0274超过了权重均值，表明城市间差异也较大。

全市与市辖区人均拥有床位数之比用来衡量医疗资源城市与农村的差异，能够反映新型城镇化建设中城乡在医疗资源方面的融合程度。东北地区全市与市辖区人均拥有床位数之比的均值为43.60%，其中辽宁省均值为47.01%，吉林省均值为34.02%，黑龙江省均值为46%，该指标是适中指标，100%是城乡融合的最佳状态，辽宁和黑龙江两省指标值接近，均高于均值，吉林省指标值低于均值，三省指标值均远低于最佳值，差距较大。该指标排名前五位的城市分别是鸡西市（104.86%）、沈阳市（80.43%）、盘锦市（78.46%）、大连市（67.23%）和抚顺市（65.24%）；排名后五位的城市分别是黑河市（11.95%）、铁岭市（14.68%）、绥化市（15.96%）、朝阳市（18.15%）和通化市（19.82%）；前五名的均值（79.24%）是后五名（16.11%）的4.92倍，城市间差距较大。

全市与市辖区中小学师生比之比用来衡量教育资源城市与农村的差异，能够反映新型城镇化建设中城乡在教育资源方面的融合程度。东北地区全市与市辖区中小学师生比之比的均值为107.20%，其中辽宁省均值为108.38%，吉林省均值为119.35%，黑龙江省均值为97.93%，该指标是适中指标，100%是城乡融合的最佳状态，黑龙江省最为接近最佳值，距离仅为2.07%，辽宁次之（8.38%），吉林最后（19.35%），省间差距不大。教育资源城乡融合最好的城市是四平市（100.13%），其次是长春市（99.74%）、葫芦岛市（100.64%）、大庆市（99.24%）和本溪市（99.80%），东北地区有19座城市差距在±10%以内，占比55.88%，且城市间差距较小。

从表6-12的评价结果可以看出，生态环境因子适宜度排名前十位的城市分布均匀辽宁省30%、吉林省40%以及黑龙江省30%，沈阳市（0.0990）、辽源市（0.0929）和大连市（0.0928）位列前三。排名后十位的城市分布在黑龙江省50%、辽宁省30%以及吉林省的通化市和吉林市，鸡西市（0.0536）、鹤岗市（0.0540）和伊春市（0.0542）位列后三。生态环境因子适宜度的均值为0.0724，其中吉林省表现最好均值为0.0774值，辽宁省次之0.0731，黑龙江省最后0.0682低于东北地区均值，省间表现均衡。排名首位的沈阳市生态环境因子适宜度是末位鸡西市的1.85倍，城市间表现均衡。

公平因子适宜度排名前十位的城市分布集中在辽宁省60%和黑龙江省40%，鸡西市（0.0960）、本溪市（0.0844）、伊春市（0.0838）位列前三，副省级城市沈阳市（0.0784）

和大连市（0.0718）位列第五和第八位，长春市（0.0659）和哈尔滨市（0.0654）仅列第十七和第十八位。排名后十位的城市分布均匀辽宁省30%、吉林省40%和黑龙江省30%，松原市（0.0519）、齐齐哈尔市（0.0577）和辽源市（0.0584）位列后三。生态环境因子适度的均值为0.0673，其中辽宁省的均值为0.0694，吉林省的均值为0.0616，黑龙江省的均值为0.0685，省间表现均衡。排名首位的鸡西市公平因子适宜度是末位松原市的1.85倍，副省级城市的均值（0.0704）是地级市（0.0669）的1.05倍，城市间发展均衡。公平因子是所有六个因子中省间、城市间差距最小的因子，这是因为公平因子强调的是城乡之间的协调，相对量指标占比大，绝对量指标占比小，例如鸡西市城镇常住居民可支配收入（28051元/人）为哈尔滨市（37828元/人）的74.15%，而城乡居民人均可支配收入比鸡西市（130.84%）距城乡均衡的最适值相距30%，哈尔滨市（223.38%）相距123.38%，哈尔滨市远低于鸡西市。

综合生态环境因子和公平因子，竞争维适宜度排名前十位的城市分布在辽宁省60%，吉林省30%，黑龙江省20%，辽宁省五市排名前五，沈阳市（0.1774）、大连市（0.1646）和盘锦市（0.1553）位列前三。排名后十位的城市分布在黑龙江省40%、辽宁省40%及吉林省的通化市和吉林市，营口市（0.1208）、通化市（0.1233）和朝阳市（0.1234）位列后三。竞争维适宜度均值为0.1397，其中辽宁省均值为0.1425高于东北地区均值，吉林省均值为0.1391，黑龙江省为0.1367，省间表现均衡。排名首位的沈阳市竞争维适宜度是末位营口市（0.1208）的1.47倍，城市间表现均衡。评价结果详见图6-3。

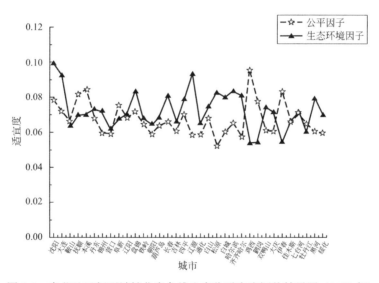

图6-3 东北地区新型城镇化竞争维生态位适宜度评价结果图（2018年）

（4）适宜度结果分析

从表6-13的评价结果可以看出，如图6-4所示，综合考虑生存维、发展维和竞争维，东北地区城市生态位适宜度排名前十位的城市集中分布在辽宁省70%，以及黑龙江省大庆市、哈尔滨市和吉林省的长春市，大连市以0.7695的评价值位居首位，沈阳市以0.7288次之，第三位是长春市评价值为0.6576，黑龙江省排名最高的是大庆市以0.6121的评价值排在第四位。排名后十位的城市集中分布在黑龙江省 70%,以及辽宁省朝阳市、铁岭市和吉林省的白城市,黑龙江省的绥化市(0.4201)、黑河市(0.4444)和双鸭山市(0.4458)位列后三位。东北地区城市生态位适宜度的均值为 0.5186,其中辽宁省城市表现最好均值为 0.5515 高于东北地区均值,吉林省均值为 0.5133,黑龙江省均值为 0.4838,辽宁省均值是黑龙江省的 1.14 倍,省间比较均衡。副省级城市大连市、沈阳市、长春市位于前三位、哈尔滨市(0.6029)位于第六位,均值为 0.6897 远高于东北地区均值,是地级市均值 0.4958 的 1.40 倍,副省级城市新型城镇化适宜度明显高于地级市。排名首位的大连市生态位适宜度是末位绥化市的 1.83 倍,城市间差异也很明显。评价结果详见图 6-4。

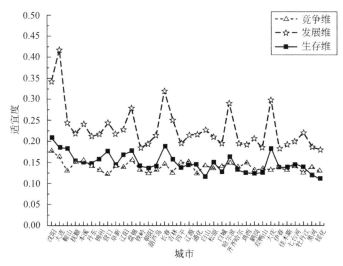

图 6-4 东北地区城市新型城镇化适应度评价结果图(2018 年)

(5)进化动量结果分析

从表 6-14 的进化动量结果可以看出,综合考虑生存维、发展维和竞争维,东北地区城市进化动量排名前十位的城市集中分布在黑龙江省 70%,以及辽宁省朝阳市、铁岭市和吉林省的白城市,前五名均来自黑龙江省绥化市以 0.8421 的进化动量值位居首位,伊春市以 0.8209 次之,第三位是双鸭山市进化动量值为 0.8019,辽宁省排名最高的是朝阳市以 0.7819 的进化动量值排在第六位,吉林省白城市以 0.7774 排在第九位。排名后十位的城市集中分布在辽宁省 60%,以及吉林省长春市、吉林市和黑龙江省的哈尔滨市、大庆市,辽宁省的大连市(0.4763)、沈阳市(0.4929)和长春市(0.5507)位列后三位。东北地区城市进化动量的均值为 0.7111,其中辽宁省城市均值为 0.6717 低于东北地区均值,吉林省均值为 0.7119,黑龙江省均值为 0.7564,辽宁省均值是黑龙江省的 88.80%,省间比较均衡。副省级城市大连市、沈阳市、长春市位于后三位、哈尔滨市(0.6068)位于第五位,均值为 0.5317 远低于东北地区均值,是地级市均值 0.7350 的 72.34%,副省级城市新型城镇化进化动量明显低于地级市,说明副省级城市与区域最适值接近,趋适作用弱。排名首位的绥化市进化动量是末位大连市的 1.77 倍,城市间差异也很明显。

(6) 副省级城市适宜度结果分析

沈阳市、大连市、长春市和哈尔滨市是东北地区的副省级城市，四座城市均具有较强的区域辐射能力。从表 6-10~表 6-14 的评价结果可以看出，四市均表现突出。评价结果对比详见图 6-5 和图 6-6。

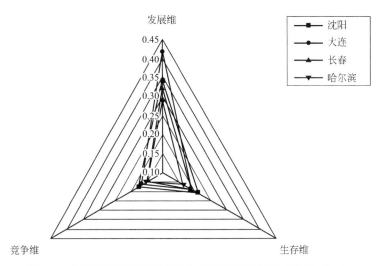

图 6-5　东北地区副省级城市评价维度适宜度结果对比图（2018）

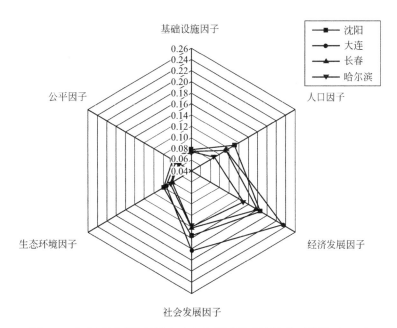

图 6-6　东北地区副省级城市生态位因子适宜度结果对比图（2018）

沈阳市是辽宁省省会，区位优势明显，发展基础雄厚，工业门类齐全，辽中南城市群的中心城市，中国东北地区经济、文化、交通和商贸中心。沈阳市新型城镇化适宜度总体排名第二；生存维和竞争维排名第一，发展维排名第二；人口因子和生态环境因子排名第一，经济和社会发展因子排名第二，公平因子排名第五，基础设施因子排名第八。沈阳市公平因子和基础设施因子偏弱,说明沈阳市城乡差距还比较大,城市扩张的同时基础设施建设落后。

大连市地处辽东半岛最南端,中国北方沿海重要的中心城市、港口及风景旅游城市。大连市新型城镇化适宜度总体排名第一;发展维排名第一,竞争维排名第二,生存维排名第三;经济和社会发展因子排名第一,人口因子和生态环境因子排名第三,公平因子排名第八,基础设施因子排名第十一。与沈阳市一样,大连市的公平因子和基础设施因子更弱,说明大连市城乡差距大,城市扩张的同时基础设施建设落后。

长春市是吉林省省会,是吉林省的政治、经济、文化中心,哈长城市群的中心城市。长春市新型城镇化适宜度总体排名第三;生存维排名第二,发展维排名第三,竞争维排名第十;人口因子排名第二,经济和社会发展因子排名第三,生态环境因子排名第八,基础设施因子排名第十,公平因子排名第十七。长春市整体表现弱于大连市和沈阳市,生态环境因子、基础设施因子和公平因子排名相对靠后,说明长春市在生态环境治理、基础设施建设和城乡融合还有进化的空间。

哈尔滨市是黑龙江省省会,是中国东北北部政治、经济、文化中心,哈长城市群的中心城市。哈尔滨市新型城镇化适宜度总体排名第六;生存维排名第九,发展维排名第五,竞争维排名第八;人口因子和社会发展因子排名第四,生态环境因子排名第五,经济发展因子排名第六,基础设施因子排名第十三,公平因子排名第十八。哈尔滨市在副省级城市中排名最后,并且落后于地级市大庆市和盘锦市,三个评价维度和六个生态位因子均与其他三座副省级城市存在较大差距。

(7)地级市适宜度结果分析

从表6-10~表6-14的评价结果可以看出,大庆市、盘锦市和鞍山市表现突出,分别排在第四、五和七位;绥化市、黑河市和双鸭山市排在后三位,整体表现较差。评价结果对比详见图6-7和图6-8。

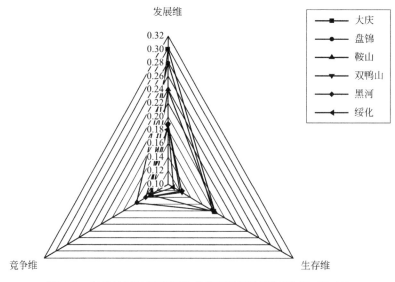

图6-7 东北地区地级市评价维度适宜度结果对比图(2018)

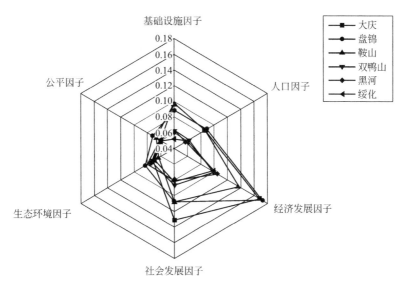

图 6-8　东北地区地级市生态位因子适宜度结果对比图（2018）

6.1.3　东北地区新型城镇化适宜度动态评价

1. 评价步骤

本节采用 2009 年至 2018 年 10 年间的指标数据对东北地区新型城镇化适宜度进行动态评价研究。使用基于 RF 理论的生态位适宜度评价方法进行评价，指标缺失数据采用线性内插法或线性外推法进行插补，由于黑龙江省 2009 年缺社保支出占公共财政支出的比重（％）、环保支出占公共财政支出的比重（％）和城乡居民人均可支配收入比（％）指标数据，2010 年到 2012 年缺城乡居民人均可支配收入比（％）指标数据，故在 2009 年到 2012 年对指标进行了动态更新，删除数据缺失严重的上述评价指标。同时，对辽宁省 2011 年至 2014 年的部分数据进行了修正。2018 年的评价结果详见§6.1.2，2009 年至 2017 年的生态位适宜度评价结果详见附录 1。

基于 RF 理论的适宜度评价方法，各年生态位因子指标权重均采用熵权法确定，熵权法是一种客观赋权法，以各年指标数据为基础计算出的指标权重各年均不同，这也导致各年的适宜度由于指标权重的不同不具有可加性和可比性。因此，为分析东北地区新型城化跨度 10 年的综合情况本研究将采用各年序值进行评价、排序，并采用均权作为时间权重。2009 年至 2018 年 10 年间三个维度和城市总体生态位适宜度的动态评价及进化动量结果详见表 6-15～表 6-19。

东北地区新型城镇化生存维生态位适宜度动态评价结果　　表 6-15

城市	基础设施因子		人口因子		生存维	
	综合序值	排序	综合序值	排序	综合序值	排序
沈阳	6.5	5	1.1	1	1.8	1
大连	8.0	8	2.7	3	2.4	3

续表

城市	基础设施因子		人口因子		生存维	
	综合序值	排序	综合序值	排序	综合序值	排序
鞍山	4.9	3	8.2	5	5.5	6
抚顺	19.9	20	13.7	12	15.5	13
本溪	22.0	23	15.9	18	18.8	20
丹东	12.0	10	22.1	22	18.2	19
锦州	10.0	9	13.2	10	8.9	8
营口	12.5	11	8.2	6	9.9	10
阜新	14.6	13	15.2	16	14.0	11
辽阳	7.1	7	9.5	8	7.8	7
盘锦	2.1	1	10.6	9	5.3	5
铁岭	12.7	12	22.3	23	16.7	18
朝阳	28.0	29	18.4	20	24.0	24
葫芦岛	19.4	19	13.9	13	16.1	16
长春	5.7	4	2.3	2	1.9	2
吉林	19.2	18	13.5	11	16.0	15
四平	29.8	31	15.9	19	24.5	26
辽源	16.3	14	15.7	17	16.7	17
通化	22.1	24	19.8	21	21.7	22
白山	32.5	33	29.7	32	33.1	34
松原	18.2	16	14.4	15	14.8	12
白城	30.9	32	27.4	28	30.5	31
哈尔滨	18.3	17	5.7	4	9.4	9
齐齐哈尔	24.5	28	25.7	27	26.5	28
鸡西	22.5	25	27.8	29	27.5	29
鹤岗	28.4	30	29.6	31	30.6	32
双鸭山	16.5	15	28.9	30	23.1	23
大庆	2.2	2	9.2	7	5.0	4
伊春	6.8	6	33.9	34	21.3	21
佳木斯	23.1	26	25.0	25	26.0	27
七台河	20.1	21	14.3	14	15.6	14
牡丹江	20.2	22	24.7	24	24.2	25
黑河	24.0	27	30.9	33	29.6	30
绥化	34.0	34	25.6	26	32.1	33

东北地区新型城镇化发展维生态位适宜度动态评价结果　　　　表6-16

城市	经济发展因子		社会发展因子		发展维	
	综合序值	排序	综合序值	排序	综合序值	排序
沈阳	2.0	2	1.9	2	2.0	2
大连	1.0	1	1.1	1	1.0	1
鞍山	6.2	6	13.6	12	8.1	8
抚顺	10.6	10	20.9	21	13.7	14
本溪	9.2	9	6.1	6	7.1	7
丹东	17.1	18	16.4	15	17.1	17
锦州	15.9	14	21.3	22	18.4	18
营口	7.3	7	18.7	17	10.0	10
阜新	24.1	24	24.5	24	24.9	24
辽阳	10.8	11	14.7	13	11.5	11
盘锦	4.2	4	12.4	11	6.3	6
铁岭	27.5	27	25.6	28	27.5	31
朝阳	27.1	26	29.9	32	30.2	32
葫芦岛	22.1	21	25.3	25	25.0	25
长春	5.6	5	4.0	4	4.0	4
吉林	11.1	12	8.8	7	9.1	9
四平	23.6	23	25.7	29	25.5	26
辽源	16.6	17	16.2	14	16.2	16
通化	17.2	19	10.7	10	13.6	13
白山	16.0	15	10.7	9	13.1	12
松原	16.5	16	26.1	30	21.2	19
白城	24.1	25	23.1	23	24.5	22
哈尔滨	7.6	8	4.4	5	5.0	5
齐齐哈尔	27.6	28	25.4	26	26.7	30
鸡西	28.7	30	19.1	18	25.7	27
鹤岗	30.2	32	10.4	8	21.3	20
双鸭山	27.9	29	20.8	20	24.9	23
大庆	3.4	3	3.7	3	3.3	3
伊春	33.3	34	28.0	31	32.6	33
佳木斯	21.8	20	25.6	27	24.3	21
七台河	22.4	22	30.8	33	26.4	29
牡丹江	15.4	13	16.9	16	15.4	15
黑河	29.7	31	20.3	19	26.1	28
绥化	31.2	33	31.9	34	33.3	34

东北地区新型城镇化竞争维生态位适宜度动态评价结果　　表6-17

城市	生态环境因子		公平因子		竞争维	
	综合序值	排序	综合序值	排序	综合序值	排序
沈阳	5.1	1	6.6	5	3.6	1
大连	8.4	6	16.8	15	9.1	5
鞍山	28.3	33	13.2	10	24.4	28
抚顺	19.4	19	2.8	1	4.7	2
本溪	14.6	12	5.5	4	6.7	3
丹东	18.7	18	10.9	7	15.7	12
锦州	23.9	27	20.2	19	26.2	32
营口	23.0	26	20.4	21	24.9	30
阜新	17.2	16	15.1	13	16.6	15
辽阳	16.5	15	13.7	12	16.0	14
盘锦	6.8	4	22.8	27	11.4	7
铁岭	14.3	11	23.7	29	18.2	19
朝阳	24.7	29	21.4	26	25.7	31
葫芦岛	26.7	32	18.4	17	26.6	33
长春	8.0	5	24.7	30	12.8	8
吉林	13.8	9	20.5	22	17.1	17
四平	20.3	23	20.7	24	23.0	26
辽源	5.9	3	18.2	16	7.0	4
通化	16.2	14	29.7	31	24.5	29
白山	22.6	25	8.5	6	16.9	16
松原	5.8	2	33.2	34	21.2	22
白城	20.3	22	19.2	18	21.9	24
哈尔滨	14.3	10	23.3	28	19.7	21
齐齐哈尔	23.9	28	31.3	33	29.7	34
鸡西	26.4	31	12.9	9	15.9	13
鹤岗	28.4	34	4.3	3	15.3	11
双鸭山	20.2	21	15.5	14	18.5	20
大庆	11.5	8	30.1	32	22.6	25
伊春	25.1	30	3.1	2	9.7	6
佳木斯	21.8	24	20.9	25	23.6	27
七台河	19.8	20	12.9	8	17.9	18
牡丹江	18.6	17	20.3	20	21.4	23
黑河	15.6	13	13.6	11	13.5	10
绥化	8.9	7	20.6	23	13.0	9

东北地区新型城镇化生态位适宜度动态评价结果　　　　表6-18

城市	综合序值	排序	城市	综合序值	排序	城市	综合序值	排序
沈阳	2.0	2	朝阳	29.9	32	鸡西	26.4	27
大连	1.0	1	葫芦岛	23.3	23	鹤岗	26.3	26
鞍山	7.3	7	长春	3.5	3	双鸭山	25.1	24
抚顺	10.7	11	吉林	11.3	12	大庆	3.6	4
本溪	7.9	8	四平	26.6	28	伊春	25.7	25
丹东	16.1	15	辽源	12.3	13	佳木斯	27.1	29
锦州	15.4	14	通化	18.4	17	七台河	22.2	20
营口	10.5	10	白山	22.6	21	牡丹江	18.8	18
阜新	19.1	19	松原	17.9	16	黑河	27.2	30
辽阳	10.2	9	白城	29.8	31	绥化	31.2	34
盘锦	4.9	5	哈尔滨	6.3	6			
铁岭	23.2	22	齐齐哈尔	31.2	33			

东北地区新型城镇化生态位进化动量动态结果　　　　表6-19

城市	进化动量	排序	城市	进化动量	排序	城市	进化动量	排序
沈阳	0.5009	33	朝阳	0.7816	6	鸡西	0.7654	9
大连	0.4960	34	葫芦岛	0.7493	13	鹤岗	0.7737	7
鞍山	0.6639	27	长春	0.5719	32	双鸭山	0.7645	10
抚顺	0.6844	23	吉林	0.6693	26	大庆	0.6154	31
本溪	0.6566	28	四平	0.7723	8	伊春	0.7962	2
丹东	0.7029	21	辽源	0.6937	22	佳木斯	0.7575	11
锦州	0.7045	20	通化	0.7124	19	七台河	0.7547	12
营口	0.6784	24	白山	0.7481	14	牡丹江	0.7293	18
阜新	0.7424	16	松原	0.7303	17	黑河	0.7840	5
辽阳	0.6711	25	白城	0.7842	4	绥化	0.8162	1
盘锦	0.6286	30	哈尔滨	0.6419	29			
铁岭	0.7447	15	齐齐哈尔	0.7941	3			

2. 结果分析

（1）生存维结果分析

2009年至2018年，生存维指标权重的变化详见图6-9～图6-11。从图中可以看出，生存维的平均权重为0.3105，介于发展维0.4610与竞争维0.2285之间，其中基础设施生态因子平均权重为0.1607、人口生态因子平均权重为0.1498。生存维权重的最大值为2009年的0.3508，最小值为2018年的0.2880，相差1.22倍，生存维占适宜度的比重呈递减趋势。在基础设施因子中，平均权重最大值是建成区占市辖区面积比重为0.0381，其峰值在2009年为0.0414，谷值在2018年为0.0347，相差1.19倍，十年间该指标均为基础设施因子中权重最大值;平均权重最小值是用水普及率仅为0.0143。在人口因子中,平均权重最大值是每万人在校大学生数为0.0444,其峰值在2009年为0.0490,谷值在2013年为0.0330,相差1.48倍;平均权重最小值是户籍人口增长率仅为0.0201。

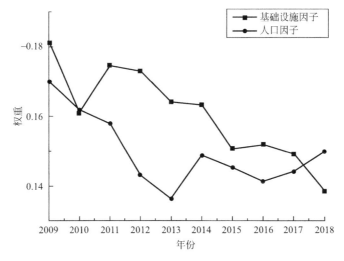

图6-9 东北地区新型城镇化生存维权重动态变化图

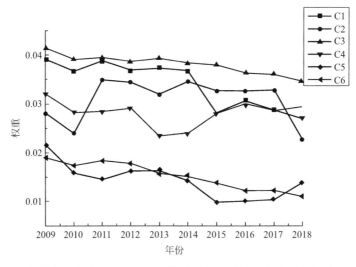

图6-10 东北地区新型城镇化基础设施因子权重动态变化图

从表6-15的评价结果可以看出,基础设施因子适宜度排名前十位的城市主要集中在辽宁省70%,以及黑龙江省的大庆市、伊春市和吉林省的长春市,盘锦市、庆市和鞍山市排前三位。排名后十位的城市分布在黑龙江省60%、吉林省30%以及辽宁省的朝阳市,绥化市、白山市和白城市排后三位。2009年至2018年,部分城市基础设施因子排序变化详见图6-12。从图中可以看出,盘锦市基础设施雄厚,2009年至2015年至均排名前两位,2016年以后稳定在第四、五位;绥化市基础设施薄弱,一直排在最后。

人口因子适宜度排名前十位的城市主要集中在辽宁省70%,以及黑龙江省的哈尔滨

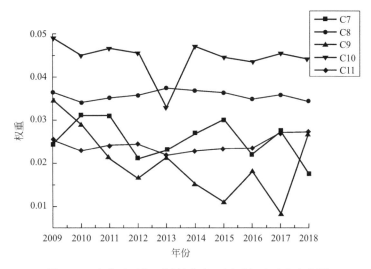

图 6-11 东北地区新型城镇化人口因子权重动态变化图

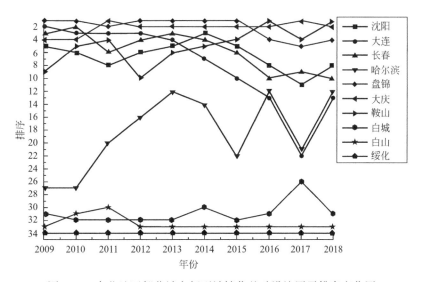

图 6-12 东北地区部分城市新型城镇化基础设施因子排序变化图

市、大庆市和吉林省的长春市,沈阳市、长春市和大连市排前三位。排名后十位的城市分布在黑龙江省80%,以及吉林省白山市和白城市,伊春市、黑河市和白山市排后三位。2009至2018年,部分城市人口因子排序变化详见图6-13。从图中可以看出,沈阳市人口因子表现突出,仅2013年排名第二,其他年份稳居第一;伊春市人口吸引力最弱,仅2017年排名第三十三,其他年份均排在最后。

综合基础设施因子和人口因子,生存维适宜度排名前十位的城市主要集中在辽宁省70%,以及黑龙江省的哈尔滨市、大庆市和吉林省的长春市,沈阳市、长春市和大连市排前三位。排名后十位的城市分布在黑龙江省70%,以及吉林省白山市、白城市和四平市,白山市、绥化市和鹤岗市排后三位。2009至2018年,部分城市生存维排序变化详见图6-14。

141

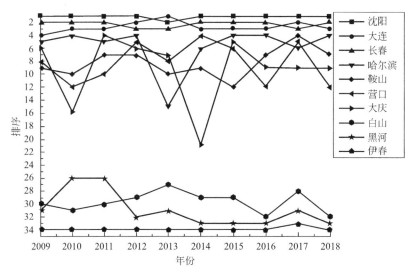

图 6-13　东北地区部分城市新型城镇化人口因子排序变化图

从图中可以看出，鞍山市生存维适宜度稳步提升，2016 至 2018 年均排在历史最高的第四位；白山市和绥化市生存维适宜度最弱，绥化市仅 2010 年排名第十九位，其他年份均排在后三位。

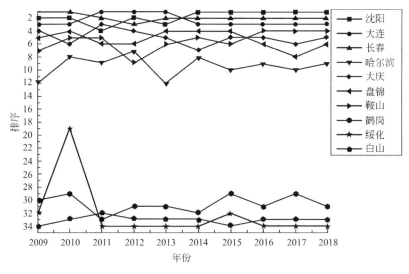

图 6-14　东北地区部分城市新型城镇化生存维排序变化图

（2）发展维结果分析

2009 年至 2018 年，发展维指标权重的变化详见图 6-15～图 6-17。从图中可以看出，发展维的平均权重为 0.4610，是三个评价维度中权重最大的，其中经济发展生态因子权重为 0.2439，社会发展生态因子权重为 0.2170，排在六大生态位因子的前两位，说明十年间东北地区城市经济社会发展差异大。发展维权重的最大值为 2009 年的 0.4930，最小值为 2011 年的 0.4356，发展维占适宜度的比重稳定，波动在百分之一以内。在经济发展因子中，平均权重最大值是地均 GDP 为 0.0428，其峰值在 2009 年为 0.0447，谷值在 2016 年为 0.0407，相差千分之四，表现平稳；平均权重最小值是 GDP 增长率仅为 0.0220。在社会发展因子中，平均权重最大值是每百人公共图书馆藏书为 0.0402，其峰值在 2012 年为 0.0445，谷值在 2016 年为 0.0378，相差 1.18 倍；平均权重最小值是教育支出占公共财政支出的比重为 0.0207。

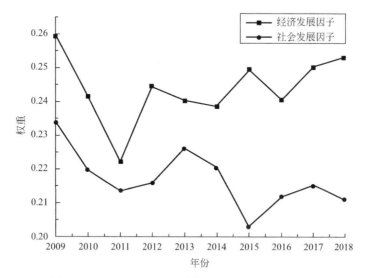

图 6-15　东北地区新型城镇化发展维权重动态变化图

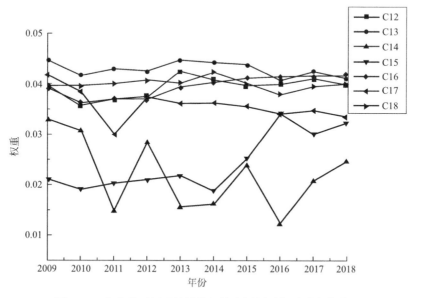

图 6-16　东北地区新型城镇化经济发展因子权重动态变化图

从表 6-16 的评价结果可以看出，经济发展因子适宜度排名前十位的城市主要集中在辽宁省 70%，以及黑龙江省的大庆市、哈尔滨市和吉林省的长春市，大连市、沈阳市和大庆市排前三位。排名后十位的城市分布在黑龙江省 70%、辽宁省的铁岭市、朝阳市以及吉

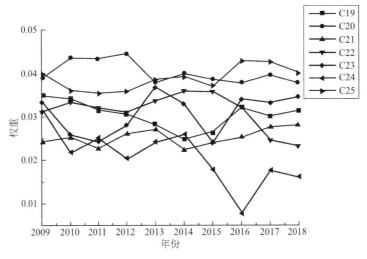

图 6-17 东北地区新型城镇化社会发展因子权重动态变化图

林省的白城市,伊春市、绥化市和鹤岗市排后三位。2009 年至 2018 年,部分城市经济发展因子排序变化详见图 6-18。从图中可以看出,大连市、沈阳市、大庆市和盘锦市经济发展平稳、处于领先地位,适宜度稳定排在前四位;哈尔滨市经济发展处于上升阶段,由 2009 年至 2013 年的第九、十位发展到 2014 年至 2018 年的第五、六位。

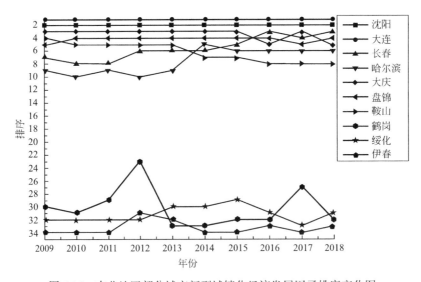

图 6-18 东北地区部分城市新型城镇化经济发展因子排序变化图

社会发展因子适宜度排名前十位的城市分布均匀辽宁省 30%、吉林省 40%,黑龙江省 30%,大连市、沈阳市和大庆市排前三位。排名后十位的城市分布在辽宁省 30%、吉林省 20%、黑龙江省 50%,绥化市、七台河市和朝阳市排后三位。2009 年至 2018 年,部分城市社会发展因子排序变化详见图 6-19。从图中可以看出,大连市和沈阳市社会发展因子表现突出,各年均排名前两位;朝阳市社会发展因子表现稳步上升,从之前的三十名之后到 2016 年至 2018 年稳定在第二十四位。

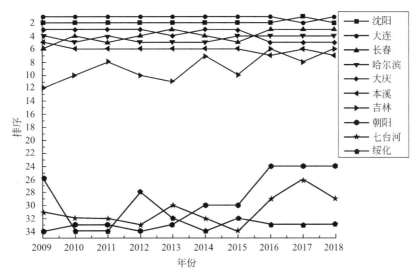

图 6-19 东北地区部分城市新型城镇化社会发展因子排序变化图

综合经济发展因子和社会发展因子，发展维适宜度排名前十位的城市主要集中在辽宁省60%，以及黑龙江省的哈尔滨市、大庆市和吉林省的长春市、吉林市，大连市、沈阳市和大庆市排前三位。排名后十位的城市分布在黑龙江省60%、辽宁省30%，以及吉林省的四平市，绥化市、伊春市和朝阳市排后三位。2009年至2018年，部分城市生存维排序变化详见图6-20。从图中可以看出，各城市发展维适宜度相对稳定，大连和沈阳稳居前两位，排名靠前的长春市、哈尔滨市、大庆市、盘锦市等排名波动较小；排在末位的伊春市和绥化市排名波动幅度也不大。

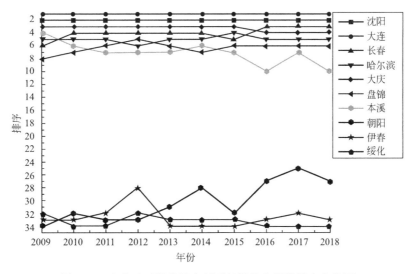

图 6-20 东北地区部分城市新型城镇化发展维排序变化图

（3）竞争维结果分析

2009年至2018年，竞争维指标权重的变化详见图6-21～图6-23。从图中可以看出，竞争维的平均权重为 0.2285，是三个评价维度中权重最小的，其中生态环境生态因子权重为 0.1254，公平生态因子权重为 0.1031，排在六大生态位因子的后两位，说明十年间东北地区城市生态环境和社会公平发展差异较小。竞争维权重的最大值为 2016 年的 0.2547，最小值为 2009 年的 0.1561，相差 1.63 倍，竞争维占适宜度的比重呈缓慢递增趋势。在生态环境因子中，平均权重最大值是环境保护支出占公共财政支出的比重为 0.0355，其峰值在 2011 年为 0.0390，谷值在 2010 年为 0.0270，相差 1.44 倍；平均权重最小值是单位 GDP 二氧化硫排放量为 0.0141。在公平因子中，平均权重最大值是社保和就业支出占公共财政支出的比重为 0.0309，其峰值在 2016 年为 0.0345，谷值在 2018 年为 0.0274，相差 1.26 倍；平均权重最小值是全市与市辖区中小学师生比之比为 0.0165。

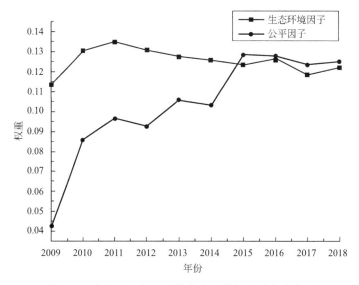

图 6-21　东北地区新型城镇化竞争维权重动态变化图

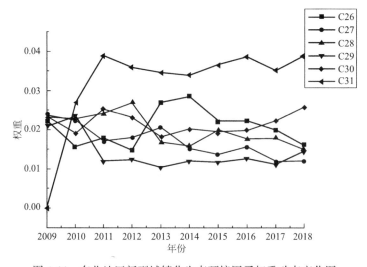

图 6-22　东北地区新型城镇化生态环境因子权重动态变化图

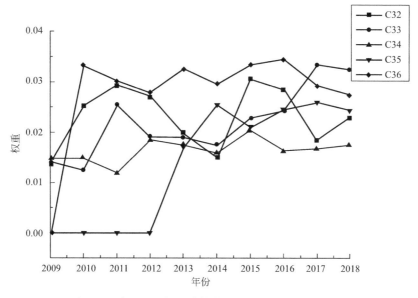

图 6-23　东北地区新型城镇化公平因子权重动态变化图

从表 6-17 的评价结果可以看出，生态环境因子适宜度排名前十位的城市分布均匀辽宁省 40%、吉林省 40%、黑龙江省 30%，沈阳市、松原市和辽源市排前三位。排名后十位的城市分布在辽宁省 50%、黑龙江省 40% 以及吉林省的白山市，鹤岗市、鞍山市和葫芦岛市排后三位。2009 年至 2018 年，部分城市生态环境因子排序变化详见图 6-24。从图中可以看出，生态环境因子排序波动较大，沈阳市、松原市和辽源市生态环境竞争力接近，处于领先地位；鞍山市和鹤岗市生态环境竞争力自 2012 年起排名一直靠后。

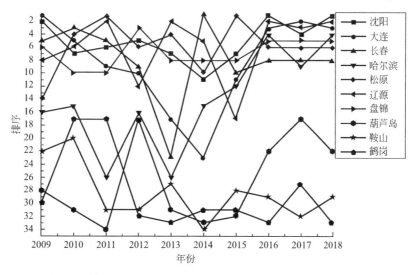

图 6-24　东北地区部分城市新型城镇化生态环境因子排序变化图

公平因子适宜度排名前十位的城市分布在辽宁省 50%、黑龙江省 40%，以及吉林省的白山市，抚顺市、伊春市和鹤岗市排前三位，副省级城市仅沈阳市排在第五位。排名后十位的城市分布在黑龙江省 40%、辽宁省 30% 和吉林省 30%，松原市、齐齐哈尔市和大庆市排后三位。2009年至2018年，部分城市公平因子排序变化详见图6-25。公平因子适宜度主要测度的是城乡间的差异情况，从图中可以看出，抚顺市、伊春市和鹤岗市三市城乡融合好、城乡差异小，社会公平；大连市、长春市和哈尔滨市三市城乡融合一般，城乡差异较大，社会较公平；大庆市城乡差异大，社会公平适宜度排名靠后。

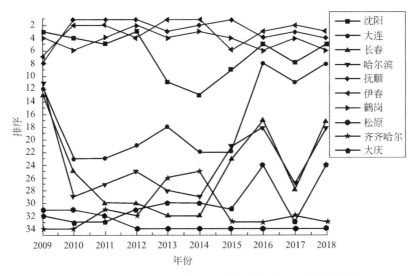

图6-25 东北地区部分城市新型城镇化公平因子排序变化图

综合生态环境因子和公平因子，竞争维适宜度排名前十位的城市分布在辽宁省50%、吉林省20%和黑龙江省30%，沈阳市、抚顺市和本溪市排前三位。排名后十位的城市分布在辽宁省50%、吉林省20%和黑龙江省30%，锦州市、葫芦岛市和齐齐哈尔市排后三位。2009年至2018年，部分城市竞争维排序变化详见图6-26。从图中可以看出，各城市波动都较大，哈尔滨市仅2016年和2018年排名第八位，其余年份均未进前十，2011年排到最低的第三十一位；葫芦岛市均值排名在倒数第二位，而2017年排名也高达第九位。

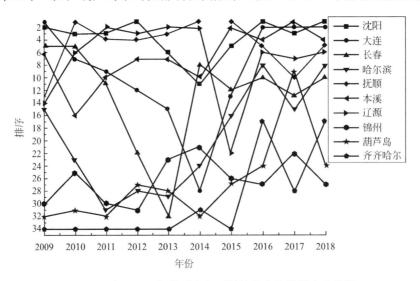

图6-26 东北地区部分城市新型城镇化竞争维排序变化图

（4）适宜度结果分析

2009年至2018年，适宜度评价维度权重的变化详见图6-27。从图中可以看出，生存维占适宜度的比重呈缓慢递减趋势；发展维占适宜度的比重平稳；竞争维占适宜度的比重呈缓慢递增趋势。

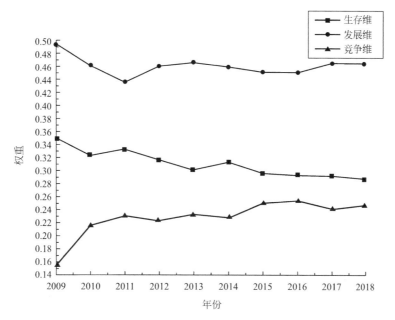

图6-27 东北地区新型城镇化生态位适宜度权重动态变化图

从表6-18的评价结果可以看出，综合考虑生存维、发展维和竞争维，东北地区城市生态位适宜度排名前十位的城市集中分布在辽宁省70%，以及黑龙江省的大庆市、哈尔滨市和吉林省的长春市，大连市、沈阳市和长春市排名前三位，黑龙江省名次最高的是大庆

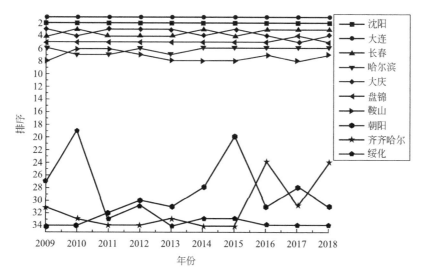

图6-28 东北地区部分城市新型城镇化适宜度排序变化图

市排在第四位,哈尔滨市排在第六位。排名后十位的城市集中在黑龙江省70%,以及吉林省的白城市、四平市和辽宁省的朝阳市,绥化市、齐齐哈尔市和朝阳市排名后三位。部分城市适宜度排序变化详见图6-28。从图中可以看出,排名前七位的城市稳定,波动不大,大连市和沈阳市十年来稳居前两位,长春市、大庆市和盘锦市在三到五名波动;朝阳市、齐齐哈尔市和绥化市波动幅度较大,排名最后。

(5)进化动量结果分析

从表6-19的评价结果可以看出,综合考虑生存维、发展维和竞争维,东北地区城市进化动量排名前十位的城市集中分布在黑龙江省70%,以及吉林省白城市、四平市和辽宁省的朝阳市,黑龙江省的绥化市、伊春市和齐齐哈尔市排名前三位,吉林省名次最高的是白城市排在第四位,辽宁省朝阳市排在第六位。排名后十位的城市集中在辽宁省60%,以及吉林省的长春市、吉林市和黑龙江省的大庆市、哈尔滨市,大连市、沈阳市和长春市排名后三位,说明这三座城市与区域最适值最接近,趋适作用最弱。部分城市进化动量值变化详见图6-29。从图中可以看出,沈阳市和大连市的进化动量处于最低水平,长春市与其仍有一定差距;沈阳市的进化动量比较平稳,始终处于低水平,趋适作用弱;长春市、齐齐哈尔市的进化动量呈稳步递减趋势;绥化市和伊春市呈缓慢递增趋势,排在最后。

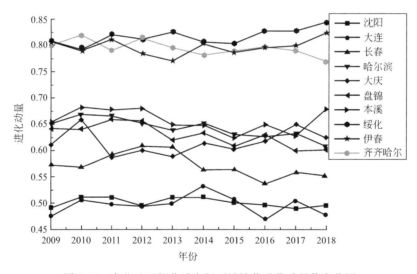

图6-29 东北地区部分城市新型城镇化进化动量值变化图

(6)副省级城市适宜度结果分析

从表6-15~表6-19的动态评价结果可以看出,沈阳市、大连市、长春市和哈尔滨市四市均表现突出,评价结果对比详见图6-30和图6-31。从图中可以看出,沈阳市生存维和竞争维排名第一、发展维排名第二,其中人口因子和生态环境因子适宜度排名第一,经济与社会因子排名第二,由于发展维的权重最大,故适宜度排名第二位;大连市发展维排名第一、生存维和竞争维分列第三和第五位,其中经济与社会因子排名第一,由于发展维的突出表现,适宜度排名第一位;长春市生存维排名第二、发展维排名第五、竞争维排名第八,适宜度排名第三位;哈尔滨市与其他三市存在明显差距,发展维排名第五最高,竞争维仅排名第二十一位，适宜度排名第六位。

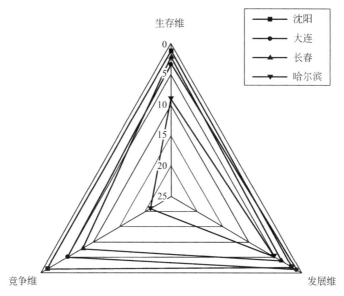

图 6-30　东北地区副省级城市评价维度适宜度结果对比图

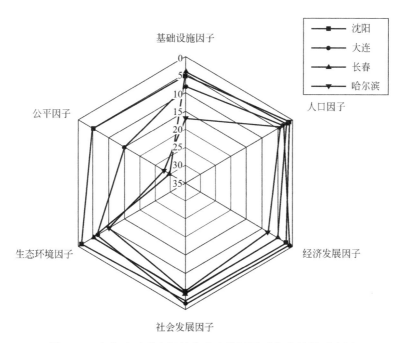

图 6-31　东北地区副省级城市生态位因子适宜度结果对比图

（7）地级市适宜度结果分析

从表 6-15～表 6-19 的动态评价结果可以看出，大庆市、盘锦市和鞍山市表现突出，分别排在第四、五和七位；绥化市、齐齐哈尔市和朝阳市排在后三位，整体表现较差，部分城市评价结果对比详见图 6-32 和图 6-33。

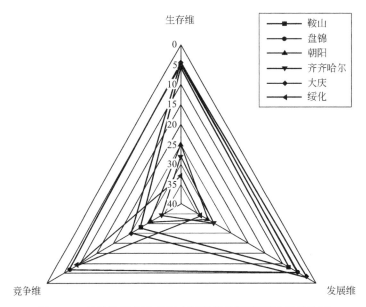

图 6-32 东北地区部分地级市评价维度适宜度结果对比图

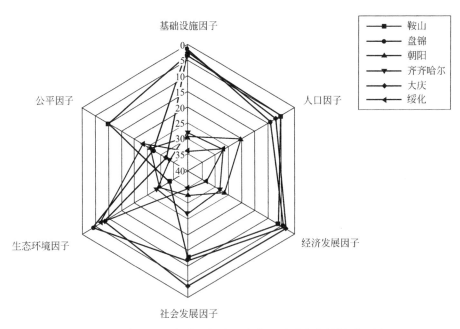

图 6-33 东北地区部分地级市生态位因子适宜度结果对比图

6.1.4 东北地区新型城镇化适宜度聚类分析

1. 东北地区新型城镇化静态适宜度聚类分析

本节采用 2018 年的指标数据对东北地区新型城镇化适宜度进行分类研究。为更好地区分东北地区各城市新型城镇化适宜度水平的差异,采用聚类分析法将 34 座城市划分为最适宜、较适宜、适宜、较不适宜、不适宜五类,代表新型城镇生态系统对其所处环境条件的适宜程度。

(1) 东北地区新型城镇化生存维聚类结果及分析

根据表 6-10 东北地区新型城镇化生存维生态位适宜度的评价结果,利用 SPSS22 软件进行聚类分析,采用 K 均值聚类,把 34 座城市分为五类,详见表 6-20。

东北地区新型城镇化生存维类别划分(2018 年)　　　表 6-20

范围	类型	分类标准	城市
基础设施因子	最适宜	0.0907~0.0972	鞍山、大庆、营口
	较适宜	0.0775~0.0906	盘锦、伊春、辽阳
	适宜	0.0634~0.0774	丹东、沈阳、牡丹江、长春、七台河、哈尔滨、大连、佳木斯、锦州、铁岭、辽源、通化、本溪、阜新、松原、吉林、抚顺、齐齐哈尔
	较不适宜	0.0559~0.0633	双鸭山、鸡西、黑河、鹤岗、朝阳、四平、白城、葫芦岛
	不适宜	0.0520~0.0558	白山、绥化
人口因子	最适宜	0.1140~0.1315	沈阳
	较适宜	0.0886~0.1139	长春、大连
	适宜	0.0763~0.0885	哈尔滨、盘锦、吉林、鞍山、辽阳、大庆、锦州、抚顺、营口、葫芦岛、松原、本溪
	较不适宜	0.0642~0.0762	四平、朝阳、辽源、阜新、通化、丹东、七台河、铁岭、白城、齐齐哈尔
	不适宜	0.0524~0.0641	佳木斯、牡丹江、鹤岗、双鸭山、鸡西、绥化、白山、黑河、伊春
生存维	最适宜	0.1892~0.2087	沈阳
	较适宜	0.1694~0.1891	长春、大连、鞍山、大庆、盘锦、营口
	适宜	0.1483~0.1693	辽阳、哈尔滨、锦州、吉林、抚顺、松原、本溪
	较不适宜	0.1280~0.1482	丹东、七台河、辽源、通化、阜新、葫芦岛、铁岭、牡丹江、佳木斯、伊春、四平、朝阳、齐齐哈尔
	不适宜	0.1107~0.1279	白城、双鸭山、鸡西、鹤岗、黑河、白山、绥化

从表 6-20 可知,生存维最适宜类仅有沈阳市,其人口因子也是最适宜类的唯一城市,优势明显;较适宜类有长春市等 6 座城市,占 17.64%,其中长春市和大连市人口因子也在适宜类;适宜类有辽阳市等 7 座城市,占 20.59%;较不适宜类有丹东市等 13 座城市,比例最高,占 38.24%;不适宜类有白城市等 7 座城市,其中白山市和绥化市基础设施因子和人口因子均为不适宜类,劣势明显。

(2) 东北地区新型城镇化发展维聚类结果及分析

根据表 6-11 东北地区新型城镇化发展维生态位适宜度的评价结果,利用 SPSS22 软件进行聚类分析,采用 K 均值聚类,把 34 座城市分为五类,详见表 6-21。

东北地区新型城镇化发展维类别划分（2018年）　　　　表 6-21

范围	类型	分类标准	城市
经济发展因子	最适宜	0.1860～0.2342	大连
	较适宜	0.1520～0.1859	沈阳、长春、盘锦、大庆
	适宜	0.1269～0.1519	哈尔滨、营口、鞍山、吉林
	较不适宜	0.1074～0.1268	辽阳、抚顺、锦州、松原、本溪、葫芦岛、白山、牡丹江、辽源、通化、丹东、阜新、七台河
	不适宜	0.0943～0.1073	齐齐哈尔、四平、黑河、佳木斯、朝阳、白城、双鸭山、鸡西、绥化、鹤岗、伊春、铁岭
社会发展因子	最适宜	0.1569～0.1842	大连
	较适宜	0.1422～0.1568	沈阳
	适宜	0.1178～0.1421	长春、哈尔滨、大庆、吉林
	较不适宜	0.0951～0.1177	本溪、白山、鞍山、鹤岗、阜新、盘锦、牡丹江、通化、辽阳、营口、辽源、丹东、葫芦岛
	不适宜	0.0808～0.0950	锦州、白城、鸡西、抚顺、朝阳、四平、佳木斯、铁岭、松原、双鸭山、七台河、齐齐哈尔、伊春、绥化、黑河
发展维	最适宜	0.3428～0.4184	大连
	较适宜	0.2990～0.3427	沈阳、长春
	适宜	0.2510～0.2989	大庆、哈尔滨、盘锦
	较不适宜	0.2054～0.2509	吉林、鞍山、营口、本溪、辽阳、白山、牡丹江、阜新、锦州、抚顺、通化、辽源、葫芦岛、丹东、松原
	不适宜	0.1805～0.2053	鹤岗、七台河、四平、白城、齐齐哈尔、朝阳、佳木斯、鸡西、双鸭山、黑河、铁岭、伊春、绥化

从表 6-21 可知，发展维最适宜类仅有大连市，其经济发展因子和社会发展因子也是最适宜类的唯一城市，优势明显；较适宜类有沈阳市和长春市两座省会城市，沈阳市的经济发展因子和社会发展因子均属于较适宜类，居第二位；适宜类有大庆市等 3 座城市，其中哈尔滨市经济社会发展因子均属于适宜类；较不适宜类有吉林市等 15 座城市，占 44.12%；不适宜类有鹤岗市等 13 座城市，占 38.24%。前三种类型仅 6 座城市，占比 17.64%，与后两种类型 28 座城市数量差距较大，发展维分化严重。

（3）东北地区新型城镇化竞争维聚类结果及分析

根据表 6-12 东北地区新型城镇化竞争维生态位适宜度的评价结果，利用 SPSS22 软件进行聚类分析，采用 K 均值聚类，把 34 座城市分为五类，详见表 6-22。

东北地区新型城镇化竞争维类别划分（2018年）　　　　表 6-22

范围	类型	分类标准	城市
生态环境因子	最适宜	0.0836～0.0990	沈阳、辽源、大连
	较适宜	0.0746～0.0835	盘锦、哈尔滨、松原、长春、齐齐哈尔、白城、黑河、四平
	适宜	0.0665～0.0745	白山、双鸭山、丹东、锦州、大庆、七台河、辽阳、本溪、抚顺、绥化、葫芦岛、铁岭、阜新
	较不适宜	0.0543～0.0664	佳木斯、吉林、通化、朝阳、鞍山、营口、牡丹江
	不适宜	0.0536～0.0542	伊春、鹤岗、鸡西

续表

范围	类型	分类标准	城市
公平因子	最适宜	0.0845~0.0960	鸡西
	较适宜	0.0719~0.0844	本溪、伊春、抚顺、沈阳、鹤岗、阜新
	适宜	0.0612~0.0718	大连、盘锦、七台河、四平、辽阳、白山、丹东、鞍山、长春、佳木斯、哈尔滨、铁岭、牡丹江、葫芦岛
	较不适宜	0.0520~0.0611	双鸭山、吉林、大庆、黑河、白城、绥化、锦州、营口、朝阳、通化、辽源、齐齐哈尔
	不适宜	0.0519	松原
竞争维	最适宜	0.1647~0.1774	沈阳
	较适宜	0.1554~0.1646	大连
	适宜	0.1429~0.1553	盘锦、本溪、抚顺、辽源、鸡西、哈尔滨、四平、长春
	较不适宜	0.1299~0.1428	阜新、白山、七台河、丹东、白城、黑河、齐齐哈尔、辽阳、伊春、双鸭山、松原、铁岭、佳木斯、葫芦岛、大庆、鹤岗、锦州
	不适宜	0.1208~0.1298	鞍山、绥化、吉林、牡丹江、朝阳、通化、营口

从表6-22可知，竞争维最适宜类仅有沈阳市，其生态环境因子也是最适宜类，优势明显；较适宜类仅有大连市，其生态环境因子也是最适宜类；适宜类有盘锦市等8座城市，其中鸡西市是唯一的公平因子最适宜类城市，也是生态环境因子的不适宜类城市；较不适宜类有阜新市等17座城市，占50%；不适宜类有鞍山市等7座城市。沈阳市和大连市作为头部城市在竞争维具有较大的领先优势。

（4）东北地区新型城镇化适宜度聚类结果及分析

根据表6-13东北地区新型城镇化生态位适宜度的评价结果，利用SPSS22软件进行聚类分析，采用K均值聚类，把34座城市分为五类，详见表6-23。

东北地区新型城镇化生态位适宜度类别划分（2018年）　　　　表6-23

类型	分类标准	城市	数量	比重(%)
最适宜	0.6577~0.7695	大连、沈阳	2	5.88
较适宜	0.5569~0.6576	长春、大庆、盘锦、哈尔滨	4	11.76
适宜	0.5107~0.5568	鞍山、本溪、营口、辽阳、吉林、抚顺	6	17.65
较不适宜	0.4662~0.5106	辽源、锦州、阜新、丹东、松原、葫芦岛、七台河、牡丹江、通化、白山、四平	11	32.35
不适宜	0.4201~0.4661	齐齐哈尔、鸡西、佳木斯、白城、鹤岗、伊春、铁岭、朝阳、双鸭山、黑河、绥化	11	32.35

从表6-23可知，生态位最适宜类有大连市和沈阳市，沈阳市是生存维和竞争维的唯一最适宜城市，大连市是竞争维的唯一最适宜城市。生态位较适宜类有长春市、大庆市、盘锦市和哈尔滨市，长春市是生存维和发展维的较适宜类，大庆市和盘锦市仅是生存维的较适宜类；生态位适宜类有鞍山市等6座城市，其中辽宁省5座，吉林省1座，说明辽宁

省整体的城镇化发展水平较高；生态位较不适宜类和不适宜类各有 11 座城市，占 64.71%，说明东北地区大部分城市城镇化水平与头部城市还有差距。

2. 东北地区新型城镇化动态适宜度聚类分析

本节采用 2009 年至 2018 年 10 年间的指标数据对东北地区新型城镇化适宜度进行分类研究。2018 年的新型城镇化适宜度类别划分结果详见§6.4.1 中第 1 条，2009 年至 2017 年的生态位适宜度类别划分结果详见附录 2。

（1）东北地区新型城镇化生存维聚类结果及分析

根据表 6-15 东北地区新型城镇化生存维生态位适宜度的动态评价结果，利用 SPSS22 软件进行聚类分析，采用 K 均值聚类，把 34 座城市分为五类，详见表 6-24。

东北地区新型城镇化生存维类别划分　　　　表 6-24

范围	类型	分类标准	城市
基础设施因子	最适宜	2.1~4.8	盘锦、大庆
	较适宜	4.9~11.9	鞍山、长春、沈阳、伊春、辽阳、大连、锦州
	适宜	12.0~19.1	丹东、营口、铁岭、阜新、辽源、双鸭山、松原、哈尔滨
	较不适宜	19.2~27.9	吉林、葫芦岛、抚顺、七台河、牡丹江、本溪、通化、鸡西、佳木斯、黑河、齐齐哈尔
	不适宜	28.0~34.0	朝阳、鹤岗、四平、白城、白山、绥化
人口因子	最适宜	1.1~5.6	沈阳、长春、大连
	较适宜	5.7~13.1	哈尔滨、鞍山、营口、大庆、辽阳、盘锦
	适宜	13.2~22.0	锦州、吉林、抚顺、葫芦岛、七台河、松原、阜新、辽源、本溪、四平、朝阳、通化
	较不适宜	22.1~28.8	丹东、铁岭、牡丹江、佳木斯、绥化、齐齐哈尔、白城、鸡西
	不适宜	28.9~33.9	双鸭山、鹤岗、白山、黑河、伊春
生存维	最适宜	1.8~7.7	沈阳、长春、大连、大庆、盘锦、鞍山
	较适宜	7.8~13.9	辽阳、锦州、哈尔滨、营口
	适宜	14.0~21.2	阜新、松原、抚顺、七台河、吉林、葫芦岛、铁岭、辽源、丹东、本溪
	较不适宜	21.3~29.5	伊春、通化、双鸭山、朝阳、牡丹江、四平、佳木斯、齐齐哈尔、鸡西
	不适宜	29.6~33.1	黑河、白城、鹤岗、绥化、白山

从表 6-24 可知，生存维最适宜类有沈阳市等 6 座城市，其中盘锦市和大庆市基础设施因子也在最适宜类，沈阳市、长春市和大连市人口因子在最适宜类；较适宜类有辽阳市等 3 座城市；适宜类有阜新市等 11 座城市，占 32.35%；较不适宜类有伊春市等 9 座城市，占 26.47%；不适宜类有黑河市等 5 座城市，其中鹤岗市和白山市基础设施因子和人口因子均为不适宜类，劣势明显。生存维各类城市数量分布呈橄榄型，较合理。

（2）东北地区新型城镇化发展维聚类结果及分析

根据表 6-16 东北地区新型城镇化发展维生态位适宜度的动态评价结果，利用 SPSS22 软件进行聚类分析，采用 K 均值聚类，把 34 座城市分为五类，详见表 6-25。

东北地区新型城镇化发展维类别划分　　　　　表 6-25

范围	类型	分类标准	城市
经济发展因子	最适宜	1.0~6.1	大连、沈阳、大庆、盘锦、长春
	较适宜	6.2~15.3	鞍山、营口、哈尔滨、本溪、抚顺、辽阳、吉林
	适宜	15.4~21.7	牡丹江、锦州、白山、松原、辽源、丹东、通化
	较不适宜	21.8~27.0	佳木斯、葫芦岛、七台河、四平、阜新、白城
	不适宜	27.1~33.3	朝阳、铁岭、齐齐哈尔、双鸭山、鸡西、黑河、鹤岗、绥化、伊春
社会发展因子	最适宜	1.1~3.6	大连、沈阳
	较适宜	3.7~10.3	大庆、长春、哈尔滨、本溪、吉林
	适宜	10.4~18.6	鹤岗、通化、白山、盘锦、鞍山、辽阳、辽源、丹东、牡丹江
	较不适宜	18.7~27.9	营口、鸡西、黑河、双鸭山、抚顺、锦州、白城、阜新、葫芦岛、齐齐哈尔、铁岭、佳木斯、四平、松原
	不适宜	28.0~31.9	伊春、朝阳、七台河、绥化
发展维	最适宜	1.0~6.2	大连、沈阳、大庆、长春、哈尔滨
	较适宜	6.3~13.0	盘锦、本溪、鞍山、吉林、营口、辽阳
	适宜	13.1~21.1	白山、通化、抚顺、牡丹江、辽源、丹东、锦州
	较不适宜	21.2~30.1	松原、鹤岗、佳木斯、白城、阜新、双鸭山、葫芦岛、四平、鸡西、黑河、七台河、齐齐哈尔、铁岭
	不适宜	30.2~33.3	朝阳、伊春、绥化

从表 6-25 可知，发展维最适宜类有大连市等 5 座城市，其中大连市和沈阳市经济发展因子和社会发展因子也是最适宜类，优势明显；较适宜类有盘锦市等 6 座城市，其中本溪市和吉林市经济发展因子和社会发展因子也是较适宜类，发展均衡；适宜类有白山市等 7 座城市；较不适宜类有松原市等 13 座城市，占 38.24%；不适宜类有朝阳市、伊春市和绥化市三座城市，同时三座城市经济发展因子和社会发展因子也是不适宜类，劣势明显。

（3）东北地区新型城镇化竞争维聚类结果及分析

根据表 6-17 东北地区新型城镇化竞争维生态位适宜度的动态评价结果，利用 SPSS22 软件进行聚类分析，采用 K 均值聚类，把 34 座城市分为五类，详见表 6-26。

东北地区新型城镇化竞争维类别划分　　　　　表 6-26

范围	类型	分类标准	城市
生态环境因子	最适宜	5.1~11.4	沈阳、松原、辽源、盘锦、长春、大连、绥化
	较适宜	11.5~17.1	大庆、吉林、铁岭、哈尔滨、本溪、黑河、通化、辽阳
	适宜	17.2~21.7	阜新、牡丹江、丹东、抚顺、七台河、双鸭山、四平、白城
	较不适宜	21.8~26.3	佳木斯、白山、营口、锦州、齐齐哈尔、朝阳、伊春
	不适宜	26.4~28.4	鸡西、葫芦岛、鞍山、鹤岗

续表

范围	类型	分类标准	城市
公平因子	最适宜	2.8~10.8	抚顺、伊春、鹤岗、本溪、沈阳、白山
	较适宜	10.9~16.7	丹东、鸡西、七台河、鞍山、黑河、辽阳、阜新、双鸭山
	适宜	16.8~22.7	大连、辽源、葫芦岛、白城、锦州、牡丹江、营口、吉林、绥化、四平、佳木斯、朝阳
	较不适宜	22.8~29.6	盘锦、哈尔滨、铁岭、长春
	不适宜	29.7~33.2	通化、大庆、齐齐哈尔、松原
竞争维	最适宜	3.6~9.0	沈阳、抚顺、本溪、辽源
	较适宜	9.1~15.2	大连、伊春、盘锦、长春、绥化、黑河
	适宜	15.3~21.1	鹤岗、丹东、鸡西、辽阳、阜新、白山、吉林、七台河、铁岭、双鸭山、哈尔滨
	较不适宜	21.2~29.6	松原、牡丹江、白城、大庆、四平、佳木斯、鞍山、通化、营口、朝阳、锦州、葫芦岛
	不适宜	29.7	齐齐哈尔

从表 6-26 可知，竞争维最适宜类有沈阳市等 4 座城市，其中沈阳市生态环境因子和公平因子也是最适宜类，优势明显；较适宜类有大连市等 6 座城市，其中大连市、盘锦市、长春市和绥化市生态环境因子是最适宜类，伊春市公平因子是最适宜类；适宜类有鹤岗市等 11 座城市，占 32.35%，其中鹤岗市和白山市公平因子是最适宜类；较不适宜类有松原市等 12 座城市，占 35.29%，其中松原市生态环境因子是最适宜类；不适宜类仅有齐齐哈尔市。竞争维两因子中城市类型分化较为严重，说明城市间竞争激烈。

（4）东北地区新型城镇化适宜度聚类结果及分析

根据表 6-18 东北地区新型城镇化生态位适宜度的动态评价结果，利用 SPSS22 软件进行聚类分析，采用 K 均值聚类，把 34 座城市分为五类，详见表 6-27。

东北地区新型城镇化生态位适宜度类别划分　　　表 6-27

类型	分类标准	城市	数量	比重（%）
最适宜	1.0~6.2	大连、沈阳、长春、大庆、盘锦	5	14.71
较适宜	6.3~15.3	哈尔滨、鞍山、本溪、辽阳、营口、抚顺、吉林、辽源	8	23.53
适宜	15.4~22.1	锦州、丹东、松原、通化、牡丹江、阜新	6	17.65
较不适宜	22.2~29.7	七台河、白山、铁岭、葫芦岛、双鸭山、伊春、鹤岗、鸡西、四平、佳木斯、黑河	11	32.35
不适宜	29.8~31.2	白城、朝阳、齐齐哈尔、绥化	4	11.76

从表 6-27 可知，生态位最适宜类有大连市等为五座城市，沈阳市是唯一生存维、发展维和竞争维都是最适宜的城市，大连市、长春市和大庆市是生存维和发展维最适宜城市，盘锦市仅是生存维最适宜城市。生态位较适宜类有哈尔滨市等 8 座城市，哈尔滨市是唯一副省级省会城市属于较适宜类的，其竞争维属于适宜类表现偏弱；生态位适宜类有锦州市等 6 座城市；生态位较不适宜类有七台河市等 11 座城市，占 32.35%；生态位不适宜有白城市等 4 座城市，其中绥化市生存维和发展维是不适宜类，齐齐哈尔市是竞争维唯一的不适宜类城市。

（5）东北地区新型城镇化适宜度的阶段划分

本节采用 2009 年至 2018 年的东北地区新型城镇化适宜度类别划分结果进行城镇化发展类型研究。为更好地区分东北地区各城市新型城镇化适宜度发展情况，将城市发展情况归为成长型、衰退型、稳定型和波动型。成长型代表城市生态位与所处环境条件越来越适宜；衰退型代表城市生态位与所处环境条件越来越不适宜；稳定型代表城市生态位与所处环境条件适宜情况变化不大；波动型代表城市生态位与所处环境条件适宜情况变化较大。各省城市适宜度类型变化详见图 6-34。由图可以看出，沈阳市等 6 座城市属于稳定型，10 年间适宜度类型未发生变化，其中沈阳市和大连市属于最适宜类型，说明这两座城市城镇化发展在东北地区处于领先地位，长春市、本溪市、锦州市和齐齐哈尔市分别属于较适宜、适宜、较不适宜和不适宜类。盘锦市和铁岭市属于典型的波动型，10 年间适宜度类型发生 7 次变化，盘锦市在适宜和较适宜间波动，铁岭市在不适宜和较不适宜间波动；鹤岗市和伊春市也发生了 6 次类型变化，波动特征明显。吉林市、大庆市和双鸭山市是衰退型城市的代表，吉林市 2009 年至 2013 年属于适宜类型，2014 年至 2017 年衰退到较不适宜；大庆市 2009 年至 2015 年属于较适宜类型，2016 年和 2017 年属于适宜类型；双鸭山市 2009 年至 2013 年属于较不适宜类型，2016 年至 2018 年衰退到不适宜。符合成长型特征的城市很少，哈尔滨市前 9 年都属于适宜类型，2018 年成长为较适宜类型。

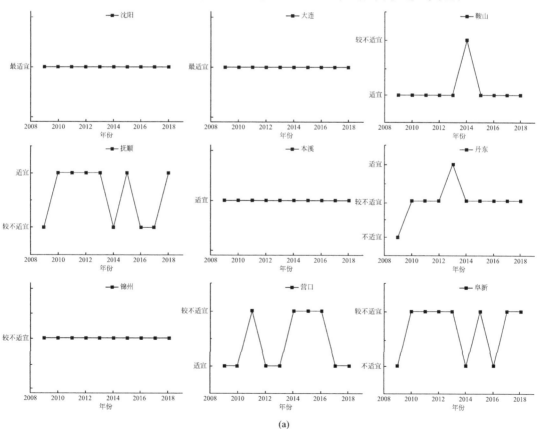

(a)

图 6-34 东北地区城市新型城镇化适宜度类型变化图（一）

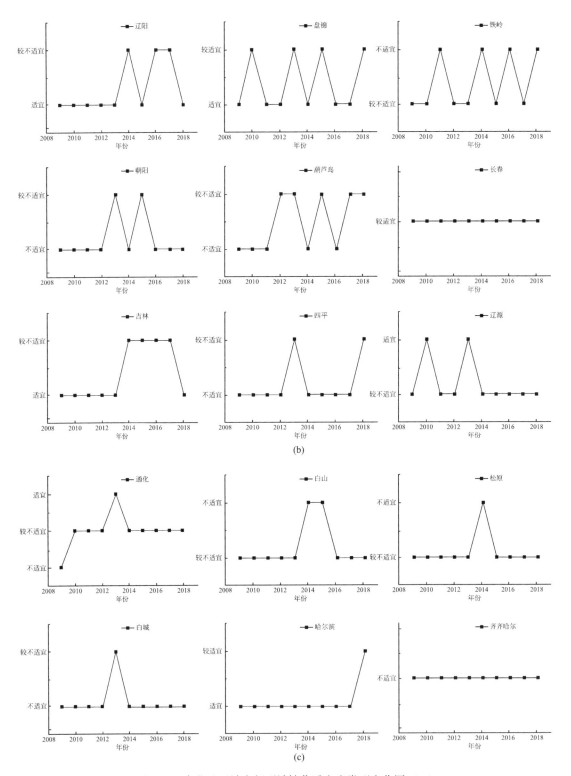

图 6-34 东北地区城市新型城镇化适宜度类型变化图（二）

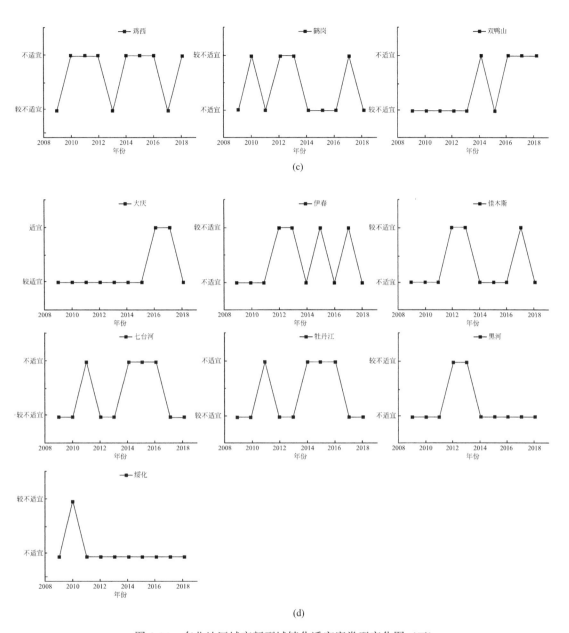

图 6-34　东北地区城市新型城镇化适宜度类型变化图（三）

6.1.5　东北地区新型城镇化适宜度影响因素分析

1. 东北地区新型城镇化静态适宜度影响因素分析

本节采用 2018 年的指标数据对东北地区新型城镇化适宜度影响因素进行分析。利用生态位适宜度限制指标模型［式（5-5）］分层筛选出影响新型城镇化适宜度的限制评价维度、限制生态因子和限制指标。限制评价维度指在生存维、发展维和竞争维中的最弱项；限制生态因子指在基础设施因子、人口因子、经济发展因子、社会发展因子、生态环境因子和公平因子中的两个最弱因子；限制指标指在 36 个生态因子指标中的 6 个最弱指标。由这1个评价维度、2个生态位因子和6个指标构成影响新型城镇化适宜度的因素。东北地区2018年新型城镇化适宜度影响因素详见表6-28。

东北地区新型城镇化适宜度影响因素（2018年）　　　表6-28

城市	限制维度	限制生态因子	限制指标					
沈阳	发展维	经济发展因子、基础设施因子	C35	C4	C2	C36	C1	C24
大连	生存维	公平因子、基础设施因子	C35	C4	C36	C2	C3	C24
鞍山	发展维	经济发展因子、社会发展因子	C31	C22	C32	C2	C35	C23
抚顺	发展维	社会发展因子、经济发展因子	C30	C15	C4	C25	C35	C9
本溪	发展维	经济发展因子、人口因子	C31	C9	C14	C25	C4	C30
丹东	发展维	经济发展因子、社会发展因子	C14	C28	C21	C16	C12	C13
锦州	发展维	社会发展因子、经济发展因子	C32	C31	C22	C33	C19	C20
营口	发展维	社会发展因子、经济发展因子	C27	C25	C31	C28	C23	C29
阜新	发展维	经济发展因子、人口因子	C29	C12	C20	C16	C25	C4
辽阳	发展维	经济发展因子、社会发展因子	C30	C15	C31	C9	C17	C23
盘锦	发展维	社会发展因子、人口因子	C10	C19	C15	C34	C36	C35
铁岭	发展维	经济发展因子、社会发展因子	C12	C7	C33	C16	C31	C22
朝阳	发展维	经济发展因子、社会发展因子	C19	C10	C20	C33	C25	C12
葫芦岛	发展维	经济发展因子、社会发展因子	C31	C1	C22	C35	C21	C20
长春	发展维	公平因子、经济发展因子	C36	C35	C5	C4	C32	C15
吉林	发展维	经济发展因子、公平因子	C30	C14	C18	C4	C32	C8
四平	发展维	经济发展因子、社会发展因子	C20	C18	C19	C12	C33	C2
辽源	发展维	经济发展因子、社会发展因子	C14	C18	C34	C1	C10	C2
通化	发展维	经济发展因子、人口因子	C33	C1	C10	C34	C20	C13
白山	发展维	人口因子、经济发展因子	C10	C34	C2	C9	C8	C3
松原	发展维	社会发展因子、经济发展因子	C25	C21	C10	C36	C18	C20
白城	发展维	经济发展因子、社会发展因子	C21	C13	C2	C4	C20	C3
哈尔滨	发展维	经济发展因子、人口因子	C4	C2	C35	C3	C36	C26
齐齐哈尔	发展维	经济发展因子、社会发展因子	C23	C18	C16	C32	C12	C13
鸡西	发展维	经济发展因子、人口因子	C32	C6	C28	C20	C13	C30
鹤岗	发展维	经济发展因子、社会发展因子	C15	C31	C23	C13	C3	C10
双鸭山	发展维	经济发展因子、人口因子	C22	C10	C23	C30	C17	C13
大庆	发展维	公平因子、人口因子	C35	C15	C32	C31	C7	C36
伊春	发展维	人口因子、经济发展因子	C9	C5	C24	C13	C16	C12
佳木斯	发展维	经济发展因子、社会发展因子	C25	C13	C11	C18	C36	C8
七台河	发展维	社会发展因子、经济发展因子	C31	C10	C25	C17	C9	C3
牡丹江	发展维	人口因子、经济发展因子	C8	C11	C14	C13	C31	C9
黑河	发展维	人口因子、社会发展因子	C8	C11	C13	C3	C33	C16
绥化	发展维	经济发展因子、人口因子	C19	C18	C4	C1	C26	C25

从表6-28可以看出，东北地区新型城镇化适宜度限制评价维度仅大连市为生存维，其余33市均为发展维，说明经济社会发展是东北地区城镇化的绝对瓶颈。限制生态因子为经济发展因子的有30座城市占88.24%，社会发展因子的有18座占52.94%，人口因子的有14座占41.18%，公平因子和基础设施因子分别有4座和2座占11.76%和5.88%，生态环境因子没有成为任何一座城市的限制因子；辽宁省有鞍山市等9座城市的限制因子为经济和社会发展因子，除经济因子外社会发展因子是影响辽宁省城镇化的第二因子；吉林省有四平市等4座城市的限制因子为经济和社会发展因子；黑龙江省限制因子出现最多的是经济发展因子和人口因子各10次，经济发展和人口是限制黑龙江省城镇化的首要因子。限制指标出现次数最多的是地均GDP11次，环境保护支出占公共财政支出的比重11次，人均居住区面积10次；出现次数最少的是燃气普及率和生活垃圾无害化处理率仅1次。辽宁省限制指标出现次数最多的是环境保护支出占公共财政支出的比重7次，城乡居民人均可支配收入比6次，科学技术支出占公共财政支出的比重和人居居住区面积各5次；吉林省限制指标出现次数最多的是人均公园绿地面积、每万人在校大学生数、人均公共财政收入和每百人公共图书馆藏书各4次；黑龙江省制指标出现次数最多的是地均GDP8次，建成区占市辖区面积比重和环境保护支出占公共财政支出的比重各4次。

2. 东北地区新型城镇化动态适宜度影响因素分析

本节采用2009年至2018年的影响因素数据对东北地区新型城镇化动态适宜度影响因素进行分析。2009年至2017年的影响因素数据详见附录3。利用影响新型城镇化适宜度的限制评价维度、限制生态因子和限制指标10年间的出现频数确定动态适宜度影响因素。东北地区新型城镇化动态适宜度的影响因素详见表6-29。

东北地区新型城镇化动态适宜度影响因素（2009—2018年）　　　　表6-29

城市	限制维度	限制生态因子	限制指标					
沈阳	发展维	基础设施因子、公平因子	C4	C36	C24	C31	C7	C35
大连	竞争维	公平因子、生态环境因子	C24	C36	C2	C31	C4	C35
鞍山	发展维	社会发展因子、经济发展因子	C22	C30	C31	C23	C24	C1
抚顺	发展维	社会发展因子、经济发展因子	C4	C30	C2	C7	C24	C9
本溪	发展维	经济发展因子、社会发展因子	C30	C4	C7	C2	C22	C1
丹东	发展维	经济发展因子、社会发展因子	C28	C13	C22	C4	C2	C23
锦州	发展维	经济发展因子、社会发展因子	C32	C33	C25	C19	C7	C31
营口	发展维	社会发展因子、经济发展因子	C31	C1	C23	C10	C25	C24
阜新	发展维	经济发展因子、社会发展因子	C29	C20	C16	C12	C25	
辽阳	发展维	经济发展因子、社会发展因子	C31	C2	C23	C15	C30	C19
盘锦	发展维	社会发展因子、公平因子	C10	C15	C24	C36	C20	C31
铁岭	发展维	经济发展因子、社会发展因子	C20	C21	C36	C16	C22	
朝阳	发展维	经济发展因子、社会发展因子	C19	C10	C22	C26	C20	C1
葫芦岛	发展维	经济发展因子、公平因子	C4	C12	C31	C22	C10	C16
长春	发展维	经济发展因子、社会发展因子	C4	C36	C32	C35	C26	C25

续表

城市	限制维度	限制生态因子	限制指标					
吉林	发展维	经济发展因子、公平因子	C30	C4	C18	C8	C19	C3
四平	发展维	经济发展因子、社会发展因子	C2	C20	C5	C18	C25	C33
辽源	发展维	经济发展因子、社会发展因子	C2	C18	C10	C20	C25	C32
通化	发展维	经济发展因子、公平因子	C1	C10	C13	C20	C36	C18
白山	生存维	人口因子、经济发展因子	C10	C8	C3	C2	C27	C25
松原	发展维	公平因子、经济发展因子	C25	C21	C10	C36	C20	C22
白城	发展维	经济发展因子、人口因子	C13	C3	C4	C2	C34	C27
哈尔滨	发展维	经济发展因子、公平因子	C4	C2	C31	C36	C16	C3
齐齐哈尔	发展维	经济发展因子、公平因子	C23	C18	C12	C16	C32	C22
鸡西	发展维	经济发展因子、人口因子	C20	C13	C16	C28	C6	C32
鹤岗	发展维	经济发展因子、人口因子	C3	C13	C23	C1	C27	C10
双鸭山	发展维	经济发展因子、人口因子	C17	C3	C10	C13	C23	C22
大庆	竞争维	公平因子、人口因子	C15	C32	C31	C8	C36	C14
伊春	发展维	经济发展因子、人口因子	C13	C12	C18	C3	C16	C6
佳木斯	发展维	经济发展因子、社会发展因子	C13	C18	C16	C25	C11	C20
七台河	发展维	社会发展因子、经济发展因子	C10	C25	C3	C17	C23	C9
牡丹江	发展维	经济发展因子、人口因子	C8	C13	C36	C3	C22	C28
黑河	发展维	经济发展因子、人口因子	C8	C13	C3	C16	C11	C17
绥化	发展维	经济发展因子、社会发展因子	C19	C18	C4	C33	C12	C21

从表 6-29 可以看出，东北地区新型城镇化动态适宜度限制评价维度出现次数最多的是发展维 31 市，占 91.18%，其中 28 市 10 年间限制维度均是发展维，说明经济社会发展是东北地区城镇化的长期瓶颈；大连市是唯一发展维从未成为其限制维度的城市，10 年间其限制维度分别为 7 次竞争维和 3 次生存维；大庆市的限制维度也是竞争维；白山市是唯一限制维度是生存维的城市。10 年间，限制生态因子为经济发展因子的有 273 次占 40.15%，社会发展因子的有 152 次占 22.35%，人口因子的有 116 次占 17.06%，公平因子的有 102 次占 15%，基础设施因子的有 23 次占 3.38%，生态环境因子的有 14 次占 2.06%，经济发展因子是城镇化发展的关键因子，其次是社会发展因子、人口因子和公平因子，基础设施因子和生态环境因子限制最小。辽宁省限制生态因子的排序是经济发展因子 99 次占 35.36%，社会发展因子 94 次占 33.57%，公平因子 37 次占 13.21%，人口因子 24 次占 8.57%，基础设施因子 15 次占 5.36%，生态环境因子 11 次占 3.93%；吉林省限制生态因子的排序是经济发展因子 71 次占 44.38%，公平因子 36 次占 22.5%，人口因子 25 次占 15.63%，社会发展因子 24 次占 15%，基础设施因子 4 次占 2.5%，生态环境因子未出现；黑龙江省限制生态因子的排序是经济发展因子 103 次占 42.92%，人口因子 67 次占 27.92%，社会发展因子 34 次占 14.17%，公平因子 29 次占 12.08%，基础设施因子 4 次占 1.67%，生态环境因子 3 次占 1.25%。限制指标出现次数最多的是人均公园

绿地面积和地均 GDP 各 102 次，人均居住区面积和每万人在校大学生数各 100 次；出现次数最少的依次是燃气普及率、用水普及率和单位 GDP 二氧化硫排放量分别为 12、16 和 19 次。辽宁省限制指标出现次数最多的是环境保护支出占公共财政支出的比重 60 次，人均公园绿地面积 57 次，人均居住区面积 54 次，用水普及率和人口密度未出现；吉林省限制指标出现次数最多的是人均公共财政收入和每百人公共图书馆藏书各 36 次，每万人在校大学生数 35 次，人均工业产值和每千人拥有教师数未出现；黑龙江省限制指标出现次数最多的是地均 GDP75 次，建成区占市辖区面积比重 48 次，人口密度 44 次。

6.2 生态位视角下东北地区新型城镇化适宜度的提升策略研究

6.2.1 东北地区新型城镇化适宜度存在的问题分析

1. 东北地区新型城镇化生态位适宜度存在的问题分析

东北地区新型城镇化总体特征是城镇化适宜度水平较高，近年来新型城镇化建设稳步实施，有效推进，但区域内城镇化发展差异较大，与区域外城市对比竞争力整体偏弱。东北地区新型城镇化存在的主要问题有：城镇化建设分化严重，沈阳、大连、长春和哈尔滨行政级别高、自主权利大，具有明显的虹吸效应，资源呈单向流动，其他城市城镇化建设明显落后副省级 4 市。基础设施建设放缓，人口流失严重；城市经济与社会发展缺乏动力；治理生态环境投入不足，社会、城乡公平仍有差距。

东北地区辽宁省城镇化适宜度水平最高，沈阳和大连的城镇化适宜度水平长期处于东北领头地位，省内盘锦、鞍山、本溪等城市适宜度水平也很高，铁岭和朝阳两市适宜度水平较低。辽宁省的主要问题有：城市基础设施建设投入缓慢，除沈阳和大连外，其他城市人口吸纳能力不足；辽中南城市群协调机制不够完善，未形成经济社会发展的合力；城乡融合发展有待深入。吉林省城镇化适宜度水平居中，省会长春适宜度水平省内最高，吉林适宜度水平也很高，其余 6 市适宜度水平较低，尤其是白城。吉林省的主要问题有：长春、吉林等中心城市人口吸纳能力不足，与北上广和沿海发达城市有一定差距，弱于东北地区的沈阳和大连；哈长城市群跨省，协调机制、合作方式有待完善，尚未形成经济社会发展的合力；城乡融合发展有待深入。黑龙江省城镇化适宜度水平落后，大庆适宜度水平省内最高，省会哈尔滨次之，其余 10 市与大庆和哈尔滨差距明显，大多处于东北地区城镇化适宜度水平的末端。黑龙江省的主要问题有：城市基础设施建设滞后，哈尔滨等中心城市人口吸纳能力弱，其他城市人口流失严重，农民进城落户积极性不高；哈长城市群跨省，协调机制、合作方式有待完善，尚未形成经济社会发展的合力，哈尔滨、大庆等中心城市经济社会辐射能力弱；能源枯竭型城市多，环境治理投入不足，城乡融合发展有待深入。

2. 东北地区新型城镇化生态位维度存在的问题分析

（1）生存维存在的问题分析

东北地区新型城镇化生存维的总体特征是城镇化建设历史积累的基础雄厚，近年来城镇化建设积累放缓，整体区域内差异不大；人口素质较高，老龄化严重，非中心城市人口流失严重。东北地区新型城镇化生存维存在的主要问题有：东北地区的城镇化水平较高，随着经济发展的滞后和人口老龄化，城市基础设施建设的积累速度明显放缓；东北地区整体人口流失，缺乏对区域外人口的吸引力，加上中心城市的人口虹吸效应，导致非中心城市的人口流失更加严重；同时，农村人口进城落户的积极性也不高。

东北地区辽宁省城镇化生存维评价最高，沈阳、大连、盘锦和鞍山4市的城镇化生存维水平长期处于东北领头地位，省内辽阳、锦州、营口等城市适宜度水平也很高，朝阳适宜度水平较低。辽宁省的主要问题有：城市基础设施积累整体比较均衡，但近年来基础设施建设滞后，滞后的原因有两方面：一方面，类似沈阳、大连等中心城市由于城市的扩张导致基础设施投入不足、相对滞后；另一方面，类似朝阳等城市由于经济发展缓慢而减少基础设施投入。辽宁省人口出生率低，老龄化严重，沈阳、大连主要吸引周边城市和东北其他地区城市人口迁入，对东北地区外的人口吸引力弱，其他城市人口呈流失状态，同时城市对农村人口的吸引力弱。吉林省城镇化生存维水平居中，省会长春生存维水平省内最高，吉林、松原适宜度水平也很高，其余5市适宜度水平较低，尤其是白城和白山。吉林省的主要问题有：城市基础设施历史积累整体比较均衡，但近年来基础设施建设滞后，长春、吉林等中心城市人口吸纳能力不足，弱于沈阳和大连。黑龙江省城镇化生存维水平落后，大庆生存维水平省内最高，省会哈尔滨次之，其余10市与大庆和哈尔滨差距明显，大多处于东北地区城镇化生存维水平的末端。黑龙江省的主要问题有：地处东北地区最北端，气候恶劣，城市基础设施历史积累不均衡，近年来城市基础设施建设投入少，哈尔滨、大庆等中心城市人口吸纳能力弱，城市人口流失严重，农民进城落户积极性不高。

（2）发展维存在的问题分析

东北地区新型城镇化发展维的总体特征是重工业、农业基础好，近年来城市经济发展放缓，区域内城市差异较大；医疗、卫生、文教基础较好，区域内城市社会发展较均衡。东北地区新型城镇化生存维存在的主要问题有：东北地区城市发展放缓，经济社会发展动力不足；经济发展模式正处于从要素驱动经济到创新驱动经济的转型期，营商环境劣于沿海发达地区，经济发展分化严重，沈阳、大连、长春和哈尔滨4市经济发展较好，其余各市发展缓慢，4市的带动能力弱，城市群未真正融合、形成合力；经济发展的缓慢导致区域内社会发展的滞后，且城市间差异大，大部分城市社会发展处于较低层次。

东北地区辽宁省城镇化发展维评价最高，沈阳和大连城镇化发展维水平长期处于东北领头地位，省内盘锦、本溪、鞍山等城市适宜度水平也很高，朝阳适宜度水平较低。辽宁省的主要问题有：经济发展动力不足，沈阳和大连的带动辐射能力偏弱，辽中南城市群融合度弱，协调机制有待加强；社会发展缓慢，社会发展的制度有待完善。吉林省城镇化生存维水平居中，省会长春发展维水平省内最高，吉林适宜度水平也很高，其余6市适宜度水平较低，尤其是白城。吉林省的主要问题有：经济发展动力不足，汽车、石化和农产品加工三大产业都集中在中心城市，中心城市对周边的经济辐射能力弱，其他城市经济发展乏力，像白山、辽源等能源枯竭型城市转型困难，没有合适的替代产业；经济发展制约了社会发展，吉林省社会发展滞后，政府效率较低。黑龙江省城镇化发展维水平落后，大庆发展维水平省内最高，省会哈尔滨次之，其余 10 市与大庆和哈尔滨差距明显，大多处于东北地区城镇化发展维水平的末端。黑龙江省的主要问题有：经济发展动力不足，哈长城市群融合度弱，省会哈尔滨的经济带动能力较弱，大庆是能源型城市对周边城市的带动能力弱；社会发展乏力，政府效率较低。

(3) 竞争维存在的问题分析

东北地区新型城镇化竞争维的总体特征是区域内城市竞争进化能力偏弱，生态环境受气候和产业结构影响大，城市间差异不大；社会公平在区域内城市间较均衡，城乡融合普遍不好。东北地区新型城镇化竞争维存在的主要问题有：由于经济社会发展对城市竞争能力的支撑不足；东北地区天气寒冷不利于绿化，城市绿化水平普遍偏低。同时，东北地区又是传统的重工业基地，城市污染比较严重，尤其像鞍山这样传统的经济发展水平处于中游的重工业城市。因为经济发展水平高的城市重视治理环境污染，投入大量资金环保；经济发展水平低的城市工业污染少。城乡间差距逐步缩小，城乡融合有待进一步加强，农民进城落户意愿偏低。

东北地区辽宁省城镇化竞争维评价最高，沈阳的城镇化竞争维水平长期处于东北领头地位，省内大连、抚顺、本溪、盘锦等城市适宜度水平也很高，朝阳适宜度水平较低。辽宁省的主要问题有：传统的重工业城市较多，环境污染比较严重；城乡融合有待进一步加强。吉林省城镇化竞争维水平均衡，省会长春竞争维水平省内最高，其余 7 市适宜度水平差异很小。吉林省的主要问题有：经济社会发展制约了城市竞争力，城乡融合有待加强。黑龙江省城镇化竞争维水平均衡，省内鸡西竞争维水平省内最高，省会哈尔滨次之，其余 10 市适宜度水平差异很小。黑龙江省的主要问题有：气候寒冷，城市绿化困难，环境治理受经济发展制约，城乡融合有待加强。

3. 东北地区新型城镇化生态因子存在的问题

(1) 基础设施因子存在的问题分析

东北地区新型城镇化基础设施因子的总体特征是城镇化建设历史积累的基础雄厚，近年来城镇化建设积累放缓，整体区域内差异不大。基础设施因子与城镇化适宜度呈一种倒"U"型关系，大连、沈阳、长春和哈尔滨城镇化适宜度水平高，由于城市的不断外扩，基础设施滞后于城市扩张，导致基础设施因子处于中游偏上水平；绥化、黑河和双鸭山等城镇化适宜度水平低，城市处于收缩状态，其基础设施资金投入少，处于较低水平；鞍山和营口等市城镇化适宜度水平适中，城市建设稳定，历史积累雄厚，基础设施因子处于领先状态。辽宁省基础设施因子评价最高，盘锦、鞍山等市基础设施长期处于领先地位，朝阳基础设施较差。吉林省基础设施因子处于中游，省会长春最高，白城和白山最低，其余城市差异不大。黑龙江省基础设施因子处于下游，省会哈尔滨最高，绥化最低，其余城市都处于适宜和较不适宜类，差异不大。东北地区新型城镇化基础设施因子存在的主要问题有：受区域经济发展的影响，城镇基础设施建设放缓，道路交通拥堵，路网结构待优化，尤其沈阳、大连、长春和哈尔滨 4 市的地铁建设缓慢，城市路网与北上广深等发达城市差距较大，城市棚户区基础设施滞后，亟待升级改造。

(2) 人口因子存在的问题分析

东北地区新型城镇化人口因子的总体特征是人口素质较高，老龄化严重，非中心城市人口流失严重。人口因子与城镇化适宜度成正比关系，大连、沈阳、长春和哈尔滨城镇化适宜度水平高，基础设施好，产业聚集，就业机会质量较高且多，省内人口吸纳能力强，人口的素质、结构和数量相对较好；伊春、黑河和白山等城镇化适宜度水平低，产业支撑不够，资源枯竭型城市面临产业转型，就业机会少，人口吸纳能力不强，人口流失相对严重。辽宁省人口因子评价最高，沈阳和大连人口因子生态位适宜度长期处于东北地区领先地位，人口吸纳能力强，人口数量和质量好；能源枯竭型城市阜新的人口吸纳能力较弱，人口因子生态位适宜度较差。吉林省人口因子处于中游，省会长春最高，能源枯竭型城市白山和辽源较低，其余城市差异不大。黑龙江省人口因子处于下游，省会哈尔滨市最高，有石化产业支撑的大庆次之，其他城市较低，流失较严重，都处于适宜和较不适宜类，差异不大。东北地区新型城镇化人口因子存在的主要问题有：受区域经济社会发展的影响，人口出生率低、人口老龄化趋势明显，沈阳、大连、长春和哈尔滨等中心城市面临产业升级转型，对区域外人口吸纳能力弱；能源枯竭型城市多，产业替代困难，人口外流严重。居住证制度的逐步完善，淡化了户籍因素，缩小了居住证持有者与市民享受公共服务的差距，以及农业人口对农村政策的向好预期，使农业人口市民化意愿不强，进程缓慢。

（3）经济发展因子存在的问题分析

东北地区新型城镇化经济发展因子的总体特征是重工业、农业基础好，近年来城市经济发展放缓，区域内城市差异较大。经济发展因子与城镇化适宜度成正比关系，大连、沈阳、长春和哈尔滨城镇化适宜度水平高，三次产业结构较合理，有产业支撑，经济资源吸纳能力强，发展水平高、动力强、质量好；盘锦和大庆工业基础好，石化产业强，经济发展较好；鹤岗、伊春和铁岭等城镇化适宜度水平低，支柱产业弱或面临产业转型，经济发展动力不足。辽宁省经济发展因子评价最高，沈阳和大连经济发展因子生态位适宜度长期处于东北地区领先地位，营商环境较好，经济发展动力足；朝阳和铁岭经济发展动力弱，经济发展因子生态位适宜度较差。吉林省经济发展因子处于中游，省会长春最高，吉林次之，白城较低，其余城市差异不大。黑龙江省经济发展因子处于下游，大庆最好，省会哈尔滨次之，其他城市较低，经济发展动力不足，都处于适宜和较不适宜类，差异不大。东北地区新型城镇化经济发展因子存在的主要问题有：东北地区长期作为能源输出基地、重工业基地，城市产业单一，不具有可持续性；各市都面临经济困局，沈阳、大连、长春和哈尔滨等中心城市经济体制机制创新能力较弱，营商环境与北上广深等沿海发达城市差距明显，外部投资较少，经济活跃度低；阜新、辽源等能源枯竭型城市，虽取得一些成绩，但是转型任务艰巨，替代产业发展缓慢且规模较小。东北地区城市群实力较弱，中心城市经济辐射能力弱，辽中南城市群、哈长城市群处于发展阶段，未形成带动区域发展的驱动力。

（4）社会发展因子存在的问题分析

东北地区新型城镇化社会发展因子的总体特征是医疗、卫生、文教基础较好，区域内城市社会发展较均衡。社会发展因子与城镇化适宜度呈松散的正相关，大连、沈阳、长春和哈尔滨城镇化适宜度水平高，城市提供的公共服务基础雄厚，数量充足，质量高，医疗、卫生、教育、社会保障有力地支撑了城市的城镇化发展；大庆和吉林的社会发展较好；其他城市比价均衡，差异不大。辽宁省社会发展因子评价最高，沈阳和大连社会发展因子生态位适宜度长期处于东北地区领先地位，医疗、卫生、文教基础好，社会发展动力足；朝阳和铁岭医疗、卫生、文教基础较弱，社会发展动较弱。吉林省社会发展因子处于中游，省会长春最高，吉林次之，四平较低，其余城市差异不大。黑龙江省社会发展因子处于下游，省会哈尔滨最好，大庆次之，其他城市较低，社会发展动力不足，都处于适宜和较不适宜类，差异不大。东北地区新型城镇化社会发展因子存在的主要问题有：社会发展与经济发展呈紧密正相关，受经济发展制约，医疗、卫生、文教基础投入较少，城市基础服务功能有待完善，社会发展相对滞后，政府效率不高。受历史因素限制，医疗、卫生、文教资源分布不均匀，副省级城市获得的社会资源最好，中心城市次之，其他城市相对较差。

（5）生态环境因子存在的问题分析

东北地区新型城镇化生态环境因子的总体特征是生态环境受气候和产业结构影响大，城市间差异不大。生态环境因子与城镇化适宜度呈一种松散的"U"形关系，与经济发展因子呈紧密的"U"形关系，沈阳、大连等经济发展水平高的城市重视生态环境、工业污染治理，其生态环境因子适宜度好；辽源、松原等城市经济发展水平低，工业污染较少，其生态环境因子适宜度也好；而像鞍山等经济发展适中的重工业城市，工业污染较多，且治理投入较少，生态环境因子反而较差。辽宁省生态环境因子处于中游，沈阳和大连生态环境因子生态位适宜度长期处于东北地区领先地位，地处东北南部气候条件较好，产业结构合理，重视环境治理；鞍山生态环境因子较弱。吉林省生态环境因子适宜度整体最好，辽源最高，松原、长春、白城和四平也较好，城市生态环境因子评价结果均衡。黑龙江省生态环境因子处于下游，省会哈尔滨最好，齐齐哈尔次之，其他城市均较低，伊春、鹤岗和鸡西处于最后。东北地区新型城镇化生态环境因子存在的主要问题有：受东北地区气候影响，城市绿化普遍较低；东北地区是传统的重工业基地，工业污染是主要的污染源，工业发达地区的环境污染比较严重，尤其是钢铁和火力发电为主的城市。

（6）公平因子存在的问题分析

东北地区新型城镇化公平因子的总体特征是区域内城市间较均衡，城乡融合普遍不好。公平因子与城镇化适宜度相关性不大，城乡融合是公平因子的主要衡量因素，其融合又可分为两种类型，一是，类似鸡西等城市，其公平因子适宜度水平很高，但指标绝对值偏低，是低水平的融合；二是，类似沈阳等城市，其公平因子适宜度水平较高，指标绝对值也高，是高水平的融合。辽宁省公平因子最高的城市是本溪、抚顺；锦州和营口公平因子适宜度较低。吉林省四平和白山处于省内领先，松原较低；黑龙江省公平因子比较均衡，大多城市属于适宜和较不适宜类型。东北地区新型城镇化公平因子存在的主要问题有：城乡仍存在二元结构特征，城乡协融合发展还处于起步阶段，各项制度有待完善。城乡间的差距虽逐步缩小但绝对值仍较大，城乡间要素流动不畅、公共资源配置不合理。受经济社会发展限制，城市未能提供完善公共服务保障、足够的工作岗位和提升空间给农村进城人员，导致农村人口落户城市的积极性不高。

6.2.2 提升东北地区新型城镇化适宜度的政策性建议

（1）加快城镇基础设施建设

一是加强棚户区改造。推进老城区内棚户区、国有厂区改造，设立合理改造标准、环境整治标准以及维修管护的长效机制。二是加强公共基础设施建设。优化沈阳、大连、长春和哈尔滨等中心城市的路网结构，推进城市公共交通建设，加快城市轨道交通建设，努力实现公共交通城区全覆盖；适时推动城市间轨道交通设施建设。三是加快海绵城市建设。重点提高城市防洪排涝减灾能力，优化城市排涝管网、地下综合管廊规划，加快建设速度。四是推进智慧城市建设。加强智慧城市顶层设计，实现城镇化与信息化融合发展，带动大数据、物联网、区块链等现代科学技术发展，进而为城市经济转型升级提供方向和动力。

（2）加快农业转移人口市民化

一是积极推进户籍制度改革。放宽沈阳、大连、长春和哈尔滨等中心城市的落户限制，全面放开中小城市落户条件，积极引导大中专院校毕业的农村籍学生、城镇常住的转移人口、农村籍军人等群体办理落户；完善居住证功能，持有居住证的转移人口与户籍居民享有同等的权益。二是完善城市基本公共服务。在"两为主"和"两纳入"政策的基础上建立以居住证为主要依据的随迁子女入学政策，坚持以流入地公办学校为主，简化入学流程，切实保障转移人口子女接受义务教育的权利；加快城乡医保制度的整合，有效推进农村医疗保险适用于城市；完善居民社会保障体系，推进农业转移人口参加职工养老保险和工伤保险，使其与户籍居民享有同等待遇；扩大住房保障范围，将符合条件的农业转移人口纳入其中。三是提供农业转移人口就业岗位，提升就业技能。推动农业人口转移就业，继续推进进城务工人员职业技能提升计划"春潮行动"，开展有效的职业技能培训，帮助进城务工人员找到合适的就业岗位；积极推进进城务工人员返乡创业，提供有效的创业培训和服务、落实创业扶持政策，搭建劳务对接平台，发挥创业主体作用，带动农村劳动力转移就业；积极开展就业技能培训和劳动技能培训，提升就业能力，落实补贴政策。四是全面落实"人地钱"挂钩配套政策，调动地方政府吸纳农业转移人口落户的积极性。

（3）创新经济发展的机制体制

一是提高经济发展的质量。各级政府应该积极推进经济体制机制的创新，保证资源的有效流动，消除城市间的经济对接和联动障碍。加快经济发展方式的转型和升级，推动以创新为要素驱动的经济发展方式，使经济发展从粗放型向科技型转变。二是推进城市产业优化和结构升级。城市应该结合自身资源优势进行产业布局和结构优化。城市群内城市间构建错位发展和协同分工的产业格局，沈阳、大连、长春和哈尔滨四座副省级城市在产业选择和人才吸引上具有明显优势，集中发展高端产业，城市群内城市承接配套产业，逐步培育世界级的产业集群。阜新等资源枯竭型城市着力进行接续替代产业的探索。三是加强非经济领域的投入来促进经济发展。着力非经济体制机制的创新改革来改善营商环境。完善收入分配制度和社会保障制度来促进居民消费。加强非经济领域长期投入来促进经济发展，如加大投入人才引进、教育、科研、医疗、交通、住房等领域，这些领域依靠政策的短期倾斜效果并不好，需循序渐进的积累来支持经济高质量发展。

（4）优化城镇空间布局

依托交通网络优化东北地区城镇空间结构、功能结构和规模结构，形成空间布局合理，大中小城市功能互补的城镇体系结构。一是全面实施城市群规划。东北区域内有辽中南城市群和哈长城市群两大城市群，统筹安排城市群发展规划，优化城市群空间结构，统筹城市功能和规模，形成产业互补、集约高效、布局合理、功能完善的城市群发展格局。哈长城市群还需跨省合作，形成跨省合作机制，推进《哈长城市群发展规划》的有效落实，共同推进城市群建设。二是着力打造都市区建设。沈阳都市区、大连都市区、长吉都市区和哈尔滨都市区是东北地区主要的都市区。沈阳都市区着力打造东北亚国际化中心、东北创新中心、东北物流中心和东北人才中心，加快推进中国（辽宁）自由贸易区试验区沈阳片区、辽宁股权中心、"盛京人才"战略和沈抚新区等建设。长吉都市区着力打造国家科技成果转移转化示范区，加快长春产业聚集平台，交通枢纽，经济、金融和科教中心建设，吉林着力提升建成区的功能品质，扎实推进长吉两市的协同发展。哈尔滨都市区着力打造"哈尔滨一小时、两小时"经济圈，完善基础设施互联互通建设。三是有序推进小城镇和特色小镇建设。科学规划小城镇和特色小镇建设布局，引导小城镇和特色小镇健康发展，完善小城镇和特色小镇建设申报程序和退出机制，提供政策和资金支持。完善小城镇和特色小镇分类管理机制，推动小城镇和特色小镇的人口和产业聚集，培育小城镇和特色小镇为城市新的经济增长点。四是提升沈阳、长春和哈尔滨等中心城市的城市功能和首位度。依托城市群、都市区进行统一规划，协调发展，打破城市壁垒，优势互补，加快补齐城市基础设施和公共服务短板。推进城市间道路、轨道交通等基础设施建设，突出中心城市的粘性和张力，提高中心城市的经济辐射能力。

（5）提升城镇社会公共服务水平

一是提高政府工作效率。各级政府提高自身的效率，科学制定社会发展政策，完善社会发展机制，平衡好经济发展和社会发展之间的关系，重视再分配领域的公平性，加大对非经济领域的投入，保证社会公共服务满足居民需求，为经济发展提供保障。二是提高社会公共服务资金保障能力。各级政府合理规划、开源筹集资金建设社会公共服务设施，满足社会发展的需要。三是推进社会公共服务的无差别化，消除不同城市之间的地区性差异。积极引导群众参与社会服务政策的制定过程，解决群众最关心、最急迫的突出问题，达到城市间医疗、卫生、文教的均衡发展。四是积极做好社会公共服务资源的规划和配置工作。均衡配置医疗、卫生、文教资源，推进一定区域内的资源统一调配，逐步缩小城市间、城乡间的差距，切实提高公共服务资源的配置效率和使用效益，不断改善社会服务条件，提高公共资源承载能力。重点解决农村医疗教育、随迁子女的义务教育问题。

（6）加快推进绿色城镇建设

一是推进绿色生态城区建设。根据不同城镇的区位和气候条件，制定差异化的绿化政策，选用适合的绿植进行城市绿化；构建低碳、便捷的城市交通体系，着力推广新能源车辆；推进生活垃圾无害化分类处理和污水处理的设备设施和配套管网的建设及运营；加大治理雾霾力度，严禁露天焚烧秸秆；推进一批"煤改电""煤改气"项目，较少燃煤污染；推广绿色建筑和建筑节能。二是减少城镇工业污染。针对资源型城镇和钢铁、发电等工业型城镇制定严格的污染物排放量标准，扶持企业提高工业废水、废气和废渣的处理和综合利用能力；制定合理的产业政策，大力发展科技型和资源节约型产业，严格限制高消耗、高污染的工业企业在市区发展，采取迁出、产业升级等方式从根本治污；采用新技术、新工业和新设备增强企业治理工业污染的能力。三是增强行为主体的绿色意识。增强城镇居民的绿色意识，让绿色发展理念融入人的思想中，影响人们的行为观念；增强政府部门的绿色意识，制定完善的绿色城镇化建设制度，强化政府绿色公共服务的供给，推进绿色城镇化的考核；增强企业的绿色意识，鼓励和激励企业采用先进技术减少污染，同时严格执行环保法中的惩罚条款。

（7）加快推进城乡融合发展

一是破除城乡二元结构体制机制障碍。积极推进城乡户籍管理的统一，消除社会公共服务的差异；完善农业转移人口市民化的各项政策措施，实现城乡融合发展，提高城镇对农村的辐射带动作用。二是合理配置城乡资源要素。消除城乡壁垒，推动资源要素城乡间合理配置、自由流动和平等交换。推进城市资本要素下乡，完善农村承包土地经营权和农民住房财产权贷款制度，盘活乡村资产，加快农村新型普惠融资服务体系建设，加快基础金融服务站建设。推动公共资源向农村延伸，加强乡村卫生、医疗和教育基础设施的建设，提升从业人员的岗位技能，加快提高乡村医疗、教务服务水平。进一步完善农村基础设施和公共服务设施，推进农村人居环境治理。三是推进城乡产业融合发展。积极构建农村一二三产业融合发展体系，坚持农业产业链开发，遴选一批产业融合发展示范区，加大对休闲农业、农民合作社、田园综合体、农村电商等新型农业主体的培育力度，发展新的农村经济增长点。四是加快建立健全城乡融合发展体制机制和政策体系。完善城乡融合发展的顶层设计，深化农村土地制度改革。加快制定集体建设用地入市、土地征收和宅基地等相关政策制度，完善农业农村创新发展政策措施和推进机制。

（8）深化城镇化制度改革

一是深化城乡土地制度改革。完善农村承包地"三权"分置制度，落实集体所有权，稳定农户承包权，放活土地经营权。二是深入推进各级部门行政管理体制改革。精简机构，合并部门，缩减审批事项，优化审批流程，应放尽放，优化营商环境。三是完善新型城镇化投融资机制。设立新型城镇化专项资金，支持新型城镇化项目建设，规范新型城镇化建设融资行为，加强政府管控，推动新型城镇化发展。

6.3 本章小结

本章主要运用生态位视角下新型城镇化适宜度评价指标体系及基于 RF 理论的生态位适宜度评价方法对东北地区新型城镇化发展情况进行实证分析。首先，在生态位视角下对东北地区新型城镇化适宜度进行评价研究，设计了东北地区新型城镇化适宜度评价的总体框架；基于 2018 年的数据对东北地区新型城镇化适宜度进行了静态评价；基于 2009 年至 2018 年的数据对东北地区新型城镇化适宜度进行了动态评价；分析了东北地区新型城镇化适宜度类型和影响因素。其次，从生态位适宜度、评价维度、生态因子三个层面分析了东北地区新型城镇化适宜度存在的问题。最后，给出提升东北地区新型城镇化适宜度的八条政策性建议。

第 7 章 总结与展望

7.1 研究总结

本研究在对生态位评价理论和新型城镇化评价理论研究综述的基础上，提出新型城镇系统的类生态系统特征，构建基于生态位视角的新型城镇化适宜度评价指标体系及评价方法；并运用基于 RF 理论的评价方法结合熵权法、聚类分析等技术方法对东北地区新型城镇化发展情况进行实证研究，给出提升东北地区新型城镇化水平的咨政建议，研究的主要工作总结如下：

(1) 研究了新型城镇的生态学特征。从生态学的基本理论出发，运用类比分析、交叉移植、比较借鉴等方法研究新型城镇的生态学特征，并通过分析证明运用生态学理论与方法研究新型城镇系统的可行性。介绍了生态学的基本理论；运用生态学研究新型城镇系统的可行性分析，分析了新型城镇系统的生态系统相似性，给出了运用生态学研究新型城镇系统的思路；分析了生态学视角下新型城镇系统的内涵、特征和目标；阐述了新型城镇生态位理论，包括新型城镇生态位的定义、态势和适宜度；分析了生态学视角下新型城镇化主体行为，包括新型城镇化个体行为、新型城镇化种群行为和新型城镇化群落行为。

(2) 构建了基于生态位态势理论的新型城镇化评价指标体系。明确了指标体系构建的价值定位和研究定位，梳理了指标体系的设计思路即从生存维、发展维和竞争维三个维度构建指标体系，确定了新型城镇化评价指标体系的设计九步；提出了指标体系构建的科学性、系统性、全面性、动态性、可比性和可操作性六个原则；提出了指标体系的概念框架包括基础设施和人口、经济和社会发展、生态环境和公平六个生态位因子；给出了指标初选和筛选的理论方法，确定了由三个维度六个生态位因子三十六个指标构成的新型城镇化适宜度评价指标体系；并对三十六个指标的含义及计算方法进行了阐述。

(3) 构建了基于生态位适宜度的新型城镇化评价方法。根据 RF 理论、MACBETH 方法、累积前景理论、后悔理论等方法和理论，针对生态因子指标评价信息为实数、语言变量、语言值直觉模糊数、云模型、区间灰数、时间直觉模糊数等不同形式，提出了一系列相应的生态位适宜度评价方法，并通过实例验证了方法的有效性和可行性。

(4) 运用生态位视角下新型城镇化适宜度评价指标体系及基于 RF 理论的生态位适宜度评价方法对东北地区新型城镇化发展情况进行实证分析。在生态位视角下对东北地区新型城镇化适宜度进行评价研究，设计了东北地区新型城镇化适宜度评价的总体框架，基于 2018 年的数据对东北地区新型城镇化适宜度进行了静态评价，基于 2009 年至 2018 年的数据东北地区新型城镇化适宜度进行了动态评价，分析了东北地区新型城镇化适宜度类型和影响因素；从生态位适宜度、评价维度、生态因子三个层面分析了东北地区新型城镇化适宜度存在的问题；并给出提升东北地区新型城镇化适宜度的八条政策性建议。

7.2 研究展望

生态位视角下新型城镇化适宜度评价问题研究才刚刚起步，理论与方法尚有很多空白和不足，处于不断发展完善中。本研究仅仅对新型城镇的生态学特征、基于生态位态势理论的新型城镇化评价指标体系、基于生态位适宜度的新型城镇化评价方法、东北地区新型城镇化适宜度评价等问题展开了讨论。限于项目组能力和精力所限，关于生态位视角下新型城镇化适宜度评价理论与方法的问题还有待于在以下四方面深入探讨：

（1）在新型城镇生态学特征部分，本研究仅考虑了生态学组织中个体、种群、群落三个层次与城市、都市区和城市群的相似特征及行为特点。除个体、种群、群落外，其他组织层次与城市的相似性有待进一步研究。

（2）在基于生态位态势理论的新型城镇化评价指标体构建部分，本研究仅给出中国城市新型城镇化适宜度评价的基础标准指标体系，设计者或评价者根据具体问题特征进行指标增减、替换等动态更新的方法有待进一步研究。

（3）在基于生态位适宜度的新型城镇化评价方法部分，本研究虽构建了多种评价方法，但面对复杂的新型城镇生态系统仍有明显不足，还需要进一步丰富评价方法库，明确评价方法的适用性，提高评价方法的科学性。

（4）在新型城镇化适宜度评价的实证研究部分，本研究虽将构建指标体系及方法应用于东北地区新型城镇化适宜度评价问题中，但评价指标体系的动态更新、评价值的获取、评价结果的解释以及政策建议的提出还有待进一步完善。

附录

附录 1 东北地区新型城镇化适宜度评价结果（2009—2017 年）

附录 1.1 东北地区新型城镇化适宜度评价结果（2009 年）

东北地区新型城镇化生存维生态位适宜度评价结果（2009 年）　　附表 1-1

城市	基础设施因子		人口因子		生存维	
	适宜度	排序	适宜度	排序	适宜度	排序
沈阳	0.1159	5	0.1249	1	0.2408	2
大连	0.1203	2	0.1109	4	0.2312	3
鞍山	0.1105	9	0.0914	9	0.2019	7
抚顺	0.1060	12	0.0844	15	0.1905	11
本溪	0.0930	18	0.0818	19	0.1747	18
丹东	0.0905	20	0.0715	26	0.1619	25
锦州	0.1148	7	0.0874	13	0.2022	6
营口	0.1019	13	0.0929	8	0.1947	10
阜新	0.0947	16	0.0820	18	0.1767	17
辽阳	0.1111	8	0.0900	11	0.2011	8
盘锦	0.1288	1	0.0874	12	0.2162	5
铁岭	0.1150	6	0.0748	25	0.1898	13
朝阳	0.0810	28	0.0794	22	0.1603	27
葫芦岛	0.0947	15	0.0903	10	0.1850	14
长春	0.1201	3	0.1214	2	0.2416	1
吉林	0.0962	14	0.0835	16	0.1797	16
四平	0.0743	32	0.0860	14	0.1603	28
辽源	0.0830	26	0.0830	17	0.1660	23
通化	0.0807	29	0.0710	27	0.1517	31
白山	0.0719	33	0.0685	30	0.1404	34
松原	0.0884	22	0.0936	7	0.1820	15
白城	0.0760	31	0.0695	29	0.1456	33

续表

城市	基础设施因子		人口因子		生存维	
	适宜度	排序	适宜度	排序	适宜度	排序
哈尔滨	0.0821	27	0.1079	5	0.1900	12
齐齐哈尔	0.0856	25	0.0810	20	0.1666	21
鸡西	0.0930	17	0.0709	28	0.1640	24
鹤岗	0.0872	23	0.0657	32	0.1529	30
双鸭山	0.1095	10	0.0635	33	0.1730	19
大庆	0.1190	4	0.1043	6	0.2233	4
伊春	0.1071	11	0.0597	34	0.1668	20
佳木斯	0.0783	30	0.0779	23	0.1562	29
七台河	0.0862	24	0.1143	3	0.2005	9
牡丹江	0.0889	21	0.0776	24	0.1665	22
黑河	0.0927	19	0.0677	31	0.1605	26
绥化	0.0713	34	0.0803	21	0.1516	32

东北地区新型城镇化发展维生态位适宜度评价结果（2009年） 附表1-2

城市	经济发展因子		社会发展因子		发展维	
	适宜度	排序	适宜度	排序	适宜度	排序
沈阳	0.1953	2	0.1629	2	0.3582	2
大连	0.2169	1	0.1828	1	0.3997	1
鞍山	0.1589	4	0.1133	18	0.2722	7
抚顺	0.1320	11	0.1051	22	0.2371	14
本溪	0.1448	6	0.1415	5	0.2863	4
丹东	0.1217	17	0.1043	24	0.2260	19
锦州	0.1175	18	0.1006	25	0.2182	23
营口	0.1409	8	0.1064	21	0.2473	13
阜新	0.1043	27	0.0944	32	0.1987	31
辽阳	0.1338	10	0.1135	17	0.2474	12
盘锦	0.1462	5	0.1154	15	0.2615	8
铁岭	0.1125	21	0.0986	28	0.2111	27
朝阳	0.1056	25	0.0906	34	0.1962	34
葫芦岛	0.1070	23	0.0935	33	0.2005	30
长春	0.1415	7	0.1413	6	0.2829	6
吉林	0.1316	12	0.1216	12	0.2531	9
四平	0.1124	22	0.0982	29	0.2106	28
辽源	0.1273	14	0.1211	13	0.2484	11
通化	0.1137	20	0.1142	16	0.2279	17

续表

城市	经济发展因子		社会发展因子		发展维	
	适宜度	排序	适宜度	排序	适宜度	排序
白山	0.1243	15	0.1274	8	0.2516	10
松原	0.1142	19	0.0990	27	0.2132	26
白城	0.1067	24	0.0977	30	0.2045	29
哈尔滨	0.1370	9	0.1464	4	0.2834	5
齐齐哈尔	0.0975	31	0.1264	10	0.2240	21
鸡西	0.0999	28	0.1270	9	0.2268	18
鹤岗	0.0990	30	0.1229	11	0.2218	22
双鸭山	0.0995	29	0.1330	7	0.2325	15
大庆	0.1742	3	0.1538	3	0.3281	3
伊春	0.0918	34	0.1050	23	0.1968	33
佳木斯	0.1051	26	0.1097	19	0.2148	25
七台河	0.1292	13	0.0949	31	0.2241	20
牡丹江	0.1224	16	0.1092	20	0.2316	16
黑河	0.0942	33	0.1207	14	0.2150	24
绥化	0.0975	32	0.0997	26	0.1972	32

东北地区新型城镇化竞争维生态位适宜度评价结果（2009年）　　附表1-3

城市	生态环境因子		公平因子		竞争维	
	适宜度	排序	适宜度	排序	适宜度	排序
沈阳	0.0924	2	0.0346	3	0.1270	2
大连	0.0988	1	0.0284	12	0.1271	1
鞍山	0.0641	22	0.0237	24	0.0878	26
抚顺	0.0687	15	0.0295	8	0.0982	13
本溪	0.0724	12	0.0341	5	0.1065	6
丹东	0.0579	29	0.0262	16	0.0841	29
锦州	0.0567	31	0.0269	14	0.0836	30
营口	0.0734	9	0.0267	15	0.1001	10
阜新	0.0621	26	0.0242	22	0.0863	28
辽阳	0.0728	10	0.0261	18	0.0989	12
盘锦	0.0805	6	0.0226	29	0.1032	7
铁岭	0.0653	20	0.0245	20	0.0899	22
朝阳	0.0511	33	0.0227	28	0.0739	33
葫芦岛	0.0581	28	0.0232	26	0.0813	32
长春	0.0822	5	0.0269	13	0.1091	5
吉林	0.0756	7	0.0261	17	0.1016	9

续表

城市	生态环境因子		公平因子		竞争维	
	适宜度	排序	适宜度	排序	适宜度	排序
四平	0.0674	17	0.0211	33	0.0885	24
辽源	0.0744	8	0.0233	25	0.0976	14
通化	0.0715	13	0.0229	27	0.0944	17
白山	0.0624	25	0.0366	1	0.0990	11
松原	0.0709	14	0.0214	31	0.0923	19
白城	0.0643	21	0.0256	19	0.0899	21
哈尔滨	0.0683	16	0.0284	11	0.0967	15
齐齐哈尔	0.0503	34	0.0169	34	0.0672	34
鸡西	0.0671	18	0.0226	30	0.0897	23
鹤岗	0.0572	30	0.0344	4	0.0916	20
双鸭山	0.0598	27	0.0357	2	0.0955	16
大庆	0.0670	19	0.0212	32	0.0882	25
伊春	0.0634	23	0.0297	7	0.0931	18
佳木斯	0.0630	24	0.0244	21	0.0874	27
七台河	0.0528	32	0.0288	9	0.0816	31
牡丹江	0.0823	4	0.0286	10	0.1109	4
黑河	0.0727	11	0.0298	6	0.1025	8
绥化	0.0900	3	0.0237	23	0.1137	3

东北地区新型城镇化生态位适宜度评价结果（2009年） 附表1-4

城市	适宜度	排序	城市	适宜度	排序	城市	适宜度	排序
沈阳	0.7259	2	朝阳	0.4304	34	鸡西	0.4806	21
大连	0.7581	1	葫芦岛	0.4668	25	鹤岗	0.4664	26
鞍山	0.5620	8	长春	0.6336	4	双鸭山	0.5010	17
抚顺	0.5258	12	吉林	0.5345	11	大庆	0.6395	3
本溪	0.5675	7	四平	0.4594	29	伊春	0.4567	32
丹东	0.4720	24	辽源	0.5121	13	佳木斯	0.4583	30
锦州	0.5039	16	通化	0.4741	23	七台河	0.5062	15
营口	0.5421	10	白山	0.4910	18	牡丹江	0.5090	14
阜新	0.4617	28	松原	0.4875	20	黑河	0.4779	22
辽阳	0.5474	9	白城	0.4399	33	绥化	0.4625	27
盘锦	0.5809	5	哈尔滨	0.5701	6			
铁岭	0.4908	19	齐齐哈尔	0.4578	31			

东北地区新型城镇化生态位进化动量结果（2009年） 附表1-5

城市	进化动量	排序	城市	进化动量	排序	城市	进化动量	排序
沈阳	0.4917	33	朝阳	0.8195	1	齐齐哈尔	0.8003	5

续表

城市	进化动量	排序	城市	进化动量	排序	城市	进化动量	排序
大连	0.4759	34	葫芦岛	0.7698	10	鸡西	0.7547	12
鞍山	0.6734	24	长春	0.5724	32	鹤岗	0.7775	9
抚顺	0.7009	23	吉林	0.6665	26	双鸭山	0.7371	19
本溪	0.6536	28	四平	0.7883	6	大庆	0.6119	31
丹东	0.7526	13	辽源	0.7182	21	伊春	0.8054	3
锦州	0.7254	20	通化	0.7508	14	佳木斯	0.7694	11
营口	0.6719	25	白山	0.7457	16	七台河	0.7501	15
阜新	0.7801	8	松原	0.7429	18	牡丹江	0.7141	22
辽阳	0.6662	27	白城	0.8028	4	黑河	0.7824	7
盘锦	0.6407	30	哈尔滨	0.6518	29	绥化	0.8070	2
铁岭	0.7449	17						

附录1.2 东北地区新型城镇化适宜度评价结果（2010年）

东北地区新型城镇化生存维生态位适宜度评价结果（2010年）　　附表1-6

城市	基础设施因子		人口因子		生存维	
	适宜度	排序	适宜度	排序	适宜度	排序
沈阳	0.1002	6	0.1229	1	0.2231	2
大连	0.1098	3	0.1126	3	0.2225	3
鞍山	0.1037	5	0.0878	10	0.1915	5
抚顺	0.0915	12	0.0802	18	0.1717	10
本溪	0.0777	23	0.0759	20	0.1536	25
丹东	0.0831	16	0.0677	28	0.1508	26
锦州	0.0993	8	0.0799	19	0.1792	9
营口	0.0810	18	0.0869	12	0.1679	14
阜新	0.0841	15	0.0837	15	0.1679	15
辽阳	0.0996	7	0.0893	9	0.1889	7
盘锦	0.1173	1	0.1022	5	0.2195	4
铁岭	0.0979	9	0.0718	24	0.1697	13
朝阳	0.0726	28	0.0647	32	0.1373	32
葫芦岛	0.0850	14	0.0750	21	0.1600	20
长春	0.1119	2	0.1182	2	0.2301	1
吉林	0.0824	17	0.0821	17	0.1645	17
四平	0.0653	33	0.0906	8	0.1559	22
辽源	0.0859	13	0.0841	14	0.1700	12
通化	0.0699	30	0.0716	25	0.1415	30

续表

城市	基础设施因子		人口因子		生存维	
	适宜度	排序	适宜度	排序	适宜度	排序
白山	0.0694	31	0.0659	31	0.1353	33
松原	0.0770	24	0.0870	11	0.1640	18
白城	0.0661	32	0.0662	30	0.1324	34
哈尔滨	0.0755	27	0.1088	4	0.1843	8
齐齐哈尔	0.0767	25	0.0645	33	0.1412	31
鸡西	0.0778	21	0.0707	27	0.1486	28
鹤岗	0.0765	26	0.0672	29	0.1437	29
双鸭山	0.0926	11	0.0732	23	0.1657	16
大庆	0.1075	4	0.0823	16	0.1898	6
伊春	0.0949	10	0.0605	34	0.1555	23
佳木斯	0.0722	29	0.0847	13	0.1568	21
七台河	0.0778	22	0.0930	7	0.1708	11
牡丹江	0.0790	19	0.0749	22	0.1539	24
黑河	0.0786	20	0.0708	26	0.1495	27
绥化	0.0611	34	0.0998	6	0.1609	19

东北地区新型城镇化发展维生态位适宜度评价结果（2010年） 附表1-7

城市	经济发展因子		社会发展因子		发展维	
	适宜度	排序	适宜度	排序	适宜度	排序
沈阳	0.1790	2	0.1576	2	0.3366	2
大连	0.1945	1	0.1682	1	0.3627	1
鞍山	0.1451	5	0.1044	15	0.2495	8
抚顺	0.1268	9	0.0959	24	0.2227	12
本溪	0.1298	7	0.1263	6	0.2561	6
丹东	0.1109	15	0.1044	14	0.2153	14
锦州	0.1126	14	0.0932	30	0.2057	20
营口	0.1312	6	0.1020	18	0.2332	10
阜新	0.1001	26	0.1009	19	0.2010	24
辽阳	0.1236	11	0.1109	9	0.2345	9
盘锦	0.1482	4	0.1054	13	0.2536	7
铁岭	0.1025	23	0.0938	28	0.1963	28
朝阳	0.0976	28	0.0865	33	0.1841	32
葫芦岛	0.1018	25	0.0891	31	0.1909	30
长春	0.1285	8	0.1342	4	0.2627	4
吉林	0.1164	13	0.1095	10	0.2259	11

续表

城市	经济发展因子 适宜度	经济发展因子 排序	社会发展因子 适宜度	社会发展因子 排序	发展维 适宜度	发展维 排序
四平	0.0946	29	0.0980	23	0.1926	29
辽源	0.1042	21	0.1109	8	0.2151	15
通化	0.1083	18	0.1064	12	0.2147	16
白山	0.1090	17	0.1085	11	0.2175	13
松原	0.1041	22	0.0936	29	0.1977	27
白城	0.1022	24	0.0996	21	0.2018	23
哈尔滨	0.1246	10	0.1323	5	0.2570	5
齐齐哈尔	0.0984	27	0.1037	16	0.2021	22
鸡西	0.0943	30	0.1035	17	0.1979	26
鹤岗	0.0943	31	0.1151	7	0.2095	17
双鸭山	0.1095	16	0.0949	26	0.2044	21
大庆	0.1598	3	0.1539	3	0.3137	3
伊春	0.0867	34	0.0958	25	0.1825	33
佳木斯	0.1049	20	0.0941	27	0.1990	25
七台河	0.1212	12	0.0878	32	0.2091	18
牡丹江	0.1068	19	0.1001	20	0.2069	19
黑河	0.0878	33	0.0995	22	0.1873	31
绥化	0.0902	32	0.0858	34	0.1760	34

附表1-8 东北地区新型城镇化竞争维生态位适宜度评价结果（2010年）

城市	生态环境因子 适宜度	生态环境因子 排序	公平因子 适宜度	公平因子 排序	竞争维 适宜度	竞争维 排序
沈阳	0.0921	7	0.0569	4	0.1490	3
大连	0.0942	5	0.0455	23	0.1397	7
鞍山	0.0748	20	0.0479	14	0.1227	21
抚顺	0.0884	8	0.0751	1	0.1635	1
本溪	0.0740	23	0.0518	9	0.1258	16
丹东	0.0783	14	0.0547	5	0.1330	11
锦州	0.0657	30	0.0505	10	0.1162	25
营口	0.0825	11	0.0462	21	0.1288	15
阜新	0.0789	13	0.0529	8	0.1317	13
辽阳	0.0748	21	0.0497	12	0.1245	18
盘锦	0.0841	10	0.0394	30	0.1235	20
铁岭	0.0687	28	0.0467	19	0.1154	27
朝阳	0.0607	34	0.0459	22	0.1066	32

续表

城市	生态环境因子		公平因子		竞争维	
	适宜度	排序	适宜度	排序	适宜度	排序
葫芦岛	0.0614	31	0.0468	18	0.1082	31
长春	0.0968	3	0.0444	25	0.1412	5
吉林	0.0851	9	0.0480	13	0.1331	9
四平	0.0746	22	0.0450	24	0.1196	22
辽源	0.0921	6	0.0476	15	0.1397	6
通化	0.0816	12	0.0434	26	0.1250	17
白山	0.0750	18	0.0588	3	0.1338	8
松原	0.0950	4	0.0369	31	0.1319	12
白城	0.0711	26	0.0531	7	0.1242	19
哈尔滨	0.0765	15	0.0428	29	0.1194	23
齐齐哈尔	0.0609	33	0.0323	34	0.0932	34
鸡西	0.0730	24	0.0430	28	0.1160	26
鹤岗	0.0764	17	0.0544	6	0.1309	14
双鸭山	0.0680	29	0.0467	20	0.1146	28
大庆	0.0765	16	0.0340	33	0.1106	29
伊春	0.0723	25	0.0607	2	0.1331	10
佳木斯	0.0697	27	0.0369	32	0.1065	33
七台河	0.0610	32	0.0476	16	0.1086	30
牡丹江	0.0968	2	0.0470	17	0.1438	4
黑河	0.0750	19	0.0432	27	0.1181	24
绥化	0.1063	1	0.0497	11	0.1561	2

东北地区新型城镇化生态位适宜度评价结果（2010年） 附表1-9

城市	适宜度	排序	城市	适宜度	排序	城市	适宜度	排序
沈阳	0.7087	2	朝阳	0.4280	34	齐齐哈尔	0.4365	33
大连	0.7248	1	葫芦岛	0.4591	30	鸡西	0.4624	28
鞍山	0.5637	6	长春	0.6340	3	鹤岗	0.4841	23
抚顺	0.5578	8	吉林	0.5235	13	双鸭山	0.4848	22
本溪	0.5355	10	四平	0.4682	27	大庆	0.6140	4
丹东	0.4991	17	辽源	0.5249	12	伊春	0.4711	26
锦州	0.5012	15	通化	0.4812	25	佳木斯	0.4624	29
营口	0.5299	11	白山	0.4866	21	七台河	0.4885	20
阜新	0.5006	16	松原	0.4936	18	牡丹江	0.5046	14
辽阳	0.5479	9	白城	0.4584	31	黑河	0.4549	32
盘锦	0.5966	5	哈尔滨	0.5606	7	绥化	0.4930	19
铁岭	0.4814	24						

东北地区新型城镇化生态位进化动量结果（2010年） 附表1-10

城市	进化动量	排序	城市	进化动量	排序	城市	进化动量	排序
沈阳	0.5105	33	朝阳	0.8158	2	齐齐哈尔	0.8186	1
大连	0.5053	34	葫芦岛	0.7780	9	鸡西	0.7657	10
鞍山	0.6698	28	长春	0.5677	32	鹤岗	0.7624	11
抚顺	0.6748	26	吉林	0.6826	24	双鸭山	0.7558	12
本溪	0.6821	25	四平	0.7860	7	大庆	0.6577	30
丹东	0.7327	19	辽源	0.6990	22	伊春	0.7895	6
锦州	0.7324	20	通化	0.7366	18	佳木斯	0.7800	8
营口	0.6836	23	白山	0.7486	15	七台河	0.7521	13
阜新	0.7392	17	松原	0.7415	16	牡丹江	0.7222	21
辽阳	0.6701	27	白城	0.7961	4	黑河	0.7974	3
盘锦	0.6397	31	哈尔滨	0.6682	29	绥化	0.7922	5
铁岭	0.7489	14						

附录1.3 东北地区新型城镇化适宜度评价结果（2011年）

东北地区新型城镇化生存维生态位适宜度评价结果（2011年） 附表1-11

城市	基础设施因子		人口因子		生存维	
	适宜度	排序	适宜度	排序	适宜度	排序
沈阳	0.1051	8	0.1231	1	0.2282	4
大连	0.1138	3	0.1171	3	0.2308	1
鞍山	0.1092	4	0.0919	7	0.2011	5
抚顺	0.0852	19	0.0807	14	0.1659	18
本溪	0.0830	23	0.0786	17	0.1616	21
丹东	0.0923	13	0.0741	24	0.1664	17
锦州	0.1020	9	0.0880	8	0.1901	7
营口	0.0922	14	0.0869	10	0.1791	10
阜新	0.0895	16	0.0806	16	0.1701	15
辽阳	0.1075	5	0.0815	13	0.1890	8
盘锦	0.1180	2	0.0745	21	0.1926	6
铁岭	0.0991	10	0.0751	20	0.1741	11
朝阳	0.0800	29	0.0784	18	0.1584	25
葫芦岛	0.0966	11	0.0760	19	0.1726	13
长春	0.1068	6	0.1220	2	0.2288	2
吉林	0.0866	18	0.0836	12	0.1702	14
四平	0.0722	33	0.0866	11	0.1588	24
辽源	0.0916	15	0.0695	27	0.1611	23

续表

城市	基础设施因子		人口因子		生存维	
	适宜度	排序	适宜度	排序	适宜度	排序
通化	0.0816	24	0.0743	22	0.1559	26
白山	0.0769	30	0.0667	30	0.1437	32
松原	0.0805	27	0.0928	6	0.1733	12
白城	0.0735	32	0.0743	23	0.1478	30
哈尔滨	0.0833	20	0.1026	5	0.1859	9
齐齐哈尔	0.0808	26	0.0806	15	0.1615	22
鸡西	0.0868	17	0.0678	29	0.1545	28
鹤岗	0.0759	31	0.0644	33	0.1403	33
双鸭山	0.0955	12	0.0683	28	0.1638	19
大庆	0.1215	1	0.1073	4	0.2287	3
伊春	0.1057	7	0.0562	34	0.1620	20
佳木斯	0.0805	28	0.0647	32	0.1452	31
七台河	0.0812	25	0.0870	9	0.1682	16
牡丹江	0.0831	21	0.0656	31	0.1487	29
黑河	0.0831	22	0.0722	26	0.1553	27
绥化	0.0646	34	0.0733	25	0.1379	34

东北地区新型城镇化发展维生态位适宜度评价结果（2011年） 附表1-12

城市	经济发展因子		社会发展因子		发展维	
	适宜度	排序	适宜度	排序	适宜度	排序
沈阳	0.1681	2	0.1575	2	0.3256	2
大连	0.1831	1	0.1723	1	0.3554	1
鞍山	0.1322	5	0.1054	13	0.2376	8
抚顺	0.1165	10	0.1024	20	0.2189	11
本溪	0.1236	6	0.1201	6	0.2436	7
丹东	0.1050	13	0.1045	16	0.2095	15
锦州	0.1033	16	0.1086	10	0.2119	13
营口	0.1229	7	0.0984	25	0.2213	10
阜新	0.0913	24	0.0945	28	0.1858	28
辽阳	0.1160	11	0.1027	19	0.2187	12
盘锦	0.1413	4	0.1052	15	0.2465	6
铁岭	0.0956	21	0.0999	24	0.1955	23
朝阳	0.0899	28	0.0839	33	0.1739	33
葫芦岛	0.0907	26	0.0861	31	0.1768	31
长春	0.1227	8	0.1331	5	0.2558	4

续表

城市	经济发展因子		社会发展因子		发展维	
	适宜度	排序	适宜度	排序	适宜度	排序
吉林	0.1144	12	0.1110	8	0.2254	9
四平	0.0977	20	0.0967	26	0.1945	25
辽源	0.1022	18	0.1023	21	0.2045	17
通化	0.1045	15	0.1057	12	0.2103	14
白山	0.1049	14	0.1030	18	0.2079	16
松原	0.1013	19	0.0941	29	0.1954	24
白城	0.0936	23	0.1004	23	0.1939	26
哈尔滨	0.1176	9	0.1339	4	0.2515	5
齐齐哈尔	0.0884	30	0.0937	30	0.1821	29
鸡西	0.0882	31	0.1079	11	0.1961	21
鹤岗	0.0886	29	0.1142	7	0.2028	19
双鸭山	0.0906	27	0.1054	14	0.1960	22
大庆	0.1551	3	0.1410	3	0.2961	3
伊春	0.0786	34	0.0953	27	0.1740	32
佳木斯	0.0939	22	0.1032	17	0.1971	20
七台河	0.0910	25	0.0860	32	0.1770	30
牡丹江	0.1024	17	0.1018	22	0.2042	18
黑河	0.0811	33	0.1104	9	0.1915	27
绥化	0.0843	32	0.0821	34	0.1664	34

东北地区新型城镇化竞争维生态位适宜度评价结果（2011年）　　附表1-13

城市	生态环境因子		公平因子		竞争维	
	适宜度	排序	适宜度	排序	适宜度	排序
沈阳	0.0908	6	0.0650	5	0.1558	3
大连	0.0876	9	0.0508	23	0.1384	9
鞍山	0.0657	31	0.0561	12	0.1218	29
抚顺	0.0729	21	0.0808	1	0.1537	4
本溪	0.0743	19	0.0620	7	0.1363	10
丹东	0.0726	22	0.0572	11	0.1298	21
锦州	0.0640	33	0.0543	16	0.1184	30
营口	0.0717	24	0.0527	18	0.1244	26
阜新	0.0803	14	0.0555	13	0.1358	12
辽阳	0.0787	15	0.0516	20	0.1303	19
盘锦	0.0869	10	0.0465	26	0.1334	14
铁岭	0.0744	18	0.0371	34	0.1115	33

续表

城市	生态环境因子		公平因子		竞争维	
	适宜度	排序	适宜度	排序	适宜度	排序
朝阳	0.0694	27	0.0548	15	0.1242	27
葫芦岛	0.0627	34	0.0496	24	0.1122	32
长春	0.0923	5	0.0437	30	0.1361	11
吉林	0.0904	7	0.0512	22	0.1416	8
四平	0.0720	23	0.0539	17	0.1259	24
辽源	0.0941	2	0.0621	6	0.1562	2
通化	0.0852	11	0.0449	28	0.1301	20
白山	0.0889	8	0.0721	3	0.1610	1
松原	0.0943	1	0.0392	32	0.1335	13
白城	0.0672	28	0.0618	9	0.1290	22
哈尔滨	0.0702	26	0.0464	27	0.1166	31
齐齐哈尔	0.0648	32	0.0418	31	0.1066	34
鸡西	0.0736	20	0.0516	21	0.1252	25
鹤岗	0.0754	17	0.0676	4	0.1431	6
双鸭山	0.0707	25	0.0608	10	0.1315	17
大庆	0.0937	3	0.0389	33	0.1326	15
伊春	0.0664	30	0.0766	2	0.1430	7
佳木斯	0.0780	16	0.0447	29	0.1228	28
七台河	0.0804	13	0.0517	19	0.1321	16
牡丹江	0.0821	12	0.0487	25	0.1309	18
黑河	0.0666	29	0.0620	8	0.1286	23
绥化	0.0935	4	0.0555	14	0.1490	5

东北地区新型城镇化生态位适宜度评价结果（2011年） 附表1-14

城市	适宜度	排序	城市	适宜度	排序	城市	适宜度	排序
沈阳	0.7097	2	朝阳	0.4565	32	齐齐哈尔	0.4502	34
大连	0.7246	1	葫芦岛	0.4616	31	鸡西	0.4758	27
鞍山	0.5605	6	长春	0.6207	4	鹤岗	0.4862	21
抚顺	0.5385	9	吉林	0.5372	11	双鸭山	0.4913	20
本溪	0.5415	8	四平	0.4792	24	大庆	0.6574	3
丹东	0.5057	16	辽源	0.5219	13	伊春	0.4790	25
锦州	0.5204	14	通化	0.4963	18	佳木斯	0.4651	30
营口	0.5247	12	白山	0.5126	15	七台河	0.4773	26
阜新	0.4918	19	松原	0.5022	17	牡丹江	0.4838	22
辽阳	0.5379	10	白城	0.4708	29	黑河	0.4754	28

续表

城市	适宜度	排序	城市	适宜度	排序	城市	适宜度	排序
盘锦	0.5725	5	哈尔滨	0.5539	7	绥化	0.4533	33
铁岭	0.4812	23						

东北地区新型城镇化生态位进化动量结果（2011年）　　附表1-15

城市	进化动量	排序	城市	进化动量	排序	城市	进化动量	排序
沈阳	0.5090	33	朝阳	0.7893	4	齐齐哈尔	0.7897	3
大连	0.4980	34	葫芦岛	0.7798	6	鸡西	0.7440	14
鞍山	0.6631	28	长春	0.5914	31	鹤岗	0.7668	10
抚顺	0.6759	26	吉林	0.6570	30	双鸭山	0.7410	16
本溪	0.6767	25	四平	0.7641	11	大庆	0.5877	32
丹东	0.7165	19	辽源	0.6990	21	伊春	0.8100	2
锦州	0.6940	22	通化	0.7154	20	佳木斯	0.7698	8
营口	0.6835	23	白山	0.7230	18	七台河	0.7694	9
阜新	0.7481	12	松原	0.7335	17	牡丹江	0.7420	15
辽阳	0.6804	24	白城	0.7754	7	黑河	0.7873	5
盘锦	0.6580	29	哈尔滨	0.6654	27	绥化	0.8198	1
铁岭	0.7467	13						

附录1.4 东北地区新型城镇化适宜度评价结果（2012年）

东北地区新型城镇化生存维生态位适宜度评价结果（2012年）　　附表1-16

城市	基础设施因子		人口因子		生存维	
	适宜度	排序	适宜度	排序	适宜度	排序
沈阳	0.1048	6	0.1204	1	0.2252	2
大连	0.1124	3	0.1160	2	0.2284	1
鞍山	0.0996	10	0.0873	7	0.1869	9
抚顺	0.0832	23	0.0841	10	0.1673	15
本溪	0.0793	29	0.0717	16	0.1511	23
丹东	0.0963	12	0.0722	15	0.1685	13
锦州	0.1007	9	0.0873	8	0.1880	8
营口	0.0944	14	0.0891	5	0.1835	10
阜新	0.1060	5	0.0840	11	0.1900	5
辽阳	0.1008	8	0.0768	13	0.1776	11
盘锦	0.1223	1	0.0660	21	0.1884	6
铁岭	0.0957	13	0.0648	23	0.1605	16
朝阳	0.0811	27	0.0778	12	0.1589	18

续表

城市	基础设施因子		人口因子		生存维	
	适宜度	排序	适宜度	排序	适宜度	排序
葫芦岛	0.0971	11	0.0702	18	0.1673	14
长春	0.1070	4	0.1004	3	0.2074	3
吉林	0.0845	20	0.0747	14	0.1592	17
四平	0.0737	31	0.0715	17	0.1452	26
辽源	0.0890	17	0.0684	20	0.1574	19
通化	0.0800	28	0.0645	24	0.1445	27
白山	0.0676	33	0.0606	29	0.1281	33
松原	0.0817	26	0.0701	19	0.1518	22
白城	0.0720	32	0.0576	33	0.1296	32
哈尔滨	0.0923	16	0.0960	4	0.1883	7
齐齐哈尔	0.0860	18	0.0611	28	0.1471	25
鸡西	0.0837	21	0.0593	31	0.1430	29
鹤岗	0.0743	30	0.0641	25	0.1384	31
双鸭山	0.0935	15	0.0613	27	0.1548	21
大庆	0.1174	2	0.0889	6	0.2063	4
伊春	0.1020	7	0.0548	34	0.1569	20
佳木斯	0.0818	25	0.0595	30	0.1413	30
七台河	0.0830	24	0.0855	9	0.1685	12
牡丹江	0.0834	22	0.0660	22	0.1494	24
黑河	0.0854	19	0.0584	32	0.1438	28
绥化	0.0635	34	0.0623	26	0.1257	34

东北地区新型城镇化发展维生态位适宜度评价结果（2012年） 附表1-17

城市	经济发展因子		社会发展因子		发展维	
	适宜度	排序	适宜度	排序	适宜度	排序
沈阳	0.1795	2	0.1584	2	0.3380	2
大连	0.1974	1	0.1720	1	0.3694	1
鞍山	0.1387	5	0.1004	18	0.2390	9
抚顺	0.1265	9	0.1027	16	0.2292	11
本溪	0.1319	8	0.1211	6	0.2530	7
丹东	0.1148	16	0.0982	21	0.2129	18
锦州	0.1127	18	0.0971	24	0.2099	22
营口	0.1332	7	0.1071	11	0.2403	8
阜新	0.1011	25	0.0899	31	0.1909	29
辽阳	0.1242	11	0.1045	14	0.2287	12

续表

城市	经济发展因子		社会发展因子		发展维	
	适宜度	排序	适宜度	排序	适宜度	排序
盘锦	0.1534	4	0.1051	13	0.2585	5
铁岭	0.0998	28	0.0918	29	0.1916	27
朝阳	0.0974	29	0.0860	34	0.1835	33
葫芦岛	0.1001	27	0.0905	30	0.1907	30
长春	0.1363	6	0.1363	4	0.2726	4
吉林	0.1236	12	0.1076	10	0.2312	10
四平	0.1058	22	0.0898	32	0.1956	26
辽源	0.1124	20	0.0985	20	0.2109	19
通化	0.1127	19	0.1095	9	0.2221	13
白山	0.1157	14	0.1063	12	0.2220	14
松原	0.1156	15	0.0947	27	0.2103	20
白城	0.1003	26	0.0995	19	0.1998	25
哈尔滨	0.1262	10	0.1299	5	0.2562	6
齐齐哈尔	0.0916	34	0.0981	22	0.1897	31
鸡西	0.1067	21	0.1099	8	0.2166	16
鹤岗	0.1057	23	0.1043	15	0.2100	21
双鸭山	0.1055	24	0.0981	23	0.2036	24
大庆	0.1643	3	0.1381	3	0.3024	3
伊春	0.0958	31	0.0956	25	0.1913	28
佳木斯	0.1139	17	0.0955	26	0.2093	23
七台河	0.0951	33	0.0871	33	0.1822	34
牡丹江	0.1191	13	0.1009	17	0.2200	15
黑河	0.0969	30	0.1169	7	0.2138	17
绥化	0.0953	32	0.0933	28	0.1886	32

东北地区新型城镇化竞争维生态位适宜度评价结果（2012年） 附表 1-18

城市	生态环境因子		公平因子		竞争维	
	适宜度	排序	适宜度	排序	适宜度	排序
沈阳	0.0903	5	0.0684	3	0.1586	1
大连	0.0869	10	0.0491	21	0.1360	12
鞍山	0.0660	31	0.0619	10	0.1279	23
抚顺	0.0710	23	0.0778	1	0.1488	4
本溪	0.0793	14	0.0608	11	0.1401	7
丹东	0.0679	26	0.0623	7	0.1302	17
锦州	0.0617	34	0.0539	15	0.1156	31
营口	0.0688	25	0.0576	12	0.1265	24

续表

城市	生态环境因子		公平因子		竞争维	
	适宜度	排序	适宜度	排序	适宜度	排序
阜新	0.0750	21	0.0497	20	0.1248	26
辽阳	0.0771	15	0.0574	13	0.1345	14
盘锦	0.0938	3	0.0428	27	0.1366	10
铁岭	0.0995	2	0.0367	33	0.1363	11
朝阳	0.0661	30	0.0519	18	0.1180	30
葫芦岛	0.0763	17	0.0477	23	0.1240	27
长春	0.0879	9	0.0402	30	0.1281	22
吉林	0.1023	1	0.0532	16	0.1555	2
四平	0.0692	24	0.0433	26	0.1125	32
辽源	0.0857	12	0.0646	5	0.1503	3
通化	0.0883	8	0.0422	29	0.1305	16
白山	0.0669	28	0.0623	8	0.1291	20
松原	0.0897	6	0.0359	34	0.1256	25
白城	0.0677	27	0.0522	17	0.1199	29
哈尔滨	0.0768	16	0.0461	25	0.1230	28
齐齐哈尔	0.0624	33	0.0379	32	0.1003	34
鸡西	0.0668	29	0.0423	28	0.1091	33
鹤岗	0.0652	32	0.0722	2	0.1374	9
双鸭山	0.0735	22	0.0620	9	0.1355	13
大庆	0.0896	7	0.0400	31	0.1296	18
伊春	0.0753	20	0.0663	4	0.1416	6
佳木斯	0.0869	11	0.0470	24	0.1338	15
七台河	0.0755	18	0.0540	14	0.1295	19
牡丹江	0.0807	13	0.0482	22	0.1289	21
黑河	0.0753	19	0.0632	6	0.1385	8
绥化	0.0929	4	0.0512	19	0.1440	5

东北地区新型城镇化生态位适宜度评价结果（2012年） 附表 1-19

城市	适宜度	排序	城市	适宜度	排序	城市	适宜度	排序
沈阳	0.7218	2	朝阳	0.4604	30	齐齐哈尔	0.4371	34
大连	0.7338	1	葫芦岛	0.4820	26	鸡西	0.4687	29
鞍山	0.5538	7	长春	0.6081	4	鹤岗	0.4858	24
抚顺	0.5453	10	吉林	0.5458	9	双鸭山	0.4939	20
本溪	0.5443	11	四平	0.4532	32	大庆	0.6383	3
丹东	0.5116	15	辽源	0.5186	13	伊春	0.4898	21

续表

城市	适宜度	排序	城市	适宜度	排序	城市	适宜度	排序
锦州	0.5134	14	通化	0.4971	18	佳木斯	0.4844	25
营口	0.5503	8	白山	0.4792	28	七台河	0.4802	27
阜新	0.5057	16	松原	0.4876	23	牡丹江	0.4984	17
辽阳	0.5407	12	白城	0.4493	33	黑河	0.4961	19
盘锦	0.5835	5	哈尔滨	0.5674	6	绥化	0.4584	31
铁岭	0.4883	22						

东北地区新型城镇化生态位进化动量结果（2012年）　　附表1-20

城市	进化动量	排序	城市	进化动量	排序	城市	进化动量	排序
沈阳	0.4948	33	朝阳	0.7779	6	齐齐哈尔	0.8135	1
大连	0.4927	34	葫芦岛	0.7523	14	鸡西	0.7648	8
鞍山	0.6754	25	长春	0.6087	31	鹤岗	0.7662	7
抚顺	0.6659	26	吉林	0.6574	27	双鸭山	0.7433	15
本溪	0.6803	23	四平	0.7893	4	大庆	0.6000	32
丹东	0.7058	21	辽源	0.6905	22	伊春	0.7829	5
锦州	0.7060	20	通化	0.7184	19	佳木斯	0.7564	11
营口	0.6552	29	白山	0.7574	9	七台河	0.7545	12
阜新	0.7366	17	松原	0.7433	16	牡丹江	0.7294	18
辽阳	0.6783	24	白城	0.8016	3	黑河	0.7542	13
盘锦	0.6557	28	哈尔滨	0.6514	30	绥化	0.8116	2
铁岭	0.7564	10						

附录1.5　东北地区新型城镇化适宜度评价结果（2013年）

东北地区新型城镇化生存维生态位适宜度评价结果（2013年）　　附表1-21

城市	基础设施因子		人口因子		生存维	
	适宜度	排序	适宜度	排序	适宜度	排序
沈阳	0.1020	5	0.1007	2	0.2027	3
大连	0.1043	4	0.1085	1	0.2128	1
鞍山	0.1007	6	0.0800	10	0.1807	6
抚顺	0.0834	18	0.0720	21	0.1554	20
本溪	0.0796	24	0.0813	9	0.1609	17
丹东	0.0931	11	0.0732	20	0.1663	14
锦州	0.1000	7	0.0700	23	0.1701	10
营口	0.0825	19	0.0821	8	0.1646	16
阜新	0.0919	15	0.0859	4	0.1779	7

续表

城市	基础设施因子		人口因子		生存维	
	适宜度	排序	适宜度	排序	适宜度	排序
辽阳	0.0992	8	0.0784	11	0.1776	8
盘锦	0.1179	1	0.0830	6	0.2009	4
铁岭	0.0947	10	0.0739	19	0.1687	11
朝阳	0.0786	26	0.0776	14	0.1562	18
葫芦岛	0.0920	14	0.0782	12	0.1701	9
长春	0.1061	3	0.0972	3	0.2033	2
吉林	0.0811	20	0.0746	18	0.1557	19
四平	0.0733	31	0.0778	13	0.1511	23
辽源	0.0839	17	0.0832	5	0.1671	13
通化	0.0773	28	0.0747	16	0.1521	22
白山	0.0663	33	0.0617	27	0.1280	33
松原	0.0930	13	0.0717	22	0.1647	15
白城	0.0687	32	0.0644	26	0.1331	32
哈尔滨	0.0930	12	0.0751	15	0.1680	12
齐齐哈尔	0.0768	29	0.0605	29	0.1373	30
鸡西	0.0808	22	0.0658	25	0.1466	25
鹤岗	0.0765	30	0.0577	32	0.1341	31
双鸭山	0.0891	16	0.0606	28	0.1497	24
大庆	0.1147	2	0.0823	7	0.1970	5
伊春	0.0964	9	0.0496	34	0.1460	26
佳木斯	0.0791	25	0.0662	24	0.1452	27
七台河	0.0784	27	0.0747	17	0.1531	21
牡丹江	0.0802	23	0.0592	30	0.1394	28
黑河	0.0810	21	0.0581	31	0.1391	29
绥化	0.0613	34	0.0569	33	0.1182	34

东北地区新型城镇化发展维生态位适宜度评价结果（2013年） 附表1-22

城市	经济发展因子		社会发展因子		发展维	
	适宜度	排序	适宜度	排序	适宜度	排序
沈阳	0.1844	2	0.1680	2	0.3524	2
大连	0.2064	1	0.1817	1	0.3880	1
鞍山	0.1409	5	0.1051	19	0.2460	8
抚顺	0.1253	10	0.1036	22	0.2289	14
本溪	0.1338	8	0.1336	6	0.2674	7
丹东	0.1145	15	0.1058	17	0.2203	17

续表

城市	经济发展因子		社会发展因子		发展维	
	适宜度	排序	适宜度	排序	适宜度	排序
锦州	0.1115	17	0.0943	29	0.2058	21
营口	0.1338	7	0.1064	16	0.2403	9
阜新	0.1012	21	0.0907	34	0.1919	27
辽阳	0.1244	11	0.1136	13	0.2380	10
盘锦	0.1559	4	0.1167	12	0.2726	6
铁岭	0.0994	24	0.0952	28	0.1946	26
朝阳	0.0958	26	0.0924	33	0.1882	31
葫芦岛	0.1003	22	0.1054	18	0.2057	22
长春	0.1361	6	0.1485	3	0.2846	4
吉林	0.1209	12	0.1170	11	0.2379	11
四平	0.0988	25	0.1049	20	0.2037	24
辽源	0.1149	14	0.1083	15	0.2231	16
通化	0.1119	16	0.1254	7	0.2372	12
白山	0.1071	19	0.1187	10	0.2258	15
松原	0.1101	18	0.1007	23	0.2108	18
白城	0.1001	23	0.1037	21	0.2038	23
哈尔滨	0.1306	9	0.1440	5	0.2747	5
齐齐哈尔	0.0917	29	0.0993	25	0.1910	28
鸡西	0.0918	28	0.0990	26	0.1908	29
鹤岗	0.0880	33	0.1217	9	0.2097	19
双鸭山	0.0900	31	0.1003	24	0.1903	30
大庆	0.1673	3	0.1466	4	0.3139	3
伊春	0.0889	32	0.0930	31	0.1819	34
佳木斯	0.1033	20	0.0963	27	0.1996	25
七台河	0.0939	27	0.0938	30	0.1877	32
牡丹江	0.1176	13	0.1125	14	0.2300	13
黑河	0.0865	34	0.1217	8	0.2082	20
绥化	0.0916	30	0.0927	32	0.1843	33

东北地区新型城镇化竞争维生态位适宜度评价结果（2013年）　　附表1-23

城市	生态环境因子		公平因子		竞争维	
	适宜度	排序	适宜度	排序	适宜度	排序
沈阳	0.0835	7				
大连	0.0768	17	0.0627	11	0.1462	6
鞍山	0.0695	27	0.0599	18	0.1367	15

续表

城市	生态环境因子		公平因子		竞争维	
	适宜度	排序	适宜度	排序	适宜度	排序
抚顺	0.0739	22	0.0638	9	0.1333	20
本溪	0.0790	14	0.0775	3	0.1514	3
丹东	0.0783	16	0.0667	7	0.1457	7
锦州	0.0721	24	0.0710	5	0.1493	5
营口	0.0689	28	0.0585	19	0.1307	23
阜新	0.0791	13	0.0546	21	0.1235	30
辽阳	0.0798	10	0.0535	24	0.1325	21
盘锦	0.0814	8	0.0614	14	0.1412	12
铁岭	0.1022	1	0.0522	29	0.1336	18
朝阳	0.0747	20	0.0478	33	0.1500	4
葫芦岛	0.0630	31	0.0529	27	0.1276	27
长春	0.0722	23	0.0613	15	0.1244	28
吉林	0.0886	3	0.0479	32	0.1200	32
四平	0.0649	30	0.0557	20	0.1443	9
辽源	0.0927	2	0.0543	22	0.1192	33
通化	0.0860	6	0.0614	13	0.1541	2
白山	0.0565	34	0.0480	31	0.1340	17
松原	0.0869	4	0.0660	8	0.1225	31
白城	0.0766	18	0.0420	34	0.1289	25
哈尔滨	0.0716	26	0.0531	25	0.1296	24
齐齐哈尔	0.0608	32	0.0527	28	0.1243	29
鸡西	0.0670	29	0.0529	26	0.1137	34
鹤岗	0.0570	33	0.0776	2	0.1446	8
双鸭山	0.0790	15	0.0716	4	0.1286	26
大庆	0.0863	5	0.0610	16	0.1400	14
伊春	0.0765	19	0.0484	30	0.1346	16
佳木斯	0.0721	25	0.0956	1	0.1721	1
七台河	0.0801	9	0.0603	17	0.1324	22
牡丹江	0.0792	12	0.0638	10	0.1439	10
黑河	0.0740	21	0.0623	12	0.1415	11
绥化	0.0793	11	0.0672	6	0.1412	13

东北地区新型城镇化生态位适宜度评价结果（2013年）　　　附表1-24

城市	适宜度	排序	城市	适宜度	排序	城市	适宜度	排序
沈阳	0.7013	2	朝阳	0.4720	31	齐齐哈尔	0.4420	33
大连	0.7375	1	葫芦岛	0.5002	21	鸡西	0.4820	25
鞍山	0.5600	8	长春	0.6079	4	鹤岗	0.4724	30
抚顺	0.5357	13	吉林	0.5379	11	双鸭山	0.4799	26
本溪	0.5740	6	四平	0.4740	29	大庆	0.6456	3
丹东	0.5359	12	辽源	0.5444	10	伊春	0.4999	22
锦州	0.5066	18	通化	0.5233	15	佳木斯	0.4773	27
营口	0.5284	14	白山	0.4763	28	七台河	0.4846	24
阜新	0.5023	20	松原	0.5043	19	牡丹江	0.5110	17
辽阳	0.5568	9	白城	0.4666	32	黑河	0.4885	23
盘锦	0.6072	5	哈尔滨	0.5670	7	绥化	0.4358	34
铁岭	0.5133	16						

东北地区新型城镇化生态位进化动量结果（2013年）　　　附表1-25

城市	进化动量	排序	城市	进化动量	排序	城市	进化动量	排序
沈阳	0.5111	33	朝阳	0.7688	7	齐齐哈尔	0.7943	2
大连	0.4982	34	葫芦岛	0.7207	16	鸡西	0.7406	12
鞍山	0.6631	25	长春	0.6057	31	鹤岗	0.7732	5
抚顺	0.6827	22	吉林	0.6671	24	双鸭山	0.7518	10
本溪	0.6479	28	四平	0.7793	3	大庆	0.5885	32
丹东	0.6695	23	辽源	0.6593	26	伊春	0.7704	6
锦州	0.7072	18	通化	0.6874	21	佳木斯	0.7413	11
营口	0.6899	20	白山	0.7547	9	七台河	0.7387	13
阜新	0.7324	14	松原	0.7304	15	牡丹江	0.7042	19
辽阳	0.6557	27	白城	0.7792	4	黑河	0.7671	8
盘锦	0.6207	30	哈尔滨	0.6379	29	绥化	0.8253	1
铁岭	0.7191	17						

附录1.6　东北地区新型城镇化适宜度评价结果（2014年）

东北地区新型城镇化生存维生态位适宜度评价结果（2014年）　　　附表1-26

城市	基础设施因子		人口因子		生存维	
	适宜度	排序	适宜度	排序	适宜度	排序
沈阳	0.0882	3	0.1234	1	0.2116	1
大连	0.0831	7	0.1171	3	0.2002	3

续表

城市	基础设施因子		人口因子		生存维	
	适宜度	排序	适宜度	排序	适宜度	排序
鞍山	0.0870	5	0.0838	9	0.1708	5
抚顺	0.0690	22	0.0830	12	0.1520	18
本溪	0.0659	27	0.0784	18	0.1443	22
丹东	0.0788	11	0.0722	24	0.1510	19
锦州	0.0794	10	0.0825	13	0.1619	10
营口	0.0702	21	0.0923	4	0.1625	9
阜新	0.0777	13	0.0837	10	0.1615	11
辽阳	0.0844	6	0.0839	7	0.1683	6
盘锦	0.1008	1	0.0815	14	0.1823	4
铁岭	0.0759	15	0.0773	19	0.1532	17
朝阳	0.0620	31	0.0803	15	0.1423	23
葫芦岛	0.0731	19	0.0880	5	0.1611	13
长春	0.0878	4	0.1178	2	0.2056	2
吉林	0.0745	17	0.0793	17	0.1538	15
四平	0.0723	20	0.0726	23	0.1449	21
辽源	0.0738	18	0.0838	8	0.1576	14
通化	0.0779	12	0.0832	11	0.1611	12
白山	0.0577	33	0.0606	29	0.1184	33
松原	0.0803	9	0.0729	22	0.1532	16
白城	0.0645	30	0.0601	30	0.1246	30
哈尔滨	0.0764	14	0.0871	6	0.1635	8
齐齐哈尔	0.0663	25	0.0639	27	0.1302	28
鸡西	0.0682	23	0.0593	32	0.1275	29
鹤岗	0.0608	32	0.0608	28	0.1215	32
双鸭山	0.0756	16	0.0595	31	0.1352	26
大庆	0.0946	2	0.0737	21	0.1683	7
伊春	0.0831	8	0.0531	34	0.1362	25
佳木斯	0.0660	26	0.0691	25	0.1351	27
七台河	0.0650	29	0.0760	20	0.1410	24
牡丹江	0.0653	28	0.0799	16	0.1453	20
黑河	0.0665	24	0.0577	33	0.1242	31
绥化	0.0514	34	0.0657	26	0.1171	34

东北地区新型城镇化发展维生态位适宜度评价结果（2014年） 附表1-27

城市	经济发展因子		社会发展因子		发展维	
	适宜度	排序	适宜度	排序	适宜度	排序
沈阳	0.1907	2	0.1540	2	0.3447	2
大连	0.2095	1	0.1759	1	0.3853	1
鞍山	0.1487	7	0.1065	10	0.2551	8
抚顺	0.1334	10	0.0964	19	0.2298	13
本溪	0.1458	8	0.1296	6	0.2755	6
丹东	0.1212	18	0.1013	14	0.2225	16
锦州	0.1226	15	0.0969	18	0.2195	18
营口	0.1453	9	0.0944	22	0.2396	10
阜新	0.1067	24	0.0827	33	0.1894	31
辽阳	0.1309	11	0.1014	13	0.2324	12
盘锦	0.1629	4	0.1050	12	0.2679	7
铁岭	0.1026	29	0.0929	25	0.1955	26
朝阳	0.1036	28	0.0881	30	0.1917	28
葫芦岛	0.1099	22	0.0963	20	0.2062	22
长春	0.1498	6	0.1371	4	0.2869	4
吉林	0.1297	13	0.1105	7	0.2402	9
四平	0.1095	23	0.0940	23	0.2035	23
辽源	0.1216	17	0.1006	16	0.2222	17
通化	0.1242	14	0.1099	8	0.2341	11
白山	0.1200	19	0.1092	9	0.2292	14
松原	0.1216	16	0.0952	21	0.2168	19
白城	0.1142	21	0.0929	26	0.2071	21
哈尔滨	0.1499	5	0.1318	5	0.2817	5
齐齐哈尔	0.1044	27	0.0866	31	0.1910	30
鸡西	0.0973	31	0.0905	28	0.1877	32
鹤岗	0.0905	33	0.1051	11	0.1956	25
双鸭山	0.0931	32	0.1006	15	0.1937	27
大庆	0.1725	3	0.1391	3	0.3115	3
伊春	0.0890	34	0.0890	29	0.1780	34
佳木斯	0.1163	20	0.0915	27	0.2078	20
七台河	0.1066	25	0.0850	32	0.1917	29
牡丹江	0.1304	12	0.0982	17	0.2286	15
黑河	0.1062	26	0.0936	24	0.1998	24
绥化	0.1006	30	0.0809	34	0.1815	33

东北地区新型城镇化竞争维生态位适宜度评价结果（2014年）　　　附表1-28

城市	生态环境因子		公平因子		竞争维	
	适宜度	排序	适宜度	排序	适宜度	排序
沈阳	0.0784	11	0.0736	13	0.1519	11
大连	0.0668	23	0.0653	22	0.1321	28
鞍山	0.0574	34	0.0668	19	0.1242	34
抚顺	0.0666	24	0.0986	2	0.1652	1
本溪	0.0684	20	0.0837	5	0.1521	10
丹东	0.0862	4	0.0702	15	0.1564	7
锦州	0.0756	14	0.0611	26	0.1367	21
营口	0.0663	25	0.0664	20	0.1328	27
阜新	0.0739	16	0.0601	27	0.1340	25
辽阳	0.0656	27	0.0679	17	0.1335	26
盘锦	0.0797	8	0.0560	33	0.1357	23
铁岭	0.0796	9	0.0658	21	0.1454	16
朝阳	0.0711	18	0.0737	12	0.1449	17
葫芦岛	0.0581	33	0.0694	16	0.1275	32
长春	0.0977	1	0.0581	32	0.1559	8
吉林	0.0879	3	0.0633	23	0.1511	12
四平	0.0827	6	0.0599	28	0.1426	19
辽源	0.0838	5	0.0814	6	0.1652	2
通化	0.0708	19	0.0589	31	0.1297	30
白山	0.0602	32	0.0755	11	0.1357	22
松原	0.0789	10	0.0516	34	0.1304	29
白城	0.0777	12	0.0714	14	0.1491	13
哈尔滨	0.0743	15	0.0598	29	0.1341	24
齐齐哈尔	0.0674	21	0.0621	25	0.1295	31
鸡西	0.0760	13	0.0811	7	0.1570	6
鹤岗	0.0616	31	0.0962	3	0.1579	4
双鸭山	0.0654	28	0.0778	10	0.1433	18
大庆	0.0817	7	0.0589	30	0.1407	20
伊春	0.0633	30	0.1014	1	0.1647	3
佳木斯	0.0673	22	0.0792	9	0.1465	15
七台河	0.0660	26	0.0806	8	0.1466	14
牡丹江	0.0634	29	0.0629	24	0.1263	33
黑河	0.0730	17	0.0845	4	0.1575	5
绥化	0.0879	2	0.0672	18	0.1551	9

东北地区新型城镇化生态位适宜度评价结果（2014年）　　附表1-29

城市	适宜度	排序	城市	适宜度	排序	城市	适宜度	排序
沈阳	0.7082	2	朝阳	0.4789	28	齐齐哈尔	0.4507	34
大连	0.7177	1	葫芦岛	0.4947	19	鸡西	0.4723	31
鞍山	0.5501	8	长春	0.6484	3	鹤岗	0.4750	30
抚顺	0.5470	9	吉林	0.5451	10	双鸭山	0.4722	32
本溪	0.5718	7	四平	0.4910	21	大庆	0.6205	4
丹东	0.5299	14	辽源	0.5449	11	伊春	0.4788	29
锦州	0.5181	16	通化	0.5249	15	佳木斯	0.4893	22
营口	0.5349	12	白山	0.4833	24	七台河	0.4793	27
阜新	0.4849	23	松原	0.5004	17	牡丹江	0.5002	18
辽阳	0.5342	13	白城	0.4808	26	黑河	0.4815	25
盘锦	0.5858	5	哈尔滨	0.5792	6	绥化	0.4536	33
铁岭	0.4941	20						

东北地区新型城镇化生态位进化动量结果（2014年）　　附表1-30

城市	进化动量	排序	城市	进化动量	排序	城市	进化动量	排序
沈阳	0.5119	34	朝阳	0.7571	10	齐齐哈尔	0.7812	3
大连	0.5326	33	葫芦岛	0.7253	16	鸡西	0.7733	5
鞍山	0.6764	23	长春	0.5635	32	鹤岗	0.7760	4
抚顺	0.6735	25	吉林	0.6584	27	双鸭山	0.7690	8
本溪	0.6476	29	四平	0.7491	12	大庆	0.6153	31
丹东	0.6823	21	辽源	0.6599	26	伊春	0.8021	2
锦州	0.6906	20	通化	0.6940	19	佳木斯	0.7277	15
营口	0.6809	22	白山	0.7528	11	七台河	0.7598	9
阜新	0.7449	13	松原	0.7232	17	牡丹江	0.7330	14
辽阳	0.6764	24	白城	0.7717	7	黑河	0.7726	6
盘锦	0.6335	30	哈尔滨	0.6500	28	绥化	0.8055	1
铁岭	0.7188	18						

附录1.7　东北地区新型城镇化适宜度评价结果（2015年）

东北地区新型城镇化生存维生态位适宜度评价结果（2015年）　　附表1-31

城市	基础设施因子		人口因子		生存维	
	适宜度	排序	适宜度	排序	适宜度	排序
沈阳	0.0926	5	0.1083	1	0.2009	1
大连	0.0877	10	0.1048	3	0.1926	3

续表

城市	基础设施因子		人口因子		生存维	
	适宜度	排序	适宜度	排序	适宜度	排序
鞍山	0.0946	4	0.0790	12	0.1736	6
抚顺	0.0724	23	0.0776	15	0.1500	23
本溪	0.0757	19	0.0757	17	0.1514	17
丹东	0.0811	13	0.0670	23	0.1481	24
锦州	0.0907	7	0.0758	16	0.1665	8
营口	0.0767	18	0.0839	6	0.1607	11
阜新	0.0878	9	0.0706	22	0.1583	12
辽阳	0.0862	11	0.0822	8	0.1685	7
盘锦	0.1079	1	0.0822	9	0.1901	4
铁岭	0.0800	14	0.0707	21	0.1507	21
朝阳	0.0730	21	0.0798	10	0.1528	15
葫芦岛	0.0786	15	0.0797	11	0.1583	13
长春	0.0914	6	0.1073	2	0.1987	2
吉林	0.0719	24	0.0781	14	0.1500	22
四平	0.0674	29	0.0713	20	0.1387	25
辽源	0.0784	17	0.0724	19	0.1508	20
通化	0.0757	20	0.0782	13	0.1538	14
白山	0.0612	33	0.0594	29	0.1206	34
松原	0.0826	12	0.0827	7	0.1653	9
白城	0.0651	32	0.0589	30	0.1240	31
哈尔滨	0.0724	22	0.0926	4	0.1650	10
齐齐哈尔	0.0715	26	0.0639	26	0.1355	26
鸡西	0.0686	27	0.0559	32	0.1245	30
鹤岗	0.0683	28	0.0565	31	0.1248	29
双鸭山	0.0887	8	0.0629	27	0.1516	16
大庆	0.1020	2	0.0847	5	0.1866	5
伊春	0.0992	3	0.0516	34	0.1508	19
佳木斯	0.0716	25	0.0601	28	0.1316	28
七台河	0.0784	16	0.0726	18	0.1510	18
牡丹江	0.0665	30	0.0668	24	0.1333	27
黑河	0.0665	31	0.0555	33	0.1220	33
绥化	0.0582	34	0.0659	25	0.1240	32

东北地区新型城镇化发展维生态位适宜度评价结果（2015 年） 附表 1-32

城市	经济发展因子		社会发展因子		发展维	
	适宜度	排序	适宜度	排序	适宜度	排序
沈阳	0.1978	2	0.1511	2	0.3489	2
大连	0.2251	1	0.1556	1	0.3807	1
鞍山	0.1415	7	0.1019	12	0.2434	8
抚顺	0.1260	15	0.0953	18	0.2213	15
本溪	0.1357	9	0.1163	6	0.2520	7
丹东	0.1104	20	0.1080	9	0.2184	16
锦州	0.1132	19	0.0928	22	0.2060	20
营口	0.1408	8	0.0913	24	0.2321	11
阜新	0.0983	28	0.0879	29	0.1863	30
辽阳	0.1282	12	0.0964	16	0.2246	14
盘锦	0.1611	4	0.1031	11	0.2643	6
铁岭	0.0962	31	0.0933	21	0.1894	28
朝阳	0.0974	30	0.0856	30	0.1831	32
葫芦岛	0.1051	25	0.0903	25	0.1954	24
长春	0.1570	5	0.1216	5	0.2786	5
吉林	0.1317	10	0.1043	10	0.2361	10
四平	0.1095	22	0.0917	23	0.2012	22
辽源	0.1301	11	0.0971	15	0.2272	13
通化	0.1272	13	0.1090	8	0.2362	9
白山	0.1260	14	0.1013	13	0.2274	12
松原	0.1211	16	0.0934	20	0.2144	17
白城	0.1140	18	0.0894	26	0.2033	21
哈尔滨	0.1530	6	0.1289	4	0.2819	4
齐齐哈尔	0.1052	24	0.0889	28	0.1942	25
鸡西	0.0992	27	0.0891	27	0.1883	29
鹤岗	0.0938	32	0.0979	14	0.1917	26
双鸭山	0.0933	33	0.1128	7	0.2061	19
大庆	0.1682	3	0.1327	3	0.3008	3
伊春	0.0880	34	0.0842	31	0.1722	34
佳木斯	0.1096	21	0.0819	33	0.1915	27
七台河	0.1067	23	0.0786	34	0.1853	31
牡丹江	0.1190	17	0.0951	19	0.2141	18
黑河	0.1005	26	0.0963	17	0.1968	23
绥化	0.0983	29	0.0829	32	0.1812	33

东北地区新型城镇化竞争维生态位适宜度评价结果（2015年） 附表1-33

城市	生态环境因子		公平因子		竞争维	
	适宜度	排序	适宜度	排序	适宜度	排序
沈阳	0.0834	7	0.0792	9	0.1627	5
大连	0.0810	11	0.0659	22	0.1469	13
鞍山	0.0641	28	0.0838	5	0.1479	10
抚顺	0.0750	13	0.1093	1	0.1843	1
本溪	0.0841	5	0.0914	2	0.1755	2
丹东	0.0678	23	0.0733	12	0.1412	20
锦州	0.0671	25	0.0644	25	0.1315	26
营口	0.0710	19	0.0705	16	0.1415	17
阜新	0.0738	14	0.0696	17	0.1434	15
辽阳	0.0730	16	0.0864	3	0.1594	6
盘锦	0.0828	8	0.0649	24	0.1476	11
铁岭	0.0845	3	0.0634	26	0.1479	9
朝阳	0.0734	15	0.0797	8	0.1531	7
葫芦岛	0.0585	32	0.0730	13	0.1314	27
长春	0.0815	10	0.0657	23	0.1472	12
吉林	0.0652	26	0.0596	30	0.1248	33
四平	0.0581	33	0.0709	15	0.1290	31
辽源	0.0719	17	0.0672	18	0.1390	22
通化	0.0704	20	0.0562	32	0.1266	32
白山	0.0539	34	0.0770	11	0.1309	29
松原	0.0873	1	0.0504	34	0.1378	23
白城	0.0639	29	0.0666	20	0.1305	30
哈尔滨	0.0764	12	0.0663	21	0.1427	16
齐齐哈尔	0.0644	27	0.0524	33	0.1167	34
鸡西	0.0623	30	0.0792	10	0.1414	18
鹤岗	0.0592	31	0.0850	4	0.1442	14
双鸭山	0.0718	18	0.0621	29	0.1339	25
大庆	0.0843	4	0.0569	31	0.1412	19
伊春	0.0835	6	0.0826	6	0.1661	3
佳木斯	0.0679	22	0.0669	19	0.1347	24
七台河	0.0676	24	0.0718	14	0.1393	21
牡丹江	0.0681	21	0.0628	28	0.1309	28
黑河	0.0818	9	0.0815	7	0.1634	4
绥化	0.0853	2	0.0630	27	0.1482	8

东北地区新型城镇化生态位适宜度评价结果（2015年）　　　附表1-34

城市	适宜度	排序	城市	适宜度	排序	城市	适宜度	排序
沈阳	0.7124	2	朝阳	0.4889	20	齐齐哈尔	0.4464	34
大连	0.7201	1	葫芦岛	0.4852	23	鸡西	0.4542	32
鞍山	0.5649	8	长春	0.6245	4	鹤岗	0.4607	29
抚顺	0.5556	9	吉林	0.5109	15	双鸭山	0.4916	18
本溪	0.5789	7	四平	0.4689	28	大庆	0.6287	3
丹东	0.5077	16	辽源	0.5170	13	伊春	0.4891	19
锦州	0.5041	17	通化	0.5166	14	佳木斯	0.4579	30
营口	0.5343	11	白山	0.4789	25	七台河	0.4757	27
阜新	0.4880	22	松原	0.5175	12	牡丹江	0.4782	26
辽阳	0.5525	10	白城	0.4578	31	黑河	0.4821	24
盘锦	0.6021	5	哈尔滨	0.5896	6	绥化	0.4534	33
铁岭	0.4880	21						

东北地区新型城镇化生态位进化动量结果（2015年）　　　附表1-35

城市	进化动量	排序	城市	进化动量	排序	城市	进化动量	排序
沈阳	0.5003	34	朝阳	0.7559	11	齐齐哈尔	0.7886	2
大连	0.5062	33	葫芦岛	0.7349	17	鸡西	0.7843	5
鞍山	0.6486	27	长春	0.5632	32	鹤岗	0.7814	6
抚顺	0.6597	25	吉林	0.6865	23	双鸭山	0.7480	13
本溪	0.6229	29	四平	0.7668	10	大庆	0.6039	31
丹东	0.6956	20	辽源	0.6945	21	伊春	0.7854	4
锦州	0.6995	19	通化	0.6915	22	佳木斯	0.7730	7
营口	0.6778	24	白山	0.7555	12	七台河	0.7673	9
阜新	0.7370	16	松原	0.7081	18	牡丹江	0.7434	14
辽阳	0.6556	26	白城	0.7863	3	黑河	0.7676	8
盘锦	0.6086	30	哈尔滨	0.6292	28	绥化	0.8031	1
铁岭	0.7373	15						

附录1.8　东北地区新型城镇化适宜度评价结果（2016年）

东北地区新型城镇化生存维生态位适宜度评价结果（2016年）　　　附表1-36

城市	基础设施因子		人口因子		生存维	
	适宜度	排序	适宜度	排序	适宜度	排序
沈阳	0.0828	8	0.1223	1	0.2051	1
大连	0.0831	13	0.1157	3	0.1987	3

续表

城市	基础设施因子		人口因子		生存维	
	适宜度	排序	适宜度	排序	适宜度	排序
鞍山	0.0956	1	0.0844	7	0.1800	4
抚顺	0.0721	23	0.0785	11	0.1506	12
本溪	0.0745	19	0.0728	15	0.1473	14
丹东	0.0853	7	0.0691	21	0.1544	15
锦州	0.0858	15	0.0803	10	0.1661	10
营口	0.0996	3	0.0816	12	0.1813	7
阜新	0.0809	20	0.0696	19	0.1506	19
辽阳	0.0890	6	0.0817	8	0.1707	8
盘锦	0.0697	4	0.0841	5	0.1537	6
铁岭	0.0843	17	0.0696	23	0.1539	21
朝阳	0.0660	29	0.0709	17	0.1369	26
葫芦岛	0.0805	32	0.0767	13	0.1571	20
长春	0.0999	10	0.1060	2	0.2059	2
吉林	0.0752	22	0.0710	6	0.1462	11
四平	0.0678	30	0.0717	16	0.1395	25
辽源	0.0788	16	0.0809	18	0.1597	17
通化	0.0765	18	0.0783	20	0.1548	18
白山	0.0622	33	0.0577	32	0.1199	33
松原	0.0854	21	0.0789	14	0.1643	13
白城	0.0681	31	0.0599	24	0.1280	28
哈尔滨	0.0750	12	0.0872	4	0.1621	9
齐齐哈尔	0.0718	24	0.0616	25	0.1334	27
鸡西	0.0694	26	0.0586	30	0.1280	30
鹤岗	0.0660	28	0.0552	28	0.1211	31
双鸭山	0.0695	25	0.0554	29	0.1250	29
大庆	0.1032	2	0.0834	9	0.1865	5
伊春	0.0992	5	0.0488	34	0.1479	24
佳木斯	0.0728	14	0.0680	26	0.1408	23
七台河	0.0806	11	0.0657	22	0.1463	16
牡丹江	0.0705	9	0.0633	27	0.1339	22
黑河	0.0687	27	0.0523	33	0.1210	32
绥化	0.0566	34	0.0616	31	0.1182	34

东北地区新型城镇化发展维生态位适宜度评价结果（2016年） 附表1-37

城市	经济发展因子		社会发展因子		发展维	
	适宜度	排序	适宜度	排序	适宜度	排序
沈阳	0.1856	2	0.1652	2	0.3509	2
大连	0.2230	1	0.1651	1	0.3880	1
鞍山	0.1348	8	0.1045	10	0.2393	8
抚顺	0.1155	11	0.0976	23	0.2132	16
本溪	0.1207	14	0.1232	7	0.2439	10
丹东	0.1146	20	0.1098	18	0.2244	20
锦州	0.1074	12	0.0988	20	0.2062	15
营口	0.1286	7	0.1003	16	0.2289	9
阜新	0.0986	21	0.0908	11	0.1894	14
辽阳	0.1150	10	0.0983	15	0.2133	11
盘锦	0.1480	4	0.1123	12	0.2603	6
铁岭	0.0941	34	0.0925	27	0.1866	32
朝阳	0.0987	27	0.0860	24	0.1847	27
葫芦岛	0.1043	15	0.0824	19	0.1867	19
长春	0.1620	3	0.1327	3	0.2947	3
吉林	0.1288	9	0.1102	6	0.2390	7
四平	0.1009	24	0.0826	25	0.1835	24
辽源	0.1262	18	0.0952	17	0.2214	18
通化	0.1147	19	0.1235	14	0.2382	17
白山	0.1235	16	0.1119	8	0.2354	12
松原	0.1173	13	0.0891	28	0.2064	21
白城	0.1013	28	0.0929	21	0.1942	25
哈尔滨	0.1533	6	0.1321	4	0.2854	5
齐齐哈尔	0.0975	23	0.0815	31	0.1790	26
鸡西	0.0967	30	0.0953	22	0.1920	29
鹤岗	0.0884	32	0.1009	9	0.1893	22
双鸭山	0.0915	29	0.1048	30	0.1963	30
大庆	0.1650	5	0.1297	5	0.2947	4
伊春	0.0864	33	0.0888	32	0.1753	33
佳木斯	0.1043	26	0.0860	26	0.1904	28
七台河	0.1006	22	0.0815	29	0.1822	23
牡丹江	0.1173	17	0.1023	13	0.2196	13
黑河	0.0900	25	0.0802	34	0.1702	31
绥化	0.0914	31	0.0742	33	0.1655	34

东北地区新型城镇化竞争维生态位适宜度评价结果（2016年）　　附表1-38

城市	生态环境因子		公平因子		竞争维	
	适宜度	排序	适宜度	排序	适宜度	排序
沈阳	0.0892	1	0.0782	5	0.1674	1
大连	0.0926	3	0.0767	8	0.1693	2
鞍山	0.0595	29	0.0779	15	0.1374	28
抚顺	0.0674	20	0.0867	4	0.1541	5
本溪	0.0904	19	0.0892	2	0.1795	4
丹东	0.0841	14	0.0718	14	0.1559	14
锦州	0.0716	15	0.0681	28	0.1397	27
营口	0.0580	30	0.0715	29	0.1294	34
阜新	0.0731	24	0.0684	7	0.1416	11
辽阳	0.0758	18	0.0691	12	0.1449	18
盘锦	0.0802	5	0.0818	9	0.1619	3
铁岭	0.0755	23	0.0638	19	0.1393	22
朝阳	0.0713	28	0.0690	30	0.1403	32
葫芦岛	0.0590	22	0.0689	21	0.1279	24
长春	0.0881	8	0.0644	17	0.1525	10
吉林	0.0691	26	0.0647	23	0.1337	30
四平	0.0859	11	0.0750	11	0.1610	9
辽源	0.0763	2	0.0636	32	0.1399	6
通化	0.0813	27	0.0563	31	0.1376	33
白山	0.0719	12	0.0755	13	0.1474	12
松原	0.0879	6	0.0504	34	0.1384	21
白城	0.0884	9	0.0681	26	0.1565	15
哈尔滨	0.0761	4	0.0618	18	0.1379	8
齐齐哈尔	0.0686	7	0.0553	33	0.1238	17
鸡西	0.0820	34	0.0828	1	0.1648	7
鹤岗	0.0638	33	0.0775	6	0.1413	26
双鸭山	0.0677	13	0.0650	22	0.1327	20
大庆	0.0759	16	0.0587	24	0.1346	25
伊春	0.0610	32	0.0956	3	0.1566	19
佳木斯	0.0701	25	0.0580	16	0.1282	23
七台河	0.0715	17	0.0661	10	0.1376	13
牡丹江	0.0712	31	0.0570	20	0.1282	31
黑河	0.0825	10	0.0735	25	0.1560	16
绥化	0.0754	21	0.0639	27	0.1393	29

东北地区新型城镇化生态位适宜度评价结果（2016 年） 附表 1-39

城市	适宜度	排序	城市	适宜度	排序	城市	适宜度	排序
沈阳	0.7234	2	朝阳	0.4619	31	齐齐哈尔	0.4362	24
大连	0.7561	1	葫芦岛	0.4718	18	鸡西	0.4848	25
鞍山	0.5567	7	长春	0.6530	3	鹤岗	0.4517	28
抚顺	0.5179	12	吉林	0.5189	11	双鸭山	0.4539	32
本溪	0.5707	8	四平	0.4839	23	大庆	0.6158	4
丹东	0.5347	16	辽源	0.5211	13	伊春	0.4798	29
锦州	0.5120	14	通化	0.5306	21	佳木斯	0.4593	26
营口	0.5396	9	白山	0.5027	22	七台河	0.4661	19
阜新	0.4815	15	松原	0.5090	17	牡丹江	0.4818	20
辽阳	0.5289	10	白城	0.4786	27	黑河	0.4472	33
盘锦	0.5759	5	哈尔滨	0.5854	6	绥化	0.4231	34
铁岭	0.4798	30						

东北地区新型城镇化生态位进化动量结果（2016 年） 附表 1-40

城市	进化动量	排序	城市	进化动量	排序	城市	进化动量	排序
沈阳	0.4958	33	朝阳	0.7721	7	齐齐哈尔	0.7971	3
大连	0.4693	34	葫芦岛	0.7486	13	鸡西	0.7621	11
鞍山	0.6604	27	长春	0.5360	32	鹤岗	0.7952	5
抚顺	0.6965	19	吉林	0.6755	25	双鸭山	0.7894	6
本溪	0.6494	28	四平	0.7636	10	大庆	0.6174	31
丹东	0.6667	26	辽源	0.6927	20	伊春	0.7956	4
锦州	0.6877	22	通化	0.6834	23	佳木斯	0.7601	12
营口	0.6892	21	白山	0.7245	17	七台河	0.7711	8
阜新	0.7479	14	松原	0.7106	18	牡丹江	0.7365	15
辽阳	0.6829	24	白城	0.7655	9	黑河	0.8081	2
盘锦	0.6296	29	哈尔滨	0.6263	30	绥化	0.8272	1
铁岭	0.7352	16						

附录 1.9 东北地区新型城镇化适宜度评价结果（2017 年）

东北地区新型城镇化生存维生态位适宜度评价结果（2017 年） 附表 1-41

城市	基础设施因子		人口因子		生存维	
	适宜度	排序	适宜度	排序	适宜度	排序
沈阳	0.0811	11	0.1290	1	0.2102	1
大连	0.0716	22	0.1165	2	0.1881	3

续表

城市	基础设施因子		人口因子		生存维	
	适宜度	排序	适宜度	排序	适宜度	排序
鞍山	0.0925	4	0.0941	4	0.1867	4
抚顺	0.0704	24	0.0793	10	0.1497	16
本溪	0.0732	19	0.0748	13	0.1480	17
丹东	0.0818	10	0.0692	19	0.1510	14
锦州	0.0790	13	0.0761	12	0.1551	11
营口	0.0979	2	0.0881	5	0.1860	5
阜新	0.0750	17	0.0702	18	0.1452	20
辽阳	0.0837	6	0.0841	7	0.1678	7
盘锦	0.0841	5	0.0837	8	0.1678	8
铁岭	0.0772	16	0.0649	26	0.1421	23
朝阳	0.0655	32	0.0604	27	0.1259	30
葫芦岛	0.0660	31	0.0717	17	0.1377	25
长春	0.0820	9	0.1094	3	0.1914	2
吉林	0.0745	18	0.0733	15	0.1478	18
四平	0.0677	29	0.0682	21	0.1358	26
辽源	0.0826	8	0.0786	11	0.1612	9
通化	0.0780	14	0.0684	20	0.1464	19
白山	0.0604	33	0.0597	28	0.1201	33
松原	0.0831	7	0.0677	22	0.1508	15
白城	0.0691	26	0.0651	25	0.1342	27
哈尔滨	0.0723	21	0.0875	6	0.1598	10
齐齐哈尔	0.0711	23	0.0595	29	0.1306	28
鸡西	0.0696	25	0.0738	14	0.1433	22
鹤岗	0.0678	28	0.0591	30	0.1269	29
双鸭山	0.0685	27	0.0520	34	0.1204	32
大庆	0.1002	1	0.0810	9	0.1812	6
伊春	0.0974	3	0.0561	33	0.1535	12
佳木斯	0.0774	15	0.0672	23	0.1446	21
七台河	0.0791	12	0.0721	16	0.1512	13
牡丹江	0.0731	20	0.0652	24	0.1383	24
黑河	0.0672	30	0.0582	31	0.1253	31
绥化	0.0581	34	0.0580	32	0.1161	34

东北地区新型城镇化发展维生态位适宜度评价结果（2017年） 附表1-42

城市	经济发展因子		社会发展因子		发展维	
	适宜度	排序	适宜度	排序	适宜度	排序
沈阳	0.1850	2	0.1687	1	0.3537	2
大连	0.2252	1	0.1670	2	0.3922	1
鞍山	0.1383	8	0.1090	11	0.2473	9
抚顺	0.1288	10	0.0961	22	0.2249	15
本溪	0.1261	12	0.1295	6	0.2557	7
丹东	0.1176	17	0.1056	13	0.2232	16
锦州	0.1160	18	0.1030	15	0.2190	17
营口	0.1393	7	0.1014	18	0.2407	11
阜新	0.1021	24	0.1015	17	0.2036	21
辽阳	0.1280	11	0.1029	16	0.2309	12
盘锦	0.1642	5	0.1152	9	0.2794	6
铁岭	0.0964	30	0.1005	19	0.1968	26
朝阳	0.1036	23	0.0939	24	0.1975	25
葫芦岛	0.1108	21	0.0908	27	0.2016	23
长春	0.1697	4	0.1464	3	0.3161	3
吉林	0.1321	9	0.1225	8	0.2546	8
四平	0.1013	25	0.0856	31	0.1869	30
辽源	0.1187	15	0.1000	20	0.2187	18
通化	0.1137	19	0.1294	7	0.2431	10
白山	0.1186	16	0.1114	10	0.2301	13
松原	0.1191	14	0.0903	29	0.2094	19
白城	0.1007	26	0.0943	23	0.1950	27
哈尔滨	0.1486	6	0.1384	4	0.2870	5
齐齐哈尔	0.0978	28	0.0896	30	0.1874	29
鸡西	0.0956	31	0.0980	21	0.1936	28
鹤岗	0.0979	27	0.1088	12	0.2068	20
双鸭山	0.0969	29	0.0854	32	0.1823	31
大庆	0.1708	3	0.1333	5	0.3041	4
伊春	0.0898	34	0.0921	25	0.1819	32
佳木斯	0.1129	20	0.0904	28	0.2033	22
七台河	0.1071	22	0.0910	26	0.1981	24
牡丹江	0.1239	13	0.1054	14	0.2293	14
黑河	0.0929	32	0.0833	34	0.1762	33
绥化	0.0913	33	0.0842	33	0.1755	34

东北地区新型城镇化竞争维生态位适宜度评价结果（2017年）　　附表1-43

城市	生态环境因子		公平因子		竞争维	
	适宜度	排序	适宜度	排序	适宜度	排序
沈阳	0.0840	4	0.0730	8	0.1570	3
大连	0.0889	2	0.0689	11	0.1578	2
鞍山	0.0567	32	0.0704	9	0.1272	25
抚顺	0.0599	28	0.0812	3	0.1411	10
本溪	0.0948	1	0.0794	5	0.1743	1
丹东	0.0618	25	0.0697	10	0.1315	19
锦州	0.0665	18	0.0634	21	0.1299	22
营口	0.0589	29	0.0617	23	0.1206	32
阜新	0.0784	7	0.0767	6	0.1552	4
辽阳	0.0687	15	0.0656	16	0.1342	17
盘锦	0.0831	5	0.0684	12	0.1516	5
铁岭	0.0672	16	0.0673	13	0.1345	16
朝阳	0.0696	14	0.0612	24	0.1308	20
葫芦岛	0.0672	17	0.0742	7	0.1414	9
长春	0.0784	8	0.0591	28	0.1375	13
吉林	0.0587	30	0.0652	18	0.1239	29
四平	0.0614	26	0.0642	20	0.1256	27
辽源	0.0860	3	0.0573	30	0.1433	7
通化	0.0656	19	0.0570	31	0.1226	30
白山	0.0631	23	0.0663	14	0.1295	23
松原	0.0791	6	0.0482	34	0.1273	24
白城	0.0625	24	0.0586	29	0.1211	31
哈尔滨	0.0749	9	0.0603	27	0.1352	15
齐齐哈尔	0.0713	13	0.0537	32	0.1249	28
鸡西	0.0546	33	0.0926	1	0.1472	6
鹤岗	0.0608	27	0.0811	4	0.1418	8
双鸭山	0.0714	12	0.0661	15	0.1374	14
大庆	0.0633	22	0.0496	33	0.1129	34
伊春	0.0495	34	0.0902	2	0.1397	11
佳木斯	0.0649	21	0.0609	26	0.1258	26
七台河	0.0744	10	0.0652	19	0.1396	12
牡丹江	0.0574	31	0.0611	25	0.1185	33
黑河	0.0724	11	0.0618	22	0.1342	18
绥化	0.0652	20	0.0654	17	0.1306	21

东北地区新型城镇化生态位适宜度评价结果（2017年） 附表1-44

城市	适宜度	排序	城市	适宜度	排序	城市	适宜度	排序
沈阳	0.7208	2	朝阳	0.4542	28	齐齐哈尔	0.4429	31
大连	0.7381	1	葫芦岛	0.4807	22	鸡西	0.4841	21
鞍山	0.5612	8	长春	0.6450	3	鹤岗	0.4755	24
抚顺	0.5156	13	吉林	0.5263	11	双鸭山	0.4402	32
本溪	0.5779	7	四平	0.4483	30	大庆	0.5983	5
丹东	0.5056	15	辽源	0.5232	12	伊春	0.4751	25
锦州	0.5040	16	通化	0.5121	14	佳木斯	0.4736	26
营口	0.5473	9	白山	0.4796	23	七台河	0.4888	18
阜新	0.5039	17	松原	0.4875	19	牡丹江	0.4861	20
辽阳	0.5329	10	白城	0.4503	29	黑河	0.4358	33
盘锦	0.5987	4	哈尔滨	0.5820	6	绥化	0.4221	34
铁岭	0.4735	27						

东北地区新型城镇化生态位进化动量结果（2017年） 附表1-45

城市	进化动量	排序	城市	进化动量	排序	城市	进化动量	排序
沈阳	0.4891	34	朝阳	0.7768	8	齐齐哈尔	0.7898	5
大连	0.5038	33	葫芦岛	0.7458	13	鸡西	0.7705	9
鞍山	0.6489	27	长春	0.5583	32	鹤岗	0.7570	10
抚顺	0.7102	20	吉林	0.6780	24	双鸭山	0.8069	2
本溪	0.6276	30	四平	0.7795	7	大庆	0.6477	28
丹东	0.6954	23	辽源	0.7015	22	伊春	0.7987	4
锦州	0.7052	21	通化	0.7153	19	佳木斯	0.7428	14
营口	0.6655	26	白山	0.7524	12	七台河	0.7375	16
阜新	0.7225	18	松原	0.7383	15	牡丹江	0.7290	17
辽阳	0.6726	25	白城	0.7852	6	黑河	0.8006	3
盘锦	0.5986	31	哈尔滨	0.6313	29	绥化	0.8275	1
铁岭	0.7568	11						

附录2 东北地区新型城镇化适宜度类别划分结果（2009—2017年）

附录2.1 东北地区新型城镇化适宜度类别划分结果（2009年）

东北地区新型城镇化生存维类别划分（2009年） 附表2-1

范围	类型	分类标准	城市
基础设施因子	最适宜	0.1204~0.1288	盘锦
	较适宜	0.1072~0.1203	大连、长春、大庆、沈阳、铁岭、锦州、辽阳、鞍山、双鸭山
	适宜	0.0931~0.1071	伊春、抚顺、营口、松原、阜新、葫芦岛
	较不适宜	0.0822~0.0930	本溪、鸡西、黑河、丹东、牡丹江、吉林、鹤岗、七台河、齐齐哈尔、辽源
	不适宜	0.0713~0.0821	哈尔滨、朝阳、通化、佳木斯、白城、四平、白山、绥化

续表

范围	类型	分类标准	城市
人口因子	最适宜	0.1144~0.1249	沈阳、长春
	较适宜	0.0937~0.1143	七台河、大连、哈尔滨、大庆
	适宜	0.0845~0.0936	吉林、营口、鞍山、葫芦岛、辽阳、锦州、盘锦、四平
	较不适宜	0.0716~0.0844	抚顺、松原、辽源、阜新、本溪、齐齐哈尔、绥化、朝阳、佳木斯、牡丹江、铁岭
	不适宜	0.0597~0.0715	丹东、通化、鸡西、白城、白山、黑河、鹤岗、双鸭山、伊春
生存维	最适宜	0.2234~0.2416	长春、沈阳、大连
	较适宜	0.2023~0.2233	大庆、盘锦
	适宜	0.1768~0.2022	锦州、鞍山、辽阳、七台河、营口、抚顺、哈尔滨、铁岭、葫芦岛、吉林、松原
	较不适宜	0.1563~0.1767	阜新、本溪、双鸭山、伊春、齐齐哈尔、牡丹江、辽源、鸡西、丹东、朝阳、黑河、四平
	不适宜	0.1404~0.1562	佳木斯、鹤岗、通化、绥化、白城、白山

东北地区新型城镇化发展维类别划分（2009年）　　　　附表2-2

范围	类型	分类标准	城市
经济发展因子	最适宜	0.1954~0.2169	大连
	较适宜	0.1590~0.1953	沈阳、大庆
	适宜	0.1321~0.1589	鞍山、盘锦、本溪、长春、营口、哈尔滨、辽阳
	较不适宜	0.1071~0.1320	抚顺、松原、七台河、辽源、白山、牡丹江、丹东、锦州、吉林、通化、铁岭、四平
	不适宜	0.0918~0.1070	葫芦岛、白城、朝阳、佳木斯、阜新、鸡西、双鸭山、鹤岗、齐齐哈尔、绥化、黑河、伊春
社会发展因子	最适宜	0.1630~0.1828	大连
	较适宜	0.1465~0.1629	沈阳、大庆
	适宜	0.1275~0.1464	哈尔滨、本溪、长春、双鸭山
	较不适宜	0.1065~0.1274	白山、鸡西、齐齐哈尔、鹤岗、松原、辽源、黑河、盘锦、通化、辽阳、鞍山、佳木斯、牡丹江
	不适宜	0.0906~0.1064	营口、抚顺、伊春、丹东、锦州、绥化、吉林、铁岭、四平、白城、七台河、阜新、葫芦岛、朝阳
发展维	最适宜	0.3583~0.3997	大连
	较适宜	0.2864~0.3582	沈阳、大庆
	适宜	0.2532~0.2863	本溪、哈尔滨、长春、鞍山、盘锦
	较不适宜	0.2219~0.2531	松原、白山、辽源、营口、辽阳、抚顺、双鸭山、牡丹江、通化、鸡西、丹东、七台河、齐齐哈尔
	不适宜	0.1962~0.2218	鹤岗、锦州、佳木斯、黑河、吉林、铁岭、四平、白城、葫芦岛、阜新、绥化、伊春、朝阳

东北地区新型城镇化竞争维类别划分（2009年）　　附表2-3

范围	类型	分类标准	城市
生态环境因子	最适宜	0.0824～0.0988	大连、沈阳、绥化
	较适宜	0.0757～0.0823	牡丹江、长春、盘锦
	适宜	0.0654～0.0756	松原、辽源、营口、辽阳、黑河、本溪、通化、吉林、抚顺、哈尔滨、四平、鸡西、大庆
	较不适宜	0.0582～0.0653	铁岭、鞍山、白城、伊春、佳木斯、白山、阜新、双鸭山
	不适宜	0.0503～0.0581	葫芦岛、丹东、鹤岗、锦州、七台河、朝阳、齐齐哈尔
公平因子	最适宜	0.0299～0.0366	白山、双鸭山、沈阳、鹤岗、本溪
	较适宜	0.0270～0.0298	黑河、伊春、抚顺、七台河、牡丹江、大连、哈尔滨
	适宜	0.0246～0.0269	锦州、长春、营口、丹东、辽阳、松原、白城
	较不适宜	0.0170～0.0245	铁岭、佳木斯、阜新、鞍山、绥化、葫芦岛、辽源、通化、盘锦、朝阳、鸡西、吉林、大庆、四平
	不适宜	0.0169	齐齐哈尔
竞争维	最适宜	0.1138～0.1271	沈阳、大连
	较适宜	0.1033～0.1137	绥化、牡丹江、长春、本溪
	适宜	0.0924～0.1032	盘锦、黑河、松原、营口、辽阳、白山、抚顺、辽源、哈尔滨、双鸭山、通化、伊春
	较不适宜	0.0740～0.0923	吉林、鹤岗、铁岭、白城、鸡西、四平、大庆、鞍山、佳木斯、阜新、丹东、锦州、七台河、葫芦岛
	不适宜	0.0672～0.0739	朝阳、齐齐哈尔

东北地区新型城镇化生态位适宜度类别划分（2009年）　　附表2-4

类型	分类标准	城市	数量	比重(%)
最适宜	0.6396～0.7581	大连、沈阳	2	5.88
较适宜	0.5810～0.6395	大庆、长春	2	5.88
适宜	0.5259～0.5809	盘锦、哈尔滨、本溪、鞍山、辽阳、营口、松原	7	20.59
较不适宜	0.4780～0.5258	抚顺、辽源、牡丹江、七台河、锦州、双鸭山、铁岭、白山、吉林、鸡西	10	29.41
不适宜	0.4304～0.4779	黑河、通化、丹东、葫芦岛、鹤岗、绥化、阜新、四平、佳木斯、齐齐哈尔、伊春、白城、朝阳	13	38.24

附录 2.2 东北地区新型城镇化适宜度类别划分结果（2010年）

东北地区新型城镇化生存维类别划分（2010年）　　　　　附表 2-5

范围	类型	分类标准	城市
基础设施因子	最适宜	0.1038~0.1173	盘锦、长春、大连、大庆
	较适宜	0.0916~0.1037	鞍山、沈阳、辽阳、锦州、铁岭、伊春、双鸭山
	适宜	0.0791~0.0915	抚顺、辽源、葫芦岛、阜新、丹东、松原、营口
	较不适宜	0.0700~0.0790	牡丹江、黑河、鸡西、本溪、七台河、吉林、齐齐哈尔、鹤岗、哈尔滨、朝阳、佳木斯
	不适宜	0.0611~0.0699	通化、白山、白城、四平、绥化
人口因子	最适宜	0.1089~0.1229	沈阳、长春、大连
	较适宜	0.0931~0.1088	哈尔滨、盘锦、绥化
	适宜	0.0760~0.0930	七台河、四平、辽阳、鞍山、营口、吉林、佳木斯、辽源、阜新、大庆、松原、抚顺、锦州
	较不适宜	0.0678~0.0759	本溪、葫芦岛、牡丹江、双鸭山、铁岭、通化、黑河、鸡西
	不适宜	0.0605~0.0677	丹东、鹤岗、白城、白山、朝阳、齐齐哈尔、伊春
生存维	最适宜	0.1916~0.2301	长春、沈阳、大连、盘锦
	较适宜	0.1718~0.1915	鞍山、大庆、辽阳、哈尔滨、锦州
	适宜	0.1569~0.1717	抚顺、七台河、辽源、铁岭、营口、阜新、双鸭山、松原、吉林、绥化、葫芦岛
	较不适宜	0.1438~0.1568	佳木斯、四平、伊春、牡丹江、本溪、丹东、黑河、鸡西
	不适宜	0.1324~0.1437	鹤岗、通化、齐齐哈尔、朝阳、白山、白城

东北地区新型城镇化发展维类别划分（2010年）　　　　　附表 2-6

范围	类型	分类标准	城市
经济发展因子	最适宜	0.1599~0.1945	大连、沈阳
	较适宜	0.1313~0.1598	大庆、盘锦、鞍山
	适宜	0.1127~0.1312	营口、本溪、长春、抚顺、哈尔滨、辽阳、七台河、松原
	较不适宜	0.0985~0.1126	锦州、丹东、双鸭山、白山、通化、牡丹江、佳木斯、辽源、吉林、铁岭、白城、葫芦岛、阜新
	不适宜	0.0867~0.0984	齐齐哈尔、朝阳、四平、鸡西、鹤岗、绥化、黑河、伊春
社会发展因子	最适宜	0.1577~0.1682	大连
	较适宜	0.1343~0.1576	沈阳、大庆
	适宜	0.1152~0.1342	长春、哈尔滨、本溪
	较不适宜	0.1002~0.1151	鹤岗、辽阳、辽源、松原、白山、通化、盘锦、鞍山、丹东、齐齐哈尔、鸡西、营口、阜新
	不适宜	0.0858~0.1001	牡丹江、白城、黑河、四平、抚顺、伊春、双鸭山、佳木斯、铁岭、吉林、锦州、葫芦岛、七台河、朝阳、绥化

续表

范围	类型	分类标准	城市
发展维	最适宜	0.3367~0.3627	大连
	较适宜	0.2628~0.3366	沈阳、大庆
	适宜	0.2346~0.2627	长春、哈尔滨、本溪、盘锦、鞍山
	较不适宜	0.2045~0.2345	辽阳、营口、松原、抚顺、白山、丹东、辽源、通化、鹤岗、七台河、牡丹江、锦州
	不适宜	0.1760~0.2044	双鸭山、齐齐哈尔、白城、阜新、佳木斯、鸡西、吉林、铁岭、四平、葫芦岛、黑河、朝阳、伊春、绥化

东北地区新型城镇化竞争维类别划分（2010年）　　附表2-7

范围	类型	分类标准	城市
生态环境因子	最适宜	0.0969~0.1063	绥化
	较适宜	0.0852~0.0968	长春、牡丹江、吉林、大连、辽源、沈阳、抚顺
	适宜	0.0766~0.0851	松原、盘锦、营口、通化、阜新、丹东
	较不适宜	0.0658~0.0765	哈尔滨、鹤岗、大庆、黑河、鞍山、辽阳、四平、本溪、鸡西、伊春、白城、佳木斯、铁岭、双鸭山
	不适宜	0.0607~0.0657	锦州、葫芦岛、七台河、齐齐哈尔、朝阳
公平因子	最适宜	0.0608~0.0751	抚顺
	较适宜	0.0548~0.0607	伊春、白山、沈阳
	适宜	0.0481~0.0547	丹东、鹤岗、白城、阜新、本溪、锦州、辽阳、绥化
	较不适宜	0.0370~0.0480	松原、鞍山、辽源、七台河、牡丹江、葫芦岛、铁岭、双鸭山、营口、朝阳、大连、四平、长春、通化、黑河、鸡西、哈尔滨
	不适宜	0.0323~0.0369	盘锦、吉林、佳木斯、大庆、齐齐哈尔
竞争维	最适宜	0.1562~0.1635	抚顺
	较适宜	0.1439~0.1561	绥化、沈阳
	适宜	0.1259~0.1438	牡丹江、长春、辽源、大连、白山、松原、伊春、丹东、吉林、阜新、鹤岗、营口
	较不适宜	0.0933~0.1258	本溪、通化、辽阳、白城、盘锦、鞍山、四平、哈尔滨、黑河、锦州、鸡西、铁岭、双鸭山、大庆、七台河、葫芦岛、朝阳、佳木斯
	不适宜	0.0932	齐齐哈尔

东北地区新型城镇化生态位适宜度类别划分（2010年）　　附表2-8

类型	分类标准	城市	数量	比重(%)
最适宜	0.6341~0.7248	大连、沈阳	2	5.88
较适宜	0.5638~0.6340	长春、大庆、盘锦	3	8.82
适宜	0.5047~0.5637	鞍山、哈尔滨、抚顺、辽阳、本溪、营口、辽源、松原	8	23.53

续表

类型	分类标准	城市	数量	比重(%)
较不适宜	0.4712~0.5046	牡丹江、锦州、阜新、丹东、吉林、绥化、七台河、白山、双鸭山、鹤岗、铁岭、通化	12	35.29
不适宜	0.4280~0.4711	伊春、四平、鸡西、佳木斯、葫芦岛、白城、黑河、齐齐哈尔、朝阳	9	26.47

附录 2.3　东北地区新型城镇化适宜度类别划分结果（2011 年）

东北地区新型城镇化生存维类别划分（2011 年）　　　　附表 2-9

范围	类型	分类标准	城市
基础设施因子	最适宜	0.1093~0.1215	大庆、盘锦、大连
	较适宜	0.0992~0.1092	鞍山、辽阳、长春、伊春、沈阳、锦州
	适宜	0.0869~0.0991	铁岭、葫芦岛、双鸭山、丹东、营口、辽源、阜新
	较不适宜	0.0770~0.0868	鸡西、松原、抚顺、哈尔滨、牡丹江、黑河、本溪、通化、七台河、齐齐哈尔、吉林、佳木斯、朝阳
	不适宜	0.0646~0.0769	白山、鹤岗、白城、四平、绥化
人口因子	最适宜	0.1074~0.1231	沈阳、长春、大连
	较适宜	0.0929~0.1073	大庆、哈尔滨
	适宜	0.0816~0.0928	吉林、鞍山、锦州、营口、七台河、四平、松原
	较不适宜	0.0696~0.0815	辽阳、抚顺、阜新、齐齐哈尔、本溪、朝阳、葫芦岛、铁岭、盘锦、通化、白城、丹东、绥化、黑河
	不适宜	0.0562~0.0695	辽源、双鸭山、鸡西、白山、牡丹江、佳木斯、鹤岗、伊春
生存维	最适宜	0.2012~0.2308	大连、长春、大庆、沈阳
	较适宜	0.1792~0.2011	鞍山、盘锦、锦州、辽阳、哈尔滨
	适宜	0.1639~0.1791	营口、铁岭、吉林、葫芦岛、松原、阜新、七台河、丹东、抚顺
	较不适宜	0.1488~0.1638	双鸭山、伊春、本溪、齐齐哈尔、辽源、四平、朝阳、通化、黑河、鸡西
	不适宜	0.1379~0.1487	牡丹江、白城、佳木斯、白山、鹤岗、绥化

东北地区新型城镇化发展维类别划分（2011 年）　　　　附表 2-10

范围	类型	分类标准	城市
经济发展因子	最适宜	0.1552~0.1831	大连、沈阳
	较适宜	0.1237~0.1551	大庆、盘锦、鞍山
	适宜	0.1051~0.1236	本溪、营口、长春、哈尔滨、抚顺、辽阳、松原
	较不适宜	0.0940~0.1050	丹东、白山、通化、锦州、牡丹江、辽源、吉林、四平、铁岭
	不适宜	0.0786~0.0939	佳木斯、白城、阜新、七台河、葫芦岛、双鸭山、朝阳、鹤岗、齐齐哈尔、鸡西、绥化、黑河、伊春

续表

范围	类型	分类标准	城市
社会发展因子	最适宜	0.1576～0.1723	大连
	较适宜	0.1411～0.1575	沈阳
	适宜	0.1202～0.1410	大庆、哈尔滨、长春
	较不适宜	0.0968～0.1201	本溪、鹤岗、松原、黑河、锦州、鸡西、通化、鞍山、双鸭山、盘锦、丹东、佳木斯、白山、辽阳、抚顺、辽源、牡丹江、白城、铁岭、营口
	不适宜	0.0821～0.0967	四平、伊春、阜新、吉林、齐齐哈尔、葫芦岛、七台河、朝阳、绥化
发展维	最适宜	0.3257～0.3554	大连
	较适宜	0.2559～0.3256	沈阳、大庆
	适宜	0.2255～0.2558	长春、哈尔滨、盘锦、本溪、鞍山
	较不适宜	0.1916～0.2254	松原、营口、抚顺、辽阳、锦州、通化、丹东、白山、辽源、牡丹江、鹤岗、佳木斯、鸡西、双鸭山、铁岭、吉林、四平、白城
	不适宜	0.1664～0.1915	黑河、阜新、齐齐哈尔、七台河、葫芦岛、伊春、朝阳、绥化

东北地区新型城镇化竞争维类别划分（2011年） 附表2-11

范围	类型	分类标准	城市
生态环境因子	最适宜	0.0905～0.0943	吉林、辽源、大庆、绥化、长春、沈阳
	较适宜	0.0822～0.0904	松原、白山、大连、盘锦、通化
	适宜	0.0755～0.0821	牡丹江、阜新、七台河、辽阳、佳木斯
	较不适宜	0.0673～0.0754	鹤岗、铁岭、本溪、鸡西、抚顺、丹东、四平、营口、双鸭山、哈尔滨、朝阳
	不适宜	0.0627～0.0672	白城、黑河、伊春、鞍山、齐齐哈尔、锦州、葫芦岛
公平因子	最适宜	0.0677～0.0808	抚顺、伊春、白山
	较适宜	0.0573～0.0676	鹤岗、沈阳、辽源、本溪、黑河、白城、双鸭山
	适宜	0.0497～0.0572	丹东、鞍山、阜新、绥化、朝阳、锦州、四平、营口、七台河、辽阳、鸡西、松原、大连
	较不适宜	0.0419～0.0496	葫芦岛、牡丹江、盘锦、哈尔滨、通化、佳木斯、长春
	不适宜	0.0371～0.0418	齐齐哈尔、吉林、大庆、铁岭
竞争维	最适宜	0.1491～0.1610	白山、辽源、沈阳、抚顺
	较适宜	0.1364～0.1490	绥化、鹤岗、伊春、松原、大连
	适宜	0.1260～0.1363	本溪、长春、阜新、盘锦、吉林、大庆、七台河、双鸭山、牡丹江、辽阳、通化、丹东、白城、黑河
	较不适宜	0.1123～0.1259	四平、鸡西、营口、朝阳、佳木斯、鞍山、锦州、哈尔滨
	不适宜	0.1066～0.1122	葫芦岛、铁岭、齐齐哈尔

东北地区新型城镇化生态位适宜度类别划分（2011年）　　　附表2-12

类型	分类标准	城市	数量	比重(%)
最适宜	0.6575~0.7246	大连、沈阳	2	5.88
较适宜	0.5726~0.6574	大庆、长春	2	5.88
适宜	0.5248~0.5725	盘锦、鞍山、哈尔滨、本溪、抚顺、辽阳、松原	7	20.59
较不适宜	0.4863~0.5247	营口、辽源、锦州、白山、丹东、吉林、通化、阜新、双鸭山	9	26.47
不适宜	0.4502~0.4862	鹤岗、牡丹江、铁岭、四平、伊春、七台河、鸡西、黑河、白城、佳木斯、葫芦岛、朝阳、绥化、齐齐哈尔	14	41.18

附录2.4　东北地区新型城镇化适宜度类别划分结果（2012年）

东北地区新型城镇化生存维类别划分（2012年）　　　附表2-13

范围	类型	分类标准	城市
基础设施因子	最适宜	0.1125~0.1223	盘锦、大庆
	较适宜	0.1021~0.1124	大连、长春、阜新、沈阳
	适宜	0.0891~0.1020	伊春、辽阳、锦州、鞍山、葫芦岛、丹东、铁岭、营口、双鸭山、哈尔滨
	较不适宜	0.0744~0.0890	辽源、齐齐哈尔、黑河、松原、鸡西、牡丹江、抚顺、七台河、佳木斯、吉林、朝阳、通化、本溪
	不适宜	0.0635~0.0743	鹤岗、四平、白城、白山、绥化
人口因子	最适宜	0.1005~0.1204	沈阳、大连
	较适宜	0.0892~0.1004	长春、哈尔滨
	适宜	0.0779~0.0891	营口、大庆、鞍山、锦州、七台河、抚顺、阜新
	较不适宜	0.0661~0.0778	朝阳、辽阳、松原、丹东、本溪、四平、葫芦岛、吉林、辽源
	不适宜	0.0548~0.0660	盘锦、牡丹江、铁岭、通化、鹤岗、绥化、双鸭山、齐齐哈尔、白山、鸡西、佳木斯、黑河、白城、伊春
生存维	最适宜	0.2075~0.2284	大连、沈阳
	较适宜	0.1901~0.2074	长春、大庆
	适宜	0.1686~0.1900	阜新、盘锦、哈尔滨、锦州、鞍山、营口、辽阳
	较不适宜	0.1472~0.1685	丹东、七台河、葫芦岛、抚顺、铁岭、松原、朝阳、辽源、伊春、双鸭山、吉林、本溪、牡丹江
	不适宜	0.1257~0.1471	齐齐哈尔、四平、通化、黑河、鸡西、佳木斯、鹤岗、白城、白山、绥化

东北地区新型城镇化发展维类别划分（2012年）　　　　　　附表 2-14

范围	类型	分类标准	城市
经济发展因子	最适宜	0.1796~0.1974	大连
	较适宜	0.1535~0.1795	沈阳、大庆
	适宜	0.1266~0.1534	盘锦、鞍山、长春、营口、本溪
	较不适宜	0.1068~0.1265	抚顺、哈尔滨、辽阳、松原、牡丹江、白山、吉林、丹东、佳木斯、锦州、通化、辽源
	不适宜	0.0916~0.1067	鸡西、四平、鹤岗、双鸭山、阜新、白城、葫芦岛、铁岭、朝阳、黑河、伊春、绥化、七台河、齐齐哈尔
社会发展因子	最适宜	0.1382~0.1720	大连、沈阳
	较适宜	0.1212~0.1381	大庆、长春、哈尔滨
	适宜	0.1100~0.1211	本溪、黑河
	较不适宜	0.0972~0.1099	鸡西、通化、松原、营口、白山、盘锦、辽阳、鹤岗、抚顺、牡丹江、鞍山、白城、辽源、丹东、齐齐哈尔、双鸭山
	不适宜	0.0860~0.0971	锦州、伊春、佳木斯、吉林、绥化、铁岭、葫芦岛、阜新、四平、七台河、朝阳
发展维	最适宜	0.3381~0.3694	大连
	较适宜	0.3025~0.3380	沈阳
	适宜	0.2404~0.3024	大庆、长春、盘锦、哈尔滨、本溪
	较不适宜	0.2037~0.2403	营口、鞍山、松原、抚顺、辽阳、通化、白山、牡丹江、鸡西、黑河、丹东、辽源、吉林、鹤岗、锦州、佳木斯
	不适宜	0.1822~0.2036	双鸭山、白城、四平、铁岭、伊春、阜新、葫芦岛、齐齐哈尔、绥化、朝阳、七台河

东北地区新型城镇化竞争维类别划分（2012年）　　　　　　附表 2-15

范围	类型	分类标准	城市
生态环境因子	最适宜	0.0939~0.1023	松原、铁岭
	较适宜	0.0808~0.0938	盘锦、绥化、沈阳、吉林、大庆、通化、长春、大连、佳木斯、辽源
	适宜	0.0711~0.0807	牡丹江、本溪、辽阳、哈尔滨、葫芦岛、七台河、黑河、伊春、阜新、双鸭山
	较不适宜	0.0670~0.0710	抚顺、四平、营口、丹东、白城
	不适宜	0.0617~0.0669	白山、鸡西、鞍山、朝阳、鹤岗、齐齐哈尔、锦州
公平因子	最适宜	0.0723~0.0778	抚顺
	较适宜	0.0647~0.0722	鹤岗、沈阳、伊春
	适宜	0.0541~0.0646	辽源、黑河、丹东、白山、双鸭山、鞍山、本溪、营口、辽阳
	较不适宜	0.0434~0.0540	七台河、锦州、松原、白城、朝阳、绥化、阜新、大连、牡丹江、葫芦岛、佳木斯、哈尔滨
	不适宜	0.0359~0.0433	四平、盘锦、鸡西、通化、长春、大庆、齐齐哈尔、铁岭、吉林

续表

范围	类型	分类标准	城市
竞争维	最适宜	0.1441~0.1586	沈阳、松原、辽源、抚顺
	较适宜	0.1306~0.1440	绥化、伊春、本溪、黑河、鹤岗、盘锦、铁岭、大连、双鸭山、辽阳、佳木斯
	适宜	0.1200~0.1305	通化、丹东、大庆、七台河、白山、牡丹江、长春、鞍山、营口、吉林、阜新、葫芦岛、哈尔滨
	较不适宜	0.1004~0.1199	白城、朝阳、锦州、四平、鸡西
	不适宜	0.1003	齐齐哈尔

东北地区新型城镇化生态位适宜度类别划分（2012年）　　附表2-16

类型	分类标准	城市	数量	比重(%)
最适宜	0.6384~0.7338	大连、沈阳	2	5.88
较适宜	0.5836~0.6383	大庆、长春	2	5.88
适宜	0.5187~0.5835	盘锦、哈尔滨、鞍山、营口、松原、抚顺、本溪、辽阳	8	23.53
较不适宜	0.4688~0.5186	辽源、锦州、丹东、阜新、牡丹江、通化、黑河、双鸭山、伊春、铁岭、吉林、鹤岗、佳木斯、葫芦岛、七台河、白山	16	47.06
不适宜	0.4371~0.4687	鸡西、朝阳、绥化、四平、白城、齐齐哈尔	6	17.65

附录2.5　东北地区新型城镇化适宜度类别划分结果（2013年）

东北地区新型城镇化生存维类别划分（2013年）　　附表2-17

范围	类型	分类标准	城市
基础设施因子	最适宜	0.1062~0.1179	盘锦、大庆
	较适宜	0.0965~0.1061	长春、大连、沈阳、鞍山、锦州、辽阳
	适宜	0.0840~0.0964	伊春、铁岭、丹东、吉林、哈尔滨、葫芦岛、阜新、双鸭山
	较不适宜	0.0688~0.0839	辽源、抚顺、营口、松原、黑河、鸡西、牡丹江、本溪、佳木斯、朝阳、七台河、通化、齐齐哈尔、鹤岗、四平
	不适宜	0.0613~0.0687	白城、白山、绥化
人口因子	最适宜	0.1008~0.1085	大连
	较适宜	0.0860~0.1007	沈阳、长春
	适宜	0.0740~0.0859	阜新、辽源、盘锦、大庆、营口、本溪、鞍山、辽阳、葫芦岛、四平、朝阳、哈尔滨、通化、七台河、松原
	较不适宜	0.0618~0.0739	铁岭、丹东、抚顺、吉林、锦州、佳木斯、鸡西、白城
	不适宜	0.0496~0.0617	白山、双鸭山、齐齐哈尔、牡丹江、黑河、鹤岗、绥化、伊春
生存维	最适宜	0.2034~0.2128	大连
	较适宜	0.1808~0.2033	长春、沈阳、盘锦、大庆
	适宜	0.1563~0.1807	鞍山、阜新、辽阳、锦州、葫芦岛、铁岭、哈尔滨、辽源、丹东、吉林、营口、本溪
	较不适宜	0.1395~0.1562	朝阳、松原、抚顺、七台河、通化、四平、双鸭山、鸡西、伊春、佳木斯
	不适宜	0.1182~0.1394	牡丹江、黑河、齐齐哈尔、鹤岗、白城、白山、绥化

东北地区新型城镇化发展维类别划分（2013年）　　　　　　　附表 2-18

范围	类型	分类标准	城市
经济发展因子	最适宜	0.1845～0.2064	大连
	较适宜	0.1674～0.1844	沈阳
	适宜	0.1362～0.1673	大庆、盘锦、鞍山
	较不适宜	0.1072～0.1361	长春、本溪、营口、哈尔滨、抚顺、辽阳、松原、牡丹江、辽源、丹东、通化、锦州、吉林
	不适宜	0.0865～0.1071	白山、佳木斯、阜新、葫芦岛、白城、铁岭、四平、朝阳、七台河、鸡西、齐齐哈尔、绥化、双鸭山、伊春、鹤岗、黑河
社会发展因子	最适宜	0.1486～0.1817	大连、沈阳
	较适宜	0.1337～0.1485	长春、大庆、哈尔滨
	适宜	0.1137～0.1336	本溪、通化、鹤岗、黑河、白山、松原、盘锦
	较不适宜	0.1008～0.1136	辽阳、牡丹江、辽源、营口、丹东、葫芦岛、鞍山、四平、白城、抚顺
	不适宜	0.0907～0.1007	吉林、双鸭山、齐齐哈尔、鸡西、佳木斯、铁岭、锦州、七台河、伊春、绥化、朝阳、阜新
发展维	最适宜	0.3525～0.3880	大连
	较适宜	0.3140～0.3524	沈阳
	适宜	0.2461～0.3139	大庆、长春、哈尔滨、盘锦、本溪
	较不适宜	0.2109～0.2460	鞍山、营口、辽阳、松原、通化、牡丹江、抚顺、白山、辽源、丹东
	不适宜	0.1819～0.2108	吉林、鹤岗、黑河、锦州、葫芦岛、白城、四平、佳木斯、铁岭、阜新、齐齐哈尔、鸡西、双鸭山、朝阳、七台河、绥化、伊春

东北地区新型城镇化竞争维类别划分（2013年）　　　　　　　附表 2-19

范围	类型	分类标准	城市
生态环境因子	最适宜	0.0928～0.1022	铁岭
	较适宜	0.0815～0.0927	辽源、松原、吉林、大庆、通化、沈阳
	适宜	0.0723～0.0814	盘锦、七台河、辽阳、绥化、牡丹江、阜新、本溪、双鸭山、丹东、大连、白城、伊春、朝阳、黑河、抚顺
	较不适宜	0.0631～0.0722	长春、锦州、佳木斯、哈尔滨、鞍山、营口、鸡西、四平
	不适宜	0.0565～0.0630	葫芦岛、齐齐哈尔、鹤岗、白山
公平因子	最适宜	0.0777～0.0956	伊春
	较适宜	0.0673～0.0776	鸡西、抚顺、鹤岗、丹东
	适宜	0.0558～0.0672	黑河、本溪、白山、鞍山、七台河、沈阳、牡丹江、辽阳、辽源、葫芦岛、双鸭山、佳木斯、大连、锦州
	较不适宜	0.0421～0.0557	松原、营口、四平、绥化、阜新、白城、朝阳、齐齐哈尔、哈尔滨、盘锦、大庆、通化、长春、铁岭
	不适宜	0.0420	吉林

续表

范围	类型	分类标准	城市
竞争维	最适宜	0.1542~0.1721	伊春
	较适宜	0.1416~0.1541	辽源、抚顺、铁岭、丹东、沈阳、本溪、鸡西、松原、七台河
	适宜	0.1326~0.1415	牡丹江、辽阳、黑河、双鸭山、大连、大庆、通化、盘锦、鞍山、绥化
	较不适宜	0.1236~0.1325	阜新、佳木斯、锦州、白城、吉林、鹤岗、朝阳、葫芦岛、哈尔滨
	不适宜	0.1137~0.1235	营口、白山、长春、四平、齐齐哈尔

东北地区新型城镇化生态位适宜度类别划分（2013年） 附表2-20

类型	分类标准	城市	数量	比重(%)
最适宜	0.6457~0.7375	大连、沈阳	2	5.88
较适宜	0.5741~0.6456	大庆、长春、盘锦	3	8.82
适宜	0.5134~0.5740	本溪、哈尔滨、鞍山、辽阳、辽源、松原、丹东、抚顺、营口、通化	10	29.41
较不适宜	0.4421~0.5133	铁岭、牡丹江、锦州、吉林、阜新、葫芦岛、伊春、黑河、七台河、鸡西、双鸭山、佳木斯、白山、四平、鹤岗、朝阳、白城	17	50.00
不适宜	0.4358~0.4420	齐齐哈尔、绥化	2	5.88

附录 2.6　东北地区新型城镇化适宜度类别划分结果（2014 年）

东北地区新型城镇化生存维类别划分（2014年） 附表2-21

范围	类型	分类标准	城市
基础设施因子	最适宜	0.0883~0.1008	盘锦、大庆
	较适宜	0.0804~0.0882	沈阳、长春、鞍山、辽阳、大连、伊春
	适宜	0.0703~0.0803	吉林、锦州、丹东、通化、阜新、哈尔滨、铁岭、双鸭山、松原、辽源、葫芦岛、四平
	较不适宜	0.0609~0.0702	营口、抚顺、鸡西、黑河、齐齐哈尔、佳木斯、本溪、牡丹江、七台河、白城、朝阳
	不适宜	0.0514~0.0608	鹤岗、白山、绥化
人口因子	最适宜	0.0924~0.1234	沈阳、长春、大连
	较适宜	0.0839~0.0923	营口、葫芦岛、哈尔滨
	适宜	0.0761~0.0839	辽阳、鞍山、辽源、阜新、通化、抚顺、锦州、盘锦、朝阳、牡丹江、松原、本溪、铁岭
	较不适宜	0.0640~0.0760	七台河、大庆、吉林、四平、丹东、佳木斯、绥化
	不适宜	0.0531~0.0639	齐齐哈尔、鹤岗、白山、白城、双鸭山、鸡西、黑河、伊春

续表

范围	类型	分类标准	城市
生存维	最适宜	0.1824~0.2116	沈阳、长春、大连
	较适宜	0.1709~0.1823	盘锦
	适宜	0.1454~0.1708	鞍山、辽阳、大庆、哈尔滨、营口、锦州、阜新、葫芦岛、通化、辽源、松原、铁岭、吉林、抚顺、丹东
	较不适宜	0.1303~0.1453	牡丹江、四平、本溪、朝阳、七台河、伊春、双鸭山、佳木斯
	不适宜	0.1171~0.1302	齐齐哈尔、鸡西、白城、黑河、鹤岗、白山、绥化

东北地区新型城镇化发展维类别划分（2014年）　　　附表2-22

范围	类型	分类标准	城市
经济发展因子	最适宜	0.1908~0.2095	大连
	较适宜	0.1630~0.1907	沈阳、大庆
	适宜	0.1335~0.1629	盘锦、哈尔滨、长春、鞍山、本溪、营口
	较不适宜	0.1100~0.1334	抚顺、辽阳、牡丹江、松原、通化、锦州、辽源、吉林、丹东、白山、佳木斯、白城
	不适宜	0.0890~0.1099	葫芦岛、四平、阜新、七台河、黑河、齐齐哈尔、朝阳、铁岭、绥化、鸡西、双鸭山、鹤岗、伊春
社会发展因子	最适宜	0.1541~0.1759	大连
	较适宜	0.1392~0.1540	沈阳
	适宜	0.1106~0.1391	大庆、长春、哈尔滨、本溪
	较不适宜	0.0953~0.1105	松原、通化、白山、鞍山、鹤岗、盘锦、辽阳、丹东、辽源、双鸭山、牡丹江、锦州、抚顺、葫芦岛
	不适宜	0.0809~0.0952	吉林、营口、四平、黑河、铁岭、白城、佳木斯、鸡西、伊春、朝阳、齐齐哈尔、七台河、阜新、绥化
发展维	最适宜	0.3448~0.3853	大连
	较适宜	0.3116~0.3447	沈阳
	适宜	0.2403~0.3115	大庆、长春、哈尔滨、本溪、盘锦、鞍山
	较不适宜	0.2079~0.2402	松原、营口、通化、辽阳、抚顺、白山、牡丹江、丹东、辽源、锦州、吉林
	不适宜	0.1780~0.2078	佳木斯、白城、葫芦岛、四平、黑河、鹤岗、铁岭、双鸭山、朝阳、七台河、齐齐哈尔、阜新、鸡西、绥化、伊春

东北地区新型城镇化竞争维类别划分（2014年）　　　附表2-23

范围	类型	分类标准	城市
生态环境因子	最适宜	0.0880~0.0977	长春
	较适宜	0.0798~0.0879	松原、绥化、丹东、辽源、四平、大庆
	适宜	0.0712~0.0797	盘锦、铁岭、吉林、沈阳、白城、鸡西、锦州、哈尔滨、阜新、黑河
	较不适宜	0.0617~0.0711	朝阳、通化、本溪、齐齐哈尔、佳木斯、大连、抚顺、营口、七台河、辽阳、双鸭山、牡丹江、伊春
	不适宜	0.0574~0.0616	鹤岗、白山、葫芦岛、鞍山

续表

范围	类型	分类标准	城市
公平因子	最适宜	0.0846~0.1014	伊春、抚顺、鹤岗
	较适宜	0.0756~0.0845	黑河、本溪、辽源、鸡西、七台河、佳木斯、双鸭山
	适宜	0.0680~0.0755	白山、朝阳、沈阳、白城、丹东、葫芦岛
	较不适宜	0.0612~0.0679	辽阳、绥化、鞍山、营口、铁岭、大连、松原、牡丹江、齐齐哈尔
	不适宜	0.0516~0.0611	阜新、四平、哈尔滨、通化、大庆、长春、盘锦、吉林
竞争维	最适宜	0.1580~0.1652	抚顺、辽源、伊春
	较适宜	0.1492~0.1579	鹤岗、黑河、鸡西、丹东、长春、绥化、本溪、沈阳、松原
	适宜	0.1368~0.1491	白城、七台河、佳木斯、铁岭、朝阳、双鸭山、四平、大庆
	较不适宜	0.1305~0.1367	锦州、盘锦、白山、哈尔滨、阜新、辽阳、营口、大连
	不适宜	0.1242~0.1304	吉林、通化、齐齐哈尔、葫芦岛、牡丹江、鞍山

东北地区新型城镇化生态位适宜度类别划分（2014年） 附表2-24

类型	分类标准	城市	数量	比重(%)
最适宜	0.6485~0.7177	大连、沈阳	2	5.88
较适宜	0.5859~0.6484	长春、大庆	2	5.88
适宜	0.5502~0.5858	盘锦、哈尔滨、本溪	3	8.82
较不适宜	0.5005~0.5501	鞍山、抚顺、松原、辽源、营口、辽阳、丹东、通化、锦州	9	26.47
不适宜	0.4507~0.5004	吉林、牡丹江、葫芦岛、铁岭、四平、佳木斯、阜新、白山、黑河、白城、七台河、朝阳、伊春、鹤岗、鸡西、双鸭山、绥化、齐齐哈尔	18	52.94

附录2.7 东北地区新型城镇化适宜度类别划分结果（2015年）

东北地区新型城镇化生存维类别划分（2015年） 附表2-25

范围	类型	分类标准	城市
基础设施因子	最适宜	0.1021~0.1079	盘锦
	较适宜	0.0927~0.1020	大庆、伊春、鞍山
	适宜	0.0812~0.0926	沈阳、长春、锦州、双鸭山、阜新、大连、辽阳、吉林
	较不适宜	0.0687~0.0811	丹东、铁岭、葫芦岛、辽源、七台河、营口、本溪、通化朝阳、抚顺、哈尔滨、松原、佳木斯、齐齐哈尔
	不适宜	0.0582~0.0686	鸡西、鹤岗、四平、牡丹江、黑河、白城、白山、绥化
人口因子	最适宜	0.0927~0.1083	沈阳、长春、大连
	较适宜	0.0848~0.0926	哈尔滨
	适宜	0.0727~0.0847	大庆、营口、吉林、辽阳、盘锦、朝阳、葫芦岛、鞍山、通化、松原、抚顺、锦州、本溪
	较不适宜	0.0602~0.0726	七台河、辽源、四平、铁岭、阜新、丹东、牡丹江、绥化、齐齐哈尔、双鸭山
	不适宜	0.0516~0.0601	佳木斯、白山、白城、鹤岗、鸡西、黑河、伊春

续表

范围	类型	分类标准	城市
生存维	最适宜	0.1736~0.2009	沈阳、长春、大连、盘锦、大庆
	较适宜	0.1584~0.1736	鞍山、辽阳、锦州、吉林、哈尔滨、营口
	适宜	0.1388~0.1583	阜新、葫芦岛、通化、朝阳、双鸭山、本溪、七台河、辽源、伊春、铁岭、抚顺、松原、丹东
	较不适宜	0.1249~0.1387	四平、齐齐哈尔、牡丹江、佳木斯
	不适宜	0.1206~0.1248	鹤岗、鸡西、白城、绥化、黑河、白山

东北地区新型城镇化发展维类别划分（2015年） 附表2-26

范围	类型	分类标准	城市
经济发展因子	最适宜	0.1979~0.2251	大连
	较适宜	0.1683~0.1978	沈阳
	适宜	0.1416~0.1682	大庆、盘锦、长春、哈尔滨
	较不适宜	0.1141~0.1415	鞍山、营口、本溪、松原、辽源、辽阳、通化、抚顺、白山、吉林、牡丹江
	不适宜	0.0880~0.1140	白城、锦州、丹东、佳木斯、四平、七台河、齐齐哈尔、葫芦岛、黑河、鸡西、阜新、绥化、朝阳、铁岭、鹤岗、双鸭山、伊春
社会发展因子	最适宜	0.1328~0.1556	大连、沈阳
	较适宜	0.1164~0.1327	大庆、哈尔滨、长春
	适宜	0.1020~0.1163	本溪、双鸭山、通化、丹东、松原、盘锦
	较不适宜	0.0904~0.1019	鞍山、白山、鹤岗、辽源、辽阳、黑河、抚顺、牡丹江、吉林、铁岭、锦州、四平、营口
	不适宜	0.0786~0.0903	葫芦岛、白城、鸡西、齐齐哈尔、阜新、朝阳、伊春、绥化、佳木斯、七台河
发展维	最适宜	0.3490~0.3807	大连
	较适宜	0.3009~0.3489	沈阳
	适宜	0.2521~0.3008	大庆、哈尔滨、长春、盘锦
	较不适宜	0.2062~0.2520	本溪、鞍山、通化、松原、营口、白山、辽源、辽阳、抚顺、丹东、吉林、牡丹江
	不适宜	0.1722~0.2061	双鸭山、锦州、白城、四平、黑河、葫芦岛、齐齐哈尔、鹤岗、佳木斯、铁岭、鸡西、阜新、七台河、朝阳、绥化、伊春

东北地区新型城镇化竞争维类别划分（2015年） 附表2-27

范围	类型	分类标准	城市
生态环境因子	最适宜	0.0765~0.0873	吉林、绥化、铁岭、大庆、本溪、伊春、沈阳、盘锦、黑河、长春、大连
	较适宜	0.0711~0.0764	哈尔滨、抚顺、阜新、朝阳、辽阳、辽源、双鸭山
	适宜	0.0653~0.0710	营口、通化、牡丹江、佳木斯、丹东、七台河、锦州
	较不适宜	0.0593~0.0652	松原、齐齐哈尔、鞍山、白城、鸡西
	不适宜	0.0539~0.0592	鹤岗、葫芦岛、四平、白山

续表

范围	类型	分类标准	城市
公平因子	最适宜	0.0915~0.1093	抚顺
	较适宜	0.0816~0.0914	本溪、辽阳、鹤岗、鞍山、伊春
	适宜	0.0719~0.0815	黑河、朝阳、沈阳、鸡西、白山、丹东、葫芦岛
	较不适宜	0.0597~0.0718	七台河、四平、营口、阜新、辽源、佳木斯、白城、哈尔滨、大连、长春、盘锦、锦州、铁岭、绥化、牡丹江、双鸭山
	不适宜	0.0504~0.0596	松原、大庆、通化、齐齐哈尔、吉林
竞争维	最适宜	0.1662~0.1843	抚顺、本溪
	较适宜	0.1532~0.1661	伊春、黑河、沈阳、辽阳
	适宜	0.1379~0.1531	朝阳、绥化、鞍山、铁岭、盘锦、长春、大连、鹤岗、阜新、哈尔滨、营口、鸡西、丹东、大庆、七台河、辽源
	较不适宜	0.1168~0.1378	吉林、佳木斯、双鸭山、锦州、葫芦岛、白山、牡丹江、白城、四平、通化、松原
	不适宜	0.1167	齐齐哈尔

东北地区新型城镇化生态位适宜度类别划分（2015年） 附表 2-28

类型	分类标准	城市	数量	比重（%）
最适宜	0.6288~0.7201	大连、沈阳	2	5.88
较适宜	0.5897~0.6287	大庆、长春、盘锦	3	8.82
适宜	0.5344~0.5896	哈尔滨、本溪、鞍山、抚顺、辽阳	5	14.71
较不适宜	0.4822~0.5343	营口、吉林、辽源、通化、松原、丹东、锦州、双鸭山、伊春、朝阳、阜新、铁岭、葫芦岛	13	38.24
不适宜	0.4464~0.4821	黑河、白山、牡丹江、七台河、四平、鹤岗、佳木斯、白城、鸡西、绥化、齐齐哈尔	11	32.35

附录2.8 东北地区新型城镇化适宜度类别划分结果（2016年）

东北地区新型城镇化生存维类别划分（2016年） 附表 2-29

范围	类型	分类标准	城市
基础设施因子	最适宜	0.0891~0.1032	大庆、长春、营口、伊春、鞍山
	较适宜	0.0832~0.0890	辽阳、锦州、吉林、丹东、铁岭
	适宜	0.0753~0.0831	大连、沈阳、阜新、七台河、葫芦岛、辽源、通化
	较不适宜	0.0623~0.0752	松原、哈尔滨、本溪、佳木斯、抚顺、齐齐哈尔、牡丹江、盘锦、双鸭山、鸡西、黑河、白城、四平、朝阳、鹤岗
	不适宜	0.0566~0.0622	白山、绥化

续表

范围	类型	分类标准	城市
人口因子	最适宜	0.1061~0.1223	沈阳、大连
	较适宜	0.0872~0.1060	长春
	适宜	0.0729~0.0872	哈尔滨、鞍山、盘锦、大庆、辽阳、营口、辽源、锦州、吉林、抚顺、通化、葫芦岛
	较不适宜	0.0617~0.0728	本溪、四平、松原、朝阳、阜新、铁岭、丹东、佳木斯、七台河、牡丹江
	不适宜	0.0488~0.0616	齐齐哈尔、绥化、白城、鸡西、白山、双鸭山、鹤岗、黑河、伊春
生存维	最适宜	0.2059	长春、沈阳、大连
	较适宜	0.1865	大庆、营口、鞍山
	适宜	0.1707	辽阳、锦州、吉林、哈尔滨、辽源、葫芦岛、通化、丹东、铁岭、盘锦
	较不适宜	0.1506	抚顺、阜新、伊春、本溪、七台河、松原、佳木斯、四平、朝阳、牡丹江、齐齐哈尔
	不适宜	0.1280	白城、鸡西、双鸭山、鹤岗、黑河、白山、绥化

东北地区新型城镇化发展维类别划分（2016 年）　　　　附表 2-30

范围	类型	分类标准	城市
经济发展因子	最适宜	0.1857~0.2230	大连
	较适宜	0.1651~0.1856	沈阳
	适宜	0.1349~0.1650	大庆、长春、哈尔滨、盘锦
	较不适宜	0.1075~0.1348	鞍山、松原、营口、辽源、白山、本溪、吉林、牡丹江、抚顺、辽阳、通化、丹东
	不适宜	0.0864~0.1074	锦州、葫芦岛、佳木斯、白城、四平、七台河、朝阳、阜新、齐齐哈尔、鸡西、铁岭、双鸭山、绥化、黑河、鹤岗、伊春
社会发展因子	最适宜	0.1328~0.1652	沈阳、大连
	较适宜	0.1124~0.1327	长春、哈尔滨、大庆、通化、本溪
	适宜	0.1010~0.1123	盘锦、白山、松原、丹东、双鸭山、鞍山、牡丹江
	较不适宜	0.0861~0.1009	鹤岗、营口、锦州、辽阳、抚顺、鸡西、辽源、白城、铁岭、阜新、吉林、伊春
	不适宜	0.0742~0.0860	朝阳、佳木斯、四平、葫芦岛、齐齐哈尔、七台河、黑河、绥化
发展维	最适宜	0.3510~0.3880	大连
	较适宜	0.2948~0.3509	沈阳
	适宜	0.2440~0.2947	长春、大庆、哈尔滨、盘锦
	较不适宜	0.1964~0.2439	本溪、鞍山、松原、通化、白山、营口、丹东、辽源、牡丹江、辽阳、抚顺、吉林、锦州
	不适宜	0.1655~0.1963	双鸭山、白城、鸡西、佳木斯、阜新、鹤岗、葫芦岛、铁岭、朝阳、四平、七台河、齐齐哈尔、伊春、黑河、绥化

东北地区新型城镇化竞争维类别划分（2016年）　　附表2-31

范围	类型	分类标准	城市
生态环境因子	最适宜	0.0860～0.0926	大连、本溪、沈阳、白城、长春、吉林
	较适宜	0.0764～0.0859	四平、丹东、黑河、鸡西、通化、盘锦
	适宜	0.0720～0.0763	辽源、哈尔滨、大庆、辽阳、铁岭、绥化、阜新
	较不适宜	0.0639～0.0719	白山、锦州、七台河、朝阳、牡丹江、佳木斯、松原、齐齐哈尔、双鸭山、抚顺
	不适宜	0.0580～0.0638	鹤岗、伊春、鞍山、葫芦岛、营口
公平因子	最适宜	0.0829～0.0956	伊春、本溪、抚顺
	较适宜	0.0736～0.0828	鸡西、盘锦、沈阳、鞍山、鹤岗、大连、白山、四平
	适宜	0.0662～0.0735	黑河、丹东、营口、辽阳、朝阳、葫芦岛、阜新、锦州、白城
	较不适宜	0.0588～0.0661	七台河、双鸭山、松原、长春、绥化、铁岭、辽源、哈尔滨
	不适宜	0.0504～0.0587	大庆、佳木斯、牡丹江、通化、齐齐哈尔、吉林
竞争维	最适宜	0.1694～0.1795	本溪
	较适宜	0.1620～0.1693	大连、沈阳、鸡西
	适宜	0.1475～0.1619	盘锦、四平、伊春、白城、黑河、丹东、抚顺、长春
	较不适宜	0.1338～0.1474	白山、辽阳、阜新、鹤岗、朝阳、辽源、锦州、铁岭、绥化、吉林、哈尔滨、通化、七台河、鞍山、大庆
	不适宜	0.1238～0.1337	松原、双鸭山、营口、佳木斯、牡丹江、葫芦岛、齐齐哈尔

东北地区新型城镇化生态位适宜度类别划分（2016年）　　附表2-32

类型	分类标准	城市	数量	比重（%）
最适宜	0.6531～0.7561	大连、沈阳	2	5.88
较适宜	0.6159～0.6530	长春	1	2.94
适宜	0.5397～0.6158	大庆、哈尔滨、盘锦、本溪、鞍山	5	14.71
较不适宜	0.4849～0.5396	营口、丹东、通化、辽阳、辽源、松原、抚顺、锦州、吉林、白山	10	29.41
不适宜	0.4231～0.4848	鸡西、四平、牡丹江、阜新、铁岭、伊春、白城、葫芦岛、七台河、朝阳、佳木斯、双鸭山、鹤岗、黑河、齐齐哈尔、绥化	16	47.06

附录2.9　东北地区新型城镇化适宜度类别划分结果（2017年）

东北地区新型城镇化生存维类别划分（2017年）　　附表2-33

范围	类型	分类标准	城市
基础设施因子	最适宜	0.0926～0.1002	大庆、营口、伊春
	较适宜	0.0842～0.0925	鞍山
	适宜	0.0751～0.0841	盘锦、辽阳、吉林、辽源、长春、丹东、沈阳、七台河、锦州、通化、佳木斯、铁岭
	较不适宜	0.0605～0.0750	阜新、松原、本溪、牡丹江、哈尔滨、大连、齐齐哈尔、抚顺、鸡西、白城、双鸭山、鹤岗、四平、黑河、葫芦岛、朝阳
	不适宜	0.0581～0.0604	白山、绥化

续表

范围	类型	分类标准	城市
人口因子	最适宜	0.1166~0.1290	沈阳
	较适宜	0.0942~0.1165	大连、长春
	适宜	0.0762~0.0941	鞍山、营口、哈尔滨、辽阳、盘锦、大庆、抚顺、辽源
	较不适宜	0.0605~0.0761	锦州、本溪、鸡西、松原、七台河、葫芦岛、阜新、丹东、通化、四平、吉林、佳木斯、牡丹江、白城、铁岭
	不适宜	0.0520~0.0604	朝阳、白山、齐齐哈尔、鹤岗、黑河、绥化、伊春、双鸭山
生存维	最适宜	0.1915~0.2102	沈阳
	较适宜	0.1679~0.1914	长春、大连、鞍山、营口、大庆
	适宜	0.1536~0.1678	辽阳、盘锦、辽源、哈尔滨、锦州
	较不适宜	0.1343~0.1535	伊春、七台河、丹东、吉林、抚顺、本溪、松原、通化、阜新、佳木斯、鸡西、铁岭、牡丹江、葫芦岛、四平
	不适宜	0.1161~0.1342	白城、齐齐哈尔、鹤岗、朝阳、黑河、双鸭山、白山、绥化

东北地区新型城镇化发展维类别划分（2017年）　　　　附表2-34

范围	类型	分类标准	城市
经济发展因子	最适宜	0.1851~0.2252	大连
	较适宜	0.1709~0.1850	沈阳
	适宜	0.1394~0.1708	大庆、长春、盘锦、哈尔滨
	较不适宜	0.1072~0.1393	营口、鞍山、松原、抚顺、辽阳、本溪、牡丹江、吉林、辽源、白山、丹东、锦州、通化、佳木斯、葫芦岛
	不适宜	0.0898~0.1071	七台河、朝阳、阜新、四平、白城、鹤岗、齐齐哈尔、双鸭山、铁岭、鸡西、黑河、绥化、伊春
社会发展因子	最适宜	0.1465~0.1687	沈阳、大连
	较适宜	0.1334~0.1464	长春、哈尔滨
	适宜	0.1153~0.1333	大庆、本溪、通化、松原
	较不适宜	0.0962~0.1152	盘锦、白山、鞍山、鹤岗、丹东、牡丹江、锦州、辽阳、阜新、营口、铁岭、辽源、鸡西
	不适宜	0.0833~0.0961	抚顺、白城、朝阳、伊春、七台河、葫芦岛、佳木斯、齐齐哈尔、四平、双鸭山、绥化、黑河
发展维	最适宜	0.3538~0.3922	大连
	较适宜	0.3162~0.3537	沈阳
	适宜	0.2558~0.3161	长春、大庆、哈尔滨、盘锦
	较不适宜	0.2095~0.2557	本溪、松原、鞍山、通化、营口、辽阳、白山、牡丹江、抚顺、丹东、锦州、辽源
	不适宜	0.1755~0.2094	吉林、鹤岗、阜新、佳木斯、葫芦岛、七台河、朝阳、铁岭、白城、鸡西、齐齐哈尔、四平、双鸭山、伊春、黑河、绥化

东北地区新型城镇化竞争维类别划分（2017年） 附表2-35

范围	类型	分类标准	城市
生态环境因子	最适宜	0.0890～0.0948	本溪
	较适宜	0.0792～0.0889	大连、辽源、沈阳、盘锦
	适宜	0.0688～0.0791	吉林、阜新、长春、哈尔滨、七台河、黑河、双鸭山、齐齐哈尔、朝阳
	较不适宜	0.0600～0.0687	辽阳、铁岭、葫芦岛、锦州、通化、绥化、佳木斯、大庆、白山、白城、丹东、四平、鹤岗
	不适宜	0.0495～0.0599	抚顺、营口、松原、牡丹江、鞍山、鸡西、伊春
公平因子	最适宜	0.0813～0.0926	鸡西、伊春
	较适宜	0.0705～0.0812	抚顺、鹤岗、本溪、阜新、葫芦岛、沈阳
	适宜	0.0619～0.0704	鞍山、丹东、大连、盘锦、铁岭、白山、双鸭山、辽阳、绥化、松原、七台河、四平、锦州
	较不适宜	0.0538～0.0618	黑河、营口、朝阳、牡丹江、佳木斯、哈尔滨、长春、白城、辽源、通化
	不适宜	0.0482～0.0537	齐齐哈尔、大庆、吉林
竞争维	最适宜	0.1579～0.1743	本溪
	较适宜	0.1473～0.1578	大连、沈阳、阜新、盘锦
	适宜	0.1316～0.1472	鸡西、辽源、鹤岗、葫芦岛、抚顺、伊春、七台河、长春、双鸭山、哈尔滨、铁岭、辽阳、黑河
	较不适宜	0.1227～0.1315	丹东、朝阳、绥化、锦州、白山、吉林、鞍山、佳木斯、四平、齐齐哈尔、松原
	不适宜	0.1129～0.1226	通化、白城、营口、牡丹江、大庆

东北地区新型城镇化生态位适宜度类别划分（2017年） 附表2-36

类型	分类标准	城市	数量	比重（%）
最适宜	0.6451～0.7381	大连、沈阳	2	5.88
较适宜	0.5988～0.6450	长春	1	2.94
适宜	0.5330～0.5987	盘锦、大庆、哈尔滨、本溪、鞍山、营口	6	17.65
较不适宜	0.4543～0.5329	辽阳、松原、辽源、抚顺、通化、丹东、锦州、阜新、七台河、吉林、牡丹江、鸡西、葫芦岛、白山、鹤岗、伊春、佳木斯、铁岭	18	52.94
不适宜	0.4221～0.4542	朝阳、白城、四平、齐齐哈尔、双鸭山、黑河、绥化	7	20.59

附录3 东北地区新型城镇化适宜度影响因素(2009—2017年)

附录3.1 东北地区新型城镇化适宜度影响因素(2009年)

东北地区新型城镇化适宜度影响因素(2009年)　　　　　　　　　　附表3-1

城市	限制维度	限制生态因子	限制指标					
沈阳	发展维	社会发展因子、基础设施因子	C4	C7	C14	C24	C9	C11
大连	生存维	公平因子、人口因子	C7	C24	C9	C14	C4	C2
鞍山	发展维	社会发展因子、公平因子	C30	C28	C24	C23	C4	C1
抚顺	发展维	社会发展因子、经济发展因子	C24	C9	C4	C7	C23	C2
本溪	发展维	人口因子、经济发展因子	C9	C30	C7	C1	C29	C28
丹东	发展维	经济发展因子、社会发展因子	C23	C2	C27	C9	C4	C7
锦州	发展维	经济发展因子、社会发展因子	C24	C9	C23	C22	C30	C16
营口	发展维	社会发展因子、经济发展因子	C23	C24	C10	C1	C29	C32
阜新	发展维	经济发展因子、社会发展因子	C29	C25	C24	C1	C12	C16
辽阳	发展维	经济发展因子、社会发展因子	C24	C19	C9	C2	C15	C23
盘锦	发展维	公平因子、社会发展因子	C14	C2	C15	C10	C24	C20
铁岭	发展维	经济发展因子、社会发展因子	C23	C22	C21	C30	C20	C10
朝阳	发展维	经济发展因子、社会发展因子	C22	C26	C10	C19	C30	C17
葫芦岛	发展维	经济发展因子、社会发展因子	C14	C4	C10	C12	C16	C22
长春	发展维	经济发展因子、公平因子	C4	C14	C24	C20	C18	C26
吉林	发展维	经济发展因子、社会发展因子	C9	C19	C4	C30	C3	C18
四平	发展维	经济发展因子、社会发展因子	C1	C25	C5	C18	C20	C2
辽源	发展维	经济发展因子、公平因子	C2	C5	C25	C26	C18	C4
通化	发展维	经济发展因子、人口因子	C9	C1	C10	C22	C13	C18
白山	生存维	人口因子、基础设施因子	C25	C3	C8	C10	C4	C30
松原	发展维	经济发展因子、社会发展因子	C25	C10	C21	C20	C22	C18
白城	发展维	经济发展因子、社会发展因子	C11	C13	C4	C20	C18	C3
哈尔滨	发展维	经济发展因子、基础设施因子	C4	C14	C1	C9	C16	C27
齐齐哈尔	竞争维	经济发展因子、公平因子	C23	C12	C14	C16	C18	C34
鸡西	发展维	经济发展因子、人口因子	C34	C20	C13	C9	C16	C18
鹤岗	发展维	经济发展因子、人口因子	C6	C1	C3	C13	C29	C10
双鸭山	发展维	经济发展因子、人口因子	C17	C10	C13	C8	C20	C1
大庆	竞争维	公平因子、生态环境因子	C15	C27	C14	C8	C3	C32
伊春	发展维	经济发展因子、人口因子	C5	C17	C19	C13	C18	C3
佳木斯	发展维	经济发展因子、社会发展因子	C16	C13	C18	C1	C11	C25

续表

城市	限制维度	限制生态因子	限制指标					
七台河	发展维	社会发展因子、生态环境因子	C32	C17	C23	C25	C10	C3
牡丹江	发展维	经济发展因子、社会发展因子	C8	C13	C22	C3	C2	C18
黑河	发展维	经济发展因子、人口因子	C8	C13	C3	C11	C16	C20
绥化	发展维	经济发展因子、社会发展因子	C18	C12	C4	C2	C33	C16

附录3.2　东北地区新型城镇化适宜度影响因素（2010年）

东北地区新型城镇化适宜度影响因素（2010年）　　附表3-2

城市	限制维度	限制生态因子	限制指标					
沈阳	竞争维	公平因子、基础设施因子	C14	C31	C4	C11	C7	C36
大连	竞争维	公平因子、生态环境因子	C31	C14	C24	C36	C7	C22
鞍山	发展维	社会发展因子、公平因子	C30	C22	C24	C31	C23	C4
抚顺	发展维	社会发展因子、人口因子	C24	C7	C9	C4	C30	C23
本溪	生存维	人口因子、经济发展因子	C7	C30	C29	C4	C9	C22
丹东	发展维	人口因子、经济发展因子	C28	C7	C31	C23	C4	C2
锦州	发展维	社会发展因子、经济发展因子	C7	C32	C22	C9	C23	C28
营口	发展维	社会发展因子、公平因子	C23	C1	C32	C10	C29	C7
阜新	发展维	经济发展因子、社会发展因子	C29	C25	C1	C16	C12	C20
辽阳	发展维	经济发展因子、社会发展因子	C31	C2	C24	C23	C22	C15
盘锦	发展维	公平因子、社会发展因子	C2	C15	C24	C10	C31	C36
铁岭	发展维	经济发展因子、社会发展因子	C23	C21	C36	C20	C22	C17
朝阳	发展维	经济发展因子、社会发展因子	C22	C9	C26	C10	C19	C20
葫芦岛	发展维	经济发展因子、社会发展因子	C4	C19	C10	C12	C29	C16
长春	发展维	公平因子、经济发展因子	C36	C14	C32	C4	C18	C25
吉林	发展维	经济发展因子、公平因子	C14	C9	C4	C30	C19	C18
四平	发展维	经济发展因子、基础设施因子	C5	C1	C18	C25	C20	C2
辽源	发展维	经济发展因子、公平因子	C2	C25	C14	C18	C32	C6
通化	发展维	经济发展因子、公平因子	C1	C32	C10	C18	C13	C20
白山	生存维	人口因子、经济发展因子	C9	C3	C8	C28	C10	C13
松原	发展维	公平因子、经济发展因子	C10	C25	C21	C20	C14	C22
白城	发展维	经济发展因子、人口因子	C28	C27	C11	C18	C4	C13
哈尔滨	发展维	公平因子、经济发展因子	C36	C14	C4	C1	C16	C32
齐齐哈尔	发展维	公平因子、经济发展因子	C32	C23	C34	C12	C17	C16
鸡西	发展维	经济发展因子、人口因子	C20	C9	C13	C17	C16	C34
鹤岗	发展维	经济发展因子、人口因子	C6	C27	C3	C29	C1	C13
双鸭山	发展维	经济发展因子、社会发展因子	C17	C29	C10	C22	C13	C8

续表

城市	限制维度	限制生态因子	限制指标					
大庆	竞争维	公平因子、人口因子	C15	C14	C32	C36	C27	C7
伊春	发展维	经济发展因子、人口因子	C18	C19	C13	C3	C8	C17
佳木斯	发展维	公平因子、经济发展因子	C18	C13	C16	C25	C11	C12
七台河	发展维	社会发展因子、生态环境因子	C22	C25	C36	C28	C10	C17
牡丹江	发展维	经济发展因子、社会发展因子	C8	C22	C13	C36	C3	C20
黑河	发展维	经济发展因子、公平因子	C8	C13	C36	C3	C11	C16
绥化	发展维	经济发展因子、社会发展因子	C12	C17	C4	C2	C33	C20

附录3.3 东北地区新型城镇化适宜度影响因素（2011年）

东北地区新型城镇化适宜度影响因素（2011年） 附表3-3

城市	限制维度	限制生态因子	限制指标					
沈阳	发展维	公平因子、基础设施因子	C4	C31	C7	C14	C11	C36
大连	竞争维	公平因子、生态环境因子	C31	C36	C24	C14	C32	C2
鞍山	发展维	社会发展因子、生态环境因子	C31	C30	C22	C1	C14	C23
抚顺	发展维	社会发展因子、经济发展因子	C7	C4	C2	C30	C9	C1
本溪	发展维	人口因子、经济发展因子	C30	C2	C4	C1	C22	C24
丹东	发展维	经济发展因子、人口因子	C34	C22	C30	C4	C31	C25
锦州	发展维	经济发展因子、社会发展因子	C31	C32	C33	C2	C16	C28
营口	发展维	社会发展因子、公平因子	C31	C1	C7	C23	C22	C10
阜新	发展维	经济发展因子、社会发展因子	C1	C29	C7	C20	C16	C12
辽阳	发展维	社会发展因子、经济发展因子	C7	C31	C23	C2	C33	C9
盘锦	发展维	公平因子、人口因子	C24	C2	C10	C36	C15	C7
铁岭	发展维	公平因子、经济发展因子	C36	C32	C20	C21	C10	C12
朝阳	发展维	社会发展因子、经济发展因子	C10	C30	C22	C26	C20	C19
葫芦岛	发展维	经济发展因子、社会发展因子	C17	C28	C4	C12	C16	C10
长春	发展维	公平因子、经济发展因子	C36	C32	C25	C4	C26	C24
吉林	发展维	经济发展因子、公平因子	C30	C4	C19	C18	C3	C8
四平	发展维	经济发展因子、社会发展因子	C5	C2	C25	C20	C18	C19
辽源	发展维	经济发展因子、人口因子	C2	C9	C18	C10	C25	C20
通化	发展维	公平因子、经济发展因子	C1	C10	C18	C13	C32	C8
白山	发展维	人口因子、经济发展因子	C10	C25	C3	C24	C8	C30
松原	发展维	公平因子、社会发展因子	C25	C10	C21	C20	C32	C22
白城	发展维	经济发展因子、社会发展因子	C28	C27	C2	C11	C13	C18
哈尔滨	发展维	经济发展因子、公平因子	C31	C4	C33	C16	C2	C1
齐齐哈尔	发展维	经济发展因子、公平因子	C32	C23	C12	C22	C16	C18

续表

城市	限制维度	限制生态因子	限制指标					
鸡西	发展维	经济发展因子、人口因子	C20	C13	C28	C1	C16	C12
鹤岗	发展维	经济发展因子、人口因子	C27	C3	C36	C1	C13	C28
双鸭山	发展维	经济发展因子、人口因子	C8	C13	C1	C10	C17	C15
大庆	发展维	公平因子、社会发展因子	C15	C36	C32	C8	C3	C14
伊春	发展维	经济发展因子、人口因子	C6	C13	C18	C7	C3	C8
佳木斯	发展维	经济发展因子、人口因子	C9	C13	C16	C11	C33	C25
七台河	发展维	经济发展因子、社会发展因子	C14	C23	C22	C25	C10	C3
牡丹江	发展维	人口因子、经济发展因子	C9	C8	C13	C7	C3	C31
黑河	发展维	经济发展因子、人口因子	C8	C13	C3	C11	C16	C20
绥化	发展维	经济发展因子、社会发展因子	C12	C18	C19	C21	C4	C33

附录 3.4 东北地区新型城镇化适宜度影响因素（2012年）

东北地区新型城镇化适宜度影响因素（2012年)　　　附表 3-4

城市	限制维度	限制生态因子	限制指标					
沈阳	发展维	基础设施因子、公平因子	C14	C4	C24	C31	C11	C1
大连	竞争维	公平因子、生态环境因子	C31	C24	C14	C36	C32	C2
鞍山	发展维	社会发展因子、生态环境因子	C24	C31	C30	C22	C14	C1
抚顺	发展维	社会发展因子、经济发展因子	C30	C4	C2	C1	C28	C23
本溪	生存维	人口因子、基础设施因子	C30	C24	C7	C2	C14	C22
丹东	发展维	社会发展因子、经济发展因子	C22	C30	C31	C25	C23	C26
锦州	发展维	社会发展因子、经济发展因子	C31	C2	C22	C32	C33	C21
营口	发展维	社会发展因子、经济发展因子	C1	C31	C23	C28	C24	C2
阜新	发展维	经济发展因子、社会发展因子	C1	C29	C28	C20	C16	C24
辽阳	发展维	社会发展因子、经济发展因子	C7	C23	C2	C19	C15	C31
盘锦	发展维	人口因子、公平因子	C36	C15	C10	C11	C24	C9
铁岭	发展维	公平因子、经济发展因子	C32	C20	C36	C21	C14	C7
朝阳	发展维	经济发展因子、社会发展因子	C22	C1	C10	C20	C2	C19
葫芦岛	发展维	经济发展因子、社会发展因子	C31	C4	C14	C12	C16	C10
长春	发展维	公平因子、经济发展因子	C36	C32	C25	C4	C26	C11
吉林	发展维	人口因子、社会发展因子	C4	C30	C19	C18	C3	C7
四平	发展维	社会发展因子、经济发展因子	C5	C27	C25	C19	C20	C2
辽源	发展维	人口因子、经济发展因子	C2	C18	C25	C10	C20	C32
通化	发展维	人口因子、公平因子	C10	C1	C13	C8	C20	C18
白山	生存维	人口因子、基础设施因子	C10	C28	C3	C25	C4	C8
松原	发展维	公平因子、社会发展因子	C25	C34	C21	C10	C22	C36

续表

城市	限制维度	限制生态因子	限制指标				
白城	发展维	人口因子、经济发展因子	C2	C13	C34	C25	C27	C18
哈尔滨	发展维	公平因子、经济发展因子	C31	C4	C14	C16	C33	C2
齐齐哈尔	发展维	经济发展因子、公平因子	C32	C26	C23	C18	C12	C14
鸡西	发展维	人口因子、经济发展因子	C20	C28	C13	C16	C1	C34
鹤岗	发展维	人口因子、经济发展因子	C28	C27	C3	C1	C13	C23
双鸭山	发展维	人口因子、经济发展因子	C17	C8	C13	C15	C10	C1
大庆	竞争维	公平因子、人口因子	C15	C36	C32	C31	C8	C14
伊春	发展维	人口因子、经济发展因子	C10	C6	C13	C8	C3	C18
佳木斯	发展维	人口因子、社会发展因子	C9	C11	C13	C20	C16	C22
七台河	发展维	经济发展因子、社会发展因子	C14	C25	C31	C10	C17	C3
牡丹江	发展维	人口因子、社会发展因子	C8	C13	C36	C22	C28	C3
黑河	发展维	人口因子、经济发展因子	C8	C13	C3	C11	C16	C17
绥化	发展维	经济发展因子、人口因子	C12	C18	C19	C21	C4	C33

附录3.5 东北地区新型城镇化适宜度影响因素（2013年）

东北地区新型城镇化适宜度影响因素（2013年） 附表3-5

城市	限制维度	限制生态因子	限制指标				
沈阳	竞争维	公平因子、生态环境因子	C31	C4	C36	C7	C2	C11
大连	竞争维	公平因子、生态环境因子	C31	C36	C24	C2	C7	C1
鞍山	发展维	社会发展因子、公平因子	C30	C24	C22	C1	C23	C25
抚顺	发展维	社会发展因子、经济发展因子	C24	C4	C30	C2	C7	C23
本溪	发展维	经济发展因子、基础设施因子	C30	C2	C7	C22	C4	C36
丹东	发展维	经济发展因子、社会发展因子	C4	C23	C13	C7	C24	C28
锦州	发展维	社会发展因子、经济发展因子	C22	C7	C21	C19	C24	C33
营口	发展维	公平因子、社会发展因子	C31	C1	C23	C9	C2	C24
阜新	发展维	社会发展因子、经济发展因子	C1	C22	C20	C12	C16	C19
辽阳	发展维	经济发展因子、社会发展因子	C2	C7	C31	C19	C34	C15
盘锦	发展维	公平因子、社会发展因子	C36	C24	C15	C31	C25	C20
铁岭	发展维	经济发展因子、公平因子	C20	C36	C21	C23	C12	C17
朝阳	发展维	经济发展因子、社会发展因子	C22	C34	C26	C1	C19	C2
葫芦岛	发展维	经济发展因子、社会发展因子	C4	C20	C31	C12	C16	C3
长春	竞争维	公平因子、经济发展因子	C36	C26	C35	C4	C32	C9
吉林	发展维	公平因子、经济发展因子	C3	C18	C4	C19	C8	C27
四平	发展维	经济发展因子、公平因子	C9	C29	C5	C27	C25	C18
辽源	发展维	经济发展因子、社会发展因子	C2	C25	C18	C20	C35	C1

续表

城市	限制维度	限制生态因子	限制指标					
通化	发展维	公平因子、经济发展因子	C1	C36	C9	C13	C8	C20
白山	发展维	经济发展因子、基础设施因子	C27	C26	C3	C8	C13	C10
松原	发展维	公平因子、经济发展因子	C25	C9	C21	C36	C22	C20
白城	发展维	经济发展因子、公平因子	C35	C2	C34	C3	C13	C25
哈尔滨	发展维	公平因子、经济发展因子	C31	C4	C36	C33	C2	C16
齐齐哈尔	发展维	经济发展因子、公平因子	C18	C23	C10	C12	C16	C13
鸡西	发展维	经济发展因子、社会发展因子	C23	C10	C13	C20	C16	C12
鹤岗	发展维	经济发展因子、人口因子	C13	C23	C3	C27	C1	C14
双鸭山	发展维	经济发展因子、社会发展因子	C23	C17	C20	C8	C13	C15
大庆	发展维	公平因子、经济发展因子	C15	C31	C36	C32	C8	C3
伊春	发展维	人口因子、经济发展因子	C6	C5	C13	C8	C3	C16
佳木斯	发展维	社会发展因子、经济发展因子	C25	C13	C16	C18	C20	C8
七台河	发展维	经济发展因子、社会发展因子	C14	C25	C12	C17	C10	C3
牡丹江	发展维	人口因子、社会发展因子	C28	C8	C10	C13	C36	C3
黑河	发展维	经济发展因子、人口因子	C8	C13	C3	C11	C16	C17
绥化	发展维	经济发展因子、基础设施因子	C12	C19	C7	C21	C10	C33

附录3.6 东北地区新型城镇化适宜度影响因素（2014年）

东北地区新型城镇化适宜度影响因素（2014年）　　　　附表3-6

城市	限制维度	限制生态因子	限制指标					
沈阳	发展维	公平因子、生态环境因子	C35	C31	C4	C36	C24	C26
大连	竞争维	公平因子、生态环境因子	C35	C36	C31	C24	C2	C4
鞍山	发展维	生态环境因子、社会发展因子	C31	C22	C30	C24	C1	C23
抚顺	发展维	社会发展因子、经济发展因子	C24	C4	C2	C30	C7	C1
本溪	生存维	人口因子、基础设施因子	C30	C22	C2	C4	C24	C1
丹东	发展维	社会发展因子、经济发展因子	C4	C22	C13	C2	C32	C12
锦州	发展维	社会发展因子、经济发展因子	C7	C31	C33	C19	C21	C24
营口	发展维	社会发展因子、公平因子	C1	C31	C2	C24	C25	C23
阜新	发展维	社会发展因子、经济发展因子	C1	C29	C22	C25	C19	C20
辽阳	发展维	社会发展因子、经济发展因子	C30	C31	C23	C24	C2	C22
盘锦	发展维	公平因子、社会发展因子	C24	C36	C35	C10	C15	C20
铁岭	发展维	经济发展因子、社会发展因子	C36	C20	C22	C12	C16	C21
朝阳	发展维	经济发展因子、社会发展因子	C22	C26	C1	C10	C2	C19
葫芦岛	发展维	经济发展因子、社会发展因子	C20	C4	C31	C12	C10	C22
长春	发展维	公平因子、经济发展因子	C36	C26	C32	C25	C4	C24

续表

城市	限制维度	限制生态因子	限制指标				
吉林	发展维	经济发展因子、公平因子	C18	C1	C8	C13	C19	C20
四平	发展维	经济发展因子、社会发展因子	C32	C2	C5	C20	C18	C15
辽源	发展维	社会发展因子、经济发展因子	C2	C10	C18	C20	C15	C17
通化	发展维	公平因子、经济发展因子	C27	C1	C10	C20	C13	C36
白山	生存维	人口因子、经济发展因子	C27	C10	C26	C8	C3	C2
松原	发展维	公平因子、社会发展因子	C25	C10	C21	C22	C34	C36
白城	发展维	人口因子、社会发展因子	C34	C7	C26	C3	C13	C11
哈尔滨	发展维	公平因子、人口因子	C31	C2	C4	C26	C22	C36
齐齐哈尔	发展维	社会发展因子、经济发展因子	C23	C12	C16	C22	C18	C2
鸡西	发展维	经济发展因子、人口因子	C17	C20	C23	C13	C16	C12
鹤岗	发展维	经济发展因子、人口因子	C23	C13	C3	C12	C14	C10
双鸭山	发展维	经济发展因子、人口因子	C14	C18	C13	C8	C17	C10
大庆	生存维	公平因子、人口因子	C15	C35	C31	C9	C25	C8
伊春	发展维	经济发展因子、人口因子	C7	C10	C6	C12	C5	C13
佳木斯	发展维	社会发展因子、经济发展因子	C25	C20	C16	C13	C18	C8
七台河	发展维	社会发展因子、经济发展因子	C9	C25	C12	C23	C3	C10
牡丹江	发展维	社会发展因子、公平因子	C28	C36	C8	C13	C22	C3
黑河	发展维	人口因子、经济发展因子	C8	C13	C3	C11	C16	C17
绥化	发展维	社会发展因子、经济发展因子	C18	C19	C21	C2	C33	C12

附录3.7 东北地区新型城镇化适宜度影响因素（2015年）

东北地区新型城镇化适宜度影响因素（2015年）　　　　附表3-7

城市	限制维度	限制生态因子	限制指标				
沈阳	竞争维	公平因子、基础设施因子	C35	C4	C7	C36	C31	C24
大连	竞争维	公平因子、基础设施因子	C31	C2	C24	C36	C35	C4
鞍山	发展维	经济发展因子、社会发展因子	C22	C30	C31	C7	C10	C23
抚顺	发展维	经济发展因子、社会发展因子	C4	C24	C2	C7	C20	C30
本溪	发展维	经济发展因子、人口因子	C30	C22	C2	C4	C7	C10
丹东	发展维	经济发展因子、人口因子	C2	C28	C14	C32	C22	C13
锦州	发展维	经济发展因子、公平因子	C25	C7	C32	C33	C19	C20
营口	发展维	社会发展因子、经济发展因子	C31	C1	C6	C25	C10	C2
阜新	发展维	经济发展因子、社会发展因子	C29	C14	C7	C22	C25	C20
辽阳	发展维	经济发展因子、社会发展因子	C30	C31	C2	C23	C15	C22
盘锦	发展维	公平因子、社会发展因子	C10	C31	C24	C15	C36	C20
铁岭	发展维	经济发展因子、公平因子	C14	C36	C20	C12	C18	C21

续表

城市	限制维度	限制生态因子	限制指标					
朝阳	发展维	经济发展因子、社会发展因子	C14	C26	C10	C25	C18	C19
葫芦岛	发展维	经济发展因子、社会发展因子	C20	C22	C1	C31	C10	C4
长春	发展维	公平因子、经济发展因子	C36	C4	C35	C32	C31	C20
吉林	发展维	公平因子、经济发展因子	C26	C1	C4	C30	C8	C35
四平	发展维	经济发展因子、社会发展因子	C2	C5	C25	C15	C33	C20
辽源	发展维	经济发展因子、公平因子	C2	C7	C15	C10	C20	C32
通化	发展维	公平因子、经济发展因子	C32	C36	C35	C10	C20	C13
白山	发展维	人口因子、经济发展因子	C27	C10	C35	C3	C8	C15
松原	发展维	公平因子、经济发展因子	C25	C10	C21	C36	C35	C34
白城	发展维	经济发展因子、人口因子	C35	C34	C3	C4	C1	C13
哈尔滨	发展维	公平因子、基础设施因子	C2	C4	C31	C3	C36	C9
齐齐哈尔	发展维	经济发展因子、公平因子	C34	C32	C22	C12	C18	C16
鸡西	发展维	经济发展因子、人口因子	C32	C6	C7	C20	C28	C13
鹤岗	发展维	经济发展因子、人口因子	C13	C31	C3	C10	C23	C12
双鸭山	发展维	经济发展因子、公平因子	C23	C17	C16	C18	C13	C8
大庆	竞争维	公平因子、经济发展因子	C15	C31	C32	C25	C14	C8
伊春	发展维	经济发展因子、人口因子	C10	C7	C24	C12	C16	C13
佳木斯	发展维	经济发展因子、社会发展因子	C20	C13	C18	C22	C16	C31
七台河	发展维	经济发展因子、社会发展因子	C28	C9	C25	C12	C3	C10
牡丹江	发展维	经济发展因子、公平因子	C36	C26	C8	C32	C13	C3
黑河	发展维	经济发展因子、人口因子	C8	C13	C3	C11	C17	C16
绥化	发展维	经济发展因子、基础设施因子	C19	C18	C4	C1	C21	C33

附录3.8 东北地区新型城镇化适宜度影响因素（2016年）

东北地区新型城镇化适宜度影响因素（2016年）　　附表3-8

城市	限制维度	限制生态因子	限制指标					
沈阳	发展维	基础设施因子、公平因子	C35	C2	C4	C1	C36	C24
大连	竞争维	公平因子、基础设施因子	C35	C4	C2	C24	C36	C31
鞍山	发展维	经济发展因子、社会发展因子	C22	C30	C31	C2	C35	C14
抚顺	发展维	经济发展因子、社会发展因子	C4	C2	C25	C1	C30	C35
本溪	发展维	经济发展因子、人口因子	C7	C22	C2	C30	C4	C1
丹东	发展维	经济发展因子、社会发展因子	C28	C12	C16	C13	C2	C22
锦州	发展维	经济发展因子、社会发展因子	C32	C19	C4	C12	C16	C20
营口	发展维	经济发展因子、社会发展因子	C31	C4	C26	C25	C10	C32
阜新	发展维	经济发展因子、社会发展因子	C29	C22	C12	C16	C20	C4

续表

城市	限制维度	限制生态因子	限制指标					
辽阳	发展维	经济发展因子、社会发展因子	C14	C30	C31	C2	C23	C19
盘锦	发展维	经济发展因子、社会发展因子	C4	C10	C19	C3	C35	C31
铁岭	发展维	经济发展因子、社会发展因子	C12	C20	C33	C16	C21	C18
朝阳	发展维	经济发展因子、社会发展因子	C1	C16	C19	C10	C12	C18
葫芦岛	发展维	经济发展因子、社会发展因子	C31	C25	C22	C32	C12	C19
长春	发展维	公平因子、经济发展因子	C36	C32	C35	C4	C3	C20
吉林	发展维	经济发展因子、人口因子	C7	C30	C8	C3	C32	C4
四平	发展维	经济发展因子、社会发展因子	C2	C33	C5	C15	C20	C27
辽源	发展维	经济发展因子、社会发展因子	C15	C2	C10	C20	C32	C18
通化	发展维	经济发展因子、公平因子	C1	C10	C36	C20	C33	C34
白山	生存维	人口因子、经济发展因子	C10	C8	C3	C15	C2	C9
松原	发展维	经济发展因子、公平因子	C36	C10	C21	C33	C25	C18
白城	发展维	经济发展因子、人口因子	C19	C3	C21	C35	C13	C4
哈尔滨	发展维	公平因子、经济发展因子	C2	C4	C35	C3	C31	C36
齐齐哈尔	发展维	经济发展因子、社会发展因子	C32	C25	C23	C18	C22	C13
鸡西	发展维	经济发展因子、人口因子	C6	C32	C20	C13	C28	C1
鹤岗	发展维	经济发展因子、人口因子	C27	C13	C3	C15	C23	C1
双鸭山	发展维	经济发展因子、人口因子	C23	C10	C25	C17	C13	C8
大庆	竞争维	公平因子、人口因子	C28	C35	C31	C15	C32	C8
伊春	发展维	经济发展因子、人口因子	C24	C11	C12	C16	C13	C18
佳木斯	发展维	经济发展因子、社会发展因子	C20	C13	C22	C18	C8	C36
七台河	发展维	经济发展因子、社会发展因子	C25	C9	C31	C10	C36	C1
牡丹江	发展维	人口因子、经济发展因子	C26	C36	C8	C32	C13	C2
黑河	发展维	经济发展因子、人口因子	C8	C13	C3	C17	C34	C30
绥化	发展维	经济发展因子、社会发展因子	C19	C22	C18	C4	C21	C1

附录3.9 东北地区新型城镇化适宜度影响因素（2017年）

东北地区新型城镇化适宜度影响因素（2017年）　　　　附表3-9

城市	限制维度	限制生态因子	限制指标					
沈阳	竞争维	公平因子、基础设施因子	C35	C4	C2	C1	C14	C26
大连	生存维	基础设施因子、公平因子	C35	C2	C4	C36	C24	C32
鞍山	发展维	生态环境因子、经济发展因子	C31	C22	C2	C23	C30	C35
抚顺	发展维	社会发展因子	C25	C4	C30	C7	C15	C2
本溪	发展维	经济发展因子、人口因子	C30	C4	C7	C10	C2	C25
丹东	发展维	经济发展因子、人口因子	C28	C31	C34	C16	C13	C12

续表

城市	限制维度	限制生态因子	限制指标				
锦州	发展维	经济发展因子、人口因子	C7	C31	C22	C32	C33	C19
营口	发展维	社会发展因子、经济发展因子	C31	C25	C32	C10	C35	C28
阜新	发展维	经济发展因子、人口因子	C29	C12	C16	C20	C4	C25
辽阳	发展维	经济发展因子、社会发展因子	C31	C30	C17	C19	C2	C15
盘锦	发展维	人口因子、社会发展因子	C10	C20	C35	C19	C15	C24
铁岭	发展维	经济发展因子、人口因子	C12	C7	C16	C20	C33	C18
朝阳	发展维	经济发展因子、人口因子	C16	C19	C10	C20	C12	C25
葫芦岛	发展维	经济发展因子、社会发展因子	C1	C19	C22	C25	C31	C21
长春	竞争维	公平因子、经济发展因子	C36	C2	C31	C4	C35	C20
吉林	发展维	人口因子、经济发展因子	C30	C7	C14	C33	C8	C2
四平	发展维	经济发展因子、社会发展因子	C14	C20	C33	C2	C27	C18
辽源	发展维	经济发展因子、社会发展因子	C18	C1	C14	C2	C10	C20
通化	发展维	经济发展因子、人口因子	C33	C5	C1	C14	C10	C34
白山	生存维	人口因子、经济发展因子	C34	C10	C2	C26	C8	C3
松原	发展维	公平因子、人口因子	C21	C10	C36	C25	C14	C20
白城	发展维	经济发展因子、人口因子	C27	C21	C19	C13	C3	C4
哈尔滨	发展维	公平因子、经济发展因子	C2	C4	C35	C31	C3	C32
齐齐哈尔	发展维	经济发展因子、人口因子	C18	C33	C23	C12	C2	C13
鸡西	发展维	经济发展因子、人口因子	C6	C20	C13	C28	C16	C32
鹤岗	发展维	经济发展因子、人口因子	C15	C23	C13	C3	C1	C10
双鸭山	发展维	人口因子、经济发展因子	C10	C9	C22	C25	C17	C13
大庆	竞争维	公平因子、人口因子	C31	C28	C35	C15	C25	C32
伊春	发展维	经济发展因子、人口因子	C30	C11	C24	C12	C13	C16
佳木斯	发展维	经济发展因子、人口因子	C25	C13	C18	C8	C11	C16
七台河	发展维	经济发展因子、社会发展因子	C23	C10	C17	C3	C13	C12
牡丹江	发展维	人口因子、经济发展因子	C8	C36	C11	C13	C26	C4
黑河	发展维	经济发展因子、人口因子	C8	C13	C3	C16	C17	C32
绥化	发展维	经济发展因子、人口因子	C19	C18	C4	C2	C26	C1

参考文献

[1] 朱春全. 生态位态势理论与扩充假说[J]. 生态学报, 1997, (3): 324-332.

[2] 万伦来. 企业生态位及其评价方法研究[J]. 中国软科学, 2004 (01): 73-78.

[3] 纪秋颖, 林健. 基于生态位理论的高校核心能力评价方法研究[J]. 中国软科学, 2006 (09): 145-150.

[4] 颜爱民. 企业生态位评价指标及模型构建研究[J]. 科技进步与对策, 2007 (07): 156-160.

[5] 胡晓辉, 杜德斌. 城市科技竞争力的生态位评价研究——以浙江省11市为例[J]. 科技进步与对策, 2012, 29 (12): 36-40.

[6] 柯健, 李超. 网络教学机构信息生态位评价研究[J]. 现代情报, 2013, 33 (12): 15-19+25.

[7] 唐建荣, 汪肖肖, 潘洁. 物流产业集群"生态位适宜度"实证研究[J]. 华东经济管理, 2015, 29 (11): 102-107.

[8] 马勇, 童昀. 基于生态位理论的长江中游城市群旅游业发展格局判识及空间体系建构[J]. 长江流域资源与环境, 2018, 27 (06): 1231-1241.

[9] 石博, 田红娜. 基于生态位态势的家电制造业绿色工艺创新路径选择研究[J]. 管理评论, 2018, 30 (02): 83-93.

[10] 张一进, 高良谋. 基于价值传递的平台企业生态位测度研究——以电子商务行业为例[J]. 管理评论, 2019, 31 (09): 116-123.

[11] 覃荔荔, 王道平, 周超. 综合生态位适宜度在区域创新系统可持续性评价中的应用[J]. 系统工程理论与实践, 2011, 31 (05): 927-935.

[12] 刘洪久, 胡彦蓉, 马卫民. 区域创新生态系统适宜度与经济发展的关系研究[J]. 中国管理科学, 2013, 21 (S2): 764-770.

[13] 李淑娟, 陈静. 基于生态位理论的山东省区域旅游竞合研究[J]. 经济地理, 2014, 34 (09): 179-185.

[14] 张贵, 吕长青. 基于生态位适宜度的区域创新生态系统与创新效率研究[J]. 工业技术经济, 2017, 36 (10): 12-21.

[15] 刘钒, 张君宇, 邓明亮. 基于改进生态位适宜度模型的区域创新生态系统健康评价研究[J]. 科技管理研究, 2019, 39 (16): 1-10.

[16] 贺小荣, 彭坤杰, 马晶宝, 陈雪洁, 周娜. 生态位理论视阈下湖南省城市旅游竞争力提升研究[J]. 湖南社会科学, 2019 (06): 110-119.

[17] 温科, 张贵. 京津冀三地区域创新生态发展评价及耦合研究——生态位视角[J]. 科技管理研究, 2020, 40 (10): 112-119.

[18] 李自珍, 赵松岭, 张鹏云. 生态位适宜度理论及其在作物生长系统中的应用[J]. 兰州大学学报, 1993 (04): 219-224.

[19] 李自珍, 惠苍, 徐中民, 刘发明. 沙区植物生态位构建的数学模型及其应用研究[J]. 冰川冻土, 2002 (04): 387-392.

[20] 李文龙，李自珍．作物生态位构建的模型及其进化惯量与动量的试验研究［J］．地球科学进展，2002（03）：446-451．

[21] 欧阳志云，王如松，符贵南．生态位适宜度模型及其在土地利用适宜性评价中的应用［J］．生态学报，1996（02）：113-120．

[22] 王兴元．品牌生态位测度及其评价方法研究［J］．预测，2006（05）：60-64＋80．

[23] 丁宁，金晓斌，汤小橹，周寅康．生态位适宜度变权法在高速铁路临时用地复垦适宜性评价中的应用——以京沪高铁常州段典型制梁场为例［J］．资源科学，2010，32（12）：2349-2355．

[24] 边伟军，刘文光．科技创业企业种群生态位测度方法研究［J］．科学学与科学技术管理，2014，35（12）：148-157．

[25] 郭燕青，姚远，徐菁鸿．基于生态位适宜度的创新生态系统评价模型［J］．统计与决策，2015（15）：13-16．

[26] 孙丽文，李跃．京津冀区域创新生态系统生态位适宜度评价［J］．科技进步与对策，2017，34（04）：47-53．

[27] 纪秋颖，林健．高校生态位及其评价方法研究［J］．科学学与科学技术管理，2006（08）：93-96．

[28] 陈亮，李爱仙，刘玫．区域人口复合生态系统生态位评价［J］．城市发展研究，2008，15（06）：33-36．

[29] 赵维良．基于生态位的城市发展协调度评价［J］．工业技术经济，2011，30（02）：123-128．

[30] 姚慧丽，张耀东．高校本科教学质量生态位的突变级数评价分析［J］．黑龙江高教研究，2015（01）：13-15．

[31] 魏国伟，狄浩林．新零售企业竞争力评价指标体系研究［J］．经济问题，2018（06）：75-80．

[32] 罗晓梅，黄鲁成，王亢抗，乔铮．区域新兴老年科技制造业竞争力评价研究［J］．中国软科学，2020（02）：49-58．

[33] 厉以宁，艾丰，石军．中国新型城镇化概论［M］．北京：中国工人出版社，2014．

[34] 胡际权．中国新型城镇化发展研究［D］．西南农业大学，2005．

[35] 刘勇，高建华，丁志伟．基于改进熵权法的中原城市群城镇化水平综合评价［J］．河南大学学报（自然科学版），2011，41（01）：49-55．

[36] 田静．新型城镇化评价指标体系构建［J］．四川建筑，2012，32（04）：47-49．

[37] 安晓亮，安瓦尔·买买提明．新疆新型城镇化水平综合评价研究［J］．城市规划，2013，37（07）：23-27．

[38] 牛晓春，杜忠潮，李同昇．基于新型城镇化视角的区域城镇化水平评价——以陕西省10个省辖市为例［J］．干旱区地理，2013，36（02）：354-363．

[39] 张向东，李昌明，高晓秋．河北省新型城镇化水平测度指标体系及评价［J］．中国市场，2013（20）：76-79．

[40] 戚晓旭，杨雅维，杨智尤．新型城镇化评价指标体系研究［J］．宏观经济管理，2014（02）：51-54．

[41] 张红梅，朱海，张目，陈志强．基于相对熵的县域新型城镇化发展水平评价［J］．统计与决策，2017（18）：66-68．

[42] 谢永琴，曹怡品．基于DEA-SBM模型的中原城市群新型城镇化效率评价研究［J］．城市发展研究，2018，25（02）：135-141．

[43] 谢坤．生态位适宜度理论在江西省城市发展中的应用［A］．中国土地学会．2010年中国土地学会学术年会论文集［C］．中国土地学会：中国土地学会，2010：7．

[44] 索贵彬．环渤海经济圈城市生态位评价研究［J］．生态经济，2010（02）：138-140．

[45] 郭瑞敏，千怀遂，张灵，李明霞．不同生态位城市用地扩张和经济发展的互动关系研究——以广东省为例［J］．自然资源学报，2016，31（05）：800-811．

[46] 毛蒋兴，古艳．环北部湾城市群城市生态位测度评价［J］．广西师范大学学报（自然科学版），2016，34（01）：174-186．

[47] 季冰．基于人类福祉的辽宁中部城市群生态位测度研究［D］．辽宁师范大学，2018．

[48] 李栋林，关忠良．财政支持新型城镇化建设绩效评价方法研究［J］．东岳论丛，2015，36（03）：135-141．

[49] 周永卫，范贺花．城镇化水平评价指数体系构建与实证［J］．统计与决策，2015（07）：58-61．

[50] 牛衍亮，刘国平，常惠斌．基于DEA方法的县城可持续发展评价［J］．中国人口·资源与环境，2015，25（S2）：288-291．

[51] 陆恒．新型城镇化提质的路径择优评价——基于三角模糊数方法的实证分析［J］．求索，2016（09）：144-148．

[52] 王一惠．基于模糊测度的城镇化水平折中比值评价法［J］．统计与决策，2017（13）：56-59．

[53] 方齐云，许文静．新型城镇化建设对绿色经济效率影响的时空效应分析［J］．经济问题探索，2017（10）：64-72．

[54] 孟佩，徐宏毅．中国新型城镇化水平与体育产业发展关系的实证研究［J］．武汉大学学报（哲学社会科学版），2017，70（05）：86-95．

[55] 张爱华，黄小舟．新型城镇化质量评价与空间聚集效应检验［J］．统计与决策，2019，35（17）：58-62．

[56] 戈峰．现代生态学［M］．北京：科学出版社，2013．

[57] 黄鲁成．基于生态学的技术创新行为研究［M］．北京：科学出版社，2007．

[58] 张红利．我国传统城镇化的反思和新型城镇化的内涵要求［J］．生态经济，2013（11）：83-86．

[59] 单卓然，黄亚平．"新型城镇化"概念内涵、目标内容、规划策略及认知误区解析［J］．城市规划学刊，2013（02）：16-22．

[60] 何树平，戚义明．中国特色新型城镇化道路的发展演变及内涵要求［J］．党的文献，2014（03）：104-112．

[61] 魏后凯，关兴良．中国特色新型城镇化的科学内涵与战略重点［J］．河南社会科学，2014，22（03）：18-26．

[62] 董晓峰，杨春志，刘星光．中国新型城镇化理论探讨［J］．城市发展研究，2017，24（01）：26-34．

[63] 陈明星，叶超，陆大道，隋昱文，郭莎莎．中国特色新型城镇化理论内涵的认知与建构［J］．地理学报，2019，74（04）：633-647．

[64] 杜金金．近五年我国新型城镇化发展认识研究［J］．西南交通大学学报（社会科学版），2018，19（02）：91-99．

[65] 王素斋．新型城镇化科学发展的内涵、目标与路径［J］．理论月刊，2013（04）：165-168．

[66] 王素斋．科学发展观视域下中国新型城镇化发展模式研究［D］．南开大学，2014．

[67] 方创琳．中国新型城镇化发展报告［M］．北京：科学出版社，2014．

[68] 梁振民．新型城镇化背景下的东北地区城镇化质量评价研究［D］．东北师范大学，2014．

[69] 宋连胜，金月华．论新型城镇化的本质内涵［J］．山东社会科学，2016（04）：47-51．

[70] 张荣天，焦华富．中国新型城镇化研究综述与展望［J］．世界地理研究，2016，25（01）：59-66．

[71] 马世骏，王如松. 社会-经济-自然复合生态系统［J］. 生态学报，1984（01）：1-9.

[72] 赵维良. 城市生态位评价及应用研究［D］. 大连理工大学，2008.

[73] 姚毓春，梁梦宇. 新中国成立以来的城乡关系：历程、逻辑与展望［J］. 吉林大学社会科学学报，2020，60（01）：120-129+222.

[74] 吴莹. 新中国成立七十年来的城镇化与城乡关系：历程、变迁与反思［J］. 社会学评论，2019，7（06）：82-95.

[75] 黄锟. 新时代中国特色新型城镇化道路［M］. 北京：社会科学文献出版社，2019.

[76] 魏后凯. 坚持以人为核心推进新型城镇化［J］. 中国农村经济，2016（10）：11-14.

[77] 曹玉青. 京津冀结合部城市生态位评价及预测［D］. 天津工业大学，2018.

[78] 刘斌. 基于生态位态势理论的厦漳泉都市区协同发展研究［A］. 中国地理学会经济地理学专业委员会.2016第六届海峡两岸经济地理学研讨会摘要集［C］. 中国地理学会经济地理学专业委员会：中国地理学会，2016：1.

[79] 陈晴晴. 基于生态位原理的城市生态位研究——以福建省9个地级市为例［J］. 科技广场，2014（05）：226-230.

[80] 郭伟，郝娟，王会层. 基于生态位测评的区域旅游城市空间格局研究［J］. 生态经济，2011（03）：126-129.

[81] 赵维良，商华. 城市资源竞争强度测量研究——城市生态位参数的引入［J］. 工业技术经济，2010，29（04）：66-70.

[82] 李春好，马慧欣，李孟姣，李巍，何娟. 基于目标导向的多属性决策属性价值公度方法［J］. 系统工程理论与实践，2017，37（09）：2413-2422.

[83] 郝书池，姜燕宁. 基于生态位适宜度和主成分—TOPSIS法的配送中心选址模型研究［J］. 统计与决策，2010（18）：59-61.

[84] 李春好，李巍，李孟姣，马慧欣，何娟，丁丽霞，田波. 目标导向多参考点属性价值模型及评价方法［J］. 中国管理科学，2017，25（07）：163-175.

[85] 李春好，李孟姣，李巍，马慧欣，赵裕平，何娟. 包容性属性价值函数与近CPT前景价值模型［J］. 管理科学学报，2017，20（11）：24-35.

[86] Parducci A. Category judgment：A range-frequency model［J］. Psychological Review，1965，72：407-418.

[87] Niedrich R W，Sharma S，Wedell D H. Reference price and price perceptions：A comparison of alternative models［J］. Journal of Consumer Research，2001，28（3）：339-354.

[88] Lim R G. A range-frequency explanation of shifting reference points in risky decision making［J］. Organization Behavior and Human Decision Making，1995，63（1）：6-20.

[89] 汪新凡，肖满生. 基于正态分布区间数的信息不完全的群决策方法［J］. 控制与决策，2010，25（10）：494-1498.

[90] 张晓，樊治平，陈发动. 基于后悔理论的风险型多属性决策方法［J］. 系统工程理论与实践，2013，33（09）：2313-2320.

[91] Gau W L，Buehrer D J. Vague sets［J］. IEEE Trans. Systems Man Cybernetic，1993，23（2）：610-614.

[92] Chen S M. Measures of similarity between vague sets［J］. Fuzzy Sets and Systems，1995，74（2）：217-223.

[93] R. R. Yager, On ordered weight averaging aggregation operators in multi-criteria decision making, IEEE Trans on Systems, Man, and Cybernetics, 1988, 18 (1): 183-190.

[94] Hutchinson G E. Concluding remarks [J]. Cold Spring Harbor. Symp. Quant. Biol., 1957 (22): 415-427.

[95] Carlos António Bana e Costa, Maria Bernadette Frota Amora Silva. MODELO MULTICRITÉRIO DE AVALIAÇÃO DE CAPACIDADE EMPREENDEDORA EM EMPRESAS DE BASE TECNOLÓGICA [J]. Engevista, 2008, 10 (1).

[96] 姚远. 基于直觉模糊集的创新生态位适宜度评价方法研究 [D]. 辽宁大学, 2016.

[97] 徐泽水, 潘玲, 廖虎昌. 基于MACBETH方法的犹豫模糊语言多准则决策方法 [J]. 控制与决策, 2017, 32 (07): 1266-1272.

[98] 张科静, 仓平, GELDERMANN Jutta. MACBETH与PROMETHEE在废弃物再生利用系统评价中的应用 [J]. 东华大学学报（自然科学版）, 2010, 36 (06): 697-702.

[99] 周晓光, 谭春桥, 张强. 基于Vague集的决策理论与方法 [M]. 北京: 科学出版社: 2009: 38-44.

[100] 李德毅, 孟海军, 史雪梅. 隶属云和隶属云发生器 [J]. 计算机研究与发展, 1995 (06): 15-20.

[101] Kahneman D, Tversky A. Prospect theory: An analysis of decision under risk [J]. Economica, 1979, 47 (2): 263-291.

[102] Tversky A, Kahneman D. Advances in prospect theory: Cumulative representation of uncertainty [J]. J of Risk and Uncertainty, 1992, 5 (3): 297-323.

[103] 李德毅, 刘常昱. 论正态云模型的普适性 [J]. 中国工程科学, 2004 (08): 28-34.

[104] 邸凯昌, 李德毅, 李德仁. 云理论及其在空间数据发掘和知识发现中的应用 [J]. 中国图象图形学报, 1999 (11): 32-37.

[105] 王洪利, 冯玉强. 基于云模型具有语言评价信息的多属性群决策研究 [J]. 控制与决策, 2005 (06): 679-681+685.

[106] 赵坤, 高建伟, 祁之强, 李存斌. 基于前景理论及云模型风险型多准则决策方法 [J]. 控制与决策, 2015, 30 (03): 395-402.

[107] 徐选华, 吴慧迪. 基于改进云模型的语言偏好信息多属性大群体决策方法 [J]. 管理工程学报, 2018, 32 (01): 117-125.

[108] 郭燕青, 姚远, 徐菁鸿. 基于生态位适宜度的创新生态系统评价模型 [J]. 统计与决策, 2015 (15): 13-16.

[109] 蒋嵘, 李德毅, 范建华. 数值型数据的泛概念树的自动生成方法 [J]. 计算机学报, 2000 (05): 470-476.

[110] 王坚强, 刘淘. 基于综合云的不确定语言多准则群决策方法 [J]. 控制与决策, 2012, 27 (08): 1185-1190.

[111] 李存斌, 柴玉凤, 祁之强. 基于前景理论的智能输电系统改进灰靶风险决策模型研究 [J]. 运筹与管理, 2014, 23 (03): 83-90.

[112] Deng J L. Control problems of grey systems [J]. System & Control letters, 1982, 1 (5): 288-294.

[113] 刘思峰, 杨英杰, 吴利丰等. 灰色系统理论及其应用 [M]. 北京: 科学出版社, 2014.

[114] 刘勇, Forrest Jeffrey, 刘思峰, 刘家树. 基于前景理论的多目标灰靶决策方法 [J]. 控制与决策,

2013，28（03）：345-350.

[115] 闫书丽，刘思峰，吴利丰. 一种基于前景理论的三参数区间灰数型群体灰靶决策方法［J］. 控制与决策，2015，30（01）：105-109.

[116] 闫书丽，刘思峰. 基于前景理论的群体灰靶决策方法［J］. 控制与决策，2014，29（04）：673-678.

[117] 闫书丽，刘思峰，方志耕，朱建军，吴利丰. 基于累积前景理论的动态风险灰靶决策方法［J］. 控制与决策，2013，28（11）：1655-1660+1666.

[118] 刘思峰，方志耕，谢乃明. 基于核和灰度的区间灰数运算法则［J］. 系统工程与电子技术，2010，32（02）：313-316.

[119] 刘培德，张新. 一种基于区间灰色语言变量几何加权集成算子的多属性群决策方法［J］. 控制与决策，2011，26（05）：743-747.

[120] 樊治平，陈发动，张晓. 基于累积前景理论的混合型多属性决策方法［J］. 系统工程学报，2012，27（03）：295-301.

[121] 陈大为. 灰色模糊集引论［M］. 哈尔滨：黑龙江科学技术出版社，1994.

[122] 汪菁，沈佳文，刘孝斌. 科技创新人才的创新能力评价及区域比较——基于全国31个省级行政区的实证研究［J］. 城市学刊，2016，37（05）：22-28.

[123] 曾月征，袁乐平. 基于管理熵的区域创新能力评价指标体系研究［J］. 统计与决策，2016（23）：44-47.

[124] 甄峰，黄朝永，罗守贵. 区域创新能力评价指标体系研究［J］. 科学管理研究，2000（06）：5-8.

[125] Atanassov K T. Intuitionistic fuzzy sets［J］. Fuzzy Sets and Systems，1986，20（1）：87-96.

[126] 包甜甜，谢新连，孟鹏鹏. 基于前景理论和证据推理的混合直觉模糊决策［J］. 系统工程理论与实践，2017，37（02）：460-468.

[127] 李鹏，刘思峰，朱建军. 基于前景理论的随机直觉模糊决策方法［J］. 控制与决策，2012，27（11）：1601-1606.

[128] 高建伟，刘慧晖，谷云东. 基于前景理论的区间直觉模糊多准则决策方法［J］. 系统工程理论与实践，2014，34（12）：3175-3181.

[129] 李喜华. 基于累积前景理论和Choquet积分的直觉梯形模糊多属性决策［J］. 计算机应用研究，2013，30（08）：2422-2425.

[130] 谭春桥，贾媛. 基于证据理论和前景理论的犹豫-直觉模糊语言多准则决策方法［J］. 控制与决策，2017，32（02）：333-339.

[131] 李存斌，张建业，谷云东，祁之强. 一种基于前景理论和改进TOPSIS的模糊随机多准则决策方法及其应用［J］. 运筹与管理，2015，24（02）：92-100.

[132] Zeshui Xu, Ronald R. Yager. Dynamic intuitionistic fuzzy multi-attribute decision making［J］. International Journal of Approximate Reasoning，2008，48（1）：246-262.

[133] Zeshui Xu. Intuitionistic fuzzy aggregation operators［J］. IEEE Transactions on Fuzzy Systems，2007，15（6）：1179-1187.

[134] 刘满凤，任海平. 基于一类新的直觉模糊熵的多属性决策方法研究［J］. 系统工程理论与实践，2015，35（11）：2909-2916.

[135] De S K，Biswas R，Roy A R. Some operations on intuitionistic fuzzy sets［J］. Fuzzy Sets and Systems，2000，114（3）：477-484.

[136] Szmidt E, Kacprzyk J. Entropy for intuitionistic fuzzy sets [J]. Fuzzy Sets and Systems, 2001, 118 (3): 467-477.

[137] 梅晓玲. 基于相似度的动态直觉模糊多属性决策方法 [J]. 统计与决策, 2016 (15): 22-24.

[138] Chen S M, Tan J M. Handling Multicriteria Fuzzy Decision-making Problems Based on Vague Set Theory [J]. Fuzzy Sets and Systems, 1994, 67.

[139] Hong D H, Choi C H. Multicriteria Fuzzy Decision-making Problems Based on Vague Set Theory [J]. Fuzzy Sets and Systems, 2000, 114.

[140] 刘婧颖, 张顺明. 不确定环境下行为决策理论述评 [J]. 系统工程, 2015, 33 (02): 110-117.

[141] Bell D E. Regret in decision making under uncertainty [J]. Operations Research, 1982, 30 (5): 961-981.

[142] Loomes G, Sugden R. Regret theory: An alternative theory of rational choice under uncertainty [J]. Economic Journal, 1982, 92 (368): 805-824.

[143] 莫国莉, 张卫国, 刘芳, 余星. 基于前景云的不确定语言多准则国际股指投资群决策 [J]. 运筹与管理, 2019, 28 (02): 126-138.

[144] 汪军, 朱建军, 王翯华, 张世涛. 考虑指标期望前景理论的云模型决策方法及应用 [J]. 系统工程, 2017, 35 (04): 130-136.

[145] Xu Ze-shui. A direct approach to group decision making with uncertain additive linguistic preference relations [J]. Fuzzy Optimization and Decision Making, 2006, 5 (1): 21-32.

[146] Xu Z S. Induced uncertain linguistic OWA operators applied to group decision making [J]. Information Fusion, 2006, 7 (2): 231-238.

[147] Xiao J Y, Liao L Y, Luan Z. How to handle uncertainties in AHP: The Cloud Delphi hierarchical analysis [J]. Information Sciences, 2013, 222: 384-404.

[148] 韩菁, 叶顺心, 柴建, 黎建强. 基于后悔理论的混合型多属性案例决策方法 [J]. 中国管理科学, 2016, 24 (12): 108-116.

[149] 刘常昱, 李德毅, 杜鹢, 韩旭. 正态云模型的统计分析 [J]. 信息与控制, 2005 (02): 236-239+248.

[150] Laciana C E, Weber E U. Correcting expected utility for comparisons between alternative outcomes: A unified parameterization of regret and disappointment [J]. Journal of Risk and Uncertainty, 2008, 36 (1): 1-17.

[151] Chorus C G. Regret theory based route choices and traffic equilibria [J]. Transportmetrica, 2010, 8 (4): 291-305.

[152] 王莉莉. 城市生态位适宜度的对比分析——以江苏省13城市为例 [J]. 现代城市研究, 2007 (03): 73-80.

[153] 朱芳阳, 贾清显, 谭保华. 物流产业生态位适宜度测度模型及其动态耦合演化 [J]. 科技管理研究, 2019, 39 (01): 217-224.

[154] 李鑫, 肖长江, 欧名豪, 楼淑瑜. 基于生态位适宜度理念的城镇用地空间优化配置研究 [J]. 长江流域资源与环境, 2017, 26 (03): 376-383.

[155] 姚远. 基于MACBETH方法的语言值直觉模糊生态位适宜度评价方法 [J]. 统计与决策, 2018, 34 (07): 55-57.

[156] 宁凌, 欧春尧. 中国沿海省份创新生态位适宜性评价研究 [J]. 中国海洋大学学报（社会科学

版），2019（03）：31-37.
[157] 姚远．基于累积前景理论的区域创新生态位适宜度灰靶评价研究［J］．数学的实践与认识，2019，49（19）：112-120.
[158] Bleichrodt H，Cillo A，Diecidue E. A quantitative measurement of regret theory［J］．Management Science，2010，56（1）：161-175.
[159] 张世涛，朱建军，刘小弟．方案对多维偏好信息下基于后悔理论的群决策方法［J］．中国管理科学，2014，22（S1）：33-41.
[160] 汪新凡，王坚强．基于后悔理论的具有期望水平的直觉语言多准则决策方法［J］．控制与决策，2016，31（09）：1638-1644.
[161] 钱丽丽，刘思峰，方志耕，刘勇．基于后悔理论的灰色随机多准则决策方法［J］．控制与决策，2017，32（06）：1069-1074.
[162] 李晔，牛玉飞，郭三党．基于后悔理论的三参数区间灰数信息下的风险型决策方法［J］．数学的实践与认识，2017，47（24）：102-109.
[163] Limpert E，Stahel W，Abbt M. Log-normal distributions across the sciences：Keys and clues［J］．BioScience，2001，51（5）：341-352.
[164] 钱丽丽，刘思峰，谢乃明．基于熵权和区间灰数信息的灰色聚类模型［J］．系统工程与电子技术，2016，38（02）：352-356.
[165] 方志耕，刘思峰，陆芳，万军，刘斌．区间灰数表征与算法改进及其GM（1，1）模型应用研究［J］．中国工程科学，2005（02）：57-61.
[166] 罗党，刘思峰．灰色关联决策方法研究［J］．中国管理科学，2005（01）：102-107.